近代日本演劇の記憶と文化 6

戦後ミュージカルの展開

日比野啓［編］

森話社

［カバー図版］

右上より、劇団フォーリーズ『洪水の前』財津一郎（一九八一年八月、紀伊國屋ホール、提供：オールスタッフ、撮影：安念勉）、劇団青年座『8段白菊匂う』（一九六〇年六月、提供：劇団青年座）、大阪労音制作『死神』西村晃、今陽子（一九七二年五月、大阪厚生年金中ホール、提供：オールスタッフ、撮影：安念勉）、左上より、東宝ミュージカルス『お軽と勘平』越路吹雪、榎本健一（プログラム表紙より、一九五五年十一月）、北野ステージ・ショウ『フランキー・笠置のドラム・ブギ』フランキー堺（『北野ニュース』第三〇号表紙より、一九五五年一月）、『見上げてごらん夜の星を』坂本九、九重佑三子（提供：オールスタッフ）

戦後ミュージカルの展開　［目次］

［凡例］引用文等の旧字は、原則として現行の字体に改めた。ただし、一部の固有名詞や役者の代数、年号などの表記は、各論者の判断にまかせている。また、引用文中の〔〕は引用者による注記である。

第1章

総論

戦後ミュージカルの展開

日比野啓

一　「ミュージカル」の多様性

日本語の「ミュージカル」は多種多様な音楽劇の形態を指す包括的な用語になっている。

二十世紀初頭までの合衆国（そして英国）では、劇中で歌が歌われる喜劇という程度の意味で musical comedy が用いられた。二十世紀になると音楽入りの芝居を表すのに、さまざまな表現が使われるようになるが、正確な定義や使い分けの意識があったわけでは必ずしもなかった。たとえば、⑴オペレッタに近い、浮世離れした物語を扱うものという意味で musical play が、⑵ナンバーやそれを歌い踊る出演者たちよりも一貫した筋を提供する台本を重視するという意味で book musical が、また⑶（一九四〇年代半ばより）ナンバーと物語が一体となって物語を進めていくという意味で integrated musical が、それぞれ用いられたが[1]、その様式や内容は作り手によって様々だった。一方で、世紀の変わり目に登場して三〇年代には衰退したレヴューなどで採用されたヴァラエティ形式が一部の音楽劇に取り入られるようになったり、あるいはオペラ同様、レチタティーヴォを用いて、日常会話のやり取り（「地の台詞」）がないものが登場したりして、音楽劇の様式は多様化した。

とはいえ、現在の合衆国でミュージカルといえば、たんなる歌入り芝居のことではなく、物語がナンバーによってその進行を邪魔されることなく展開していく――多少なりとも「統合された」（integrated）――作品だ、という了解はある。対照的に、日本においては――とくに創作ミュージカルの分野では――ミュージカルが歌入り芝居のこともあれば、日本古来の語り物の伝統に則り、物語の筋や登場人物の内面を、登場人物同士の会話とは別立てで音楽に乗せて語るものをミュージカルと称することもあり、音楽が使われていればどんなものでも「ミュージカル仕立て」になってしまう。

とりわけ、ミュージカルにおいて地の台詞で語られる物語とナンバーとが切れ目なく続いているべきだという、合衆国で培われてきたミュージカルの原理に対する意識が希薄な作品／上演が日本には多い。合衆国のミュージカル上演の場では、ナンバーは登場人物になり切った俳優たちが演じるものだ。なるほど観客は登場人物だけでなく、ナンバーを歌い踊る俳優たちを役を通して見聞きしているが、（ナンバーの最中や終了後に起こる観客の拍手に応えたりするような、いくつかの例外を除けば）俳優たちはリアリズムの約束事を忠実に守り、作品の「外」に出ていくことはない。一方、日本のミュージカル上演の場では、ナンバーは（多くのオペラやオペレッタのアリアがそうであるように）俳優は「歌を歌うモード」（あるいは「ダンスを踊るモード」）に切り替えて演じることが多いし、台本もそうした表現モードの切り替えを前提に書かれていたりする。戦前にヨーロッパから学んだレヴューやオペレッタと、戦後に合衆国から入ってきた新しい形態としてのミュージカルとは、異なる上演慣行に依拠していることをよく理解しないまま、ナンバーを歌い踊る間に物語の進行が止まることを許容する習慣は作り手にも観客にも残存している。

日本のミュージカル上演史を記述することの困難さはまさにこの点にある。ミュージカルとは何であり、何でないか、ということについて、作り手にも観客の側にも共通の理解がないのをいいことに、野放図にミュージカルという呼称を用いる――あるいは用いない――ことが許されてきた。一つ例を挙げよう。二〇一二年四月、なんばグランド花月における吉本興業創業百周年特別公演で「復活した」ことで話題になった吉本ポケットミュージカルスの原型は、一九六〇年から始まり、歌の間にコントを挟む形式のものだった。池乃めだかは「なんば花月、うめだ花月、京都花月それぞれの専属の歌手の人がおって、五〜六人の生バンドで歌を歌って、歌が終わったらコント、コントが三つくらいあったかな」[2]と語っている。一九五九年三月にうめだ花月劇場を開場した吉本興業は、寄席の番組の一つとして吉本ヴァラエティという名前で現在の吉本新喜劇の前身にあたるものを始めた。翌年になると、この吉本ヴァラエティにくわえて「音楽的要素のある番組作りを目指し「ポケットミュージカルス」を誕生させた。これは反保英敏とティンパニーファイブの演奏によるものだった。後に、この番組から数々の歌手から生まれている。奥村チヨ、渚ゆう子、森本和子、森本英世、宮四郎〔宮史郎の誤り〕、浜裕二（現チャーリー浜）などである」[3]。合衆国の演劇史の基準でいくと、ヴァラエティ形式の吉本ポケットミュージカルスはヴォードヴィルだし、当初からドラマの要素が大きかった吉本ヴァラエティはミュージカルでもヴァラエティでもなかったが、誰もそんなことを気にしなかった。

批評家や研究者もまた、作り手の意図にかかわらず、ある作品や上演形態をミュージカルと呼んだり、呼ばなかったりした。日本のミュージカルについて書かれた決して少なくない数の論文やエッセイは、ミュージカルの定義を曖昧にしたまま、音楽入り芝居なら何でも取り上げる、という姿勢で臨んでいるものが多い。もっとも、それは商業演劇を論じる上では正しい態度だとも言える。「面白い」芝居を作るために、一人でも多くの観客に劇場に足を運んでもらうために、ジャンルを越境し、約束事を無視し、そのことを通じて演劇の概念を再定義し拡張し続けてきたのが商業演劇だとしたら、その一支流であるミュージカルもまた、観客の要望に応じ、あるいは様々な物理的拘束を逃れるために、その様式や上演慣行を変え続けてきた。そうした歴史的経緯を無視して、自分たちが定義するミュージカルが唯一の正しいミュージカルだと考え、それ以外の音楽劇を取り上げなければ、夜郎自大の誹りを免れないだろう。

したがって、戦後日本の「ミュージカル」史をできるだけ忠実に描き出すのであれば、合衆国での新しい動きだった統合ミュージカルというかたちで不完全なまま取り入れつつ、戦前からのレヴューやオペレッタ、創作ミュージカル、新劇（のちにアングラ・小劇場）劇団による歌入り芝居、そして素人参加によるコミュニティ・シアターや学校教育の現場での音楽劇など、多様な音楽劇を包含した姿を記述しなければならない。木村重雄は秦豊吉《はたとよきち》が帝劇ミュージカルスと複数形を用いたのは、「ミュージカル・プレイ、ミュージカル・コメディなど多くの分野を包括した総称であることをしめしていた」[4]と指摘するが、秦じしんが著書でそう語ったことはないので、その真意は不明のままだ。けれども、この「複数形」――正しい複数形はミュージカルズと濁る――にそのような意味が託されていると考えるのが自然なほど、日本のミュージカルは多種多様だった。

二　様式としての統合ミュージカル

そうは言っても、筋を語る上で劇中に流れる歌やダンスが（台詞に負けず劣らず）重要な役割を果たす演劇作品なら何でも取り上げる、ということであればいくら紙面があっても足りなくなってしまう。恣意的になることは覚悟の上で、線引きすることが必要になってくる。本書が扱う範囲を第二次世界大戦後以降としたのは「近代日本演劇の記憶と文化」シリーズとしては異例とも言えるが、ナンバーは物語に「自然に」組み込まれるべきだ、という統合ミュージカルのイデオロギーが合衆国からもたらされたのが戦後になってから、という理由で線を引くことができるからだ。作曲家リチャード・ロジャースと作詞家オスカー・ハマースタイン二世がはじめて手を組んで作った『オクラホマ！』（一九四三年三月）は、統合ミュージカルのフォーマットを確立させたと言われ、以降『南太平洋』（一九四九年四月）、『王様と私』（一九五一年三月）などロジャース&ハマースタインのコンビの作品は一九四〇年代後半から一九五〇年代のアメリカン・ミュージカルの事実上のスタンダードになった。統合ミュージカルの作劇上の緊密な構成と、それが要求する観劇態度の変化――統合ミュージカルでは、ナンバーが物語を進行させるゆえ、観客はレヴューを見ているときよりずっと集中して舞台を見つめていなければならない――を嫌って、ベティ・コムデンとアドルフ・グリーンの脚本家コンビなどは出演者がそれぞれの持ち芸《スペシャリティ・アクト》を見せる、昔ながらのヴァラエティ形式をできるだけ作品に止めておこうとしたものの、対話による物語の進行と歌やダンスの披露が一体として感じられるような作品がミュージカルだ、というおおよその合意は合衆国では得られていた。

このような、従来のミュージカル・コメディでもなければ、レヴューでもない、「新しい」統合ミュージカルがブロードウェイの舞台を席巻していることは戦後間もなく日本にも伝わっていたようだ。宝塚歌劇団の演出家である内海重典は一九五一年に小林一三《いちぞう》の命で合衆国に赴くが、その際小林から「戦争中にミュージカルというものができたらしいが、どんなものか分からない。向こうでは大ヒットしているらしいから見てきてくれ」と言われたことを記している。(5) 戦前に宝塚は『トーキー時代』(一九二九年六月、作:宇津井秀男、編曲:古谷幸一)を「ミューヂカルプレー」と銘打って上演しているから、小林はミュージカル・プレイと異なる「ミュージカル」として、おそらく『オクラホマ!』のことを聞き及んでいたのだと思われる。

しかしながら、統合ミュージカルが日本の「ミュージカル」のスタンダードになることはなかった。それは一つには、日本語で歌われるナンバーがリズムを刻むのに適していない、ということがある。日本語の歌は「間延び」する。しばしばそれは、英語の歌詞では一つの音符に一つの単語をあてるのに対し、日本語の歌詞では一つの音符に一つの音をあてるからだ、と説明されてきた。事実としてそれは正しい。だがこの一音符一音主義が慣習として定着している背景に、日本語母語話者が音節ではなくモーラ(拍)を区切りにして発声しているからだ、ということはあまり指摘されない。(一時期の)美空ひばりや桑田佳祐のように、ジャズやロックを日本語で歌う際、英語と同様一つの音符に一つの単語をのせて発声しようとする歌い手がいないわけではない。けれども地歌や長唄、あるいは能楽の謡から受け継いだこの一音符一音主義は、現在の大半の日本語のロックやポップスにおいても守られている。日本語母語話者にとって、たとえば「きっと」は二音節（きっ・と）で発声するよりも三モーラ（き・っ・と）で発声するほうが聴きやすいからだ。東宝ミュージカルにその初期から関わってきた演出家の中村哮夫《たかお》は、一九六〇年代における翻訳ミュージカルの上演現場において、日本語の単語を英語同様一音符に詰め込むことも検討されたが、結局「言葉が多すぎて困っちゃう」事態が生じて、断念したと語っている。(6) それは、日常生活における日本語の発声方法に慣れている私たちの耳が、それ以外の発声を受け入れることが難しいことを示している。

日本語の歌が「間延び」して聞こえるのは、一つの音節が複数のモーラに分けて発音されることがあるから、というだけではない。単語や文（の一部）として意味を伝えるために、日本語の歌詞は複数の音符を繋げるように歌う必要がある。だから日本語に馴染むのは朗々と歌い上げるオペレッタふうの歌唱だ。拍を刻むようにナンバーを歌うことで軽快なリズムを作り出すアメリカン・ミュージカルの手法は日本語歌詞だと難しい。一拍ごとに切れ目が入ってしまうと、日本語の意味が（文字通り）切れてしまうからだ。

統合ミュージカルにおけるナンバーと物語の有機的統合とは、地の台詞のリズムがオーケストラによって演奏される音楽の生み出すリズムに「自然に」かつ／あるいは「いつの間にか」変わっていくことだ。登場人物の感情の昂揚と呼応して、会話のリズムは強調され、メロディに乗せて歌うことで一層際立つようになる。無段変速機付きオートマ車でアクセルを踏み込むと引っかかりなく速度が上がっていく気持ちよさに、統合ミュージカルの快楽はよく似ている。一方、英語と異なり標準的な発音では強勢アクセントを用いない日本語では、そもそも地の台詞のやり取りでリズム感を作ることが困難だ。ナンバーも上述の理由から、リズムの軽快さよりもメロディの美しさが好まれる。リズムの連続的変化という統合ミュージカルの究極の目的が達成されないまま、地の台詞とナンバーはいささか乱暴に繋ぎあわせられる。

監督ジャック・デュミと作曲家ミシェル・ルグランによる「ポップ・オペラ」の試みである映画『シェルブールの雨傘』（フランス公開、一九六四年二月）が、アメリカン・ミュージカルを意識しつつも地の台詞を廃し、レチタティーヴォで歌うという手法をとったこと、またロンドン発のミュージカル『キャッツ』（ロンドン初演、一九八一年五月）において地の台詞を廃し、ナンバーだけで語るという手法をとったことなどを考えると、地の台詞とナンバーの統合の困難さに直面していたのは日本語ミュージカルだけではないことがわかる。リズムの連続的変化という観点から見た統合ミュージカルは、英語――レナード・バーンスタインによれば、アメリカ口語英語――のリズムに大きく依拠した手法であり、他言語ではその本来の魅力を十分発揮させることができない。イギリスの劇作家ジョージ・バーナード・ショーの台詞劇『ピグマリオン』（ウィーン初演、一九一三年十月）を原作にしてアラン・ジェイ・ラーナーとフレデリック・ロウがミュージカル『マイ・フェア・レディ』（一九五六年三月）を作る以前に、関与を打診されたコール・ポーターが、イギリス英語をミュージカルのナンバーにすることの困難さを考えて断った、という逸話[7]は、アメリカ人の作り手たちもそのことを意識していたことを示している。

ところが、日本では一般にミュージカルの上演は困難だ、という指摘はたびたびされても、言語や発話慣習の特質上、アメリカン・ミュージカルのように統合ミュージカルを目指すことは難しい、ということはほとんど問題視されることはなかった。換言すれば、物語内容の翻訳不可能性は大いに意識される一方、様式上の困難が俎上に載せられることはあまりなかった。一つ例を挙げよう。一九七九年一月三日付『読売新聞』に、上月晃《こうづきのぼる》、森繁久彌、越路吹雪、浅利慶太の四人による座談会が収録されている。

越路　私なんか、一度ミュージカルというものに絶望して、まあ一人で歌った方がいいんじゃないかという時期があったけれども、またミュージカルというものを改めて掘り下げてやりだしたわけ。それで、だいぶアメリカのミュージカルと違う拍手の間とかなんとかいうものを、かなり向こうと違う計算をしてやっているんです。だからやはり、日本の場合に置き換えて違うふうに持って行かなかったら、役者は辛いですよ。

浅利　思い切って日本人の社会に合うように料理し直さないとね。ブロンディじゃダメなんです、サザエさんにしないと。「屋根の上のヴァイオリン弾き」で見事に森繁さんがしているわけですよ。越路さんのミュージカルの場合もね、男女の愛の話でもやはり日本人の心情風景に合わせてやりますね。

森繁　それとね、どうにも生活形態が違うし、いろいろするから風が吹くセリフがいっぱい出てくるわけ。向こうでウケたってね、なんのことかわからない。(8)

興味深いのは、越路と浅利・森繁との認識の差である。日本で翻訳ミュージカルを上演するにあたって、越路は「拍手の間」が違うことを意識する、という様式上の工夫を語っているのを受けて、浅利は知ってか知らずか、「ブロンディ」を「サザエさん」にしなければならないという、内容の翻案の必要性に話題を転換し、森繁がユダヤ色の濃い原作を日本風の人情喜劇に変えてしまったことで有名な『屋根の上のヴァイオリン弾き』を半ばお世辞で持ち上げる。すると森繁も台詞をそのまま翻訳しても「風が吹く」、つまり客席に白けた空気が流れるだけだ、と言う。二人にとって「日本人向き手直し」とは、内容を日本人が理解できるようにする、すなわち観客が台詞なり設定なりを「実感」を持って受け止められるようにする、ということであって、アメリカ英語のリズムや発声法に大きく依拠していることから生じるアメリカン・ミュージカルの様式性をどのようにして日本語環境でエミュレートするか、ということには関心がなかったことを示している。

とはいえ、統合ミュージカルの様式性と言わないまでも、音楽劇一般の様式性をリアリズムで演じられる「芝居」と両立させる困難さを作り手たちが全く意識していなかったわけではない。野口久光は「日本のミュージカルの歩み、現状、そして展望」において、菊田一夫の「どうもね、芝居の中で歌になるとお客が退屈するんだよ〔略〕」という言葉を紹介したうえで、「深刻なリアリズムのお芝居か、いわゆるアチャラカといわれるドタバタ調の笑劇ならお客を泣かせたり、笑わせたりするのはお手のものだが、歌入り芝居にするとシラけるということなのだ」と菊田の発言の真意を説明する。さらにその理由として「その時代の大衆演劇のお客はたしかにミュージカル馴れしていなかったことは事実で」と観客の馴れの問題だと断ずる。(9) 野口の判断は半分は正しく、半分は間違っている。なるほど、「台詞を話しているといきなり歌い出す、踊り出す」という（統合）ミュージカルの上演慣行は、日常生活にその典拠を見出せないという意味で芸術上の様式ではあるが、慣行《コンベンション》である以上（漫画の吹き出しや歌舞伎の黒衣のように）観客がそれに慣れてしまえば不自然と感じないものではある。だが日本のミュージカルは、アメリカの統合ミュージカルと異なり、リアリズムを基調とする地の台詞のやり取りからいかに「自然」に——すなわち感情の高まりの結果として——歌やダンスのナンバーに移行するか、ということに心を砕くことはなかった。日本のミュージカルは、オペラやオペレッタと同様に表現モードの切り替えを前提とするものであって、その切り替えに観客は「馴れ」る必要がある、というのが野口の考えだと言ってよいだろう。「問題」は認識されていたものの、問題視されていなかった——積極的な解決策を講じる必要があるものだとは考えられていなかった——ということになる。

さらに言うと、統合ミュージカルの本質について日本の作り手たちが洞察を欠いていたというわけでもない。

一九六〇年代半ばの「新劇ミュージカル」の劇作家たちが、統合ミュージカルという様式についていかに無知であったかについては第8章で詳述するが、他方で浅利慶太は劇団四季が最初に手がけた翻訳ミュージカルである『結婚物語』（一九六九年一月、日生劇場）の上演に際して、対談相手の内藤法美《つねみ》と以下のようなやり取りをしている。

浅利　要するに、あちらのミュージカルは、芝居になっているよね。日本のミュージカルは作曲家におんぶしすぎていると思いましたね、特にこの作品やってみて。日本では、筋だけ作曲家に渡して後はよろしくという感じなんだな。だけど、かれらのものは、ちゃんと芝居の流れをつくっていって、その上にパッパッと花が咲いているようにミュージカル・ナンバーが来てますね。ことにこの作品なんか、日本だったらすぐダンス・ナンバーを多く入れたがるけど、思いきって捨てているしね。

内藤　それは僕もそう思いましたね。アメリカの舞台を見たとき、いわゆるダンス的なナンバーはとても少ないなという印象でしたね。踊りは事実あるけれど、踊り踊りとしては見えないんですね。

浅利　そうそう。夫婦の心理の流れの上にうまく曲の花を咲かせていってるという感じで、非常に芝居づくりがうまいですね。じつにうまい。まず、芝居にして、ドラマが芯にあるんです、ちゃんと。そこが日本のミュージカルと違うと思いました。(10)

同じ対談で浅利は「アメリカでは、アメリカ人の夫婦でアメリカ的にやっているわけだけど、僕らは、日本人としてピンときたままに、日本的にやりたい。日本人のフィーリングでね」と言うように、十年後の『屋根の上のヴァイオリン弾き』についての座談会と同じく、内容の翻案の必要性を強調しているが、それでも「芝居の流れをつくっていって、その上にパッパッと花が咲いているようにミュージカル・ナンバーが来」て、「夫婦の心理の流れの上にうまく曲の花を咲かせていってる」という、ナンバーと物語が統合する統合ミュージカルの要諦をうまく捉えている。

つまり、浅利も野口（や野口の引く菊田一夫）同様、様式上の特異性は了解していたものの、それを克服すべき困難だと捉えていなかったことになる。もちろん、そういう作り手たちばかりではない。第7章で言及する作曲家いずみたく（とその協力者であった永六輔や藤田敏雄）のように、日本語の特性を考えた上で日本独自のミュージカルの可能性を模索した作り手が（とくに創作ミュージカルの分野では）いなかったわけではなかったし、一九六四年に公開された和製ミュージカル映画三本のうち、『アスファルト・ガール』（大映、島耕二監督）を除いた『君も出世ができる』（東宝、須川栄三監督）、『ああ爆弾』（東宝、岡本喜八監督）は、あえて強弱アクセントをつけて日本語の歌詞を歌わせたり、能狂言の謡や浪曲の節回しを使って日本人の耳に心地よいリズムを作ることで、そうした試みを現実化したものだと言える。だが翻訳ミュージカルが固定した観客層を獲得するにつれ、こうした様式上の特異性は真剣に顧みられることが少なくなった。

三　「ミュージカル」はなぜ人気になったのか

日本においてミュージカルがこれほどまでに人気を得て、現在ではほぼ毎月、一つか二つの大劇場でミュージカルが上演されるようになっている要因は三つある。第一に、「ミュージカル」が多種多様な音楽劇の形態を指すようになっていること。第二に、商業演劇としての新派、新国劇、喜劇の衰退。第三に、現在でも根強いアメリカ文化への漠然とした憧れと密接に結びついた、ミュージカルの「非日常性」。

このうち、第一の点についてはすでに詳述した。歴史がそれほどあるとは言えないながらも、すでに相応の伝統と上演慣行に縛られているアメリカン・ミュージカルと似ても似つかぬ様式の音楽劇までがミュージカルと名乗るようになった。けれどもこのことは、ある意味では当然と言えるし、日本だけの現象ではない。第一に、世界の演劇史を見れば、古代ギリシア以来、主流は歌舞劇・音楽劇であって、散文による台詞劇が大きな存在感を持ったのはヨーロッパ近代という特殊な地域・時代に過ぎないことがわかる。日本でも能、人形浄瑠璃、歌舞伎は歌舞劇だった。ヨーロッパでは、十九世紀末になるとたんなる芸能あるいは娯楽ではない、芸術としての演劇の意義がことさらに強調され、各地で「芸術劇場」が生まれ、その担い手だった散文による台詞劇はそれまで以上に特権的地位を享受するようになっていた。しかし、二十世紀初頭からの前衛芸術各派はその反動として前近代性を色濃く残す民衆芸術を称揚し、リヒャルト・ワーグナーが唱えた「総合芸術論」にも影響されて、音楽や舞踊が対話と同様に重要な要素となる演劇作品を上演したし、一九六〇年代後半から近代劇の理念を否定する前衛演劇が流行するようになると、歌舞劇・音楽劇への回帰の傾向が一層強くなった。第二に、第二次世界大戦後の世界における合衆国の軍事的・経済的優位性と、自由と民主主義（後には多様性）という普遍的理念への共鳴、さらには冷戦下においてとくに必要とされた合衆国政府の文化宣伝戦略によって、アメリカン・ミュージカルが特別のアウラをまとうようになる。この結果、二十世紀半ば以降、日本だけでなく、イギリス、フランス、オーストリア、ドイツなどで音楽劇がさかんに上演されるようになり、それらはしばしば「ミュージカル」と呼ばれたのだ。

各国の音楽劇・歌舞劇の伝統と、アメリカ文化への憧れが結びつき、さらに日本特有の事情として、ミュージカル作りの見かけ上の「敷居の低さ」もあって、戦後の日本では様々な音楽劇がミュージカルとして上演されるようになった。このミュージカル作りの見かけ上の「敷居の低さ」とは、何についてでも歌い、踊ればミュージカルになる、という相当数の人々が抱く思い込みのことだ。第10章であらためて論じるように、現在日本各地でアマチュアによるミュージカル上演がきわめてさかんな大きな理由は、演技にリアリズムが要求される台詞劇よりも、歌を歌ったり踊ったりするほうが難しくなく、「演じる」ことに抵抗が少ないためだ。公教育に演劇教育が取り入れられていない日本では、小学校や中学校で演劇を上演した経験のある人はそれほど多くないが、誰しもが音楽の授業で歌を歌ったり、運動会でダンスをしたりしてきた。しかも舞台経験の少ない人は、台詞劇で登場人物に「なりきる」ことに照れを感じ、それよりも歌って踊るほうが「地のまま」でできるように思い込む。

ミュージカル作りの「敷居の低さ」を感じているのは、素人だけに限らない。日本のミュージカル作りにたずさわる現場の人間や評論家たちは、「アイドル」「タレント」が少し売れるとミュージカルをやりたいと言い出す、言うままにやらせると案の定お粗末な出来だ、ミュージカルを舐めてかかってはいけない、としばしば批判してきた。その批判は正しいにしても、芸能界に入りたてのアイドルやタレントにミュージカルをやらせるのは、台詞劇ではすぐにお里が知れてしまうだろうが、ミュージカルではそれよりはましなはずだ、と本人も周囲も考えているからであることも指摘しておかなければならない。芸能界にデヴューするにあたって、歌や踊りの訓練はある程度受けている、だからミュージカルならばできるはずだ、という思い込みは、ミュージカルを舐めているというよりも、ミュージカルとはそういうものだという誤解からくるものだ。

さらに、この「敷居の低さ」ゆえに日本の創作ミュージカル独自の特徴が生まれた。それは、いわゆる斉唱のナンバーが多く、主役級がソロやデュエットを歌うナンバーが相対的に少ないことだ。そもそも日本の創作ミュージカルでは主役の男女の恋愛がメインの物語になっていないことが少なくないのだが——ふるさときゃらばんが農村ミュージカルやサラリーマン・ミュージカルという新機軸を打ち出したことで話題を呼んだことを思い出してみればよい——、それが原因なのか結果なのかはひとまず措き、ソロやデュエットが少ないということは、主役の俳優たちがアンサンブルの俳優たちよりもすぐれた歌唱力を持っていることを示さない、ということである。その一方で、学校などで合唱をした経験は豊富で、声を合わせて歌うことの楽しさは皆が知っているので、斉唱は多くなる。この特徴はアマチュアによる創作ミュージカルにいっそう顕著だが、プロによる創作ミュージカルでも同様の傾向が見られるということは、日本の創作ミュージカルが、歌手が技能を見せつけるためにアリアが歌われるオペラよりも、学校の音楽の授業のほうに近いことを示している。

ミュージカルが日本で人気を得た第二の理由は、ライバルとなるはずの他ジャンルの商業演劇の衰微である。具体的には一九五〇年代から七〇年代にかけて、新派、新国劇、喜劇がこの順番に人気を得て、やがて衰退していったあとにミュージカルが翻訳・創作を問わず商業演劇の稼ぎ頭として登場し、その後半世紀近く、その地位を他のジャンルに譲ることがなかった、ということである。別の見方をすれば、演劇興行会社としての松竹の敗北と東宝の勝利、ということでもある。一九六三年九月、東宝による初のブロードウェイ・ミュージカル翻訳上演である『マイ・フェア・レディ』(東京宝塚劇場)が戦後ミュージカル上演史において一つの画期をなしたことはよく知られているが、これは商業演劇が、日本の風土に根ざした芝居ではなく、「バタ臭い」翻訳物をその「保守的な」観客に提供するようになる、という点でも革命的なことであった。安倍寧《やすし》はそのことを以下のように説明している。

当時の商業劇場にとってはブロードウェイ・ミュージカルの翻訳上演は途轍もない大冒険だった。商業劇場に掛けられる芝居は、歌舞伎、新派、新国劇、たとえ新作でも人情喜劇や時代物が圧倒的に多かった時代である。

赤毛芝居と呼ばれた翻訳劇は新劇の専売特許だったが、その新劇には資本力を必要とするブロードウェイ・ミュージカルに進出する発想など持ち合わせているはずもなかった。

菊田氏も、国産品ながらミュージカルを手掛けていたものの、大半はレヴュウと喜劇をごっちゃ混ぜにしたまがいものに過ぎなかった。

その似て非なるものから脱するために、菊田氏はブロードウェイ・ミュージカルの第一級品の翻訳を思いついたのである。(11)

新派も新国劇も喜劇も、そのほとんどが登場人物や舞台の設定は日本人・日本であり、だからこそ観客の実感に迫ってくる――もっと有り体に言えば観客を泣かせたり笑わせたりできる――と思われていた時代に、菊田一夫がなぜそのような「途轍もない大冒険」を思いついたのかは、ただ推測することしかできない。たしかに東宝は戦前から有楽町に進出し、中堅サラリーマン層を観客に取り込むなど、松竹より「近代的」で進取の気風もあった。とくに、その主軸である宝塚歌劇団は、その出発こそ和洋折衷を目指していたものの、ほどなくしてパリや合衆国のレヴューをお手本とし、まさにバタ臭い魅力で観客を集めるようになっていた。とはいえ、東宝が戦後最初に手がけたミュージカルは第2章で詳述されるように、秦豊吉による帝劇ミュージカルスであり、『モルガンお雪』(一九五一年二月)、『マダム貞奴』(五一年六月)、『お軽と勘平』(五一年十二月)というその初期の題名が示唆するように、一九一〇年代中葉浅草オペラの大ブーム以来の受容史があり、すでに自家薬籠中のものとしていたオペレッタやレヴューをベースにしており、アメリカン・ミュージカルから真摯に学んだ跡は見られない。

その後を引き継いた菊田一夫も、「変わりばえのしないメロドラマを退屈せずに観るため、歌とおどりをたっぷり仕掛けてみせる、菊田流のミュージカルス」と安部公房に揶揄されるように、[12]当初は自分の手癖をそのまま舞台化したような作品を上演していた。東宝はまた、長谷川一夫を主軸に一九五五年七月より東宝歌舞伎をはじめ、日本の伝統にもとづく商業演劇という松竹の十八番を奪うような試みもしていたから、必ずしも洋物を志向していたわけではなかった。

他方、松竹も一九五六年一月より浅草松竹ミュージカルスを上演するようになるが、「マゲモノミュージカルス」というその別称が示すように、帝劇ミュージカルス同様、戦前からの松竹歌劇団のレヴューの伝統をもとにしたもので、アメリカン・ミュージカル、とりわけ統合ミュージカルの様式を真剣に取り入れようとしていた形跡はない。

一九五〇年代前半は、ブロードウェイで統合ミュージカルが席巻したあとのハリウッドの映画ミュージカルが次々と日本公開されていた時代でもあった。『アニーよ銃をとれ』(一九五一年十月)、『ショウ・ボート』(一九五二年四月)、『巴里のアメリカ人』(一九五二年五月)、『雨に唄えば』(一九五三年四月)、『バンド・ワゴン』(一九五三年十二月)、『ブリガドーン』(一九五四年十二月)などである。ただし、これらはそれほど観客を集めたわけではなかった。野口久光は、

アメリカのミュージカル映画なども限られたミュージカル・ファンは同じ映画に何回も足を運んだものだが、興行者はミュージカル映画をジンクス視していたし、大ヒットしていたミュージカル映画は余りなかったのだった。後にハリウッド・ミュージカルの古典のように位置づけされているジーン・ケリーとスタンリー・ドーネンの「踊る大紐育」(49)や「雨に唄えば」(52)、ヴィンセント・ミネリの「巴里のアメリカ人」(51)と

いった映画も封切られた昭和二十年代後半の頃は大ヒットどころかやっと中ヒットといった興行成績だった[13]

〔略〕

と書いており、また一九五七年十一月に刊行された雑誌『映画評論』に掲載されている座談会「ミュージカル映画について」で、編集部が最初に「最近ミュージカル熱が盛んなようですが、話題になっている割に成果の点ではあまりパッとしない。〔略〕映画の方でも、従来はミュージカルというと余りヒットしていない[14]」と述べている。当時新派も新国劇も全盛期が続いていたし、アメリカン・ミュージカルの最先端の形式を後追いをする必要は当時の興行資本にはなかった。

しかも、典型的な統合ミュージカルの作り手であるロジャース&ハマースタインのミュージカルの映画化は遅れていた。最初から映画ミュージカルとして作られ一九四五年八月に公開された『ステート・フェア』だけは日本でも一九四八年九月に公開されたが、左の表のように、ロジャース&ハマースタインの舞台ミュージカルの映画化は五〇年代後半まで待たなければならなかった。これは彼らの作品がロングランしている間は映画にしないという暗黙・明示的な約束があったからでもあるし、また彼らが世評の高い自分たちの作品にふさわしい高品質

タイトル	ブロードウェイ初演	映画・合衆国公開	映画・日本公開
オクラホマ！	一九四三年三月	五五年十月	五六年十二月
カルーセル	一九四五年四月	五六年二月	五六年七月
南太平洋	一九四九年四月	五八年三月	五九年十一月
王様と私	一九五一年三月	五六年六月	五六年十月
サウンド・オブ・ミュージック	一九五九年十一月	六五年三月	六五年六月

の映像を求め、ワイドスクリーンの一種であるＴｏｄｄ―ＡＯ規格が出てくるまで映画化を許可しなかったからでもあるが、いずれにせよ日本をはじめとする諸外国で統合ミュージカルという様式の斬新さ、その緊密な構成がもたらすスピード感やドラマとしての完成度についての理解が一九五〇年代半ば以降までずれ込んだ一因となった。

こうした映画ミュージカルが次々と公開された一九五〇年代後半になると、安部公房と野間宏らがミュージカル研究会である零《ゼロ》の会を結成したり、文学座が飯沢匡《ただす》の『陽気妃』（東横ホール、一九五七年五月）を上演したりして、舞台と映画におけるアメリカン・ミュージカルの変化に敏感に反応する人々も出てきたが、この時期も興行資本の動きは鈍かった。この時期になると、ラジオやテレビもこぞってミュージカル番組を放送するようになるが、作り手たちは新しい形式を模索していたものの、統合ミュージカルをお手本にした気配はない。一九六〇年代になって一般家庭へのテレビの普及が進み、映画産業が衰退し始め、六〇年代半ばには新国劇は深刻な低迷期を迎え、新派も翳りを見せるようになる。ここに至ってようやく興行資本のうち東宝が日本の風土をベースとしない翻訳劇としてのミュージカルが一般の観客から大きな支持を得る可能性を見出す。

この時期にはまた、映画『ウエスト・サイド物語』が公開されて（一九六一年十二月）、完成された統合ミュージカルがいかに劇的に物語を展開していくか、いかにこの新しい形式が音楽劇特有の間延びした空気と無縁であるかを一部の作り手や観客に知らしめた、ということもあった。それはたとえば音楽評論家の安倍寧のように、当時若く、この様式の潜在的可能性をすぐに理解できた人間が、それまで菊田一夫が進めてきた東宝ミュージカル路線に対して一層批判的になるきっかけにもなった。そういった全ての空気の変化を敏感に察知して、菊田はまず一九六三年七月に自身の脚本による『ブロードウェイから来た13人の踊り子』（東京宝塚劇場）でブロードウェイから振付家とダンサーを招聘して地ならしをしてから、同年九月に『マイ・フェア・レディ』を上演したのだ。

　菊田は日本の風土に根ざした芝居ではなく、「バタ臭い」翻訳物を商業演劇として提供するにあたって、深慮遠謀を巡らしたようだ。そもそも、日本初の翻訳ミュージカルとして本作品を選んだのはどこまでが偶然か、どこまでが意図していたものだったかはわからないが、菊田の計算が働いていたことは間違いない。というのも、アラン・ジェイ・ラーナーとフレデリック・ロウのコンビによって一九五六年三月にブロードウェイで初演されたこの作品は、ナンバーと物語が緊密に結びついていない点がしばしばオペレッタ的であると評されるからだ。ブロードウェイのミュージカルを見慣れている人間にとって、この作品は一種の反動あるいは先祖返りであるのは明確だったが、統合ミュージカルの洗礼を本格的に受けていない六〇年代初頭の日本人の作り手や観客にとって『マイ・フェア・レディ』とは、戦前からずっとオペレッタの形式が続いているかのような錯覚を与えるのに十分なほど「古風」なものだった。

　しかも、安倍が指摘するように、当初発表されたイライザ役の雪村いづみのほうが容姿の点でも音域の点でも適していたにもかかわらず、雪村がアメリカでの子育てを理由に渋ると、観客動員力の点では雪村にまさる江利チエミを起用した。[15]菊田が「革命」に万全の体制で臨んだことがよくわかる。

「革命」に不安だったのは菊田だけではなかった。これも安倍が紹介していることだが、ヒギンズ役も上演初日の約半月前に五十歳の森繁久彌から三十三歳の高島忠夫へと若返りした。「表向きは森繁の持病の痛風が再発、悪化したということだったが、劇界の裏側では、賢明な森繁があえて危ない橋を渡ろうとしなかったのではないかという推測が、半ば公然と取り沙汰された[16]」。

　それでも翌一九六四年十一月には、日生劇場で『ウェストサイド物語』の来日公演が行われ、統合ミュージカルという新しい様式は急速に浸透し始める。菊田ら旧世代の興行資本の作り手が最後まで翻訳ミュージカルの導入をためらったのは、おそらくそれが日本人の情感にしっくりこない、ということだったろう。やがて翻訳ミュージカルを日本に定着させるのにもっとも功績のあった、若き浅利慶太（安倍寧の盟友でもあった）ですら、以下のように述べている。

> 外国語を日本的な情感におきかえて表現したら、必ず、うそのものになると思うわけです。それじゃ、どういう情感をもつか。外国人の情感というものは、日本人は感性的にもちえないものだから、情感的な要素を切り落として、意味を積み上げていくことによって、主題をはっきりさせるのが、劇的なドラマのつくり方だという気がしたわけです[17]。

「ブロンディからサザエさんへ」という、すでに引用した浅利のテーゼも、この延長線上にあると言ってよいだろう。だがむしろ日本人の情感にしっくりこないからこそ、ミュージカルは人気になった、ということもあるのだ。

これが第三の理由である。日本語の湿っぽさ、じっとりとまとわりつく感じがどうしても苦手だ、という観客は一定数いる。演劇といえば人間のナマの感情を扱うもので、一つ一つの台詞には登場人物の（または／かつ、演じる俳優の）性格や資質、生活環境、それまで歩んできた人生が濃厚に反映されていなければならない、と半ば無意識のうちに考えている多くの演劇好きとは違い、そういう観客は翻訳調の台詞を、日本語が持ち込む生々しい情感を味わうことなく演劇の別の要素を楽しめるものとして歓迎する。日本人俳優が、アメリカ人がよくやる（と信じられている）ような大げさな身振りを舞台上でしたり、笑いのツボが全く異なるようなアメリカン・ジョークを発したりするのは白々しくて辟易する、と感じる観客がいる一方で、自分たちの実感として迫ってくることのない「作りごと」の台詞や挙措にかえって一喜一憂できる観客がいる。

一九五〇年代半ばをピークにした新劇ブームのさなかでも、人気があったのは日本人の作品ではなく、翻訳劇であったことはしばしば指摘される。ニール・サイモンのような、ユダヤ色の濃い作品が一九七〇年代以降、翻訳されてパルコ劇場などで人気を博したことはよく知られている。その背景には、反リアリズムや人工的なものの偏愛、というほど明確に定義されるものではないものの、自分たちの日常とは無縁の、もっと「ドラマティックな」ものを舞台で見たいという観客の志向が、西洋への漠然とした憧れと結びついたかたちで存在していることがある。このような志向はまた、抑揚をつけた「不自然な」台詞回しや派手な身振り、豪華な衣裳や舞台が宝塚歌劇団の魅力とされるようになっていった一因でもある。話題がそれるのでそちらに深く立ち入ることはしないが、虚構であると知るがゆえに耽溺するという観客の性癖が、現在まで続く翻訳ミュージカルの隆盛に一役買っていることは言うまでもないし、第11章で扱う2・5次元ミュージカルが若い世代を中心に圧倒的な支持を受けるようになった背景には、人気アニメや漫画の登場人物たちに扮した俳優たちが、日常では見聞きすることのない言い回しや動きをすることがある。

劇団四季による翻訳ミュージカルも、「ブロンディからサザエさんへ」変えたことよりも、翻訳調の残る台詞や、四季の俳優の発声法である母音法による「不自然な」言い回しなどが、「生々しさ」を回避し、非日常性を求める観客のニーズに合ったからかもしれない。

四　ミュージカル・ブームについて

戦後日本には何度かミュージカル・ブームが訪れたとされる。ただし、こうした「ブーム」にはよくありがちなことだが、実際の観客動員数にもとづいた客観的なものではなくて、そのつどの「体感」ではかられるために、メディアや評論家・研究者によって数年の幅で異なることもある。たとえば、『新劇便覧　1984　今日のミュージカル』に寄稿した喜志哲雄は「一体、現在のミュージカル熱なるものはいつ頃始まったのだろうか」と問いかけ、『テアトロ』誌上に掲載された日本のミュージカル上演年表をもとに「一年間に上演された作品の数が（翻訳、創作とりまぜて）初めて十を越えたのが一九六五年、二十を超えたのが一九七三年だったことが判る」(18)と述べている。演劇雑誌のミュージカル特集がいつ組まれたかを見ても面白い。第8章で詳しく述べるように、一九六四年九月に『テアトロ』が、十月に『新劇』がミュージカル特集を組んでいるのは、この時期の「ミュージカル・ブーム」について、両誌の見立てがほぼ一致していることを示している。次に『テアトロ』がミュージカル特集を組むのは七三年七月で、『悲劇喜劇』が七四年七月と一年後にあとを追う格好になっているのは、ブームだと考える時期が異なっているためだろう。それでも、戦後ミュージカルの展開のおよその見取り図を得るのに便利なので、総論の最後のまとめとして、第一次から第四次までのミュージカル・ブームを簡単に見ておこう。

1　第一次ブーム・一九五七年前後

すでに説明したように、この時期はロジャース＆ハマースタインの統合ミュージカルが映画化されて日本で公開され、それを受けて新劇や小説家たちがミュージカルに関心を持ち始め、ラジオやテレビでミュージカル番組が盛んに作られた。一九五六年七月二十二日付『読売新聞』には「ミュージカルス・ブーム」という見出しの記事が掲載され、

「ミュージカルス」という言葉が近ごろ盛んに用いられ、東宝が〝東宝ミュージカルス〟をやれば、松竹が

〝国際ミュージカルス〟でこれに対抗するといったぐあいに舞台をにぎわせている。〔略〕ラジオやテレビでも、クイズがすでに飽和状態に達したところへこうした傾向が反映されて、ミュージカル番組が流行のきざしを見せてきた(19)

というリード文が入る。実際にはこの後、舞台作品の紹介はなく、ラジオやテレビの音楽番組が紹介される。一九五九年四月十九日付『読売新聞』では「テレビ界にミュージカル・ブーム」という見出しで、

最近、SKDや宝塚歌劇団の中堅クラスが続々と退団して、テレビ界で活躍をはじめているのが目立つ。彼らはいずれも歌えて、踊れるという強みを持っているので、それに目をつけた民放テレビ界ではミュージカル・プレーの放送ブームがおきている(20)〔略〕

と総括している。

では実際にこの時期にどんなテレビ・ミュージカルが上演されていたのか。上記二つの記事でも色々紹介されているし、NHKアーカイブスのデータベース(21)で一九五五年一月一日から一九五九年十二月三十一日までと区切って検索しても、「ミュージカル・ショー」「ミュージカル・ファンタジー」という題名の番組が百八十二件ヒットするので、民放を含めると膨大な数の番組が放映されていただろうことは想像がつく。そこで例として二本だけ詳しく説明しよう。

①NHK『狐の初恋』一九五八年一月十日放送

映画『幕末太陽傳』（一九五七年七月、日活、川島雄三監督）が大変評判になり、その主演を務めたフランキー堺を使ってミュージカルを考えてくれとNHK楽劇部長独活山《うどやま》万司が北条秀司に依頼してできた作品。北条の『日本商業演劇史』から引用する。

樵夫斧吉をフランキー〔堺〕、狐のおこんに岡田茉莉子を確保した。スタッフも若い世代で行くことにし、按舞は西崎緑襲名前の西崎和美、作曲は冨田勲と決め、演出は作者との平和を配慮して独活ちゃんがズミさん〔プロデューサー小泉祐二〕に兼ねさせた。〔略〕いつものドラマとは勝手が違うから、最初の内はオトナシク見ていたが、だんだん熱が入って来て「ワミちゃん〔西崎和美のことか〕、そこンとこはこういうふうに踊らせてくれないか」などと、自分でも妙なゼスチュアを示したりした。〔略〕フランキーも茉莉ちゃんも、よく言えば新鮮溌剌、わるく言えば素人臭さの美点を見せてなかなかおもしろい。〔東京放送劇団〕五期生の黒柳徹子ら狐群も日本舞踊をやっていないのが幸いして野性味横溢である。(22)

この『狐の初恋』は翌月五八年二月新橋演舞場で『おこんの初恋』と改題され、水谷八重子、尾上九朗右衛門主演の新派として上演されている。「東宝ミュージカルの向こうを張った〝新派ミュージカル〟」と受け止められた。(23)

この年、北条はフランキー堺を使ってNHKでさらに『末摘花』『北京のたそがれ』という二本のテレビ・ミュージカルを作っている。

②日本テレビ放送網『光子の窓』（一九五八年五月十一日―一九六〇年十二月二十五日放送、日曜一八：三〇―一

九：○○）

『光子の窓』は「草笛光子を主演にちょっとしたお色気を加えたこのミュージカル・ショー」（『読売新聞』）で、「毎回これというストーリーのないバラエティーで、彼女が立って、踊って、芝居をして」「芸達者な助演者」藤村有弘が、「アクの強いわりには、要所、要所は控えめに出て彼女を引立てている」。ディレクターの井原高忠は「たたみかけるような早いテンポで、一秒の二分の一までカメラのコマ割りを計算している。カメラの位置を真上から、足もとから、正面から、背後から〔略〕とめまぐるしく変えるばかりでなく、放送中に背景の大道具を動かしてまでリズム感を盛ろうとする」(24)。原作は三木鮎郎《あゆろう》、キノトール、永六輔がもち回りで担当し、音楽は広瀬健次郎、振付は竹部薫、美術は真木小太郎だった。

2　第二次ブーム・一九六三年前後

これも既述だが、同年九月、東京宝塚劇場で初のブロードウェイ翻訳作品『マイ・フェア・レディ』が上演されたことが一つの画期となる。その数年前から大阪労音によるミュージカルが話題になっており（第4章を参照のこと）、とりわけ、一九六二年二月の初演以来、三年にわたる全国巡演を行ったペギー葉山主演のミュージカル『劉三姐《りゅうさんちぇ》』（作曲：林光、演出：千田是也）は広範な観客の支持を得た。大阪労演と東京労演が提携して上演した『真田風雲録』（一九六二年四月、都市センターホール）の成功も刺激となって、新劇団がミュージカル上演に本腰を入れるようになる。演劇の既存のジャンルを超えて、ミュージカルが新しい表現形式として模索され始めた時期だと言っていいだろう。

3　第三次ブーム・一九七五年前後

この時期を指してミュージカル・ブームと呼ぶことは難しいかもしれない。それまでの二つの時期と異なり、さまざまなメディアやさまざまな上演団体・組織がミュージカルを上演したといったことは起きなかったからだ。すでに一九七〇年前後には、『ファンタスティックス』再演（一九七一年四月、渋谷ジァン・ジァン）に代表されるような小劇場ミュージカルや、当時合衆国で話題を呼んでいたヒッピーたちを主人公としたミュージカル『ヘアー』（一九六九年十二月、東横劇場）の翻訳上演、そうした動きに影響された東京キッドブラザース（第9章を参照のこと）やジャニーズ事務所（第7章を参照のこと）によるミュージカル上演など、幅広い層へのミュージカルの浸透は起きていたので、その点に注目するのなら、五年ほど遡ったほうがいい、という意見もある。にもかかわらず、この時期を取り上げるのは、ミュージカルというジャンルに足を運ぶ観客層が一気に拡大し、以降も継続的に見るようになった二つの重要な上演があったからだ。

一九七四年八月　宝塚歌劇団・月組『ベルサイユのばら』（宝塚大劇場）

一九七五年二月　東宝『屋根の上のヴァイオリン弾き』（日生劇場）

この二つはいずれも（広い意味での）ロングランとなった。宝塚歌劇団によるミュージカルについては、本シリーズ第三巻『ステージ・ショウの時代』で扱ったこともあり、第6章でその翻訳ミュージカルをごく短く扱うだけにとどめるが、観客動員の上で長く低迷していた宝塚歌劇団を救い、またレヴューにくわえて創作ミュージカルを上演するように大きく路線を変更するきっかけになった『ベルサイユのばら』について言及しないわけにはいかない。植田紳爾《しんじ》は、聞き手の川崎賢子に答えて、『ベルサイユのばら』以前の宝塚大劇場での公演について以下のように語っている。

舞台に出ている人が、「今日は看護婦さんの貸し切り」と言う。それは、座席の後ろの背もたれのところに

白布がかかっている。その白い布が、見てらっしゃる観客より目立つぐらいに、空いていたんですよ[25]〔略〕

このような状況を一変させたのが、池田理代子の漫画がすでに社会現象となっていた『ベルサイユのばら』のミュージカル化だった。植田紳爾が脚本を、長谷川一夫が演出を担当した初演版『ベルサイユのばら』は、一九七四年八月宝塚大劇場での公演に引き続き、十一月には東京宝塚劇場で公演。翌七五年からは『ベルサイユのばら―アンドレとオスカル―』を花組（七月宝塚大劇場、十一月東京宝塚劇場、七六年四月より七月まで全国巡演）と雪組（八月宝塚大劇場、七六年三月東京宝塚劇場）が競演し、さらに『ベルサイユのばらⅢ』を星組（七六年三月宝塚大劇場、七月東京宝塚劇場）と月組（七六年八月東京宝塚劇場）と、快進撃を続ける。七五年末の『読売新聞』の記者座談会ではその様子が以下のように匿名記者三人によって語られている。

Ａ　宝塚歌劇の「ベルサイユのばら」が群を抜いて話題をさらった。ふつう一公演で六万人を動員すればまずまずというのに、十一月の東宝劇場は十二万人も入った。しかも団体なし、割引なし。他の劇場のうらやむこと……

Ｂ　初めて宝塚を見た劇画の〝ベルばら〟ファンの多くが、そのまま男役の魅力にとりつかれてヅカ・ファンに移行しているそうだ。沈みがちだった歌劇団の景気を復活させた企画の大ヒット。

Ｃ　来年も四月からの地方公演を含めて七月末までのスケジュールは〝ベルばら〟一色だ。いよいよ大物の鳳蘭の〝ベルばら・パート3〟が登場するしね[26]。

現在の東京宝塚劇場の総座席数は二千六十九席で、当時もほぼ変わらなかったはずだから、十二万人の観客動員というのは昼夜二回転で毎日満員ということで、その勢いが想像できる。「ベルばらブーム」は一過性のものではなく、数年間にわたって続き、さらに後年の再演でも集客数を誇る作品になったゆえに、日本ミュージカル上演史における画期をなしたのだった。

森繁久彌が主役のテヴィエ役を演じた『屋根の上のヴァイオリン弾き』は一九六七年九月の帝国劇場の初演から八年間隔を空けての再演で、全国巡演ののち、翌年から帝国劇場に戻って一九八六年三月まで、平均するとほぼ二年おきに一ヶ月から三ヶ月間上演し――ただし一九八二年だけは五月四日から十月三十日まで五ヶ月近く上演している――上演回数九百回を超えた。一九九四年四月から二〇〇一年六月までは西田敏行が、二〇〇四年二月からは市村正親がテヴィエ役を演じ、これらもまた数年間にわたりずっと上演する、というブロードウェイでいうロングランではなかったものの、この作品が長期にわたって観客を動員したことがわかる。だが、日生劇場での再演がそれ以上に重要なのは、東宝のプロデューサーだった古川清が以下のように書くとおり、「ミュージカルは儲からない」という興行側の意識を変えたことにあった。

帝劇初演から八年ぶりの再演。
なぜ八年もの間、再演されなかったかというと、長い間ミュージカルと名がつくとお客がこなかったからだ。〔仙台の宮城県県民会館の公演担当者が、「森繁劇団」の看板でやらせてくれと〕言うのも無理はない。『屋根の上のヴァイオリン弾き』じゃ、せっかく森繁を呼んでもお客に切符が売れないと思い込んでいるのだ。しかし、森繁さんはどうしても聞かない。〔略〕さて仙台へ乗り込んでみると、その担当者がニコニコしているではないか。聞いてみると、切符はほとんど完売、大入り間違いなしという事態になっていた。地方の人にも

(27)

『屋根の上のヴァイオリン弾き』は浸透していたのだ。盛岡も八戸も、函館も札幌も同じく、もう完売状態だという。

こうして全国二十ヶ所を巡る『屋根の上のヴァイオリン弾き』の巡業は始まったのだった。(28)

4　第四次ブーム・一九八三年前後

この時期にミュージカル・ブームと謳われたのは、一九八三年十一月十一日から劇団四季による『キャッツ』ロングランが始まったからだ。新宿西口に総工費三億四千万円をかけてテント劇場キャッツ・シアターを設置し、翌年十一月十日まで公演を行った。仮設劇場のため新宿区の行政指導により一年の耐用年数が定められていたため、ちょうど丸一年で終えたことになる。大阪でも大阪駅西隣のコンテナヤード跡地にキャッツ・シアターを設置し、一九八五年三月二十日から翌年四月三十日まで公演を行った。劇団四季はロングランとレパートリー制を併用してすでに『ジーザス・クライスト・スーパースター』（『イエス・キリスト・スーパースター』として一九七三年七月にサンプラザホールで初演）、『ウェストサイド物語』（一九七四年二月、日生劇場で初演）、『コーラスライン』（一九七九年九月、日生劇場で初演）などを三百ステージ前後上演していたが、日数でいうと四十日東京より長かった『キャッツ』大阪公演では上演回数四百八十七回、延べ観客動員四十八万八千人を記録し、浅利慶太自身が「劇団四季はミュージカル『キャッツ』で経済的躍進のキッカケをつかみ、以後順調にのびてきている」(29)と認めるほどになった。

どちらかというと伝統芸能寄りの記事が多かった『上方芸能』が、一九八四年十一月刊行の第八六号で「ミュージカルの波は高まる」という特集を組んでいるのは、『キャッツ』大阪公演が始まる前だった。梅田コマ劇場のプロデューサーである山下徹は、寄稿した「育くみ練り上げ　いま花開くミュージカル　梅田コマを中心とした関西のミュージカル史」で、「現在のミュージカル・ブームは一朝一夕の結果ではない。〔六四年五月の梅田コマ劇場での〕『マイ・フェア・レディ』初演後の二〇年というもの、途切れることのない翻訳ミュージカル上演の歩みが、今日のブームにつながった」と前置きをしつつ、一九八二年梅田コマ劇場で上演された三本のミュージカル（『屋根の上のヴァイオリン弾き』再演〔三月〕、新宿コマ劇場『ピーターパン』の引っ越し公演〔四月〕、『ラ・マンチャの男』〔八月〕）について言及し、「この年程マスコミがミュージカル・ブームを云々した年はこれまでなかったのではないか」と述べている。[30] 他方、編集後記ではなぜ特集を組んだのかについての明示的な説明はないが、『上海バンスキング』への言及が数度にわたってなされており、自由劇場による同作品の三演が八三年五月博品館劇場から始まって全国を巡演していく中で、同年六月に大阪・毎日ホールで公演したことが編集長である木津川計の印象に強く残ったことが窺われる。既述だが、テアトロ社が数年おきに刊行していた『新劇便覧』の一九八四年版が「今日のミュージカル」と銘打って刊行されるのも一九八三年十二月である。

同じ時期にまとめるには期間が空きすぎているが、東宝はこの後一九八七年六月に『レ・ミゼラブル』（帝国劇場）を初演し、これもロングランになる。この時期あたりから、ミュージカルはブームというより、商業演劇のもっとも重要なジャンルとして定着するようになったと言っていいだろう。したがって本書で扱うミュージカル作品も一九九〇年前後までに上演されたものをもっぱらとすることにしたい。詳しくは各章で扱う。

（1）musical comedy とは異なる意味で musical play が用いられ、後者の内実も時代とともに変わっていくことを丹念に追ったものとして、Stempel, Larry. *Showtime: A History of the Broadway Musical Theater* (New York: W.W. Norton, 2010) がある。とくに pp.

291-294 付近の議論を参照のこと。

（2）「毎日放送／よしもと新喜劇／どこまで続く？ 数珠つなぎ座員紹介／池乃めだか」。http://www.mbs.jp/shinkigeki/interview/ikeno/

（3）吉本興業株式会社『吉本八十年の歩み』吉本興業株式会社、一九九二年、一一三頁。

（4）木村重雄「創作ミュージカルの現段階」、『テアトロ』第四五七号、一九八一年三月。

（5）内海重典『宝塚に生きて半世紀』ブレーンセンター、一九九六年、一〇九頁。

（6）「中村哮夫聞き書き」、「日本近代演劇デジタル・オーラル・ヒストリー・アーカイヴ」科学研究費・基盤研究（B）、研究代表者：日比野啓。

（7）McHugh, Dominic. Alan Jay Lerner: *A Lyricist's Letters*. Oxford University Press, 2014. Kindle ed.

（8）上月晃・森繁久彌・越路吹雪・浅利慶太「日本人向き手直し成功　楽しきかなミュージカル　先覚者大いに語る」、『読売新聞』一九七九年一月三日付朝刊第十七面。

（9）野口久光「日本のミュージカルの歩み・現状そして展望」、『新劇便覧　１９８４　今日のミュージカル』テアトロ、一九八三年、六頁。

（10）『芝居と音楽』公演パンフレット（『浅利慶太の四季〈著述集２〉劇場は我が恋人——演出ノート選』慶應義塾大学出版会、一九九九年、一四〇—一四一頁に再録）。

（11）安倍寧『ショウ・ビジネスに恋して』角川書店、一九九六年、七〇—七一頁。

（12）安部公房「映画芸術論—６—」、『群像』第一三巻第六号、一九五八年六月。

（13）野口久光「日本のミュージカルの歩み・現状そして展望」、『新劇便覧　１９８４　今日のミュージカル』六頁。

（14）野間宏・和久田幸助・山本薩夫・芥川也寸志・安部公房・市村俊幸・福永陽一郎（座談会）「ミュージカル映画について」、『映画評論』第一四巻第一一号、一九五七年十一月。

（15）安倍寧『ショウ・ビジネスに恋して』七一頁。

（16）安倍寧『ショウ・ビジネスに恋して』七三頁。

（17）戸板康二「劇団四季と日生劇場／浅利慶太」、『対談戦後新劇史』早川書房、一九八一年、三五七頁。

（18）喜志哲雄「ミュージカルと現代の日本演劇」、『新劇便覧　１９８４　今日のミュージカル』一二一—一二三頁。

(19)「ミュージカルス・ブーム」、『読売新聞』一九五六年七月二十二日付夕刊第四面。
(20)「テレビ界にミュージカル・ブーム」、『読売新聞』一九五九年四月十九日付夕刊第七面。
(21)「NHKアーカイブスデータベース」https://www.nhk.or.jp/archives/document/
(22) 北条秀司『日本商業演劇史』博士論文（関西大学）、一九九三年、六〇八頁。
(23) 新橋演舞場株式会社『新橋と演舞場の七十年』新橋演舞場株式会社、一九九六年、五四五頁。
(24)「人気プロの人々　日本テレビ『光子の窓』ナマの魅力で支える　歌って踊って芝居して」、『朝日新聞』一九五九年十月十七日付朝刊第五面。
(25) 植田紳爾・川崎賢子『宝塚百年を越えて――植田紳爾に聞く』国書刊行会、二〇一四年、一七六―一七七頁。
(26)「記者座談会［ことしの回顧］演劇界　商業演劇」、『読売新聞』一九七五年十二月二十二日付夕刊第五面。
(27) 古川清『舞台はやめられない』飛鳥新社、二〇〇五年、一七二頁。
(28) 古川清『舞台はやめられない』一七五―一七六頁。
(29) 浅利慶太「40年志を保ちつつ」、『東京新聞』一九九三年三月十九日付（『浅利慶太の四季〈著述集1〉演劇の回復のために』慶應義塾大学出版会、一九九九年、四〇〇頁に再録）。
(30) 山下徹「育くみ練り上げ　いま花開くミュージカル　梅田コマを中心とした関西のミュージカル史」、『上方芸能』第八六号、一九八四年十一月。

（付記）本研究はJSPS科研費JP26284033の助成を受けたものです。

II　黎明期のミュージカル

第2章　東宝ミュージカルの「起源」

秦豊吉と菊田一夫

神山　彰

一 「ミュージカル」以前――レヴューとジャズと

本書は『戦後ミュージカルの展開』というタイトルだが、戦前は「ミュージカル」という用語は使わなかったのだろうか。戦前は、驚くほど「レヴュー」についての単行本が出版され[1]、雑誌の特集も多いが、そこには「ミュージカル」という言葉は見当たらず、「ミュージカル・コメディ」という用語での言及がある程度である。逆に、「オペラ」という言葉が庶民に流通していたのは、「浅草オペラ」のおかげである。

あとは、音楽入り喜劇という実態としては、帝劇の益田太郎冠者《たろうかじや》の喜劇のイメージもあった。

ところで、清島利典によると用語としての「ミュージカルプレイ」の初出は、大正六年（一九一七）「カフェの夜」である[2]。また、大正十四年（一九二五）四月には、浅草の観音劇場で「高田雅夫・原せい子帰朝披露公演」の中の『ミュジカル・レヴュ』という表記も見られる。

宝塚少女歌劇では、「ミュージカルプレイ」という表記は、昭和三年（一九二八）八月『ハレムの宮殿』（岸田辰彌作、高木和夫作曲）、四年六月『トーキー時代』（宇津秀男作、古谷幸一作曲）と続き、いずれもその後、女剣劇に転向してスターとなった初代大江美智子が出演している。だが、五年七月『海のダイヤモンド』以降、その表記は見当たらない。松竹少女歌劇（当時は「SSK」）では、昭和七年十二月の『女王様御命令』に「ミユゥジカル・プレイ」と付け、その後も「ミユゥジカル・ファンタジイ」「ミユゥジカル・ファアース」などあるが、単に「ミユゥジカル」はない。

細かくみれば、用例はその他にもあるだろう。だが、興味深く重要なのは、キネマからダンスまで、娯楽の世界であれだけカタカナが使われているのに、レヴューやジャズに比べて、当時の観客に「ミユージカル」が使われなかったことである。その語感は、戦前の都会人に魅力がなかったのだろうか。

ミュージカルの「実態」がなかったからではない。オペラもジャズも現在とは全く違ったものをそう呼んでいたのだから。戦後でさえ、重ねていうが、私の演劇的記憶や実感からして、本章で触れる東宝劇場や新宿コマの「東宝ミュージカル」と現在の「東宝ミュージカル」とは同名異人に会うようなものだ。

「ハイスピード・レヴュー」はあり、また、ジャズは大正から昭和戦前期に隆盛していた。その実力やダンス・ホールの賑わいとは、近年数多く復刻されている、CD版で偲ぶことができる。ただ、ジャズとはクラシック以外の洋楽すべてに近い範囲で使われていた。

戦前は、ジャズと同様にレヴューも実に色々な意味で使われていた。武者小路実篤までレヴューについて語るのは、奇観という感じだが、彼がいうレヴューとは、具体的には、当時上演の歌舞伎座の『十三歳の頼朝』(児太郎後の六世歌右衛門主演)、『真書太閤記』(二世猿之助主演)、帝劇『明暗双眼鏡』などである。「テンポの早いことと、変化の急激であること、前後の調子が加速度であることなどが、レヴユーの一般的形式」で、自分も「レヴユー式のものを書きたいと前から思ひ、それに近いものも、書いては来た」[3]というので、音楽もダンスもなく歌入り芝居でもない、現在考えるレヴューではないのである。

つまり、ジャズという用語が、「モダンジャズ」が定着する以前の一九五〇年代までは、ハワイアンから民謡のアレンジまで広範な音楽を包括する用語だったように、レヴューも実に広い範囲のジャンルを含んでいたのだろう。東西の松竹や宝塚の少女歌劇や、日劇のような大劇場、笠置《かさぎ》シヅ子らの松竹楽劇団はもちろん、東京でい

図①　『歌う弥次喜多』古川ロッパ（左）と徳山璉（『東宝五十年史』東宝株式会社、1982年）

えば浅草から有楽町に繰り出したエノケン、ロッパも、新宿のムーラン・ルージュも「レヴュー」である。歌舞伎座でも上演されたロッパと徳山璉《たまき》の「弥次喜多」もの［図①］までも、レヴューの感じで受け入れられていた。徳山璉は上野の音楽学校出の声楽家であり、人気を博したのは知られる。

ただ、戦後「帝劇ミュージカルス」を提唱した秦豊吉《はたとよきち》は、戦前はあまりレヴューという言葉を用いず、ショウや「ヴァライエチー」を用いる。

「宝塚が従来主として踏襲し来れる巴里式レビュー（スペクタクル式）は、欧州に於ては既に行き詰れり。之れレビュー其物の形式が見た眼を驚かす美しいものづくめにては、既に見物に飽きられたるとにて、見物の興を繋ぐ能はず[4]」。

秦はそこから「然らばレビューに代るべきものは何かというに、先ずオペレット（ミュージカル・コメディ）なり」といい、具体的に論を進める。端的にいえば、筋の面白さで引っ張らなくてはダメだということになる。

一方、秦は、アメリカの三千人規模の大劇場の興行が映画とステージ・ショウの二本立てであることに触れ、日劇もそれで行くことを確信したが、一九三五年頃は、ステージ・ショーという名前は日本になく、映画と併演の実演はすべて「アトラクション」と呼ばれていたと述べている。(5)

また、レヴューの隆盛は、トーキー化した映画の人気や映画音楽との関連を見ないわけにいかない。映画伴奏とレビューの関連については、瀬川昌久が『日本ジャズの誕生』でも詳しく触れている。(6)

ただ、今では「戦前のミュージカル映画」として一括したり、論じたりする作品を、当時のファンが「ミュージカル映画」と呼んでいただろうか。

野口久光は、菊田一夫歿の昭和四十八年(一九七三)に、こう書いている。

「大体ミュージカルという言葉が日本語化されて通用するようになったのは比較的最近のことで、戦前日本に数多く紹介されたミュージカル映画は音楽映画とかレヴュー映画と呼ばれていたし、宝塚歌劇で上演された一連の音楽劇も大体はレヴュー。グランド・レヴューなどの肩書きで宣伝されていたようである。中にはミュージカルの呼称を使ったものがあったかもしれないが(7)」。

徳山璉の主演作など「シネオペレッタ」という表記もあるから、戦前の都市庶民には、音楽入り娯楽作品は「オペラ」や「レヴュー」という言い方が一番馴染んだのかもしれない。現に川口松太郎『尖端を行くレヴュー』ではミュージカルという用語を使わず、「レヴュー映画」として一連の洋画を取り上げている。

以上、戦前のジャズとレヴューの成果と洗練と水準の高さを抜きには、戦後のミュージカルの隆盛と人気は考えられないことを指摘した上で、戦後に話を進めたい。

二　帝劇ミュージカルス――秦豊吉の「国民劇」

ミュージカルという言葉を知ったのはいつだろうか。映画は見ていた。だから、少年の私は、ミュージカルとは映画の一ジャンルと思っていた。

ミュージカルが「舞台で演じるもの」と知ったのは、雑誌『演劇界』で江利チエミ主演の『マイ・フェア・レディ』の記事を読んだ、中学一年の頃だと思う。その頃の私は、戦後のミュージカルの流れなど知りも考えもしなかった。

だが、逆にいうと、一般に「ミュージカル」のイメージは、それ以前にあまり想像力が及ばない。つまり、『マイ・フェア・レディ』以前のミュージカル認識はどういうものだったのだろうか。

野口久光は前掲論で「ミュージカルという肩書きを使った」のは「一九五〇年に中原淳一氏の手で旧ピカデリー劇場〔邦楽座〕に《ママ》上演された『ファニー』が最初とされている」としている。ただし、管見では、一九四七年四月帝劇上演の山口淑子主演『ケンタッキーホーム』〔図②〕は「ミュージカルドラマ」と称している。

戦後十五年目に刊行された、『演劇百科大事典』（平凡社、一九六〇年）のミュージカル項目執筆担当が河竹登志夫ということ自体が意外なのと同時に、日本版『マイ・フェア・レディ』上演（一九六三年）以前のミュージカル認識を自ずと表現していて興味深い。そこでは、日本のそれは「帝劇ミュージカル」からとしているのはともかく、同時代の梅田・新宿コマ劇場の「コマ・ミュージカル」が全く念頭にないようなのは寂しい。

ところで、その帝劇ミュージカルスについて、秦豊吉はこう書いている。

小林一三先生が主張した、「国民劇」という言葉は全く誤解されたが、先生の言われる意味では、歌舞伎劇こそ昔の「国民劇」であり、今日でもこれに代るべき、芝居と音楽と舞踊の綜合された舞台、「現代の歌舞伎」こそ「国民劇」であり、これが今日のいわゆる歌舞伎劇とは全く別個な、新しい創作のショウであり〈略〉外国名にすれば、「ミュージカル」という外に名はないのである。(8)

この文のタイトルは「ミュージカルス」、本文は「ミュージカル」と平然と秦は書いている。

野口久光は前掲論考で、「ミュージカルという言葉を最初に積極的に取上げたのは」秦とした上で、「帝劇ミュージカルス（どういうわけか複数形になっていた）」と触れただけだが、藤田敏雄によると、この複数形の呼称は「笑い話のような誤解」から生じたという。ブロードウェイには多種の呼称の「ミュージカルス」があるのを、「勘ちがいして〈東宝ミュージカルス〉」ということになったが、それを「菊田一夫ほどの」人でもの勘ちがいとしているので、秦豊吉の場合には当てはまらない。(9)

図② 『ケンタッキーホーム』帝国劇場プログラム（1947年4月）

戦後公職追放を解除された秦は、帝劇社長〈東宝とは別会社に分離〉となり、他劇場に比べて「私は帝劇で、何をやるべきか」考えた。「日本人も外人も、一緒におもしろく鑑賞できるもの」「外国の形式と手法で、日本の材料をこなし、日本の伝統と地方色を作り直し、国際化し、新しいものにすること」、それは既に映画で実行している。それを演劇で行うには「音楽によるほかはない」。「そこで私は「音楽劇」〈ミュージカルス〉という、音楽による演劇を選び、これを

図③　『モルガンお雪』（1951年2月、帝国劇場）越路吹雪（提供：映画演劇文化協会）

「帝劇コミック・オペラ」と名をつけた。この名前は欧州で使い古したものなので、後に米国式に「ミュージカルス」と改めた[10]。秦は、ミュージカルの例として、戦前の東宝国民劇の『木蘭従軍』（白井鐵造《てつぞう》作）だってうまくいったのだからといっている（『演劇スポットライト』参照）。

「帝劇」と「ミュージカルス」が結びついたのは、戦後の明治生まれの客層には、宝塚よりも、帝劇女優劇の益田太郎冠者の歌入り芝居の記憶やイメージが残存していたからに違いない。だから、戦後の秦豊吉の「帝劇ミュージカルス」は、斬新な響きと同時に、結構過去の記憶を喚起する語感があったのかもしれない。

ただ、井上理恵も指摘するように[11]、「帝劇ミュージカルス」の表記自体が各公演で統一された名称とはいえない。当時の興行システムは実に大雑把で、ポスターとチラシとプログラムの表紙と扉、本文など、東宝、松竹はじめ表記がバラバラという公演は昭和三十年代までは多かった。第3章で論じた「松竹ミュージカルス」も同様である。

雑誌『演劇界』で「ミュージカルス」欄ができるのは、秦歿後の昭和三十二、三十三年の二年間のみで、「松竹ミュージカル」が発足した時期である。なお、同欄の担当は本地盈輝《ほんちえいき》（朝日新聞記者）だが、本文表記は「ミュージカル」である。翌年から同誌のその欄は「話題」という平凡な呼称になる。

この時期、洋画の影響や憧れもあり、いかに「ミュージカル」が切望されたかは、当時の雑誌類の記事に見られる。大阪ミュジカルス研究会による『OSAKA MUSICALS』という雑誌〔図④〕などは、筆耕による手作りの同人誌だろうが、批評・研究のほか、会員による『王様と私』の翻訳もあり、新劇一辺倒だった当時の都市の青年層の中に、こうしてミュージカルを真摯に考える人々がいたかと思うと感に打たれるものがある。

尾崎宏次は、その頃『演劇界』で、こう書いている。

> 秦豊吉はゼッタイに「音楽劇」のスタイルを移植できるという自信、またそれをやらなければ松竹に対抗できる仕事はないような考えから出発していたと思う。小林一三はさらに宝塚出のタレントを吸収する場をそこに求めるというような条件があった。つまりは必要がうんだのである。[12]

図④『OSAKA MUSICALS』第2号（1956年7月、大阪ミュジカルス研究会）

尾崎は、同じ文章で東宝ミュージカルが有島一郎や三木のり平が中心なのはけしからんという人たちを批判して、「エノケンが主演しても少しもおかしくはない。ただ「ミュージカルス」と名乗るのがおかしいのである」といささか意味不明なことを書く。

菊田一夫によると、その名称の事情はこうである。

> 東宝ミュージカルの公演ほど、その上演作品の形態について不当な非難を受けている公演形態はない。東宝ミュージカルは劇団ではないが〔略〕一定のグループ〔略〕に対して付せられた名称なのである。これについて私は世上の誤解を解くために、かつてプログラム誌上で「私はこれに〝東宝喜劇〟という公演名を付したのだが、故小林〔一三《いちぞう》〕先生が、それを東宝ミュージカルと訂正なすった」と書いて、公演の性格を明らかにしたことがある。[13]

それでは、「帝劇ミュージカルス」から「東宝ミュージカル」へ——と行く前に、まず、遠回りをしなくてはいけない。それが、忘れられている「コマ・ミュージカルス」のことである。

三　コマ・ミュージカルス——菊田一夫の郷愁と脱却

小林一三最後の夢であり遺産である「コマ・スタジアム（劇場）」の盛衰と魅力については、拙論「「近代化遺産」としての「大劇場」」（本シリーズ『商業演劇の光芒』所収）で触れた。

小林が好み、コマ開場に際しても用いた「国民劇」という言葉は、坪内逍遙も使ったが、やはり上からの啓蒙視線を感じる。「国民演劇」という語感は、戦中に「国策劇」に吸収される傾向があったから、その記憶の強い菊田がその言葉を忌避したとは思えない。小林の啓蒙臭さのない菊田には、その用語は馴染まない。菊田自身が、小林や逍遙が啓蒙しようとした愚かで浅ましい「国民」だからだ。

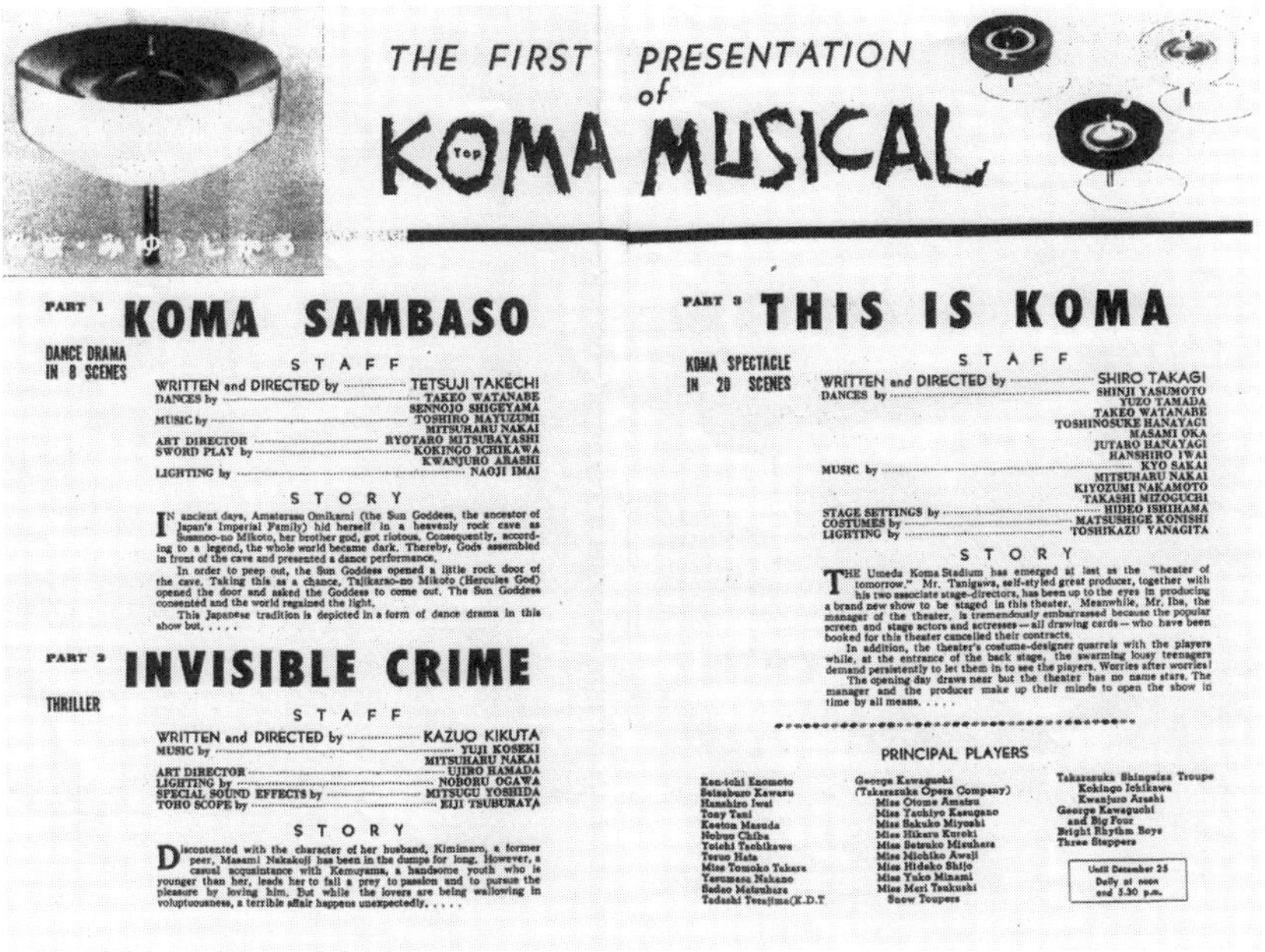

THE FIRST PRESENTATION of KOMA MUSICAL

PART 1 KOMA SAMBASO

DANCE DRAMA IN 8 SCENES

STAFF

WRITTEN and DIRECTED by ………… TETSUJI TAKECHI
DANCES by ………… TAKEO WATANABE
SENNOJO SHIGEYAMA
MUSIC by ………… TOSHIRO MAYUZUMI
MITSUHARU NAKAI
ART DIRECTOR ………… RYOTARO MITSUBAYASHI
SWORD PLAY by ………… KOKINGO ICHIKAWA
KWANJURO ARASHI
LIGHTING by ………… NAOJI IMAI

STORY

IN ancient days, Amaterasu Omikami (the Sun Goddess, the ancestor of Japan's Imperial Family) hid herself in a heavenly rock cave as Susanoo-no Mikoto, her brother god, got riotous. Consequently, according to a legend, the whole world became dark. Thereby, Gods assembled in front of the cave and presented a dance performance.

In order to peep out, the Sun Goddess opened a little rock door of the cave. Taking this as a chance, Tajikarao-no Mikoto (Hercules God) opened the door and asked the Goddess to come out. The Sun Goddess consented and the world regained the light.

This Japanese tradition is depicted in a form of dance drama in this show but, ...

PART 2 INVISIBLE CRIME

THRILLER

STAFF

WRITTEN and DIRECTED by ………… KAZUO KIKUTA
MUSIC by ………… YUJI KOSEKI
MITSUHARU NAKAI
ART DIRECTOR ………… UJIRO HAMADA
LIGHTING by ………… NOBORU OGAWA
SPECIAL SOUND EFFECTS by ………… MITSUGU YOSHIDA
TOHO SCOPE by ………… EIJI TSUBURAYA

STORY

Discontented with the character of her husband, Kimimaro, a former peer, Masami Nakakoji has been in the dumps for long. However, a casual acquaintance with Kemuyama, a handsome youth who is younger than her, leads her to fall a prey to passion and to pursue the pleasure by loving him. But while the lovers are being wallowing in voluptuousness, a terrible affair happens unexpectedly. . . . .

PART 3 THIS IS KOMA

KOMA SPECTACLE IN 20 SCENES

STAFF

WRITTEN and DIRECTED by ………… SHIRO TAKAGI
DANCES by ………… SHINJI YASUMOTO
YUZO TAMADA
TAKEO WATANABE
TOSHINOSUKE HANAYAGI
MASAMI OKA
JUTARO HANAYAGI
HANSHIRO IWAI
MUSIC by ………… KYO SAKAI
MITSUHARU NAKAI
KIYOZUMI NAKAMOTO
TAKASHI MIZOGUCHI
STAGE SETTINGS by ………… HIDEO ISHIHAMA
COSTUMES by ………… MATSUSHIGE KONISHI
LIGHTING by ………… TOSHIKAZU YANAGITA

STORY

THE Umeda Koma Stadium has emerged at last as the "theater of tomorrow." Mr. Tanigawa, self-styled great producer, together with his two associate stage-directors, has been up to the eyes in producing a brand new show to be staged in this theater. Meanwhile, Mr. Iba, the manager of the theater, is tremendously embarrassed because the popular screen and stage actors and actresses — all drawing cards — who have been booked for this theater cancelled their contracts.

In addition, the theater's costume-designer quarrels with the players while, at the entrance of the back stage, the swarming lousy teenagers demand persistently to let them in to see the players. Worries after worries!

The opening day draws near but the theater has no name stars. The manager and the producer make up their minds to open the show in time by all means. . . . .

PRINCIPAL PLAYERS

Ken-ichi Enomoto
Seizaburo Kawazu
Hanshiro Iwai
Tony Tani
Keeton Masuda
Nobuo Chiba
Yoichi Tachikawa
Teruo Hata
Miss Tomoko Takara
Yasumasa Nakano
Sadao Matsubara
Tadashi Terajima(K.D.T

George Kawaguchi
(Takarazuka Opera Company)
Miss Otome Amatsu
Miss Yachiyo Kasugano
Miss Sakuko Miyoshi
Miss Hikaru Kuroki
Miss Setsuko Mizuhara
Miss Michiko Awaji
Miss Hideko Shijo
Miss Yuko Minami
Miss Meri Tsukushi
Snow Toupers

Takarazuka Shingeiza Troupe
Kokingo Ichikawa
Kwanjuro Arashi
George Kawaguchi
and Big Four
Bright Rhythm Boys
Three Steppers

Until December 25
Daily at noon
and 3.30 p.m.

図⑤　「梅田コマ・ミュージカル第一回公演」梅田コマ劇場プログラム（1956 年 11 月）

梅田コマ劇場開場公演（昭和三十一年（一九五六）十一月〔図⑤〕）の総タイトルは「梅田コマ・ミュージカル第一回公演」だが、「宝塚歌劇団・東宝ミュージカル・宝塚新芸座出演」「総指揮――菊田一夫」である。開場に際しての小林一三の「梅田コマはこうして出来た」にも、菊田の文章にも「ミュージカル」の言葉はない。

出演のグループ名に「東宝ミュージカル」とあるのは、同年三月に東京で「東宝ミュージカル」第一回公演があったからである。

「東宝が（というよりは、新しく東宝の重役――それも及〔ママ〕そ重役らしくない重役――のイスに座った菊田一夫氏が）ミュージカルスを育てようと腰をあげた」[14]。

しかし、この間のいきさつについては、コマ・スタジアム社長を勤めた伊藤邦輔『拍手のなかに――プロデューサーのバラード』に詳しい。

小林は「新宿につくっているコマ劇場は秦豊吉君にやってもらうことにしている。秦君と君（伊藤〕ならおもしろいことになりそうだ」といったという。[15] 一方、コマの設計の不備が判明した際に、小林は「伊藤君、大至急に菊田君に会いなさい」[16] といっている。しかし、秦は同年七月に歿する。

秦が健在で、帝劇に続いて、コマや東宝ミュージカルを手掛けていれば、随分性質の変わったものになっただろうと推測できる。秦と菊田と。生まれも育ちも、学歴も経歴もまさに好対照の二人を、引き抜き、競わせ、育て上げた人事手法に小林の真髄がある。菊田自身、「ことごとに秦さんと意見が衝突してうまくいかないので〔菊田が脚本を書いた〕「モルガンお雪」だけで縁を切った」[17] と書いている。

もとより、秦には「浅草」への郷愁はなかった。もちろん、秦の帝劇ミュージカルスには、榎本健一もロッパも出ている。だが、秦が榎本に求めるイメージは、彼が「浅草」を脱出して東宝の有楽座に出てからの彼だったのだ。

もっとも、戦後のエノケン自身が既に浅草から気分的に離脱していた。高見順編『浅草』巻末のお薦めの名店をという名士アンケートで、緑波は「近頃の浅草を知らないので、これから研究します」というのに対して、榎本は懐旧の一文を別に掲載はしているが「最近〔戦後〕全く浅草に行きませんのでわかりません」と実に冷たく言い放っている。[18]

一方、菊田が「浅草」に拘り続けたのは、その劇作や随筆からも実感できる。

そこにこそ、ミュージカルに拘り続けた、菊田の心性の強烈な魅力がある。

昭和四十七年（一九七二）五月の『スイート・チャリティ』上演時のプログラムにある菊田の挨拶に、エノケン時代の郷愁が滲んでいる。

このような東宝のミュージカル熱を見て、私のことをアメリカ製ミュージカルにつかれた男とおっしゃる方もござま〔ママ〕したが、実は、私がミュージカルのとりこになりましたのは、既に四十年前のことなのでございます。

私にミュージカルの楽しさを教えてくれまし〔ママ〕のは、今は故人となりました畏友榎本健一でした。振り返って見ますと、浅草をふり出しに、私は、ミュージカルの途を一筋に歩いて来たような気も致します。アチャラカミュージカルと言われたり、ドラマに行きづまって歌で逃げたと言われたりしたこともございますが(19)

〔略〕

私にとって興味深いのは、菊田のミュージカル志向は、二つの面があったことである。一つは、彼が劇作家としての地位を築いた戦前の浅草時代から有楽町時代への郷愁。二つは、そこからの離脱・上昇装置としてのブロードウェイ・ミュージカル。この相反する表裏の表出があったことが、菊田在世時の「東宝ミュージカル」の濃淡を彩っている。あえて図式的にいえば、秦のミュージカルスは「国際化し、新しいものにする」ドライな性質だったのに対し、菊田のミュージカルはどうしても郷愁と結ぶウエットな心性に結びつくところがあった。

雑誌『日本演劇』（昭和二十年二月）は「特集・喜劇論」であり、この時期に至っても、公式見解では禁止の敵性語（英語）が満載で普通に使われている。なかで応召中の菅英久「新喜劇の展開」は興味深い。浅草の喜劇に触れ、「浪花節をピアノ化し、ジャズ化したのも彼等の舞台音楽」「エノケン的な音楽劇と、音楽を離れようとした喜劇」として「笑の王国」や古川緑波に及ぶ。特集中、「新喜劇界のオーソリテイ」として菊田一夫の名は頻出し、「発生当初より〔略〕近代的な都会の哀愁」を秘めていたというのである。菊田の初期「東宝ミュージカル」は、この線への郷愁でもあった。

尾崎宏次は前節であげた論考で、東宝の路線を「ミュージカルス」と名のるのはおかしいが、当初菊田が提案した「東宝喜劇」という「最初の考えは、それなりに正しかった」と続けている。

旗一兵のような戦前からの関係者にすれば、「昭和喜劇の流れ」で「東宝ミュージカル・コメディ[20]」という表記を自然に使うように、ミュージカルはコメディ、軽演劇と結びついていた。『マイ・フェア・レディ』上演以前までは、そういう感覚が残っていたと思える。本シリーズ『商業演劇の光芒』収録の小林のり一《かず》（三木のり平子息）の聞き書きでも、三木のり平はそういう気分だったことが感じ取れる。

そして、それが如実に感じ取れるのが、「コマ・ミュージカル」「東宝ミュージカル」なのだ。

しかし、軽演劇という呼称で文字通り軽く扱われがちだが、菊谷栄《きくやさかえ》の傑作『君恋し』の音楽が井田一郎なのには驚かされる。井田は、瀬川昌久の「ある先駆者の情熱と挫折[21]」によると、大正・昭和の日本の「ジャズ・エイジ」を疾走したきわめて高水準のジャズマンである。近年の復刻版ＣＤからも感受できるように、エノケンと周辺の人々の水準は決して侮るべきではない。

「東宝ミュージカル」第一回公演が飯沢匡《ただす》のミュージカル・ファンタジー『泣きべそ天女』、菊田の『恋すれど恋すれど物語』。第二回（昭和三十一年七月）が美空ひばり主演で高木史郎『太陽の娘』、菊田の『マゲモノ・スリラー俺は知らない』と続く。

菊田は「ミュージカルというものを意識に入れて最初に作ったのが、〔昭和〕三十一年秋の『極楽島物語』つづいて三十二年の『金瓶梅』などで、ぼくとしてはここらに大いにミュージカルというものを考え直して、大転換をはかったつもりだった[22]」と書く。

『金瓶梅《きんぺいばい》』はようやく評価を得たが、その主演が秦の帝劇ミュージカルスで既に経験済みの越路吹雪だったのが皮肉である。同年には初代水谷八重子が短い歌を聴かせた菊田の『メナムの王妃』のあと、東宝文芸部の山下修平、貴島研二、安永貞利、岡田教和という菊田以外のメンバーの共作『パノラマ島奇譚』『東海道は日本晴

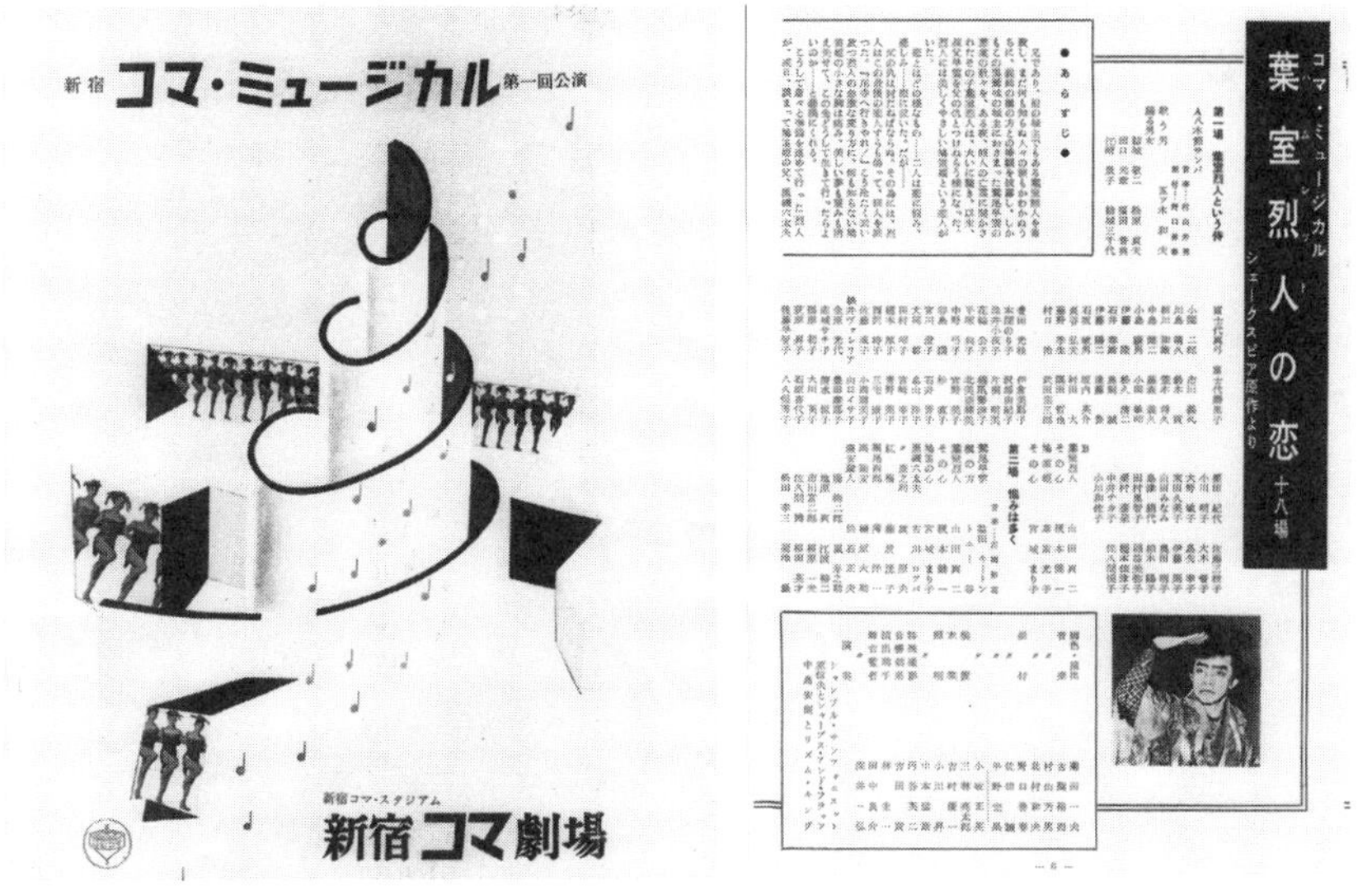

図⑥　「新宿コマ・ミュージカル第一回公演」新宿コマ劇場プログラム（1957年4月）

れ』と続く。

『演劇界』には、「越路吹雪、草笛光子、宮城まり子の、いわゆるミュージカル三大女優」という評も見られるこの年七月、菊田は「芸術座ミュージカル」も始める。ウイリアム・インジ原作の越路主演『バス・ストップ』だった。

一方、新宿コマ劇場が開場し、「新宿コマ・ミュージカル第一回公演」も同じ昭和三十二年（一九五七）四月で、菊田作『葉室烈人の恋』に岡田恵吉『廻れ！　コマ』で開幕した［図⑥］。エノケンや益田喜頓《キートン》、トニー谷、宮城まり子らに「コマ・ガールズ」（後のコマ・ミュージカル・チーム）、「小牧バレエ団」まで加入している。翌月の第二回の岡田恵吉のミュージカル・ファンタジー『真夏の夜の夢』、高木史郎構成『日本意外史』で、作品は評価低いが、「東宝ミュージカル」や日劇にも出演して好評だった水谷良重（現・二世八重子）が、高い評価を得て「ミュージカル女優として注目に値いする」[23]としている。これには、丸山（美輪）明宏も出演している。水谷は後に昭和三十七年七月『ブロードウエイから来た13人の踊り子』でも草笛光子と共に、外国人と並んで遜色ないステージを見せた。その後、水谷が新派に戻らざるを得なかったことは、当人にも観客にも、不運だったか幸運だったか。

菊田は梅田・新宿コマ劇場で、開場一周年（昭和三十二年〔一九五七〕十二月）に「コマ歌舞伎」第一回公演を行っている。「コマ歌舞伎」は、長谷川一夫が出ないだけの「東宝歌舞伎」と悪口をいわれた企画だったが、エノケンの当たり役『孫悟空』を「従来のミュージカル調とは調子を変えて、新しい演出で[24]」と菊田は書いている。併演が『三人道成寺』はともかく、瀬戸英一の『緋鹿乃子《ひがのこ》纏《まとい》』を久保田万太郎演出で上演なのは、およそ新宿コマの客層に合わない企画で、花柳喜章《よしあき》（章太郎長男）の東宝入りと久保田の「文化勲章授賞（ママ）後初めての演出をお願できました」と同文にあるから、これは、東宝の演劇担当重役としての演劇行政行上の事情もあったに違いない。

これが、菊田によると東宝ミュージカルが「興行的にはどうもだんだんと芳しくなくなってきた。だから約一年半近くミュージカル公演をやらなかった[25]」という時期である。東宝重役であり、それ以前には宝塚歌劇にも顧問として作品を提供している菊田は、この間、東宝劇場の火災の後始末に奔走せねばならず、何より、一九五七年開場の芸術座の仕事に集中していた。

ところで「コマ・ミュージカル」の企画は、その後、冴えなかった。『歌う金色夜叉』（昭和三十四年一月）、エノケンの体調悪化もあるが、中野實の『お蝶夫人』（同年五月）、『たけくらべ』（宮城まり子主演、同年八月）と続き、翌年十月には「コマ爆笑ミュージカル」として『ロッパの新版　ガラマサどん』を上演した。もちろん、ロッパが昭和十年に人気を取った佐々木邦《くに》原作の作品だが、安永貞利の新脚本で島村順三が二十五年ぶりに演出ということである。そして、ついに昭和三十六年十一月の新宿コマでは、越路吹雪で『モルガンお雪』を再演する。戦前の浅草に戻り、今度は秦豊吉の帝劇ミュージカルス路線に戻ったのである。

さすがに、翌年四月新宿コマ開場五周年記念公演では、永六輔作『初めましてママ』を菊田演出で上演するなど、新企画を立てた。「永六輔さんは、テレビのミュージカル物でいつも新鮮な息吹きを」(26)与えているということだが、逆にいえば「エノケンの体調悪化もあるが、かつてのアチャラカ的「爆笑ミュージカル」」が「テレビの時代」に一歩譲るという趨勢を感じることもできる。

だが、菊田が吹っ切れたように思えるのが、江利チエミとの出会いである。

昭和三十六年（一九六一）六月梅田コマ、翌年十一月新宿コマ上演の菊田作・演出『スター誕生』だった。これは、ドサ廻りの女優を母に持つ娘が、東京へ出て出世するという物語だが、そこに芸道物らしい対立があり、母の犠牲があり、色恋ありという、まさに菊田の資質と好みに合い、チエミの芸風にもあった世界だった。チエミは劇中劇で、母役の清川虹子の「重の井」で子役三吉を勤めるが、劇中に「テネシーワルツ」「スワニー」「ビギン・ザ・ビギン」から民謡メドレーまで歌うショーのシーンを入れて、チエミファンも満喫させた。「新宿の皆様、初めまして」という上演プログラムのチエミの挨拶に驚くが、意外にも「江利チエミがはじめて東京の舞台で本格的な芝居をする」(27)という菊田の「作者のことば」を読むと納得するのである。しかし、ここには二つの意外さがある。当時私は小学六年、チエミは映画・テレビで誰もが知る大スターだった。それだけの存在がそういう大劇場の芝居の「初出演」だったこと。もう一つは、それだけの経験しかないチエミがこの舞台で共演した高島忠夫と共に、翌昭和三十八年の『マイ・フェア・レディ』日本初演で主役を張り、日本のミュージカルの新時代を作ったことである。そして、ここからが、もう「アチャラカ」「爆笑」を離脱し、浅草の残影を感じさせない、我々が知る「東宝ミュージカル」の時代なのである。

逆にいえば、コマ・ミュージカルは、エノケンや浅草の記憶を残存させ、あるいは復活を試みた最後の試みと、次節に続く、そこからの脱却という両面を担う意味で重要だったのである。コマ劇場が、「演歌の殿堂」という通説で、将来語られてしまうとしたら全く残念でならない。

四　離脱・上昇装置としてのミュージカル

昭和三十八年(一九六三)の『マイ・フェア・レディ』の日本版初演での大成功から、「東宝ミュージカル」は、ブロードウェイ・ミュージカルの日本版上演を続け、「興行」としてのミュージカルを定着させた。これ以降、ブロードウエイ・ミュージカルの日本版上演が続くわけだが、特に『マイ・フェア・レディ』は安倍寧《やすし》のいうようにミュージカルの「忠臣蔵」(28)として、現在まで上演され続けている。

これには、周囲の状況もあった。

一つは同年、開場した日生劇場の存在がある。浅利慶太らの尽力により実現した、昭和三十九年の「本場の」『ウェストサイド物語』来日公演、そして、戦前以来のミュージカル映画の人気復興だった。両作とも、映画のイメージ抜きの人気は考えられない。

藤田敏雄は、「東宝ミュージカルスはエノケンを座長とするアチャラカ喜劇『雲の上団五郎一座』に吸収され、自然消滅の道をたどった」(29)と書く。さらに藤田は、菊田が「創作ミュージカル路線に見切りをつけ」て『マイ・フェア・レディ』に成功したことと、日生劇場でミュージカル制作者として、菊田と「対極の位置にいる」浅利が関わったことに触れる。「レパートリー・システム」の菊田と、「ロングラン・システム」の浅利との対比で進行したことを述べている。(30)

一方、東宝劇場の「東宝歌舞伎」や芸術座の女優主演による芝居の人気と継続性も、菊田一夫取締役としては重要だっただろう。

特に、芸術座では菊田の自伝的作品を上演し、浅草の記憶を継続した『浅草瓢簞池』のような、哀切感と楽天性の備わった佳作を残した。芸術座で、過去との継続を、ミュージカルでそこからの脱却と上昇を――その両面が、菊田のみならずこの時期の東宝演劇の磁力だった。

当時私は中学生だが、今思うと、「東宝歌舞伎」の定番レヴュー『春夏秋冬』での長谷川一夫の奇妙なスキップ風の踊り、「東宝ミュージカル映画」の奇天烈で安直な愉しさなど、いずれも、この時期のミュージカル人気と関係あると思えてならない。

菊田制作・演出のミュージカルは、昭和三十九年（一九六四）七月『努力しないで出世する方法』（松浦竹夫演出〔図⑦〕）、十一月『アニーよ銃をとれ』から四十一年『南太平洋』まで、いずれも「コマ劇場」で上演された。当時の新宿はまだ二流の繁華街であり、東宝でもセカンドラインの劇場である。コマで上演されたのは、東宝劇場の他の公演との兼ね合いや経営上の事情だろうが、結果として、菊田の意識を超えて、郷愁とそこからの脱却の二重装置の意味を担った。

その意味で、この時期の東宝版ブロードウェイ・ミュージカルは、自己犠牲や純愛志向というモチーフも含めて菊田の自己投影があり、言い換えれば、主人公や登場人物は菊田自身だった。

安倍寧は、『マイ・フェア・レディ』で浅草出身の八波《はっぱ》むと志《し》が「運がよけりゃ」を歌うドゥーリトルに菊田が自己仮託した印象を書いている。(31)『アニーよ銃をとれ』の山出し娘がスターになるという設定で、アメリカのミュージカルの女性像には何かを摑もうとする獲得志向、上昇志向があるといわれるが、まさにそこにも、菊田が投影し、共振する契機があった。

ミュージカルというジャンルの持つ一種の上昇志向について、スコット・マクミリンはこう述べている。

御　挨　拶

東宝株式会社専務取締役　菊　田　一　夫

「努力しないで出世する方法」(HOW TO SUCCEED IN BUSINESS WITHOUT REALLY TRYING) 新宿コマ劇場に於ける東宝の自主公演。日本の芝居では考えられないほどの長い題名でございます。

私はブロードウェイに於いて、此のミュージカルを二度見ました。最初は、これが初演されて間もない1962年７月。次が、ことしの５月。感心したのは、３年間続演しているその間に、舞台が見ちがえるほど面白くなっていることに対してでした。（初演年度も、もちろん面白かったのですが、それより遥かに……）日本では普通芝居というものは、初日から10日目ぐらいにかけて次第に芝居がかたまって面白くなり、それ以後は惰性のように見えることが多いのですが、このミュージカルは３年たって、続演して、はじめより３年目のほうがずっと面白い。演出家の手直しもあり、俳優の努力もあるのでありましょう。観客は舞台に対して、まるで自らの生活を見ているように親近感をもち、そして、一語、一動作ごとに、わあわあと心をひらいて笑う。うなずく。……ミュージカルとしたら、こんな面白く楽しいものは他にないのではありますまいか。

サラリーマンの生活というものは東西を通じて変らず、サラリーマンの出世慾またしかり、そして、出来るならば努力の汗はかきたくない、というのも古今東西を通じた人間のわがままでございましょう。

ブロードウェイでの演出は奇智溢れるものでございましたが、此の公演に於いても、それに劣らない、ある部分は現地よりも勝れたものを見ていただけると存知ております。

ミュージカルとは、楽しくあることが、まず最初の条件でございます。しかつめらしい顔は今宵だけはお捨てになって、心からおたのしみ下さいますように……

昭和39年７月

東宝ミュージカル　　特別公演

努力しないで　出世する方法

７月２日初日→７月28日

開演時間　初日・４時　平日・12時　５時30分　日曜・11時30分　５時

料　金　Ａ.1,000円　Ｂ.800円　Ｃ.500円

図⑦『努力しないで出世する方法』新宿コマ劇場プログラム（1964年７月）

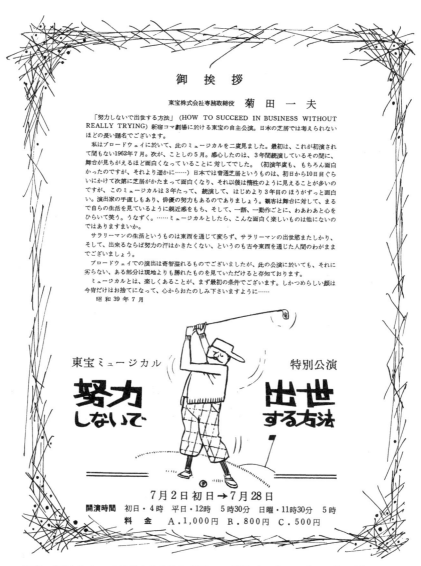

ミュージカルの歴史を通して見えてくるものは、その背後にあったオペレッタや種々のレビューを恥ずべきものであるかのように思い、ミュージカルというジャンルを高邁なものにしようとする願望である。オペレッタは万人にアピールするものだから、高邁なものを求めんとする作曲家にとって、どこか底の浅いものに見えてしまうのである。(32)

だが、舞台で演じるのは菊田でなく、女優である。そしてそれを体現したのが江利チエミだった。『マイ・フェア・レディ』のイライザとヒギンズ役は、当初雪村いづみと森繁久彌が予定されていたが、『スター誕生』のチエミ・高島コンビに変更になった。その事情は安倍寧の前掲書に詳しいが、チエミの大衆的キャラクターが成功の一因だったことは否めない。

チエミも浅草の生まれだった。チエミのファンだった寺山修司は彼女を絶賛してこう書いている。

戦後の日本の生み出した典型的なスターである。彼女の一挙手一投足のなかには、小市民の〝幸福感〟がそのまま息づいている。〔略〕至るところで、貧しい市民の味方をし、多くの人たちから愛されてきた。大衆の生み出した情愛の女チエミは、小市民へのメッセンジャーでもある。(33)

『マイ・フェア・レディ』の二月後、昭和三十八年十一月に菊田作・演出、チエミ主演でコマ・ミュージカル『100万人の天使』も上演された。副題「夢みる女の波乱の一生」はまさに菊田の世界丸出しである。

ここまでくると、これでは、菊田がチエミに一体化しているように思える。菊田脚色の特徴は、芸術座や東宝劇場の『細雪』などの文芸もので、成功しかける小市民に、原作にないような圧力や罵倒の台詞を加えて観客の飢渇感や情動に訴えるところがあった。

『アニーよ銃をとれ』では宝田明のフランクも好評だった。私は当該の舞台は見ていないが、東宝の舞台での宝田や高島の、まだハンド・マイクの時代の定位置で上半身を揺らしながら歌う姿が懐しい。ピン・マイク使用になっていくらでも自由に動きながら歌える現在はかえって〝幸福感〟を感じないのは私感にすぎないだろうか。そこまで菊田が計算したわけではなく、その時代の音響技術の結果だろうが、彼は、まさに「情愛」を通して、おそらく、日本的情感を湛えたウエットな「ブロードウエイ・ミュージカル」を実現したのである。

五　新帝劇の菊田一夫

現在の帝劇の舞台機構は、菊田が『風とともに去りぬ』を上演するために作ったといわれるほど、彼は、同作に異様な執着を見せた。

その際、興味深いのは、原作者マーガレット・ミッチェルの代理人から「ミュージカル仕立てには、絶対にしないこと」「単なる娯楽ではない」という条件を提示された挿話である。(34)

これが、後のミュージカル版『スカーレット』につながった。道江達夫によると、戦前宝塚に『風とともに去りぬ』のミュージカル版を書き上げていたが上演できなかったという。(35)

ところで、現在の観客や読者はどういうイメージでとらえるかわからないが、昭和四十年代開場当時の「新しい帝劇」のイメージは、少なくとも当時十代の私には、その公演の「グランド・ロマン」というようなネーミング自体が、駅前商店街の歳末セール風「ゴージャスセンス」を感じさせて野暮ったく思えた。昭和初期、阪急沿線のダンス・ホールを小林一三が「明朗」と名付けた際、「フロリダ」「ユニオン」などの名称が普通の時代に、古臭いと皆思ったが逆らえなかったという。同じ事情が当時の東宝にあったかもしれない。

しかし帝劇開場時のセレモニーで、東宝の慶應人脈の立派な風貌の社長・重役連の列に居並び笑顔を見せる、およそ風采上がらないチョビ髭の菊田の写真を見ると、凡庸な感慨にとらわれ、やはり「グランドロマン」でよかったんだという気持ちになる。

ただ、これも現在からは意外に思えるかもしれないが、『キスミー・ケイト』『エニシング・ゴーズ』など、私の大好きなコール・ポーター作曲の音楽の雰囲気は、同じ東宝でも、ポーターの「ビギン・ザ・ビギン」に代表される日劇の山本紫朗《しろう》構成の舞台の洗練の方に合っていた。日劇は歌謡曲のショーのイメージが強いので不思議に思われるかもしれないが、帝劇の「グランド・ロマン」よりは、日劇のＮＤＴの方にずっと洗練を感じた。もっとも、当時まだ若い私は、「無学な地方出」の菊田を軽く見ていたからかもしれない。

当時の菊田の意気込みを知る資料が、帝劇開場から菊田歿まで続いた雑誌『東宝』での広部貞夫「ミュージカル一〇〇年――19世紀ミュージカルコメディから現代まで[36]」をはじめ、ミュージカルについての記事や連載の多さである。

新帝劇の昭和四十年代のミュージカルには、二つの特徴を感じる。

一つは、戦前からの演劇人・森岩雄の重要性である。森は戦後は占領下で映画の検閲交渉でも大きな役割を果たしたが、戦前から、松旭斎天勝《しょうきょくさいてんかつ》などの映画のプロデューサーとしても、またジャズの訳詞やレヴューの功績でも知られる。「レヴューの王様」が白井鐵造なら、森は「レヴューの重役」位の役割を果たしたが、築地小劇場人脈でない新劇人、宝塚に関わらないレヴュー関係者の扱いは往時の存在に比べて気の毒でならない。森は『南太平洋』から『王様と私』『ラ・マンチャの男』までの訳詞にも関わって、東宝ミュージカルのイメージ形成に実に大きい役割を果たした。

二つ目は、新帝劇への期待度が菊田に「使命感」を与え過ぎたようにも思える。スコット・マクミリンによると、エリック・ベントリーは「ミュージカルはドラマが持つ政治的責任を認めようとしなかったとして、ミュージカルを見下した」という。だが、「やがて、政治的社会的問題はミュージカルの主流にさえな」り、それがミュージカルを、「政治的社会的諸問題なしに語れない未来あるジャンルへと高めた」とマクミリンは続ける。(37)

『屋根の上のバイオリン弾き』も日本では理解しがたい設定を変えたりしたが、森繁久彌の晩年の説教臭さが感じられ、『ラ・マンチャの男』も使命と夢に生きねばならないようなテーマを感じて、二十歳前後の生意気盛りの私は素直に「感動」しなかった。逆に、「政治的社会的諸問題」で拒否感あるはずの、当時の麻布霞町（現・西麻布）にあった自由劇場で見たイリヤ・エレンブルグの『トラストＤＥ』（観世栄夫演出）の方が、キャストの独自の倦怠感と不貞腐れ感が私の趣味に合い、ウマクも何ともない歌の方が未だに耳に残っている。

新帝劇開場から菊田歿までの八年間の帝劇でのミュージカルは、管見の限りでは、当時の世情もあろうが、「深い人間性を描いているから優れた舞台」という凡庸な価値観で評されてしまったように思える。

使命感と併行して、小幡欣治の『評伝　菊田一夫』（岩波書店、二〇〇八年）や諸氏の回想にもあるように、菊田の体力が顕著に衰えていったこともあるだろう。『スカーレット』のあとは、『歌麿』に最後の夢を賭けたが、誰もがいうように、もう菊田には体力も根気もなかったようだ。菊田が『歌麿』で目指したのは、プログラムにあるように、いわば「世界に通用する日本のミュージカル」ということである。

欧米のミュージカルに近づくというかつての夢は、果たして実現したのだろうか。しかし、夢は必ず悪く実現される。それは夢としてのブロードウェイで、現実のブロードウェイではないからだ。そこに近づけば近づくほど、本物と違う感じがする憧れの対象。ミュージカルも、その意味でまさに近代日本の「翻訳文化」の持つ栄光と悲惨を担っている。

そこにこそ、東宝の「和製ミュージカル」の意味があるといえるだろう。

六　菊田一夫以後――長谷川一夫の真骨頂

菊田一夫が歿して以後も「東宝ミュージカル」の上演は、当然続く。ただ、一九七〇年代半ば以降は、東宝演劇というより、演劇という通念が変わっていく時代だった。

東宝では日劇、松竹では浅草国際劇場が閉館し、グランドレヴューの時代が終わる。長谷川一夫の衰えとともに、「東宝歌舞伎」の興行が難しくなる。コマ劇場がミュージカルから、以前と異質の喜劇公演が多くなり、やがては「歌手芝居」と称される芝居が増える。松本幸四郎(初世白鸚)一門の歌舞伎公演が減り、松竹への出演が増え、やがて松竹に復帰する。芸術座だけは健在だが、キャパシティからも主軸にはならない。

そこで、相対的に比重が大きくなったのが、宝塚歌劇である。

現在の通念から不思議に思えるだろうが、当時の宝塚は、「ミュージカル」とも「演劇」とも別の「宝塚」という独立したジャンルと思うのが一般的だったのではないだろうか。能を「演劇」でなく、ただ「能」と思っていたように。宝塚歌劇を知らぬ人はなく、映画やテレビで馴染みの女優が宝塚出身というのは誰でも知っていた。越路吹雪、淀かおる、那智わたるをはじめ「東宝ミュージカル」の主役級を勤める人も多いのだが、宝塚はミュージカルと別のジャンルという思い込みは、私だけだっただろうか。

宝塚の転換点が昭和四十九年(一九七四)の『ベルサイユのばら』であることは、いうまでもない。

それが菊田の死の翌年であるのは偶然であるが、まさに、菊田の不在が「ミュージカル」と「宝塚」のイメージを変えたことは興味深い。

　その初演が長谷川一夫演出なのもよく知られているが、私が感嘆するのは、長谷川の演出が徹底的に「外面」「見た目」に拘ったことである。この際、オスカル役の榛名ゆきは、長谷川に「瞳の星を飛ばす」ようにといわれたという。具体的には「目線を二階席の手すりから一階席まで落とせ、そして「い―二三番」の座席を見なさい」[38]という指示だった。同様の挿話は、著名な映画監督の指導にもうかがわれるが、こういう「内面の役作り」などという凡庸さと異質の外面的表現力への拘りに、長谷川の真骨頂があるといえよう。

　『ラ・マンチャの男』での宝塚出身の浜木綿子《はまゆうこ》や、ＳＫＤ出身の草笛光子の歌唱の見事さに感嘆してはいたが、私が、そういう宝塚出身者の「外面」の立派さに圧倒されたのは、昭和五十二年（一九七七）帝劇『三文オペラ』（蜷川幸雄演出）での上月晃《こうづきのぼる》だった。蜷川好みの宝塚風大階段に後向きに足を掛けると、当時はまだ宝塚でも掛け声があったのだろう、「ゴンちゃん」と声が掛る、左の肩越しに振り向く上月が「最後はみんなで一緒になって」と歌い出す瞬間の昂揚感は、所謂ミュージカル女優と異質の凄みがあった。

　この舞台で上月は、ごく普通に視線を上げ正面切ったまま大階段を下りるのだが、そんな大階段に不慣れな主役の栗原小巻は足許を見ながら注意深く降りてくる。それだけで、小柄な上月が立派に見え、栗原の役がライフサイズの小ささになってしまうのに、改めて形の重要さを感じたものだ。

　この時の公演は「東宝ミュージカル」の呼称は使っていない。昭和五十七年（一九八二）には、江利チエミも急逝する。それ以降は、逆に「ミュージカル」が演劇ジャンルの主流ともいうべき時代となるほど、「演劇」の通念も変わる。ここからの「東宝ミュージカル」は別の文脈で語るべきものとなるだろう。

（1）架蔵のものだけでも以下の通り。中村秋一『レヴュウと舞踊』三笠書房、一九三三年。同『レヴュウ百科』音楽世界社、一九三五年。三林亮太郎『レヴユウからシヨウへ』岡倉書房、一九三八年。川口松太郎『尖端を行くレヴユー』誠文堂、一九三〇年。オリエ津阪『レヴュー読本』健文社、一九三六年（末尾に小野金次郎「レビユーの生ひ立ち」）などがある。

（2）清島利典『日本ミュージカル事はじめ』刊行社、一九八二年。

（3）武者小路実篤「レヴユーに就いて」、『演芸画報』一九二九年七月。

（4）秦豊吉「欧州劇界の視察」、『私の演劇資料第五冊　日劇ショウより帝劇ミュージカルスまで』秦豊吉先生を偲ぶ会、一九五八年、一六頁（初出一九三三年六月）。

（5）同前、五七頁。

（6）瀬川昌久・大谷能生『日本ジャズの誕生』青土社、二〇〇九年。

（7）野口久光「菊田さんとミュージカル」、『東宝』一九七三年六月。

（8）秦豊吉「帝劇ミュージカルス」、前掲書一二二頁。

（9）藤田敏雄『ミュージカルはお好き？――日本人とミュージカル』NHK出版、二〇〇五年。

（10）秦豊吉「「ミュージカルス」とは」、『劇場二十年』朝日新聞社、一九五五年、一九七頁。

（11）井上理恵『菊田一夫の仕事』社会評論社、二〇一一年、一一五頁。

（12）尾崎宏次「芸能のすがた（その4）　ミュージカルス」、『演劇界』一九五七年三月号。

（13）菊田一夫『芝居つくり四十年』オリオン出版社、一九六八年、一一一頁。

（14）本地盈輝「東宝ミー《（ママ）》ジカルスをみて」、『演劇界』一九五六年三月。

（15）伊藤邦輔『拍手のなかに――プロデューサーのバラード』毎日新聞社、一九八三年、一五三頁。

（16）同前、一二八頁。

（17）菊田一夫前掲書、二六頁。

（18）高見順編『浅草』英宝社、一九五五年、二七三頁。

（19）菊田一夫「ご挨拶」、『スイート・チャリティ』帝国劇場プログラム、一九七二年五月。

（20）旗一兵「昭和喜劇の流れ」、『東宝』一九七二年一月。なお、旗の同論は、一九七一―七二年に連載された。

（21）瀬川昌久「ある先駆者の情熱と挫折」、『ジャズで踊って』清流出版、二〇〇五年。

（22）菊田一夫『芝居つくり四十年』二八頁。
（23）本地盈輝「低調な新宿コマ」、『演劇界』一九五七年九月。
（24）菊田一夫「第一回コマ歌舞伎の公演」新宿コマ劇場プログラム、一九五七年十二月。
（25）菊田一夫『芝居つくり四十年』二八頁。
（26）菊田一夫「演出者のことば」、『初めましてママ』新宿コマ劇場プログラム、一九六二年四月。
（27）菊田一夫「作者のことば」、『スター誕生』新宿コマ劇場プログラム、一九六一年十一月。
（28）安倍寧『ショウ・ビジネスに恋して』角川書店、一九九六年。
（29）藤田敏雄前掲書、一〇一頁。
（30）同前、一一一頁。
（31）安倍前掲書、六八頁。
（32）スコット・マクミリン『ドラマとしてのミュージカル――ミュージカルを支える原理と伝統的手法の研究』有泉学宙訳、彩流社、二〇一五年、二七頁。
（33）ほんちえいき（本地盈輝）「回想の俳優と舞台4　江利チエミの「アニーよ銃をとれ」」（『芸能』一九八五年九月）による引用。
（34）道江達夫『昭和芸能秘録――東宝宣伝マンの歩んだ道』中公文庫、二〇〇一年、二七五頁。
（35）同前、二八三頁。
（36）広部貞夫「ミュージカル一〇〇年――19世紀ミュージカルコメディから現代まで」、『東宝』に一九六八年（第二五号）より一九七一年（第五一号）まで二十四回連載。
（37）マクミリン前掲書、二八頁。
（38）ＮＨＫ「プロジェクトＸ」制作班編『プロジェクトX挑戦者たち30　地上の星たちよ永遠に』ＮＨＫ出版、二〇〇六年、二六七頁。

II 黎明期のミュージカル

第3章 松竹歌劇から松竹ミュージカルスへ

神山 彰

一　戦前の松竹音楽産業

現在では、ミュージカルは東宝のイメージと結びつき、松竹は音楽産業と縁ない印象である。しかし、戦前は、松竹歌劇団の存在が大だったし、松竹交響楽団も松竹軽音楽団も松竹楽劇団も活躍した。近年復刻版多い戦前のジャズのＣＤでも、また、演劇の古い筋書きにも「松竹ジャズ・バンド」の名を見ることがある。関西は東京以上にダンスホールが多いから、その兼ね合いもあったかもしれない。

松竹歌劇団（ＳＫＤ）の全盛期については、既に拙論「国際劇場と日劇——昭和のグランド・レヴュー」（本シリーズ『ステージ・ショウの時代』所収）で詳しく論じたが、多少重複しても松竹歌劇やレヴューの特徴にも触れないわけにいかない。本章でも後に触れるが、戦前の松竹歌劇の「ミュージカル」の用例も多様だからだ。

わけても、松竹歌劇と連動して昭和十三年（一九三八）に組織された「松竹楽劇団」の人脈を辿るのは、戦後の「松竹ミュージカル」を語る前提として、是非とも必要である。戦前から戦後の松竹歌劇・レヴューに関わる多くの人材が、東宝の人脈と絡んで展開してきた。

吉原潤「松竹交響楽団の成立とその展開」(1)によると、松竹が音楽事業に力を入れていた実態がわかるが、そこでは大谷博［図①］の存在が重要である。

東宝の小林一三《いちぞう》人脈に比べて着目されないが、松竹の大谷竹次郎・白井松太郎人脈も相当な人材を輩出しており、その一人である大谷博は大谷竹次郎の養嗣子である。映画史でもよく登場する名前で、戦後も短期だが松竹社長を勤めた。松竹人脈で、映画・音楽両面で活躍した大谷博は、もっと触れられていい人物である。

昭和十年（一九三五）から東宝の日劇ダンシング・チームが活躍を始め、既に松竹少女歌劇の人気を誇る松竹も、男女混合のショーを企画する。それが昭和十三年設立の大谷博企画の「松竹楽劇団」である（松竹少女歌劇の別名称「松竹楽劇部」とは別）。

大谷は既に東西の少女歌劇を統括する松竹歌劇部長になっており、蒲生重右衛門、青山杉作《すぎさく》、江川幸一を幹部とした。具体的な音楽・ダンスシーンを担ったのが、益田太郎冠者《たろうかじゃ》の長男・貞信（次郎冠者）であり、東京帝国大学法学部出のジャズメン紙恭輔《かみきょうすけ》であり、名にし負う服部良一である。振付は松竹歌劇（ＳＫＤ）で戦後まで一線だった山口国敏、タップダンスはその実弟・山口清に、アメリカ帰りの俊才・中川三郎まで加わる。しかも、スターが、明治生まれのジャズ・映画評論家諸氏絶賛の大阪松竹少女歌劇（ＯＳＳＫ）の笠置《かさぎ》シヅ子（三笠静子）や宮川はるみである。脚本に大町龍夫、研究生に、戦後の映画・テレビで馴染みの市村俊幸もいた。その他、戦前のレヴュー人気の時代は、「花月ダンシングチーム」もあった。

図①　大谷博（『松竹八十年史』松竹株式会社、1975 年）

戦前の松竹楽劇団は、瀬川昌久『ジャズで踊って』[2]に纏められているほか、近年、数は少ないが、再評価される笠置シヅ子についてなどの松竹楽劇団関連論考も発表されている[3]。

また、水の江瀧子『ひまわり婆ちゃま』によると、昭和十八年（一九四三）結成の「劇団ひまわり」は青山圭男《よしお》が指導して、松竹歌劇団の女性たちが多かった[4]。「劇団たんぽぽ」の専属オーケストラにいたのが、戦後のポピュラー音楽で大きな力を持った渡辺弘で、彼を中心に「松竹軽音楽団」も結成される。これも南里文雄、角田孝はじめ相当以上のメンバーで構成されたようだ。これらのジャズメンの水準の高さについては、近年復刻された、戦前のジャズのCD音源やそのライナー・ノートのほか、瀬川昌久の著書で感じることができる。特に『大大阪ジャズ』（ぐらもくらぶ）の毛利眞人の次の解説は、松竹系音楽産業と「松竹座ジャズバンド」「松竹管弦楽団」などのバンドの変遷を知るに参考になる。

宝塚少女歌劇の管弦楽がクラシック重視でジャズへの取り組みが遅れたのに対して、道頓堀の松竹座を本拠とする松竹楽劇部は大正14年に松竹座ジャズバンドを組織して積極的にジャズを取り込んだ。上海帰りのドラマー「シャンハイ山口」こと山口豊三郎を看板にしたこのジャズバンドは大好評で、特に井田一郎が東京へ去ってからは大阪のジャズシーンの中心的存在となる。(5)

この井田一郎が、東京で菊谷栄作《きくやさかえ》、榎本健一主演のレヴュー『君恋し』の音楽を担当するのだから、松竹ジャズバンドのレヴュー、軽演劇から「ミュージカル」への功績は、広く複雑なのである。

こうして戦前からの流れで見、戦前の「レヴュー」という用語の振幅からすれば、元来浅草を東京での興行の基盤としていた松竹が、戦後「ミュージカルス」に着手したのを、あながち、「東宝ミュージカルス」のマネだけとはいい切れない。

ただ、小林一三が「松竹の強味は、現状維持と、自然の推移により外に策を用いない点である。いわゆる、無策の策である。松竹には現在あるのみで将来の方針を考慮せざる所に強味がある」(6)というように、「無策の策」である点が、後世から見ると損をしているように見える。

たとえば、山口昌男は、白井鐵造《てつぞう》引き抜きを松竹が画策したことを批判して「怒りを覚えずにいられない」と

し、「無定見、金権主義、御都合主義」の「体質」を罵倒する。(7)

しかし、その程度のことに「怒りを覚え」ていては、東宝も行っている裏切り、背信、二枚舌が茶飯事である芸能の世界はもちろん、一切の世渡りはできないだろう。一方、山口廣一のような毎月劇場に通い、表裏を少しは知る人が大谷竹次郎を追悼して「百の背徳を犯したことだろう。だが、その半面、また百の善根をも集積したに違いない。これでこそ企業家の典型だ。一つの背徳すらも為し得ないような人間は、一つの善根すらも為し得ない愚物(8)」として評価している。そこにこそ、本章で扱う側面も含めた、松竹の見過ごされ、忘れられている、広範な娯楽・興行という、暗部も含む世界での真骨頂を見るべきである。

以上、戦前期の松竹の音楽産業との係わりを前提に、戦後の「松竹ミュージカルス」に話を進めたい。

二 「松竹ミュージカルス」と東京喜劇座

昭和三十一年(一九五六)から三十二年に、浅草・常盤座を中心に興行されたのが「浅草松竹ミュージカルス」である。この命名には、当然、それ以前の「東宝ミュージカルス」の影響がある。同時に、先に述べたように、戦前からの松竹歌劇の「ミュージカル」の多様な用法の記憶や松竹楽劇団からの流れもあった。浅草は根岸興行と、松竹土地興行の地盤であり、戦前からの、永井荷風作品も上演したオペラ館(所謂「浅草オペラ」とは別)などの客層も残存していた。それは、所謂オペラといえなくとも、庶民にとっては「オペラ」だったのだ。「松竹ミュージカルス」も同じことがいえよう。ミュージカルという言葉の戦前・戦後の使用度や、そのニュアンス、一般化などについて、本書第2章の拙論「東宝ミュージカルの「起源」」を参照されたい。

「浅草松竹ミュージカルス第一回公演」は、昭和三十一年(一九五六)十一月、常盤座再開場公演として旗揚

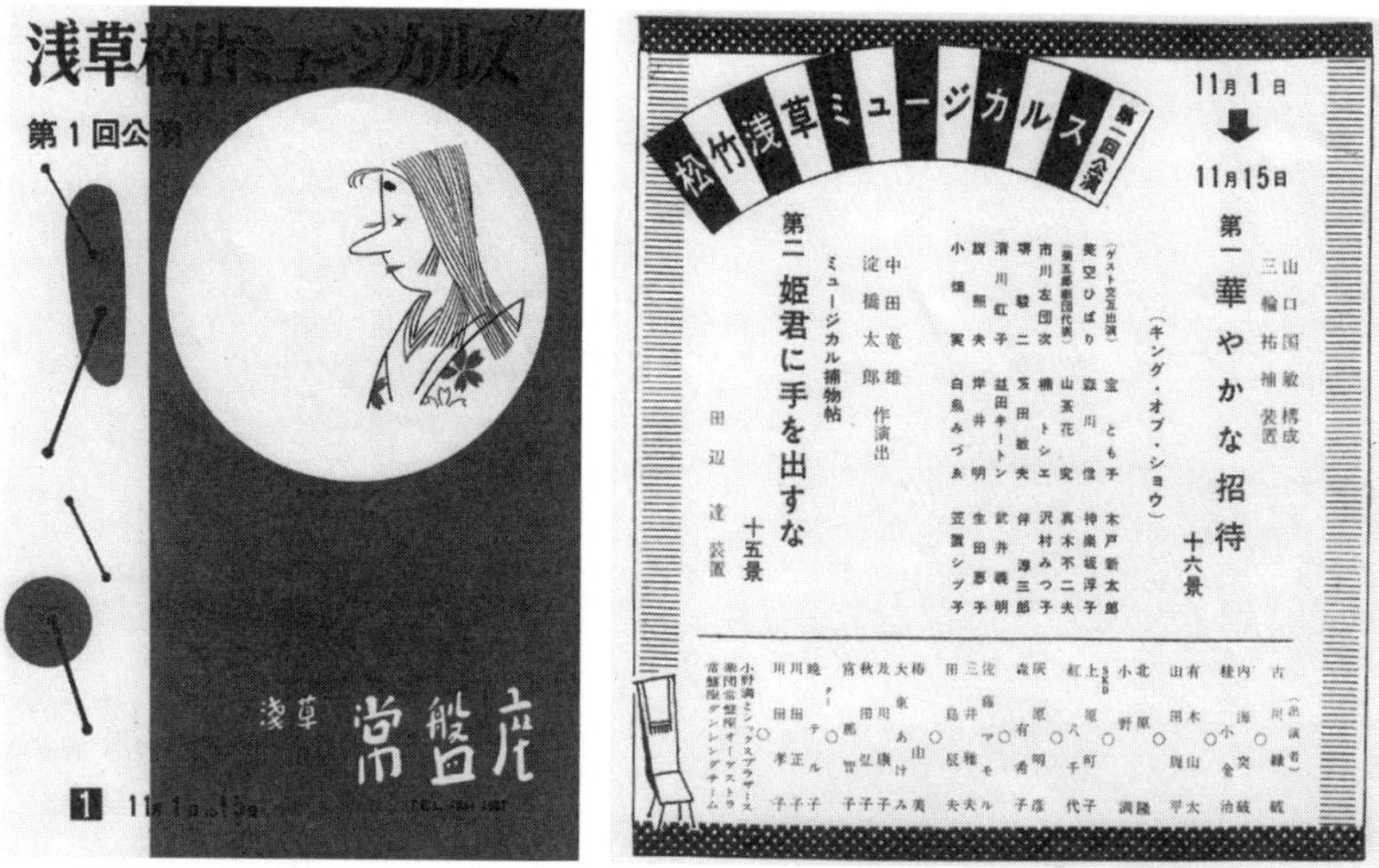

図②「浅草松竹ミュージカルス第1回公演」常盤座プログラム（1956年11月）

げ」した〔図②〕。松竹歌劇の山口国敏構成のレヴュー『華やかな招待　キング・オブ・ショウ』十六景と、中田竜雄・淀橋太郎作『ミュージカル捕物帖　姫君に手を出すな』十五景の二本立て。福島通人《つうじん》（美空ひばりのプロデューサー）が制作を担当したので、音楽はひばりと一時婚約した小野満とシックスブラザースが担当、ひばりもゲスト出演した。ゲストは日替りで三世市川左団次から益田喜頓《キートン》、森川信《しん》、伴淳三郎、笠置シヅ子、笈田《おいだ》敏夫、武井義明等々さすがに豪華で、「楽団常盤座オーケストラ」「常盤座ダンシングチーム」も名を連ね、松竹歌劇団からも数人出演と、松竹のミュージカルへの意気込みが伝わる。

同公演のプログラムで福島は、大谷（竹次郎）松竹会長より話があり、「浅草にも東宝に於けると同様、新たなるミュージカルの誕生を心から喜んで、製作者としてその一端を」引き受けたと書いている。淀橋太郎は、宮城マリ子が今、丸の内（東宝）で人気だが浅草では五、六年前に人気だったし、古川緑波も榎本健一も元は浅草の人気で「おアマリを丸の内に払い下げたのである」[9]とコンプレックス丸出しの強がりをいっている。

第二回は同年同月、キノトール・小野田勇合作の『ミュージカル・コメディ　幽霊とドライ娘』、レヴュー『リズムに乗って』、美川啓・淀橋太郎作『ミュージカル・パロディ　笑う忠臣蔵　映画と芝居の大連鎖劇　高田の馬場安兵衛奮斗の巻』という演目立て。笠置シヅ子が座頭、桂小金治、キドシン（木戸新太郎）、川田晴久とダイナ・ブラザースらの出演。翌月の第三回が『コメディ　居候買います』『ミュージック・タイム』に『笑う忠臣蔵』続演だが、笠置、川田という人気者が抜ける。

翌年正月には、突然方向転換がなされ、「河上敬子著により本人出演『女だけの部屋』」という珍品上演となる。脚本は小沢不二夫、小崎正房演出は立派な顔触れだが、河上はプログラム掲載の写真だと常盤座にも六区にも不似合いなインテリ顔の美女で〔図③〕、掲載文では本業は実に女医である。調べてみると、当該本『女だけの部屋』は十刷まで売れたようで、他に『本日往診――聞きますわよ』の著もある。女医タレントの走りといえるのか、映画にもこの頃、『太陽の季節』のミッチー役ほか、四本出演している。しかも、中幕が『小坂一也ショウ　歌のプリズム』で前半がワゴンマスターズ、後半は実にジョージ川口とビッグフォアーが出演という豪華さである。ただ、肝腎の「ミュージカルス」は、『マゲモノミュージカルス　水戸黄門』で森川信、佐山俊二という顔触れになる。

図③　河上敬子（常盤座プログラム、1957年1月）

ところが、この後、三十二年一月末からの第七回（筋書の扉頁の表示は「正月第三回」）は『ダイヤモンド・ショウ　青春の乱舞』に『まげものミュージカルス　女賊罷り通る　笑う権三《ごんざ》と助十《すけじゅう》』の二本立て。座頭は清水金一となり、川田晴久はいるが、以後ジャズメンは出演がなくなり、「常盤座オーケストラ」の記載のみとなる。

ここに見られる特徴は、旗揚げから四、五回までは、おそらく福島

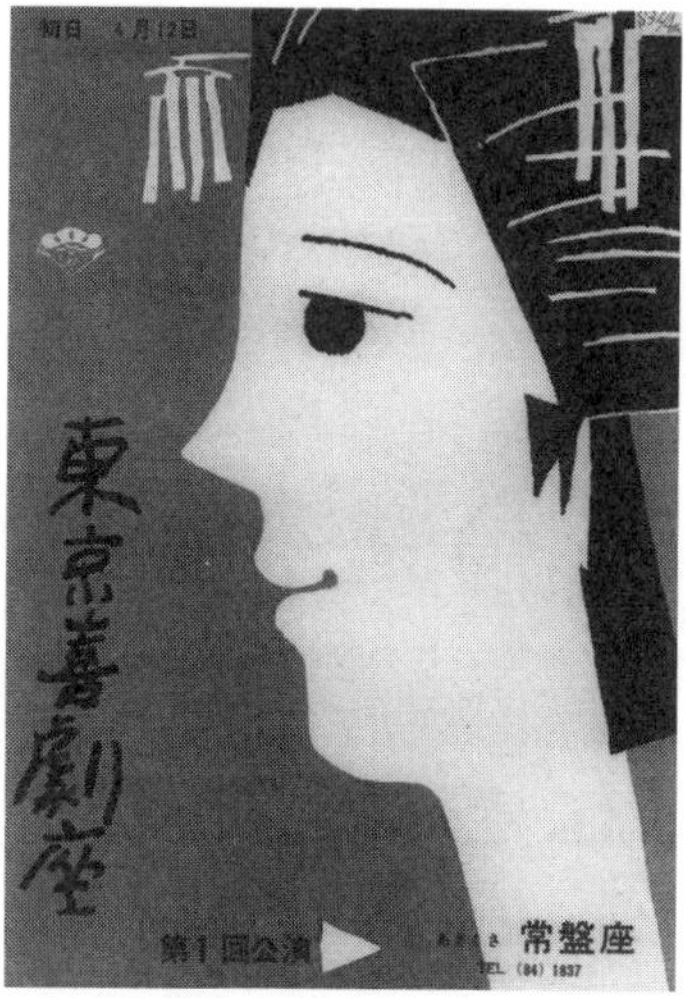

図④「松竹フォーリーズ　東京喜劇座」常盤座プログラム（1957年4月）

通人が制作に関わり、ひばり・小野満人脈で、超一流のジャズメンが登場していることである。北村英治をはじめ、プログラムの写真ではジョージ川口、中村八大、松本英彦、小野満の四人の本物の「ビッグフォー」。「レッド・スターズ」はひばりのバックバンドも勤めたようで映画『希望の乙女』（佐々木康監督）に出演している。

しかし、表看板の「ミュージカルス」は尻すぼみで、栗原綾夫や水守三郎、波島貞、淀橋太郎らの作・演出による「マゲモノミュージカルス」を続けるが、不発に終わった。

「松竹浅草ミュージカルス」は、昭和三十二年三月三十日初日の第十一回公演までで終わったようだ。常盤座では四月からは、十二日初日で清水金一、佐山俊二らの同様の顔触れで「松竹フォーリーズ　東京喜劇座」の看板を掲げた公演を行っているからである［図④］。

最後と思しき「第十一回公演」は、中田龍雄・淀橋太郎作『あぶない訪問者』、山口国敏構成『ダイヤモンドショウ　女は何を求めている』に、水守三郎作『まげものミュージカルス　おんなからくり怪猫屋敷』という、清水、佐山、村田正雄といういつもの顔触れでの、やけっぱち気味の立て方だった。数年前の入江たか子の「化け猫映画」の記憶に、二本の演目に「女」の字を入れ、六区の女剣劇やストリップの客層の欲望を重ねているが、「お家族揃って楽しくご覧になれる浅草唯一の実演劇場」というプログラムの惹句とが、あまりに合わず、スタッフの投げやり感が伝わる。同月に第五回東宝ミュージカル『金瓶梅《きんぺいばい》』を越路吹雪、高島忠夫で上演、好評だったのに想到すると、戦後の両社の「ミュージカル格差」が実感される。

「松竹フォーリーズ　東京喜劇座」は、村山知義《ともよし》作・演出『喜劇役者二人旅を行く』で「新協劇団出演」とあるのが珍しい。村山は「新劇代表団」として中国、北朝鮮を訪問する直前という重要な時期の仕事だが、管見での複数の村山の年表に、この記載ないのは悲しい。もう一本が山口国敏・松見登というＳＫＤスタッフによる「グランド　ミュウジカル　ショウ　ホリデーイントーキョウ　東京の休日」と実に長い題名のショウで、新派の上田茂太郎《もたろう》や、匠《たくみ》譲二の芸名で後のアイ・ジョージが出ている。その後、同月二の替で、内海突破脚色の『湯島の白梅』、第二回公演には久板栄二郎作、片山力《つとむ》演出『娘の結婚白書』に、『シネラマ・ショウ　東洋の七不思議』に加え、伊藤伊太郎作『まげもの喜劇　花の新選組・血の雨を降らす男』を出した。向井爽也《そうや》によると「これが常盤座における最後のミュージカルになった」(10)のである。

向井は常盤座のミュージカルは、東宝に比べて諷刺性も強く、三十年前の手法を使ってはいたが、「笑劇としてはなかなか優れている」と思えたと好意的である。しかし、雑誌『演劇界』には、「惨敗した常盤座」という容赦なき記事が出ている。

　昨年十一月、松竹と新芸プロの提携でフタをあけた浅草常盤座の〝浅草松竹ミュージカルス〟が、発足以来わずか半年であえなく姿を消してしまった。女剣劇とストリップだけの六区に、往年の「笑いの王国」復活を目指して旗挙げしたものの〔略〕赤字続き。手を焼いた松竹は新芸プロと縁を切り〝東京喜劇座〟の名で単独興行を始めたが〔略〕五月十三日限りで解散(11)〔略〕

　松竹の高橋〔歳雄〕重役は「開場当時、飯沢匡氏などに脚本を依頼して、今までの浅草にないものを」と訴えたが、新芸側はそんな高尚なプランは「浅草の観客を知らない」と当初から考えが相違していた。結局「昔のアチャラカ」とかわりなく、「お粗末な脚本」とギャラの安さが敗因ともいう。
ミュージカルの流行の波にのつて、安易な気持ちから打ち出してみたものの、ミュージカルというものがどういうものであるかを見きわめもしなかつた支離滅裂さが、このような惨敗を招く結果となつた。〃ミュージカル〃という言葉を安売りした罪は大きいといわなければならぬ。(12)

もちろん、これは正論である。だが、そういう正論にめげては、興行はできない。松竹は、再度、何食わぬ顔で「ミュージカル」にトライするのである。

三　新宿での「松竹　ミュージカルプレイ」

「浅草松竹ミュージカルス」失敗のほとぼり醒めた三年後、今度は「新宿第一劇場」（新宿松竹座など数度改称。甲州街道沿いの現在の「ＩＤＣ大塚家具」）で、昭和三十五年（一九六〇）二月に「松竹　ミュージカルプレイ」という公演を行う［図⑤］。

この間に何があったのか。一つは、同じ新宿で東宝の「コマ・ミュージカル」が定着したこと、二つ目に、都会では家庭にテレビが浸透したことである。

演目は、藤田敏雄作、三保敬太郎音楽で『黒《ブラック》と《アンド》黄《イエロー》』、永六輔・キノトール作『今日のうたを今日うたおう　まずしい国のまずしい歌』の二本立て。演出はいずれもテレビ番組を多く手掛けていた石川甫《はじめ》、主役は高《こう》英男である。高はシャンソン歌手として著名で、東宝の日劇の公演でも人気があった。

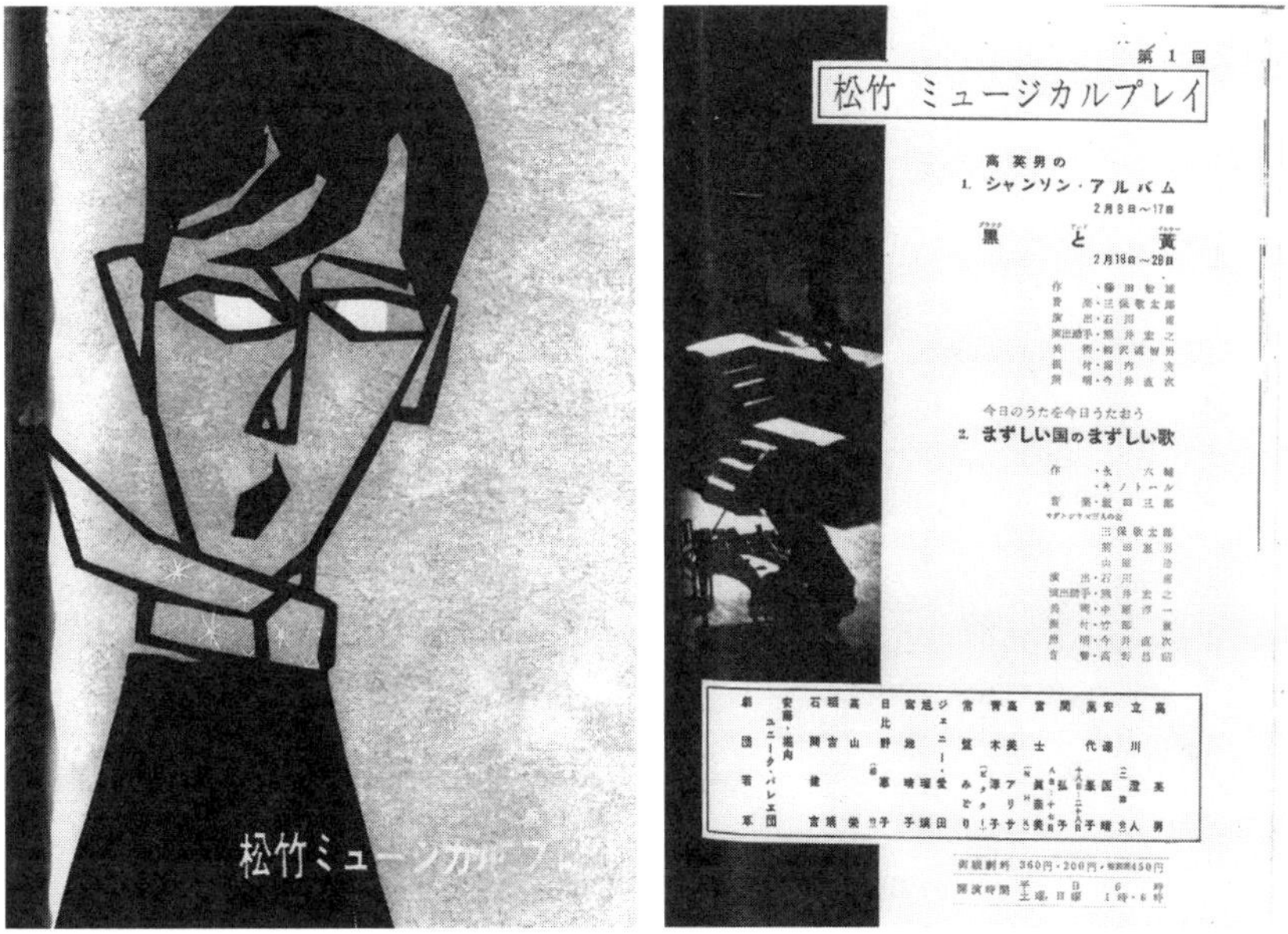

図⑤「松竹　ミュージカルプレイ第１回公演」新宿第一劇場プログラム（1960年２月）

後者は、キノトールによると「昨年の秋おそく大阪労音で約一カ月上演されました」という。「ご存知のように大阪労音は、日本でもっとも素直にミュージカル運動を推進しているグループです」とし、「いままでに何度かミュージカルをやれとお話を受け、商業演劇の商業的な条件がいやで、そのたびに逃げていた僕のことです。今度も上演をおことわりしようと思いました」というが、「結局僕たちは、新しいミュージカル運動をしたいという松竹さんの熱意に動かされ〔略〕その立場で全力をつくそうと心をきめました[13]」となる。

永はもっと明確に「松竹がなぜミユ〔ママ〕ジカルをやるのか」、この疑問を松竹の誰も解いてくれないと書く。松竹には「「東宝ミユ〔ママ〕ジカルス」の様な舞台にさえ耐え得るタレントがいません。スタッフもいません」という永がなぜ引き受けたのか。「松竹カラーの溢れた義理人情に負けたのです。〔略〕下町ッ子の僕ですから人間が松竹向きにできていました」という。この先、どうせなら「ミユ〔ママ〕ジカルをやるハツキリしているところに行きたいと思います。こうなると東宝も、松竹も今のままでは旦那として落第。僕が身売りしたいのは「大阪労音」ということになります。この旦那だけがミユ〔ママ〕ジカルを運動にまで高め、ポンと金を出す勇気があつたからです[14]」と終える。

両人ともたいへんな「労音」礼賛なのは、一九六〇年という時代を感じさせる（第4章「労音ミュージカル」参照）。

『黒と黄』は、意外にも加藤道夫『思い出を売る男』のミュージカル化である。

藤田敏雄は、初日の半月前に話があったので一度は断わったが、演出の石川から「その程度のことをやつてのけるエネルギーがなくて、どうして一九六〇年を生きてゆくことができるか」といわれて引き受けたと書き、当時の「安保闘争」に言及を始める。『黒と黄』という題名は「私たちの周囲がそんな色調を持っていると思っただけ」と社会意識の高いところを見せる。しかし、その割りには、結論はあっけなく「ミュージカル・プレイについてであるが、私は別にむづかしく考えていない。要するに、面白い歌と踊が挿入されているために、芝居全体がより面白くなればよい、それだけの話だ」「むろん、ドラマとミュージカル・ナンバーが混然一体[15]」というアリキタリなことで終わる。

皆、松竹はダメだ、俺たちより意識が低いというだけあるが、演出の石川甫だけが、まず普通の挨拶を書いている。「松竹がミュージカルをやる。大変なことですとみんなが言います」と書き出し、今回は「どの世界よりもミュージカルに情熱を持つている方々〔略〕この人達でなくてわ〔ママ〕とうてい、日本のミュージカル運動わ〔ママ〕起こらない」人々を集めたから、「一回でこの人達を離してしまうようなら、もう二度と松竹さんはミュージカルをやるチャンスを逃してしまうでしょう[16]」と続ける。

石川の予想通り、「松竹　ミュージカルプレイ」は一回で終わった。立川澄人、冨士真奈美に新派にいた常盤みどり、音楽が三保敬太郎や前田憲男、振付が堀内完《かん》と、「浅草松竹ミュージカルス」に比べると魅力的に思えるが、その評判を見出せなかった。一つは、明らかに急拵えの仕事であり、二つには、「六〇年二月」というのはあまりに時期が悪かった。

松竹にしても、相当のギャラを出して、こう悪態をつかれ、採算も合わぬとあっては立つ瀬がないというところだろう。以後、松竹は、東宝の後追いをしてでも、ミュージカル興行に乗り出すことはなかった。後年、単発的に日生劇場や大阪松竹座などで「松竹ミュージカル」と冠せることはあるが、それはいわば「文化庁協賛」という飾り文句に似たものであるか、また著作権の必要からの命名であり、東宝のように「ミュージカル運動」とまでいわずとも、興行的な売りものにしたり、継続的に企画する公演ではない。

ただ一つ、松竹歌劇、SKDではミュージカルが話題になった時代があったのである。

四　SKD「国際ミュージカル」の時代

戦後の松竹歌劇（SKD）については、先に触れた拙論で論じた。また、戦前から戦後の「ミュージカル」という用例については、本書第2章の「東宝ミュージカル」を見ていただきたい。重ねていうが、私の演劇的記憶や実感からして、東宝劇場や新宿コマの「東宝ミュージカル」と、現在の「東宝ミュージカル」とは同名異人に会うようなものだ。つまり、戦前から昭和三十年代までとそれ以後では、ジャズもレヴューもミュージカルも、通念が違うのである。それを前提に、話を進めたい。

第2章でも引用したが、「ミュージカルの歴史を通して見えてくるものは、その背後にあったオペレッタや種々のレビューを恥ずべきものであるかのように思い、ミュージカルというジャンルを高邁なものにしようとする願望である[17]」という意識は戦後もついて回ったと思う。レヴューはドラマやミュージカルより下位概念という発想は抜きがたく、それはＳＫＤのようなトップクラスのレヴューのメンバーにもあったようである。

ＳＫＤが本拠にした浅草国際劇場でのミュージカルへの試みは、昭和三十一年六月に始まるようだ。『演劇界』の翌月号の記事にこうある。

「〝国際ミュージカルス〟が誕生した。上演作品は西澤實作「かがやき姫と五人目の男」」だが、新鮮味なく、島倉千代子に「かぐや姫」を演じさせたが「ストーリイとは何の関係もない」ヒット曲を歌わせるとは「恐れ入つた安易さ」と批判される。「舞台のあちこちに立てられたマイクは如何にも目ざわりだし、隠しマイクを使えば雑音でフンイキがぶちこわれる」というのは、当時の音響効果の実態を示して興味深い。「東宝ミュージカルスの成功に刺激されてはじめられたものだろうが、今後は全ての点で慎重を期さないと、この劇場でのミュージカルスは発展性がなさそうだ」と結ばれている。署名が「輝」とあるのは、本地盈輝《ほんちえいき》だろう。

ただ、幸いなことに、その翌年二月「ＳＫＤ春の踊り」でのミュージカルの試みは好評だった。

「ＳＫＤ「春のおどり」いままでは〝カブキ踊り〟の別名があつたほど、日舞調の濃い作品だつたが、今年から趣向を変えて前半を日舞、後半を洋舞という配列。これだけならとりたてて目新しくもないが、最も中心になる景に童話風なミュージカルをおいた構成は、大胆といつていいものであつた」と本地盈輝が書いている。『雪ん子』がその舞台。昨秋、竹田人形座が上演した〔略〕作品を飛鳥亮がミュージカル化したもの」とある。リリシズムあり、清純な感動ありで好評だったようで、「ＳＫＤの大進歩」で「ＳＫＤのレビューのなかから、本格的な要素を持つたミュージカルが誕生したわけである[18]」と絶賛されている。

その後も、毎年恒例の「三大おどり」のなかでの同様の試みは、何度かなされている。

図⑥　『心ときめく今宵』浅草国際劇場プログラム（1964年9月）

後年、石崎勝久は、この『雪ん子』に触れたあと、「SKDは「何度もミュージカル的試みを入れている。たとえば、昭和三十四年の『春のおどり』、これには約二十五分の「不思議の森」というミュージカル仕立ての景があって、皇太子の御成婚記念の作品だった。また昭和四十年の『春の踊り』は〝ホップ・ステップ・ジャンプ〟という副題がついて、下手なダンサーが努力して大スターになるというミュージカル仕立てのショーだった。矢代静一作、草薙燿子の主演ものだった[19]」と書いている。

しかし、SKD公演と離れて、単独で「国際ミュージカル・プレイ」として上演したのが、昭和三十九年九月、国際劇場の『心ときめく今宵』である〔図⑥〕。これは内村直也作なのに、三橋美智也、水原弘にSKDの磯野千鳥という意外な組み合わせだが、これが実に河竹黙阿弥『島衛月白浪《しまちどりつきのしらなみ》』の翻案である。

安全第一主義で消極的だった国際劇場が〔略〕映画の上映を休み、実演だけの興行にふみ切ったばかりでなく、三橋美智也たちを出演させて日本物ミュージカル上演の冒険を試みている。〔略〕世話物狂言を現代向きにミュージカルに仕立て直すアイデアは悪くない〔略〕歌舞伎調や新派調、軽演劇調スタイルなどが入り乱れ、中途半ぱになりがちなのが惜しい。〔略〕歌の大部分が飯田三郎の作曲で、ひっきりなしに歌われる主題歌が、ややや宝塚調だが、甘くていい曲。三橋も水原も熱演だし、SKDの磯野千鳥が〔略〕久々に歌う。〔略〕庶民的で大衆的な日本物ミュージカルにいくらか近づいただけでもこの試みは収穫で、ぜひ今後も実演興行と国産ミュージカルの新幹線を根気よく続けてほしい。(20)

「寿」とある筆者は、伊藤寿二。前年の東宝の『マイ・フェア・レディ』の成功を受け「国産ミュージカル」の要望は、東宝でも高かった。

だが、前節の「松竹　ミュージカルプレイ」が安保騒動のさなかだったように、この「国際ミュージカル・プレイ」は東京五輪開幕のひと月前。いずれも松竹ミュージカルは公演の時期が悪すぎて、話題にならない。

その後、同様の試みはないが、第2章で見たように、東宝ミュージカルは徐々に話題になること多く、SKDでも団員の上演希望は高まった。

一方、レヴュー専門で劇の要素に欠けること、団員にも台詞の苦手な者がいることもあり、昭和四十五年（一九七〇）に「SKDドラマ・グループ」が結成された。戦前には、青山杉作が理事でもあり演出も担当した関係で、東山千栄子が演技指導に来ていた。東山は、青山杉作追悼文集で、唯一人、青山のSKD演出に触れ、評価している。

また、いま見た矢代静一、内村直也だけでなく、三島由紀夫作、村山知義演出というモノ凄いコンビのレヴューまで、SKDの「文芸志向」は、流れとしてあった。

この際の「ドラマ・グループ」は星野和彦指導によるもので、昭和四十五年『恋伝授手習鑑』、同四十九年『11人囃子』、同五十年『女だけのイヨネスコ』、同五十二年『女だけのカモレッティ』と試演されたが成功しなかった。星野が選んだ演目やセンスが、団員にも観客にも合わない。なし崩しで終わってしまったようだ。

その後の、国際劇場でのミュージカルについて、石崎勝久はこう書いている。

「SKDが、本格的にミュージカル志向を打出したのは、つい一昨年〔昭和五十四年〕春の、山田洋次脚本・演出の『カルメン』からである。〔略〕これまではセリフなどほとんど無縁にきた春日〔宏美〕くんや藤川〔洋子〕くんが〔略〕けんめいに〝もの云う術〟にとり組んでいるのも、ほほ笑ましかった[21]」。

石崎によると、その間に、「昭和五十一年二月に、韓国から金喜甲、朴貴姫などを迎えて、日韓合同のミュージカル『沈静伝・美しき水蓮の物語』というものをつくった」という。「昭和五十二年の『秋の踊り』には、千晶薫主演でミュージカル・ファンタジー「新かぐや姫」をつくった」のも加え、先述した昭和三十年代からの「数かずの試みの上に立って、SKDは、本腰を入れて『カルメン』をつくったのである[22]」。

そして、昭和五十五年（一九八〇）には「スペースファンタジー」松本零士『銀河鉄道999』で、演出は劇団四季の宮島春彦が担当した。その翌年は「ラブロケッツスペースミュージカル・アニメミュージカル」と冠せて、「SKDが独自性をみせたスペース・ミュージカルの第二弾」松本零士『新竹取物語1000年女王』を上演した。「ミュージカルファンタジアと名付けた『火の鳥』」もこの年。「夢とロマンと冒険と――というSFミュージカル」という路線は、しかし、これで終わった。

そして本拠の国際劇場が、翌昭和五十七年（一九八二）の『SKDミュージカル　シシリアの恋　踊れジュリアーノ』を、トップスター春日宏美主演で、山田元彦脚本、関矢幸雄演出、すぎやまこういち音楽により上演したのを最後に、閉館してしまったのである。

五 「国際劇場」以後のSKDミュージカル

国際劇場閉館の年は、築地の松竹会館にSKDの事務所・稽古場を新装し、稽古場の「修祓式《しゅうばつしき》」（お祓い）が報道され、歌舞伎座での八月公演も、ソ連・東欧での公演も行われた。

この間、SKDがミュージカル劇団への転身を図ろうという企画があったのは間違いない。ミュージカル劇団としての最初の公演が、昭和五十七年（一九八二）三月、池袋サンシャイン劇場での『賢い女の愚かな選択』で、高平哲郎脚本・演出、甲斐京子主演だった。作品そのものも、評価も悪くないが、逆に、SKDとしての特徴は薄れてしまい、よそでも見られる「いい芝居」ということになってしまった感は否めない。

昭和五十八年（一九八三）一月には池袋サンシャイン劇場で、「ダンシングミュージカル」として『ニューヨーク人間図鑑』を上演している。SKDの看板を外しているが、実際はSKDの公演で、安倍寧《やすし》監修、山田元彦脚本で、音楽監督を翻訳ミュージカルを多く手がけ、劇団四季や越路吹雪のアルバムの著名なプロデューサーである渋谷森久に依頼しているから、従来と異質なものになったようである。

同年四月のサンシャイン劇場では、テレビで著名な井原高忠プロデュースで『Musical show jazz dance SKD』と題して上演している。

この後も、八月の歌舞伎座公演のほかにも、昭和六十二年（一九八七）には、二月に三越劇場で「松竹歌劇団特別公演」として『オペレッタ・レビューＰａｒｔⅡ　レビューの誕生』〔図⑦〕、四月に博品館劇場で「博品館＋ＳＫＤ公演」として『レビュー銀座少女歌劇団』などを上演している。前者は寺崎裕則、後者は篠崎光正が脚本・構成を担当した。

これらの公演で目指したセンスについて、監修を担当した安倍寧はこう書いている。

ＳＫＤが再起を計るために実行しなくてはならないことは、いろいろある。まず、第一、ショウ作りのセンスにみがきを掛けることではなかろうか。とくに色調。かつてはレヴィユを見に行けば、ハイ・センスとはなにかがたちどころにわかったのに、近ごろは逆に世間からとり残されてしまっている。これはゆゆしき問題だ。レヴィユというのは、金を掛ければかけるほどいいものができる。しかし、センスが古いと、金をどぶに捨てるのと同じことになってしまう。〔略〕担当者が、できる限りセンスと金にシヴィアでなくてはならない。[23]

図⑦　『オペレッタ・レビュー PartII　レビューの誕生』チラシ（1987年2月）

国際劇場閉場後の公演スタッフの人選に見られる特徴は、この安倍のいう「センス・アップ」を目指したものなのが感じられる。

これら従来の国際劇場時代と異質の制作者・演出家に依頼することで、より洗練された新感覚の舞台を展開したことは間違いない。特に、それまで低迷していた宝塚歌劇が、昭和四十九年（一九七四）の『ベルサイユのばら』以降、新たなイメージを作りだし人気が沸騰したことから、宝塚と違うイメージを作りだそうという意欲が、この人選にも感じられる。また、藤川洋子、千羽ちどり、高城美輝、甲斐京子らのキャストも当時の水準からいってハイレベルのものと推測できる。

しかし、それがかえって、従来のＳＫＤファンの求めるものにそぐわなかったかもしれない。私もそうだが、やはりＳＫＤに求めたのは、新しいミュージカルでなく、金をふんだんにかけた、屋台崩しや本水を使った豪華な装置で演じる壮大なレヴューであり、圧倒的な迫力のラインダンスだったからである。安倍も引用文の前に言うように「ＳＫＤの最大の武器はアトミックガールズによるライン・ダンスである。これだけたくさんの、しかも若くて発剌《ママ》とした踊り子たちをそろえることのできるライン・ダンスは、今や世界広しといえども、ＳＫＤ以外では見られない」と賞賛する。

ＳＫＤのミュージカル志向に対して、レヴューをこよなく愛した橋本与志夫はこう書いている。

今日はミュージカル時代といわれている。〔略〕ミュージカル、ミュージカルとまことに賑やかなものだが、その世界的なミュージカル・ブームの基本として、レビューがあったことを忘れてもらっては困ると思う。華やかな踊りのレビュー歌という根ががっちりと張っていて、そこにミュージカルという新しい花が咲いたといっても決して過言ではあるまい。だからといってその原点であるレビューが滅んでしまってもいいということにはならない。(24)

だが、実に残念ながら、一九七〇—八〇年代の文化全般の傾向として、レヴューは退潮傾向にあり、その評価は低かった。何より「内容」や「テーマ」がなければいけない、「テーマ」はミュージカルの方がまだある、単純にいえば、そんな時代である。「表層文化批評」が出、サブ・カルチャーも研究対象になる前の、レヴューだの娯楽映画だのの地位は実に低く、ＮＤＴの「日劇」も国際劇場閉館の一年前、昭和五十六年（一九八一）に閉館してしまったのである。

その後、平成元年（一九八九）に、ＳＫＤの翌年以降一年間の公演中止とミュージカル劇団への正式の方向転換が、松竹によって決定、通知され、翌年二月の東京厚生年金会館での『東京踊り　きのう・今日・明日』で、レヴューの幕を閉じることとなる。

松竹は、その後、ミュージカル劇団への転身のために、何人かの指導者を招聘する。

クラシックバレエを指導した田中りゑによると、「ＳＫＤが浅利慶太氏に改革案を依頼され、最も重要な事は、クラシックバレエを強化することであり、牧阿佐美先生へ、そして私を含めた数名のバレエ教師が」特訓を開始した。その線で、ブロードウェイから『コーラスライン』を演出したというバーヨーク・リーも招かれたのだろう。浅利慶太自身も指導したというが[25]、ＳＫＤの団員の志向や、将来への不安もあり、この間、退団者が続出した。

平成五年（一九九三）には青山劇場で「ＳＫＤミュージカル『砂の上のサンバ』」、翌年はサンシャイン劇場で『星空に踊る』などが続いたが、平成七年（一九九五）八月の博品館劇場でのミュージカル『夢が最高！』（山田元彦脚本）が実質的に「ＳＫＤ」の最後の公演となってしまう。

平成八年（一九九六）六月に、松竹が継続を断念し、ついにＳＫＤの解散に至る。しかし、解散公演も行われないため、最後まで残った団員たちにより、博品館劇場で『Fabulous16　From SKD』が自主公演として開催された。この公演のプログラムに、小月冴子が「〝歴史よサヨーナラ〟」という一文を寄せている。「関係者のかたに情あらばせめて西暦２０００年の声が聞きたかった（略）今日は故川路（龍子）先輩の誕生日です　天空より皆さんを見つめていることでしょう」とあるのが、オールドファンにとって泣けるところであった。

SKDのミュージカル路線の「失敗」には、いくつかのの要因があったと思う。

一つは、従来のレヴューから離れ、「現代的」センスにしようという試みが、長年のファンの志向や好みに離反してしまったことである。先に引いた橋本与志夫がいうように「何が何でもミュージカル」の時代に即応してしまって、SKDのレヴューがもっていた無類の魅力を捨て去ってしまったことである。

ただ、今だからそういえるので、あの時代にはグランド・レヴューや大劇場の評価が低かった。これについては、長くなるので前述した本シリーズの二本の拙論「国際劇場と日劇」「東宝ミュージカルの「起源」」を参照していただきたい。今でも、「ただのレヴュー」より、「テーマのあるミュージカル」の方が高級という、マクミリンのいう上昇装置としてのミュージカル観があるのだから。

二つには、「センス・アップ」したスタッフを迎えたことが、かえってSKDならではの「偉大なるマンネリズム」ともいうべきものを変質させてしまい、男役の蠱惑的な吸引力が、男優の出演によって失われたのも大きいだろう。

三つ目は、私見でいうと、国際劇場のスペクタクルや装置とSKDのスターの身体がいかに関連していたかということである。スターに魅力なかったということではない。

逆に、派手で見事な装置に負けない光彩を放つのがSKDのスターの魅力だった。レヴューと装置がいかに関連して魅力を放つか、戦前のレヴューの本でたびたび語られるのは、これも拙論「国際劇場と日劇」で既に触れた。

だが、「固定舞台の時代はブロードウェイから遠のいてしまった[26]」とマクミリンが言うように、ミュージカルでさえ簡素化された舞台が中心となる時代にあって、装置と拮抗する形での表現を身体化していたSKDのスターたちのミュージカルは、「時代」から「遠のいて」いたのかもしれない。しかし、逆に、巧くミュージカルの時代にも適応できなかったことにこそ、ＳＫＤの独自の身体表現を見るべきではないだろうか。

（1）吉原潤「松竹交響楽団の成立とその展開」、戸ノ下達也・洋楽文化史研究会編『戦う音楽界――「音楽文化新聞」とその時代』（『音楽文化新聞』別巻）金沢文圃閣、二〇一二年。
（2）瀬川昌久『ジャズで踊って』清流出版、二〇〇五年。
（3）細川周平「笠置シヅ子のスウィングする声」、『表現における越境と混淆：国際日本文化研究センター共同報告』国際日本文化研究センター、二〇〇五年。
（4）水の江瀧子『ひまわり婆ちゃま』婦人画報社、一九八八年、一一二頁。
（5）毛利眞人「バッドガール」解説、ＣＤ『大大阪ジャズ』ぐらもくらぶ、二〇一三年。
（6）伊藤邦輔『拍手のなかに――プロデューサーのバラード』毎日新聞社、一九八三年、一四六頁。
（7）山口昌男『「挫折」の昭和史』岩波書店、一九九五年。
（8）山口廣一「百の背徳、百の善根――大谷竹次郎氏を追悼する」、『演劇界』一九七〇年二月号。
（9）福島通人、常盤座プログラム、一九五六年十一月。
（10）向井爽也『日本の大衆演劇』東峰出版、一九六二年、二三九頁。
（11）本地盈輝「惨敗した常盤座」、『演劇界』一九五七年六月号。
（12）同前。
（13）キノトール「松竹ミュージカルのために」、「松竹　ミュージカルプレイ」新宿第一劇場プログラム、一九六〇年二月。
（14）永六輔「理由がありますか？」、同前。
（15）藤田敏雄「ミュージカル・プレイ「黒と黄」」、同前。
（16）石川甫「大変な仕事です」、同前。
（17）スコット・マクミリン『ドラマとしてのミュージカル――ミュージカルを支える原理と伝統的手法の研究』有泉学宙訳、彩流社、二〇一五年、二七頁。

（18）本地盈輝「『雪ん子』の好演」、『演劇界』一九五七年三月。
（19）石崎勝久「ＳＫＤのミュージカル」浅草国際劇場プログラム、一九八一年三月。
（20）『東京新聞』一九六四年九月十七日付。
（21）石崎勝久前掲論。
（22）同前。
（23）安倍寧「ＳＫＤよ、センス・アップを！」、『新竹取物語　１０００年女王』浅草国際劇場プログラム、一九八一年三月。
（24）橋本与志夫「〝レビュー〟の楽しさ――レビューの誕生に思う」、『レビューの誕生』三越劇場プログラム、一九八七年二月。
（25）田中りゑ「祝第1回独立公演」、『Fabulous16　From SKD』博品館劇場プログラム、一九九六年六月。
（26）マクミリン前掲書、一七四頁。

II 黎明期のミュージカル

第4章 労音ミュージカル

総合芸術家たちの培養基

長﨑励朗

一　『見上げてごらん夜の星を』と大阪労音

二〇一六年七月七日、戦後日本の芸能界の生き字引ともいえる永六輔が息を引き取った。永六輔といえば、晩年はラジオ・パーソナリティやエッセイストとしての活動が目立ったが、そのキャリアの中でも一際輝いて見えるのが、坂本九の歌った一連のヒット・ソングの作詞であろう。「上を向いて歩こう」「見上げてごらん夜の星を」など、現在でも「昭和の名曲」として名前のあがるものを永は一九六〇年代に相次いで発表している。

現在にいたるまで幅広い層に記憶されている永の作品だが、「見上げてごらん夜の星を」がそもそも同名のミュージカルの劇中歌として誕生したことは、演劇に詳しい人間以外の意識にはほとんどのぼって来ない。実はそもそもこの楽曲が制作されたのは坂本九による吹き込みがヒットした一九六三年ではない。そこからさかのぼること三年、同名のミュージカルがリリオ・リズム・エアーズの主演で上演された時に主題歌として作曲されたのである。永は、後に「ミュージカルの第一人者」と目されるようになるいずみたくとともに、「日本人でなければできない日本のミュージカルをつくろう」と決意し、当時まだ新しかったミュージカルという芸術形式に挑戦したのだった。(1)

坂本九を主演にすえた再演も含め、このミュージカルを上演した団体を大阪労音という。正式名称は大阪勤労者音楽協議会。当時、大阪で急速に力をつけつつあった音楽鑑賞団体である。

永六輔らが作品の持ちこみ先として、当時ミュージカルに手をつけ始めていた東宝ではなく、大阪労音を選んだのはゆえなきことではなかった。商業的な興行主とは異なり、この労音という団体には、ある種の「実験」を許容する素地があったからだ。労音は「主催者なき団体」を標榜しており、会員から毎月会費を徴収し、それを元手に音楽会を開くというシステムをとっていた。つまりは巨大なサークル的組織であったと言ってよい。したがって当然、会員の意見が反映されやすく、無視できない力を持っていたが、それと同時に観客動員の面では他の興行主やプレイガイドより、はるかに安定した数を見込めるという側面も持っていたのである。

こうした特徴からも分かるように、労音という「主催者なき団体」は商業性を重視する一般の興行主とも、前衛を自認する演劇団体とも異なる色彩の興行主体だった。多くの会員の要望に叶う大衆性を持ちつつ、興行性一辺倒でもない、いわば大衆性と前衛性が交わる位置にあったといえるだろう。この性質は、一九五〇年代から六〇年代にかけてのミュージカルが付与されていた芸術的地位の揺らぎをとらえる上で格好の素材である。後述するように、その当時においてはミュージカル自体、「中間音楽」と呼称される微妙な位置づけを与えられていたからだ。本章では、労音の創作ミュージカル運動を通観することで、当時のミュージカルの芸術的位置づけの変遷をたどり、その文化的価値を明らかにする。

なお、本章においては労音の歴史を、その改組を基準として、三つの時代に区分して論じる。労音はもともとクラシックを鑑賞する団体として始まったが、一九五三年からCM（クラシック・ミュージック）例会とPM（ポピュラー・ミュージック）例会という二例会構成になった。第一節では、労音の創作ミュージカルの黎明期に端を発しているたこの二例会制の時期を扱う。前衛性と大衆性のせめぎ合いはこの労音ミュージカル運動が始まっのだ。次に、第三節では一九六〇年十一月から始まったA・B・C三例会制の時期に焦点を当てる。本章ではこの時期の労音の動きをミュージカルが持つ演劇的要素と音楽的要素のせめぎ合いとしてとらえてみたい。

第四節ではその後、会員数の減少に伴ってA例会が廃止され、もとの二例会制に戻った一九六五年十月以降のミュージカルを対象として扱うものとする。この時期、労音自体の急速な衰退とともに、創作ミュージカル運動もまた、徐々に力を失っていったのである。

二　『可愛い女』の栄光と挫折――一九五八～一九六〇年

労音の手によるミュージカルの歴史は一九五八年に始まる。この年の六月、ペギー葉山を主演にすえたミュージカル『あなたのためにうたうジョニー』が公開された。この第一作目のミュージカルによって、ペギーは芸術祭個人奨励賞を受賞する。労音のミュージカルへの取り組みは華々しいスタートを切ったのである。

年	月	題名	作／作曲／主な出演者
一九五八	六	あなたのためにうたうジョニー	藤田敏雄／飯田三郎／ペギー葉山、フォーコインズ
	十	パナンペの思いがけない勝利の話	谷川俊太郎／武満徹／伊藤素道とリリオ・リズム・エアーズ
	十二	恋と愛の物語	平岡清二／松浦竹夫（演出）／旗照夫、宇治かほる
一九五九	八	若者が海で死んだ	岡田敏和／半間巌一／旗照夫、宇治かほる
	九	可愛い女	安部公房／黛敏郎／千田是也（演出）／ペギー葉山
	十一	まずしい国のまずしい歌	キノトール、永六輔／飯田三郎／高英男、宮地晴子
一九六〇	四	孤独な椅子	キノトール、三木鮎郎／八城一夫／筵田敏夫、宇治かほる
	六	見上げてごらん夜の星を	永六輔／いずみたく／リリオ・リズム・エアーズ
	九	今からでも遅くはない	野上彰／宅孝二／高英男、萬代峯子
	十	波止場にともる灯はふたつ	高垣葵／桜井順／楠トシエ、牟田悌三

表①　黎明期の労音ミュージカル（25年資料集編集委員会『創立25周年資料集』新音楽協会理事会、1974年、19頁）

しかし、その後の創作ミュージカル運動の背後には多くの論争があった。当時、作品をつくる芸術家たちの側でも、ミュージカルかくあるべしという確固とした考えがまとまっておらず、議論が紛糾していたし、受け手の側にしても、この新しい芸術形式の受け止め方が分からず、戸惑っている様子が散見される。本節では、この時期につくられた代表的な作品『可愛い女』に関する議論を通して、当時のミュージカルを取り巻く芸術家や聴衆たちの思考を明らかにしてみたい。『可愛い女』やそれをめぐる論争には、この時期における労音の創作ミュージカルの特徴が凝縮されているからだ。

一九五九年九月に上演された『可愛い女』は労音の創作ミュージカルとしては第五作目にあたる。前述の第一作から数えて一年三か月の間に労音は早くも五作品を生み出していたことになる。

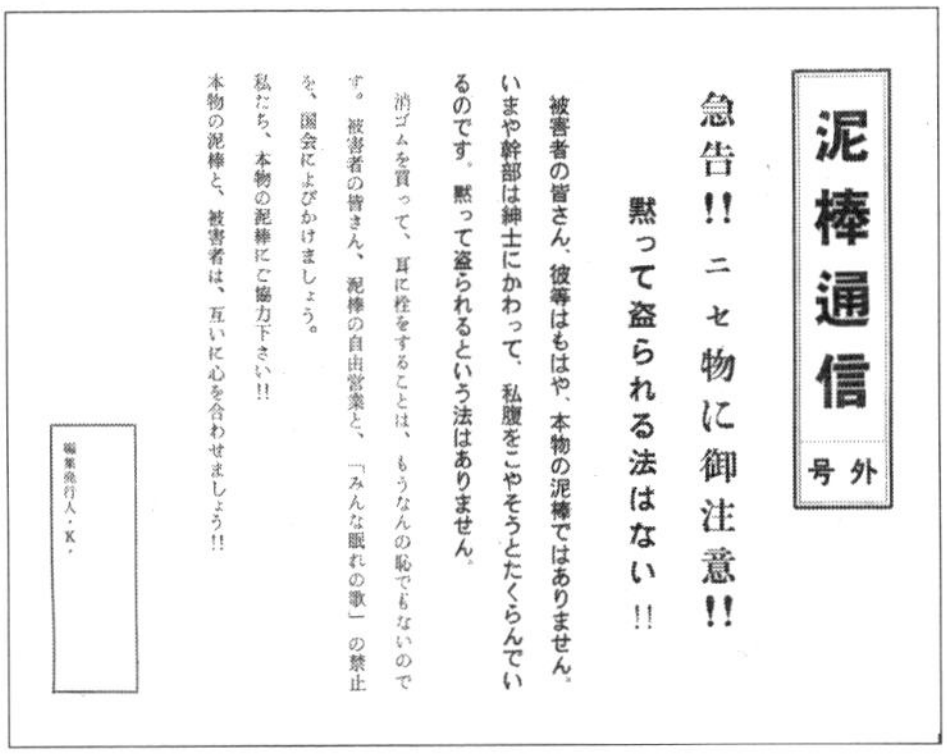
泥棒通信
号外
急告!! ニセ物に御注意!!

黙って盗られる法はない!!

被害者の皆さん、彼等はもはや、本物の泥棒ではありません。いまや幹部は紳士にかわって、私腹をこやそうとたくらんでいるのです。黙って盗られるという法はありません。

消ゴムを買って、耳に栓をすることは、もうなんの恥でもないのです。被害者の皆さん、泥棒の自由営業と、「みんな眠れの歌」の禁止を、国会によびかけましょう。

私たち、本物の泥棒にご協力下さい!!

本物の泥棒と、被害者は、互いに心を合わせましょう!!

編集発行人・K・

図①　『可愛い女』の劇中で使われたビラ

この『可愛い女』の特異性はまずもってそのキャスティングに現れていた。脚本・安部公房、作曲・黛敏郎、演出・千田是也、そして主演ペギー葉山。当時「南国土佐をあとにして」でブレイク中だったペギー葉山を主演に据えるなど、前衛性と大衆性の結合を意図してつくられたことが見て取れる。

『可愛い女』は演劇としても非常に凝ったものだった。当時のパンフレットの中には、劇中に登場する「泥棒通信」［図①］というビラが実際に挟まれており、劇中で起こる出来事に客席も巻き込んでいく手法をとっている。

では、この作品をめぐる議論の中に表れている作り手側のミュージカル観はどのようなものだったのだろうか。当時、ミュージカルに強い興味を示していた安部公房は、当時のミュージカルの位置づけについて「ジャンルの総合化と純粋化」という座談会で次のような認識を示している。

> たとえば大阪のフェスティバルホールでやるといったら、朝日の何とかいう偉い人がミュージカルのようなものをやるとけがれると言ったという。労音にしてみても、クラシックとポピュラーとあるのです。クラシックの方に言わせると、ミュージカルは取り上げられない。それは芸術じゃないというのです。これをフランス流に完全演劇とでも言えば芸術らしく聞えるんだろうけれどね。〔略〕総合化の主張はきは《ママ》めて障害に囲まれている状態だと思う。むしろ純粋化の方がはるかに大勢であり、通りがいい。(2)

安部自身のフィールドである純文学をはじめ、純粋芸術とされるものが評価され、「総合芸術」としてのミュージカルは不当に貶められているというのである。黛敏郎との対談でも安部は『可愛い女』を「総合芸術」としてのミュージカルの嚆矢として位置付けている。

しかし、作り手側に問題意識がなかったわけではない。右の座談会で安部に同調しつつ、黛は次のような問題意識を提示している。

> キタンなく言えば、全員素人のより集まりですよね。歌はうたえるけど、芝居は素人だって人や、芝居はできるけど歌はだめって人が歌もうたわなきゃならない、踊りも踊らなきゃならない。とも角、素人が寄合ってなにやらやってるってことになるのは始めから判っていた。(3)

総合芸術としてのミュージカルが持つ可能性を感じつつ、同時にその完成度に関しては大いに疑問が残るというわけである。とはいえ、少なくとも『可愛い女』に関して、作り手の側は一定の満足感を得ていた。彼らの議論を見れば、当時はミュージカルに取り組むこと自体に意義を感じていたことが分かる。

一方、オーディエンスである労音会員に目を向ければ、『可愛い女』の評価は惨憺たるものだった。労音は個人単位ではなく、サークル単位の加入であったため、各サークルからは続々と例会評が寄せられている。労音の内部資料に残されている「大阪市外電話局サークル」のアンケート結果は以下のようなものだ(4)(数字は人数)。

ミュージカル全体としての印象について

イ	素晴らしかった	6
ロ	物足りなかった	26
ハ	どちらともいえない	6
ニ	わからない	1
ホ	無回答	1

こうした評価の原因として、各サークルは総じてストーリーの難解さ、歌よりも芝居が中心であったことを挙げている。つまりは音楽による「単純な楽しさ」がないというのである。

実際、『可愛い女』のストーリーは当時の人々にとって分かりにくいものだった。何に対しても「ＮＯ」と言えない「可愛い女(ペギー葉山)」が、「泥棒の頭目」、「金貸し」、「刑事」から同時に求婚された結果、重婚してしまい、それを誤魔化そうとするドタバタ劇なのだが、その結末は非常にシニカルである。最終的に重婚に気付いた三者は「可愛い女」を介して手を握り、社会的搾取の構造を完成させてしまうのだ。つまりは勧善懲悪ではなく、悪が勝つ結末である。大衆文化が一定程度成熟した現代ならいざ知らず、当時の人々にとっては消化不良の残る内容であったと推測される。

一見、「可愛い女」に向けられた批判は労音会員の階層性の問題から生じていたように見える。「労音」という字面からは、「芸術を理解しない労働者階級」というステレオタイプなイメージが連想されやすいからだ。しかし、当時の労音会員にはブルーカラーの労働者よりも中卒、高卒のホワイトカラーが多かった。大学に行けなかった挫折感を抱く彼らは教養主義を内面化し、背伸びしてでも「洋楽」を聴きたいと考えるような中流意識を持つ人々だったのである。(5)

そんな彼らがそれまでのミュージカルを受け入れ、『可愛い女』をきっぱりと拒絶した背景には、ミュージカルの作り手との間の大きな断絶があった。この断絶を最も分かりやすく言い表した安倍寧《やすし》による論説がある。少し長いがここに引用しておきたい。

作者、作曲者などスタッフの側に二つの流れ、すなわち、安部公房、黛敏郎、武満徹らの前衛芸術家たちと、キノトール、永六輔、半間厳一などテレビを主な仕事場とするアルチザンたちがあることにまず注目したい。〔略〕大阪労音の会員数は、一人よがりな「可愛い女」で急激にへり、日常的な説得力のある「まずしい国――」以後ふたゝび増加の一途をたどっているという。〔略〕新しい大衆芸術としてのミュージカルとは、コマーシャリズムにもまれぬいたアルチザンたちの強じんな精神が、本当の意味での創造の場をあたえられた時、はじめて咲きほこるものだということ、少なくとも前衛芸術家たちが面白半分にいじくりまわす箱庭ではないということ――これが二年にわたる大阪労音のミュージカル運動から得た一つの教訓である。(6)

実際、表①を見れば、大阪労音は「壮大な失敗作」と形容された『可愛い女』以後、ミュージカルの製作をそうした「アルチザン（職人）」たちに依頼していることが分かる。労音会員たちはこの「前衛」路線についてこなかったのである。

こうした二つの路線が生まれてきた原因としては、当時のミュージカルがおかれていた芸術的地位の問題が考えられる。一九五〇年代に『中間文化論』を著した加藤秀俊は、高級でも低俗でもない、その間をいく妥協の文化として中間文化を定義した上で、ムード・ミュージックとミュージカルをともに「中間音楽」として位置づけた(7)。中間だからこそ、階層的に「上」からも「下」からもアプローチが可能になる。労音のミュージカルはまさにそうした二つのミュージカル観がぶつかり合うフィールドとなっていたのだ。

穿ってみれば、おそらくその背後には、ソ連を筆頭にした共産圏の文化からアメリカ文化へという大衆的な嗜好の変化を見てとることもできる。当時、加藤秀俊の自宅に招かれ、『可愛い女』の録音を聴いた社会学者デヴィッド・リースマンは、この作品を「ブレヒト流」の脚本で、大衆には難しいだろうと論評している(8)。東ドイツの前衛劇作家であるブレヒトの作品と安部公房や千田是也によるそれを重ね合わせたリースマンは慧眼であったと言わねばならない。安部も千田も、当時の前衛芸術家の例にもれず、社会主義レアリズムにある程度親しんでいたと考えられるからだ。

その一方、「アルチザン」であった永六輔はアメリカのブロードウェイ的なものの楽しみ方、見せ方を理想とした上で、だからこそ、庶民の生活に密着した日本的ミュージカルをつくるべきだと主張していた。当時話題になったブロードウェイ・ミュージカルの映画版『南太平洋』を批評した文章の中で彼は『可愛い女』を痛烈に批判している。

ミュ《〔ママ〕》ジカルはつまらないものだという運動をしたとしか思えない「可愛いい《〔ママ〕》女」のグループ。代表として安部公房氏。〔略〕労音でありあまる金をかけたという「可愛いい女」というミュジカルは組合大会に出席したような気分だった。〔略〕なぜ、楽しいものを作ってくれなかったのか、本当に口惜しい。日本にミュジカルの歴史というものが出来れば、「可愛いい女」がいかにその発展を邪魔したか明記されるべきだ。[9]

『可愛い女』がミュージカルの発展を邪魔したという考えに同意するか否かはさておき、学生時代からブロードウェイのミュージカルに憧れていたという永六輔にとって、前衛芸術家たちのヨーロッパ的教養がそこはかとなく漂うミュージカルは許しがたいものに見えたのだろう。

もちろん、前衛芸術家たちがブロードウェイを意識していなかったわけではない。しかし、彼らがミュージカルについて語るとき、常にその論評には「労働者階級」や「風刺」といった観念的な言葉がつきまとった。そしてこの時期の大衆が親しみを持ったのは、彼らがつくる「上」から派生したミュージカルではなく、「下」から派生した娯楽としてのミュージカルだったのである。

三　音楽か？　演劇か？――一九六〇～一九六五年

一九六〇年十一月、大阪労音はPM／CM二例会制から、A・B・C三例会制へと移行する。各例会のコンセプトは、Aが「新しい試み」を行なう例会、Bがクラシックの例会、Cがポピュラーの例会となっている。

この改組以前、ミュージカルは全てPM例会で企画されていた。しかし、前節で見てきたとおり、ミュージカルだけを見てもそこには前衛的な企画と大衆性の強い企画が混在していた。労音はＰＭの会員数増加をうけてそうした前衛的な企画を切り離し、別の例会として組織したのである。

ではこの時期、ミュージカルはＡ・Ｃどちらに分類されていたのだろうか。答えは後者である。その第一の理由としては、見込まれる会員数の問題があったと推測される。一九六三年に最盛期を迎えた労音は、この時点でＡ例会十三万人、Ｂ例会とＣ例会がそれぞれ一万〜一万五千人という内わけで会員を抱えていた。比較的大掛かりになりがちで、予算もかかるミュージカルを会員数の少ないＡ例会だけで支えるのは現実的ではなかったと考えられる。

第二の理由として、ミュージカルの質的な側面も見逃せない。前節で述べたように、『可愛い女』以後、「アルチザン」たちが労音ミュージカルのヘゲモニーを握る中、労音の創作ミュージカルは大衆的な方向に傾いていたからだ。

こうした編成替えの中で徐々に大衆化路線をたどった労音ミュージカルだが、本節ではこの時期の労音ミュージカルがたどった変遷を追うことで、「音楽か？　演劇か？」という点について考察を加えてみたい。ミュージカルは劇と音楽で構成されるものであるがゆえに、当時はこの点が議論の俎上に乗ることが多かったからだ。

まずはこの例会編成になって最初の作品『泥の中のルビー』だが、この作品は当時売り出し中の劇作家・八木柊一郎《しゅういちろう》によって手掛けられた。彼は後にテレビドラマの脚本も手掛けることになるが、当時はまだ「アルチザン」グループに入るような華々しい活躍はしていない。『泥の中のルビー』に関する八木自身の批評の中に興味深い記述がある。このミュージカルは「それまでに作られた労音ミュージカルにくらべると、固苦しいくらいに演劇的なものであった」と述べた上で、八木は次のように強調する。

年	月	題名	作／作曲／主な出演者
一九六〇	十一	泥の中のルビー	八木柊一郎／いずみたく／宮城まり子
一九六一	三	泥棒と私	八木柊一郎／内藤法美／越路吹雪、益田喜頓
	五	歯車の中で	永六輔、岩谷時子／芥川也寸志／草笛光子
	十一	かたい小さな種子	寺山修司／八城一夫／旗照夫、沢たまき
一九六二	三	劉三姐	岩田宏／林光／千田是也（演出）／ペギー葉山、坂本博士、永田靖
	四	お化けが街にやって来た	安部公房（作・演出）／外山雄三／中村メイコ
	七	パン屋になるまで	矢代静一／平岡精二／宮城まり子、益田喜頓
一九六三	六	明日がわたしを待っている	岡田教和／いずみたく／森山加代子
	十一	阿蘭陀物語	菊田一夫（作・演出）／内藤法美／越路吹雪、ビンボー・ダナオ、ジェリー伊藤
一九六四	二	見上げてごらん夜の星を	永六輔（作・演出）／いずみたく／草笛光子、九重佑三子、坂本九
	二	万事ＯＫ	菊田一夫（作・演出）／中本清純、入江薫／草笛光子、浜木綿子、ジェリー藤尾
	五／六	エンジンは快調です。	高垣葵／いずみたく／楠トシエ、佐々木功
一九六五	八	もう一人のあなた	新野新／服部克久／金井克子、かしまし娘
	九	鎌を抱いて寝て	岩谷時子／内藤法美／越路吹雪

表②　三例会制期の労音ミュージカル（25年資料集編集委員会『創立25周年資料集』新音楽協会理事会、1974年、19頁）

ミュージカル・プレイもプレイの一種、芝居の一種である〔略〕。三、四年前まではミュージカルはその言葉の直接的印象そのままに、演劇であるよりも音楽物だという通念が一般化していたように思われ、特に私の場合、労音という音楽鑑賞団体のために第一作第二作を書いてきたので、そのことを殊更強調しておきたかったのである。(10)

つまり、初めてのC例会で上演されたミュージカルは、意識的に音楽よりも演劇の方に重点をおいた作品だったのである。

その後の例会を見ると、寺山修司の手による作品があることからも分かるように、当時「新劇」と呼ばれた芝居にやや寄っていく傾向も読み取れる。その動きと並行して、前節で論じた『可愛い女』の「失敗」によって力を失っていた前衛路線が息を吹き返していることも指摘できるだろう。一九六二年には安部公房や千田是也がからんだ作品が顔をのぞかせており、クラシックの作曲家の名前も散見される。

しかし、こうした傾向が続いた一九六〇年、六一年頃には会員の不満が噴出していた。『大阪労音十五年史』は、この時期のミュージカルについて、こう総括している。

全体として楽しくなかった。迫力もなかった。「歯車の中で」はナマの演奏であったが、他の伴奏音楽は全てテープで、うたとせりふだけがナマでというものであった。会員から「もうミュージカルはいやだ」という声が少なからずあげられた。(11)

もともと「良い音楽」をナマで聴くことをコンセプトにしていた労音において、演奏が録音によるものであったという事実は、この時期のミュージカルが「演劇」に傾斜していたことを顕著に示しているといえよう。

ここでは永六輔の作品だけが生演奏を用いていたと述べられているが、彼の労音における最初のミュージカル『貧しい国の貧しい歌』ではテープが使用されていたことから考えて、生演奏に対してそう強いこだわりがあったわけではない。むしろ永のこだわりは別のところにあった。『見上げてごらん夜の星を』の初演からほどなく

図② 『劉三姐』の舞台

して開かれた座談会で彼が主張しているのは「ミュージカルでは、音楽が一枚タイトルでないといけない」ということだった。そうしたミュージカルに、実力のある「一枚のタイトルになれる音楽の人」を加えれば良い作品が成立するというのだ。[12] まさに『見上げてごらん夜の星を』で永が実践して見せたミュージカルの形式こそ、その典型である。

とはいえ、前衛芸術家たちもこうした大衆的なミュージカルのあり方に無関心だったわけではない。この時期、会員から高い評価を受けた作品に『劉三姐《りゅうさんぢぇ》』〔図②〕があるが、これはクラシックの作曲家である林光や『可愛い女』でも演出をつとめた千田是也、同じく『可愛い女』で主役を演じたペギー葉山らによる、いわば『可愛い女』のリベンジ作品である。

この作品はミュージカルに対する批判が高まった時期に企画が始められている。そこには、「『可愛い女』をしのいでミュージカルの評判を回復しようというねらい」があったという。その成功要因について、労音側は以下のように分析する。

> 大衆小説的におもしろく、楽しいうたのなかでたたかいが展開するので、全観客の心を知らずしらずのうちに舞台にひきつけることができた。また舞台や衣裳も豪華で、スタッフもよく、笑いもあり、観客も一しょに歌うことのできる部分さえも入っていた。〔略〕このミュージカルが会員の心をうったのは、「封建制に対

する抵抗に力強さを感じた」、「現代的な主題であったのでよかった」（合評会での発言）という点があったことを忘れてはならない(13)。

もともとペギー葉山はポピュラー・シンガーとして人気が高かったということに加え、この作品では「一しょに歌うこと」ができる歌が挿入されていたことも大きかったとされている。「アルチザン」ではなく、芸術家とされていた人々がバランスよく大衆性を取り込みつつあったことがうかがい知れる作品だ。

しかし物語の内容に注目してみると、背景にあった思想性は、実は『可愛い女』とあまり変わらない。この物語は中国に伝わる伝説を下敷きにしており、ペギー葉山演じる美人の劉三姐が金持ちに無理やり嫁がされるという筋書きなのだ。ただし、最終的な結末が『可愛い女』とは決定的に異なっている。悪が勝利をおさめるリアリティ重視の『可愛い女』に対して、『劉三姐』では、歌の力で彼女は金持ちたちに勝利をおさめる。この点が「封建制に対する抵抗」だというのである。それが一種のガス抜きにすぎないなどというのは、知識人特有の読み込みにすぎない。大衆的にはやはり、こうしたいわば「スッキリする」話と参加感覚を喚起する分かりやすい歌が好まれていたといえるだろう。

以上のように、この時期には、散発的に前衛芸術家を含む制作者グループも成功をおさめていた。しかし、労音においては、最終的にやはり音楽への回帰傾向が見てとれる。そのことを象徴的に示しているのが、三例会制の最後を飾るミュージカル『鎌を抱いて寝て』だ。この作品は労音のミュージカルを列挙した資料にはミュージカルとして掲載されているのだが、別の場所には、「越路吹雪リサイタル」として表記されている(14)。

そのからくりは単純なものだ。実はこの作品が上演された例会は三部構成になっており、リサイタルの中にミュージカルを埋め込む形で進行したという。労音は仕事が終わってから見に行ける時間に例会をやるのが基本だったから、三部構成となれば時間的にそう長いものではない小品であったと推測される。当時、ミュージカルの歌手というイメージが強かった越路を起用し、彼女の歌を中心に組み上げたミュージカルは、音楽鑑賞団体である労音が見つけた一つの落としどころだったのかもしれない。この時期の労音は一九六三年に最盛期を迎え、衰退に向かいつつあった。この越路吹雪の例会はそんな中で労音ミュージカルの規模が縮小していく時代の幕開け、「終わりの始まり」であったとも考えられる。

本節では、ミュージカルをめぐる音楽と演劇の葛藤に着目してきた。この点について少し考察を加えておきたい。前節の大衆性と前衛性の問題との関係を明らかにしておくためである。

まずは前出の永六輔の発言を思い出してみよう。口ずさめるような大衆性を持った音楽とスターを前面に立てる手法が大衆性獲得の定石だと彼は述べていた。そうだとすれば、音楽と演劇のせめぎあいは大衆性と前衛性のそれとパラレルであるということになる。実はこうした傾向は現代にいたるまで続いていると言えなくもない。音楽が大衆文化として日常に根付いている一方、演劇や芝居を見に行くことは現代社会においてもややマニアックな、あるいは高尚な趣味として受けとめられているのではないだろうか。もちろん、現代の音楽と演劇の間にあるこうした構造は、普遍的なものであるとは言えない。ウォークマンやラジオで聴ける音楽の気軽さと、実際にそこに行かねばならない演劇のハードルの高さというメディア環境の問題も大きく作用しているからだ。しかし、労音の場合のように「見に行く」というハードルを越えた段階においても、音楽と演劇の大衆性にそもそも差があったことは、銘記しておくべきだろう。

これにはいくつかの原因が考えられる。第一に、コミュニケーション論的観点から見れば、ストーリーを追うという継続的な集中を要する演劇よりも、音楽の方が散漫な聴取を許容する分、受け手を選ばないという点が挙げられる。このことはラジオにおけるドラマと音楽番組という聴覚のみの条件においてはすでに実証されている。(15)

しかし、視覚情報も動員される演劇と音楽コンサートとの間の違いとしては今後、検証されていくべき課題であるといえる。

第二に考えられる原因は、当時の日本における演劇が活字的な教養と不可分な関係にあったことである。安部公房らの取り組みが大衆性を得られなかったことから分かるように、活字から聴覚を支配しようとする試みは多くの場合、失敗に終わっているのだ。ただし、こうした演劇のあり方は日本における演劇の特殊事情である可能性も捨てきれない。事実、永六輔が憧れたブロードウェイでは、現在も演劇が一定の大衆性を得ているからだ。

いずれにしても答えは出ない。ただここでは、ミュージカルの歴史を紐解くことが、日本における視覚と聴覚のヒエラルキーを考えることにつながる可能性があるとだけ言及しておきたい。

四 「大衆的な歌舞劇」としてのミュージカル——一九六五〜一九七四年

一九六五年十月、労音は会員数の減少に伴って、再びCM／PM二例会制へと再編成される。この時期の労音はなんとかして会員数の減少を食い止めようと大衆的な作品へと大きく傾いていった。

この時期における労音ミュージカルの最大の特徴は、翻訳ものとお笑いが登場したことだ。それ以前のミュージカルにも海外ものを翻案した作品はあったが、はっきりと原作が提示された翻訳ものはこの時期にしか見られない。また、藤田まことがドリフターズを伴って『藤田まことはんせい記』を演ずるなど、明らかに歌ではなく、笑いを中心にした作品が上演されたのもこの時期のみである。

こうした動きからも読み取れるように、この頃の労音はテレビや映画からの影響を顕著に受けていた。それは前述の「アルチザン」的傾向の全面化を意味している。ミッチー・ブーム、東京オリンピックを経て、各家庭にある程度テレビが普及したこの時期、労音は衰退期を迎え、苦しい立場に立たされていた。テレビタレントを出さねば観客を確保できず、テレビタレントを出演させれば、「テレビと同じ」という批判にさらされる。加えて、彼らに支払う報酬は高騰し続けていたのである。

この時期は前半に和風のミュージカルが集中しており、後半には海外作品の翻訳ものが目立つ。本節ではとくにこの前半部分に焦点を当て、こうした和風ミュージカル増加の背景を明らかにしてみたい。

まずは二例会制復帰後、初のミュージカル作品となった『祇園祭』に目を向けておこう。この作品は西口克巳による同名の小説を原作にした作品であり、「〝劉三姐〟につづく大阪労音の大型ミュージカル」として新聞・雑誌で話題になっている[16]」と労音の機関紙でも大きく取り上げられた。実際、内容も例によって『劉三姐』とかなり近い。抑圧された民衆が立ち上がり、数々の困難を乗り越えて祇園祭を復活させるという歴史もの、そしてなによりも、わかりやすい勧善懲悪の図式を含むものだった。このミュージカルが『劉三姐』と同じような図式を含みつつ、日本を舞台にしていることには象徴的な重要性がある。日本的なものの台頭を示していると考えられるからだ。

当時の大阪労音は衰退に伴って、会員が例会に所属する制度が緩やかに解体に向かっており、選択式の例会が増加していた。そうした状況は、労音というサークル的組織の変質を意味していたが、柔軟に複数の例会を開催できるというメリットももたらした。それにともなって、当時「伝統音楽例会」「歌謡曲例会」なるものが不定期で催され、「日本的なもの」への関心が表に現れるようになった。『祇園祭』はＰＭ例会のメインとして上演されたが、それはこうした日本音楽への関心がミュージカルにも反映されつつあったことの表れであったと考えられる。

以下の表は一九六五年度の一年間に、大阪労音で演奏された曲目の内訳である。経年変化はこの表から読み取

年	月	題名	作／作曲／主な出演者
一九六六	二	祇園祭	西口克巳（原作）／依田義賢（脚本）／外山雄三／増見利清（演出）／島倉千代子、立川澄人、小柳弥栄、雁之助兄弟
	十一／十二	傷だらけのギター	五木寛之／飯田三郎／ペギー葉山
一九六七	一／二	藤田まことはんせい記	竹内伸光／小坂務、中川昌、淡野圭一／藤田まこと、ドリフターズ
	三	鶴の笛	林茉美子／松永良男太（演出）／山下毅雄、島倉千代子
	四	メイム	P・デニス／J・ハーマン／越路吹雪、高島忠夫
	七	てなもんや大サーカス	香川登志緒／大野正雄／藤田まこと、沢たまき
一九六八	三	天国にいちばん近い島	森村桂／広瀬健次郎／梓みちよ、ジェリー藤尾
一九七〇	三	リンゴの花咲く町	平井信作／山本直純／木村愰、川村千鶴、東京演劇アンサンブル
	七	だから青春	山本薩夫（監修）／加藤盟（演出）／すぎやまこういち／尾藤イサオ、アン真理子
一九七二	五	死神	藤田敏雄／いずみたく／西村晃、今陽子、楠トシエ、笈田敏夫、園田裕久
一九七三	三	アプローズ	B・カムデン、A・グリーン／浅利慶太（演出）／内藤法美／越路吹雪、雪村いづみ、木の実ナナ
	九	見あげてごらん夜の星を	永六輔／遠藤宣彦（演出）／いずみたく／フォーリーブス、南沙織、宇治かほる
	十一	マガジン・オン・ステージ	五木寛之／藤田敏雄（演出）／前田憲男／前田美波里
一九七四	二	青春の歯車	早乙女勝元（原作）／加藤盟（脚本）／すぎやまこういち／徳川清、槇みちる、矢野宣
	四	俺たちは天使じゃない	矢代静一、山川啓介／藤田敏雄（演出）／いずみたく／西村晃、前田美波里、園田裕久
	六	ウエストサイド物語	A・ロレンツ、L・バーンスタイン／浅利慶太、宮島春彦（演出）／飯野おさみ、雪村いづみ

表③　二例会制復帰後の労音ミュージカル（25年資料集編集委員会『創立25周年資料集』新音楽協会理事会、1974年、19-20頁）

	日本	外国						計
		アメリカ	ヨーロッパ	ラテン	アジア アフリカ	東欧 ソビエト	その他	
CM	20	14	78		1	19		132
PM	229	299	179	77	2	8	1	795
歌謡曲	241	21	11	2	1	5		281
伝統	29				22			51
計	519	334	268	79	26	32	1	1259

表④　1965年度に演奏された作品の国別数（大阪勤労者音楽協議会「この一年をふりかえって　例会活動」、『労音月報』1966年4・5月号、5頁）

ることができないが、労音全体として、アメリカと日本の音楽が中心になりつつあったことはよく分かる。これはクラシックから始まった教養主義的な労音という団体の大きな変化を示しているといえるだろう。

『祇園祭』に対する労音自身の評価も概ねこの線に沿っている。

現在の日本に生きる勤労者の気持ちに通じる題材を、日本的なメロディーで処理した画期的な作品で、日本の創作ミュージカルの出発点というにふさわしいものとして、好評でした。[17]

こうした労音の方針転換は、会員の持つ嗜好の変化とも連動していた。ポピュラーや歌謡曲を扱った例会に関する総括として「もはや日本人にとってジャズやアメリカのヒット・ソングをそのまま持ってきても新鮮さが感じられず、支持されないという傾向が強まったこと」が指摘され、にもかかわらず、「曲目の六〇％はアメリカの音楽によって占められている」という傾向が問題点として挙げられている。[18]

ミュージカルに対する受け手の期待も、かつてあったような外来の新しい芸術形式に触れるということではなく、むしろ身近な分かりやすい娯楽を消費するという方向にシフトしていた。

中国民族歌舞団や祇園祭の成功を契機に、ミュージカルのような大衆的な歌舞劇や民族歌舞への要求は一段と強まりました。「年に一度は必ずやれ」「劉三姐を再演してほしい」「祇園祭は再演しないのか」という意見が各地の地域会議で強く出されています。[19]

ここにある「ミュージカルのような大衆的な歌舞劇や民族歌舞」という記述からは、ミュージカルは大衆的なものであるという意識がごく常識的なものになっていることがうかがえる。

こうしたミュージカル観の変化は、テレビでブームになったお笑いを公然とミュージカルとして扱うことを可能にした。当時、テレビ番組『てなもんや三度笠』で一躍時の人となっていた藤田まことが一九六七年に二度も労音の舞台を踏んでいることは、その端的な表れである〔図③〕。『てなもんや三度笠』は一九六二年に放送が開始された時代劇調のコント番組で、スポンサーである前田製菓にひっかけた「あたり前田のクラッカー」というギャグを生み出したことで知られていた。そもそも旧左翼的な思想をバックボーンにして成立した労音で、こうした作品が上演されたことは注目に値する。会員数が減少する中、労音はかつてのような組織に対する帰属意識の強い会員だけではなく、一回限りでやめていくような、より一般的な大衆を取り込む必要にかられていたのである。こうした動きは思想に動員力が優先した状況を物語っているといえよう。

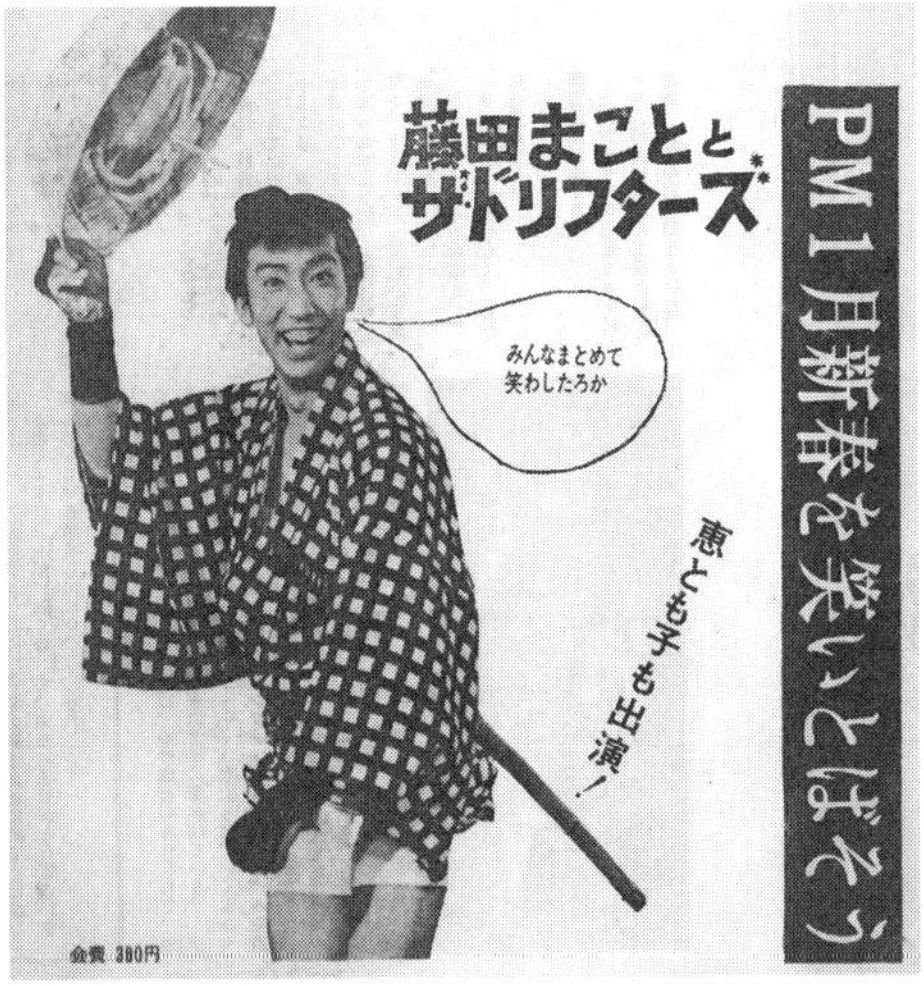

図③ 『藤田まことはんせい記』の機関紙内広告（『新音楽 PM 版』第 200 号、1966 年、28 頁）

また、前節で言及した越路吹雪リサイタルや藤田まことの『てなもんや三度笠』等に共通しているのは、ミュージカルがいわば「添えもの」的になっていることだ。歌にしろ、喜劇にしろ、演者が前面に出て自身の得意分野の出しものを見せ、歌手の場合は間で芝居をやる。役者の場合は間で歌を歌う。これを「ミュージカル」と呼んでいる節があるのだ。この種の演劇は先に述べたような継続的な注意を要求しないことが多い。時間が短いことに加えて、既知のパターンをなぞる傾向にあるからだ。

こうした形式は北島三郎をはじめとした演歌歌手が行なうコンサートのそれを連想させる。どちらが先に確立されたかは定かではないが、この時点の労音ミュージカルを見る限り、一般的に想像されるミュージカルと演歌歌手による大衆演劇を地続きにとらえる視点も大衆的なレベルではありえたのではないかと考えられる。

こうした日本的な大衆演劇に接近した後、労音ミュージカルは原点回帰とでもいうように、翻訳ものや小説を原作にした作品に傾いていく。この時期については資料が少なく、あくまで推測の域を出ないが、最も大きな理由は単純に会員数の逼迫であろうと考えられる。最盛期の一九六三年には十五万人を超えていた会員数は急減し、六九年時点で四万人台に落ち込んでいた。さらに、七〇年には、PM／CMの区分も維持できなくなる。当然、クラシックのように高尚なものを求めている会員に対しても訴えかけるような最大公約数的な公演が増える。しかも財政的な問題で一から創るオリジナル・ミュージカルは、大掛かりでなかなか手が出せない。こうした状況の中で、翻訳ものは一種の妥協案として登場したと考えられるのである。

衰退期の作品が妥協の産物であるとすれば、この時期の大衆文化としてのミュージカルの特徴はやはり六〇年代後半に差し掛かった頃に表れていると考えるべきである。和風ミュージカルが人気を博し、日本独自のものが求められるようになったことは、大衆的な背伸びの時代、すなわち中間文化の時代の終わりを意味していた。それを「堕落」とみなすか、「西洋的価値観からの脱却」ととらえるか。それを判断するのは難しい。ただ、芸術作品の創り手の側にとってみれば、いくぶん「身軽」になったといえるかもしれない。そしてそれは西洋的なものを是とする教養主義的な文脈から解放された作品が登場する時代の幕開けでもあった。

五　労音ミュージカルの遺産

労音は一九七四年、その縮小に伴って名前を変え、現在まで存続している。「大阪新音楽協会（略称：大阪新音）」が現在の名称である。最後に本章で触れられなかった作品にも言及しつつ、労音ミュージカルの文化的価値を明らかにしておきたい。

大阪労音は元来、会員たち、すなわち芸術の受け手の側に西洋的な教養を提供する教育的な機能を持った団体であった。しかし、創作ミュージカル運動に関していえば、そうした機能もあるにせよ、最も大きな功績は送り手側に対する教育効果を果たしえたことだ。

これまで見てきたように、ある時は時代を代表する前衛芸術家たちの実験場として、そしてまたある時は、大衆芸術を創造するアルチザンたちの保育器として、日本の文学、音楽、演劇文化に一定の貢献をしたといえる。こうした他方面にわたる影響を及ぼすことができたのは、なによりも、ミュージカルが安部公房の言う「総合芸術」としての性質を備えていたからだろう。

今、ミュージカルの一覧表を眺めてみれば、現在にいたるまで活躍している人物や、歴史に残る芸術家がきら星のごとく並んでいる。ここでは言及できなかったが、労音がまだ盛況で、力もあった一九六〇年代前半までの時期には、詩人の谷川俊太郎や「ノヴェンバー・ステップス」で世界的に名声を博した武満徹、晩年までミュージカルにこだわり続けたいずみたく、さらに『見上げてごらん夜の星を』の初演には、アンパンマンの作者として有名なやなせたかし（舞台美術）までが参加している。

労音が衰退期に向かった後半部にしても、労音の遺産と言って差し支えない人材が多く輩出されている。現代に残るようなオリジナルの作品こそ少ないが、当時グループサウンズへの曲提供で知られ、現在ではゲーム『ドラゴンクエスト』シリーズの作曲家としても著名なすぎやまこういちや、劇団四季の創設者・浅利慶太が複数回起用され、そこで経験を積んでいるのだ。

おそらく彼らがミュージカルから学んだのは、単にミュージカルという芸術形式だけではない。彼らが学んだのは異分野のクリエイターとともに行なう仕事の作法だった。その証拠に、上に挙げた人物のうち、後年ミュージカルを含む異分野との共同作業に従事しなかった人物は一人としていないのである。

労音ミュージカルが示しているのは、ミュージカルという芸術形式の価値である。一九五〇年代、テレビ時代の幕開けとともに日本に流れ込んだミュージカルは、視覚と聴覚という複数の感覚にまたがる芸術をつくる才能、換言すれば、マルチメディア時代における芸術作品を創造する才能を育てる学校として機能したのである。

（1）永六輔「東京のうた　見上げてごらん夜の星を」、『朝日新聞』一九六八年五月十二日付朝刊、一六頁。

（2）花田清輝・安部公房ほか「ジャンルの総合化と純粋化（座談会）」、『労音運営』第一号、一九五九年、二〇―二一頁。ただし、もともとの出典については次のような記述がある。「「記録芸術の会」という団体の編集している「現代芸術の会」（季刊二五〇円、みすず書房）の第二号にのせられた、座談会の抜粋です」。

（3）安部公房・黛敏郎「特集1　ミュージカル『可愛い女』をめぐって　安部公房・黛敏郎対談」、『労音運営』第二号、一九五九年、三頁。

（4）北村栄祥「特集2　ミュージカル『可愛い女』をめぐって　大阪市外電話局サークル」、『労音運営』第三号、一九五九年、二八頁。
（5）長崎励朗『「つながり」の戦後文化誌――労音、そして宝塚、万博』河出書房新社、二〇一一年。
（6）安倍寧「けわしいミュージカルへの道」、『労音運営』第一二号、一九六〇年、三一―三二頁。
（7）加藤秀俊『加藤秀俊著作集』六、中央公論社、一九八〇年（ただし、初出は一九五七年の『中央公論』第七二巻三号）。
（8）デヴィッド・リースマンほか『日本日記』加藤秀俊・鶴見良行訳、みすず書房、一九六九年、一〇六頁（原著一九六七年）。
（9）永六輔「ミュジカル・日本での可能性――『南太平洋』をみて」、『映画評論』第一六巻一二号、一九五九年、五二頁。
（10）八木柊一郎「ミュージカル私論」、『テアトロ』第三一巻九号、一九六四年、一七頁。
（11）佐々木隆爾『大阪労音十五年史』大阪勤労者音楽協議会、一九六五年、三九頁。
（12）永六輔ほか「ミュージカルを育てよう！（座談会）」、『映画評論』第一七巻四号、一九六〇年、四二―四三頁。
（13）佐々木隆爾、前掲書、四〇―四一頁。
（14）25年資料集編集委員会『創立25周年資料集』新音楽協会理事会、一九七四年、一四頁。
（15）Goodman, David. *Radio's Civic Ambition*. New York: Oxford University press. 2011
（16）大阪勤労者音楽協議会「今月のうごき　スタッフら祇園祭へ精力的」、『新音楽（PM版）』第一八九号、一九六五年、二〇頁。
（17）大阪勤労者音楽協議会「この一年をふりかえって　例会活動」、『労音月報』一九六六年四・五月号、四頁。
（18）大阪勤労者音楽協議会「この一年をふりかえって　例会活動」、『労音月報』一九六六年四・五月号、八頁。
（19）大阪勤労者音楽協議会「この一年をふりかえって　例会活動」、『労音月報』一九六六年四・五月号、八頁。

Ⅱ　黎明期のミュージカル

第5章　ミュージカルとともに生きて

宝田　明

［聴き手］日比野啓・神山　彰

インタビュー

イントロダクション

宝田明氏は、きわめて知名度の高い俳優であるから、改めて紹介も説明もいらないだろう。ここでは、ミュージカル俳優としての宝田氏について触れることにしたい。

日本初のブロードウェイ・ミュージカルの翻訳上演は、東宝による一九六三年九月の『マイ・フェア・レディ』（東京宝塚劇場）なのは、よく知られるが、その翌年十一月やはり江利チエミ主演で上演された『アニーよ銃をとれ』（新宿コマ劇場）も大層な評判を呼んだ。そこでフランク・バトラーを演じたのが宝田明氏である。芸術祭奨励賞を受賞したこの役が、大きな転機となり、宝田氏は半生をミュージカルとともに歩むことになる。『キス・ミー・ケイト』（一九六六年二月、東京宝塚劇場）のフレッド、『サウンド・オブ・ミュージック』（一九六八年九月、梅田コマ劇場）のフォン・トラップ大佐といった、ハンサムで男らしいが、愛嬌があって滑稽味すら感じられることもある、いかにもアメリカン・ミュージカルらしい男性主人公を次々と演じ、さらにそれが一九七〇年七月『マイ・フェア・レディ』再演のヒギンズ教授を演じて、日本のミュージカル俳優の第一人者としての地位を築く。

その後、『ファンタスティックス』（一九七一年四月、渋谷ジァン・ジァン）で、ミュージカルのイメージを転換するような舞台をつくりあげ、『リトルショップ・オブ・ホラーズ』（一九八四年八月、博品館劇場）のような作品では、ミュージカルの観客層を広げることに一役買った。『マイ・フェア・レディ』から半世紀以上が経ち、現在の日本では毎月複数の劇場でミュージカルが上演されるようになっているが、そこまでに至る日本のミュージカル史をつくりあげてきた一人が、宝田氏なのだ。出演したミュージカル作品は本文で触れた以外にも数多いものがある。

東宝の演劇担当重役だった菊田一夫が宝田氏を抜擢し、重用したのは、それ以前に日本劇場のレヴューなどでの「歌えるスター」ぶりを知っていたからである。私は残念ながら、日劇での宝田氏を見てはいない。しかし、子供の頃から、銀幕のスターとしての宝田氏の歌声と姿とは、目と耳に焼き付いている。テレビで見た、スタンド・マイク時代の、肩を軽く揺らしながら歌うタキシード姿の長身。東宝映画の三人娘（美空ひばり・江利チエミ・雪村いづみ）シリーズなどで、設定や筋立てと無関係に突然歌い出す宝田氏の歌声。それらは、私の少年期の最も柔らかく、懐しい思い出というだけでなく、感受性のある部分に影響している。レヴュー好きの私としては、日劇や浅草国際劇場のグランド・レヴューを抜きに、欧米での原作上演との関連だけで語るのは、「日本のミュージカル」の特質を見逃してしまうと思っている。今回、日劇時代の思い出をうかがえたのも大きな収穫だった。

インタビューで力を込めて語っておられるように、宝田氏は長年にわたり、情熱を傾けて『ファンタスティックス』の上演を続けた。渋谷にかつてあった小劇場ジァン・ジァンでの上演に至るプロセスなど、あの時代の演劇シーンの重要な側面であり、一九六〇代末から七〇年頃にかけて、所謂「アングラ」以外の多くのジャンルでも様々な「実験的試み」がなされていたことの例証にもなっている。リアルタイムで二十歳前後だった私の実感や思い出を補強するものだった。

近年でも『タイタニック』の船長や『ファンタスティックス』のエル・ガヨの風格や、歌い方を目にし、耳にすると、なんともいえない幸福感に襲われる。それは、近年のようにピン・マイクを付けて動き回り、歌詞聴きとれぬまま歌い上げて喝采という時代と違う、品格と落着きある、懐しい歌い方に接せられるからだろう。

当たり前だが、舞台は個人的な思い出によって語り継ぐことしかできない。そうして夥しい芝居好きは、その思い出を語り継ぐことで記憶を繋げてきた。私は今でも、五十回CDを聴いたという研究家や批評家の解釈より、一回しかその生の舞台に接していない人のホンの一言の断片から、その肉感性や官能的な声の肌理《きめ》を実感することがある。この宝田明氏の回想もそういう現場を知る人でなくては得られない実感に充ちている。今回のインタビューでは、制作、演出、作詞、編曲など、スタッフの実態や思い出に触れていただけたのもよかった。現実の舞台表現は、演者や演出家以外のスタッフの知恵や勘によって巧みに作られるところが多いからだ。

なお今回は、近年語られている満州のハルピン時代の筆舌に尽くしがたい思い出や、映画作品には触れない予定だったが、成瀬巳喜男監督の話題だけはうかがってよかった。成瀬監督のレンズの使い方による効果の違い、『放浪記』での高峰秀子との挿話など、映画史の貴重な証言になっていると思える。


（神山　彰）

日劇レヴューの時代

日比野啓　宝田先生は、一般の方々の間では、映画スターと思われているかもしれませんが、実は日本のミュージカルの初期からずっと活躍してこられた本当に貴重な舞台俳優でもいらっしゃいます。ですから今日は舞台、特にミュージカルのお話を中心にお聞かせいただければと思っております。

さっそくですが、宝田先生は、東宝に入社された二年後、一九五六年二月『春のプレリュード』から、日劇レヴューに五、六本、続けて出演されています。同じ年の九月、翌年の十二月、一九五八年十二月、一九五八年四月。一九五九年以後はずっと、毎年一月に上演された『新春スター・パレード』に出ていらっしゃる。

宝田明　よくお調べですね。私はもう、とっくに、忘却の彼方だった（笑）。一九五四年に東宝に入って、ポンポンと映画に出て。一本目は『かくて自由の鐘は鳴る』（一九五四年六月公開）という福沢諭吉の伝記映画で、私は諭吉が故郷の中津藩に帰ってきたら必ず一刀のもとに切り捨てると心に決めている、増田宗太郎という青年壮士の役でした。この人は実在の人物で、諭吉と議論するうちにすっかり心酔して「自分は間違っていた」と考えを改め、後に西南の役で華々しく亡くなるんです。東宝に入ってすぐでしたから、大抜擢でしたね。

それで、「お前、芸名はどうするか？」と聞かれたんですが、「そんなの会社の方でお決めになってください」といったら、「お前は東宝の〝宝〟という字を持っているからそのままいけ」と。それで二本目が『水着の花嫁』（一九五四年七月公開）、三本目が『ゴジラ』（一九五四年十一月公開）。そういう感じでポンポン出ているうちに一九五六年ですね、この『春のプレリュード』に出ろということになりました。『新春スター・パレード』は、当時はまだなかったんですね。

日比野　そうですね。当初はさまざまな名前のレヴューに出られていました。日劇レヴューへの出演は、会社からの指示だったんでしょうか。

宝田　もちろん。僕は何を歌ったのかな。

日比野　ソロは、第三景「春の歩道」のようです。

宝田　「春の歩道」。おそらくその情景にふさわしいジャズを歌ったと思います。もちろんダンサー八名をバックにして。

神山彰　このころの東宝では、社長は別としても、藤本真澄さんがいちばん偉い人という感じだったんですか。

宝田　そうです。映画の筆頭は藤本さんで、演劇担当は菊田一夫さん。この両雄の上に森岩雄さんがいらして、お二人をうまく使っていました。このときは、『新春スター・パレード』の前身みたいなもので、藤本さんから「お前、歌を歌ってるから出ろ」というようなことで出たんですけれど。

神山　このプログラムは三人娘のシリーズ（美空ひばり、江利チエミ、雪村いづみが共演した『ジャンケン娘』〔一九五五年十一月公開〕とそれ以降の作品）にお出になるよりも前ですか。

宝田　前ですね。とにかく毎年出ていたんですね。

神山　『罌粟《けし》と太陽』全十景（一九五六年九月）です。山本紫朗《しろう》が構成・演出を担当しています。

宝田　これは面白い。岡田茉莉子や河内《こうち》桃子が出ている。

神山　河内桃子さんは、私どもからしますと俳優座のイメージしかないんですが、宝田先生とはなんでご一緒だったんですか。

宝田　東宝のニューフェイスの六期で一緒なんです。

神山　それで日劇にも出ているわけですね。

宝田　そうです。私は一次試験から六次まで、半年くらいかけて苦労しながら、「もう落っこちるだろう、落っこちるだろう」と思ってましたが、あくどく生き残って。ところが最終審査に行ったら、見慣れない顔の人間が来ている。「君たちはなんですか」と聞いたら、「私は六期生で」というんです。「あなたがた、試験をやってないね」というと「僕らは聴講生です」とぬけぬけいったのが岡田眞澄という男。それから藤木悠、そして「私は大河内桃子でございます」といって出てきたのが、（昭和戦前期に新興財閥の一角を占めた）理研グループ総帥・大河内正敏子爵のお孫さんの河内桃子でした。六期で一次試験から受けていたのは僕だけでしたよ。三次くらいから合流したのに佐原健二という男がいましたが、彼は（雑誌『平凡』が実施していたミスター平凡コンテストで選出された）「準ミスター平凡」ということで入ってきた。だからまぁ僕は、「東宝の六期の由緒正しき保守本流は俺だぞ」というようなことをいって威張っていました（笑）。河内桃子は『ゴジラ』にも一緒に出ていますね。そんなことでまぁ、あのころは映画の新人も人気が出たら日劇に出す、というのがありました。東宝には劇場がありましたからね。東映や大映だと、（映画の）劇場挨拶くらいでしょうけども。そういう意味じゃあ、僕は東宝に入ってラッキーだったと思いますね。

神山　当時の日劇というのはどうですか。お客さんは入っていましたか。

宝田　入っていました。舞台の前の銀橋のところにも人がいっぱいでした。最前列と銀橋のあいだがちょっと空いていますね。あそこに二列くらいに並んで立って観ている人たちがいましたから。

神山　ドアが閉まらないぐらいだったと聞きました。立ち見の人もいっぱいで。

宝田　そうです。

日比野　宝田先生としては、そういったショーに出ることには、当初はあまり乗り気でなかったんでしょうか。

宝田　とにかく映画を年間十本くらいずつ、多い時には十三本、十五本というようなことでしたから。まぁ、乗り気じゃないといっても、会社の命ずるままに「はい、やります」とやらなきゃいけなかったんですがね。レパートリーもあるわけないので、こういったオリジナルの歌を歌わせてもらったりしてたんですね。そのうち、スタンダードナンバーを歌うようにもなりましたが。夏の場面で日劇のダンサーと一緒に南アメリカの南国風の音楽にのせて「ラクカラチャ」と歌うのがありました。歌詞が覚えられないので、麦わら帽子の内側に、マジックもないですから墨で「ラクカラチャ、ラクカラチャ、今宵も踊ろう、ラクカラチャ、ラクカラチャ」と書いて。サビのところかなんかで、うまく帽子を脱いで、ちょっと見ながらやっていました。

宝田明氏

日比野　映画の撮影の合間に出演なさってたわけですから、舞台稽古の時間もほとんどなかったのではないですか。

宝田　日劇の上に立派な稽古場がありまして、そこで稽古したんですが、ご多分にもれず、映画の合間を縫ってやっていましたから。みんなができあがってるところへスッと入っていくような状況でした。ですから後にミュージカルのときにやったような、一ヵ月以上かけて一生懸命に練習していたわけではなかったですね。稽古は三、四回というところですかね。生バンドですから音合わせには出なきゃいけない。動きについては本番前、初日の前に一回場当たりをするという程度で。

神山　山本紫朗さんが日劇の思い出を話しているなか（和田誠『ビギン・ザ・ビギン』文藝春秋、一九八二年）で読んだんですが、あの当時は、ペレス・プラードが全盛でラテンがものすごく流行ったでしょう。それで、なぜラテンがレヴューに向いているかというと、どこで終わってもいいからだというんです。また、伸ばそうと思えば繰り返しでいくらでも伸ばせるし。

宝田　私もね、歌詞を忘れて「ラクカラチャ、ラクカラチャ、ラクカラチャ、ラクカラチャ、ラクカラチャ、ラクカラーチャ。ラクカラチャ、ラクカラチャ」って、全部ラクカラチャって歌ったことがありますよ（笑）。ダンサーたちが笑ってね、もう踊りもめちゃめちゃになっちゃった。振付にはね、県洋二《あがた》さんだとか、いろんな人がいました。それと、東宝には大阪梅田に北野劇場があって、あそこにも北野ダンシングチームというのがあったんです。それで日劇と入れ替わりでショーをやっていました。正月の日劇の第一週は越路（吹雪）さんが出て、その間僕は北野劇場でやって。第二週は越路さんが大阪、僕と司葉子とか数名が東京日劇に出演しました。

日比野　そのころはまだ新幹線もありませんから。

宝田　そうです。ですからもう、特急で何時間かかったんですかね。

神山　「つばめ」なら八時間から十時間はかかったでしょうね。

宝田　そうです。それも夜行でね。

神山　北野劇場はものすごく大きかったそうですね。その頃のマイクというのは、スタンドマイクだけですか。

宝田　そうなんです。

神山　そうすると歌い方もだいぶ今とは違ったでしょう。

宝田　ええ。それでやっとできたのが、鉄火巻きみたいなマイクで、それを女の人は胸の谷間に挟むんですが、変に出っ張ったりなんかして。男は持つか、タキシードの上衣の内側に小袋を作ってそれに入れてました。よくドンッドンッって落っことしました。大阪ではお笑いのダイマルラケットとか、ミヤコ蝶々とか佐々十郎とか大村崑とか、いろんな連中が出てました。

神山　大劇（大阪劇場）にはお出になってないですか。

宝田　出ていません。当時大阪で出演したのは北野劇場で、映画とショーの二本立てでした。その後（一九五六年十一月に）梅田コマ劇場ができて北野劇場のショーはなくなり、全て梅田コマになりました。あの頃にはもう、大阪に僕のファンクラブが誕生していました。田園という大きな喫茶店にファンが大勢集まっているところへ、映画上映の間に顔を出したりしたもんです。メーキャップして、タキシード着たままね。

歌うスターからミュージカル俳優へ

日比野　ミュージカルに出演されるのは『アニーよ銃をとれ』（一九六四年十一月、新宿コマ劇場）が最初ですね。

宝田　私はすでに、いろいろな映画に出ましてね。ひばり、チエミ、いづみの三人娘の青春モノもよくやっておりました。そのうちにチエミが「お兄ちゃん、ミュージカルの時代が来るから、ぜひ一緒にやってくれない？」というんです。ただ僕は、映画のことばかり考えていて、ミュージカルにはあんまり興味がなかった。「あぁ、そう」なんていううちに、東宝の藤本真澄から「おい、お前。草笛光子とアメリカと南米に行ってショーをやれ」といわれたんです。南米のサンパウロでも東宝の映画はやっていまして、そっちでも私は大変人気がありました。ブラジルでもペルーでも、人気投票では、宝田明、三船敏郎、鶴田浩二、この三人がいつも上位三席を争っていました。まずはハワイの日本劇場で一週間、そしてロスのラ・ブレア・シアターで一週間、ニューヨークでも、それから南米のサンパウロ、シネ・ジョイアで一週間、さらにペルーのリマでも一週間という強行日程でした。「宝田明映画祭」といって、宝田が主演の映画を七本持っていって、地元のお客さんに今日は何がいいかと聞くんです。それで七本を取っ替え引っ替えしながら約四十分位のショーもやる。僕はジャズを歌ったり、あとは「黒田節」。大盃や槍を持ってね。衣裳も鬘も全部持っていきました。草笛光子に「コレかぶせて」なんていわれるままに手伝ったりもして。小さな楽屋で着替えていましたから、向こうも肌着みたいな格好で、「こっち見ないで」なんていわれましたよ。

それで、この旅の途中、ニューヨークにいたときに、「あなた、これからミュージカルの時代になるから、観に行きましょうよ」と草笛に誘われたんですね。僕は夕方になったら酒を飲みたくてしょうがない。だから最初は「いいよ、あんただけで観ておいでよ」といったけど、「観なきゃだめよ」と連れていかれまして。それが『マイ・フェア・レディ』(ブロードウェイ初演・一九五六年三月)で、僕にとってはそれが初めてのブロードウェイ・ミュージカル体験になりました。劇場へ行く途中で今は亡き黛敏郎さんに会って、「これから『マイ・フェア・レディ』に行くんです」というと、「あれは勉強になるから」といわれましたね。ただ、英語のセリフが理解できず、観てはいたのですが、酒も入ってたので、つい途中でひょいと居眠りしちゃった。そうしたら「あんた、寝ちゃだめじゃないの、いいとこなのに」と草笛にキュッキュキュッキュと膝をつねられて。だから記憶がハッキリしないところもあるんです。でもまさか、後にそれをやることになるとは思いませんでした。

日比野 それはそうですね。とはいえ『アニーよ銃をとれ』に宝田先生が起用されたのも、そういったショーの経験も含め、歌や踊りでは、他のスターと比べても一段上だったということが大きいと思います。

宝田 松竹で歌うスターといえば鶴田浩二がいたけれど、東宝では歌うスターというのは私が初めてでしたね。映画に出始めの頃、藤本真澄から地方の劇場へ挨拶に行けといわれたんです。でも、そこへ行ってただ「宝田でございます。どうぞよろしく」とスクリーンの前で挨拶するのは、僕は嫌でしょうがなかった。それで、私は「地元の流しでアコーディオン弾きでも、ギター一本でもいいから伴奏に呼んで歌わせてください。ジャズでも歌謡曲でもなんでもやりますから」といって、歌わせてもらったんです。そうしましたら今度は、地方の館主さんから「宝田、歌うじゃないか」という情報が藤本さんの方にどんどん集まってくる。「だったら映画で歌え」ということになり、『美貌の都』(一九五七年三月公開)で主題歌を歌い、次いで『青い山脈』も、というようなことになった。それをきっかけにコロンビア・レコードからポンポン出していくというような状況でした。そういう中から、ちょうど映画に出始めて十年後の昭和三十九年にチエミが「お兄ちゃん、今度『アニーよ銃をとれ』というのをやるから、ぜひ一緒にやろう」といってきた。これも菊田一夫さんから、藤本さんに「宝田君を長期間貸してくれ」というような話が来たんだそうですが。僕としては、会社のお達しでもあるし、両専務のお話なので、「わかりました。よし、やろう」と。当時、チエミも僕も死ぬほど酒は飲んでいましたので、二人とも断酒はできなかったけれど節酒をして、ボイストレーニングや肉体訓練に励んだり、相当稽古しました。僕はだいたいハイバリからちょっと低いテナーぐらいの音域まで出るので、アメリカの大きなミュージカルの主役がやる音域にはだいたい達していたと思います。それで（映画『アニーよ銃をとれ』の主演だった）ベティ・ハットンとハーワード・キールという大歌手を参考にしながら、英語の歌詞を日本語に訳したものをなんとか違和感なく表現しようと努力をしました。

日比野　以前、宝田先生は、この作品で芝居というものへの見方が変わったとお書きになっていました。

宝田　初めてのミュージカルだったんですが、これがもう、たまらなく快感を覚えました。大きな新宿コマ劇場で、オーケスラをバックに精一杯歌うわけでしょう。それも毎日、生のお客さんを前にして。フィナーレでどん帳が何回も上がったり下がったりして、なかなか幕を下ろさせてくれないというあの快感は、映画では経験したことが全くなかったですから。映画だったら、どうしたって、出来上がってから、一カ月半か二カ月後に上映されるわけで、なかなか反応はわかりませんからね。とっても新鮮な新しい世界が目の前に開けた気がしました。初の映画出演から十年目、九十六本の映画出演後に訪れた、新しい俳優人生の始まりでした。

日比野　ただ、日劇のショーではもう、そういった観客の反応を体験されていたのではないですか。

宝田　あれはショーですから。一景ごとに物語が重なって構成されていますが、ミュージカルの場合は、三幕約三時間、楽屋に引っ込んでいてもその気持ちを維持しながら、一つの役を演じなければなりませんね。とにかく舞台のことでは赤子のようなもので、たとえば、記者招待をする「御社日《おしゃび》」なんていうのも知らなかった。だからといって、その日に特別な芝居をするわけではないんですよ。僕はただ、稽古場でうんと練習して、その役を自分のものにし、それを信じて本番をベストにするようやり抜くことしか考えていませんでした。その後、この年の暮れに当時の文部省から連絡があり、芸術祭の奨励賞をいただきました。翌年の一月に虎ノ門会館というところで授賞式があって。壇上に愛知揆一文部大臣がいて、賞状をいただくためにそこへ上がっていくんですが、自分の椅子から七、八メートルしかないのに、えらく遠く感じましてね。『ノンちゃん雲に乗る』じゃないけど、フワンフワンと足が宙に浮くんです。低血圧でふらつくような感じ。あのとき初めて、「こんな賞をいただくんだ」という実感を、コマ劇場で所狭しと駆け回ってやっていたのとは違う感慨を味わいました。

『アニーよ銃をとれ』（1964 年 11 月、新宿コマ劇場）江利チエミ、宝田明
（提供：映画演劇文化協会）

日比野　当時の観客の年齢層はどうでしたか。やはり若い人が中心だったんですか。

宝田　年配の方も多かったです。

日比野　簡単に分けることは難しいと思いますが、やはり作品よりも「宝田明」「江利チエミ」という名前に惹きつけられてくるお客さんが多かったんでしょうか。

宝田　そうでしょうね。自分でいうのもおかしいんですが、映画の人気もあって、ファンの方は大勢いましたから。ただ、まさか映画俳優がミュージカルをやるとは思っていなかった人もいたようですね、ハッキリいって。記者招待の日に、戸板康二だとか映画評論家の小森和子だとか、いろんな人が楽屋に来て「宝田さん、おめでとう。よく頑張ってやりましたね」といってくださるんです。ところが実に奇妙な質問がありました。「宝田君、あれは本当に君の声で歌っているの」と聞く人がいたんです。つまり、誰か他の人が歌っているのを私が口パクでやっていると思われていたんですね。はっきりいってちょっとムカッとしました。ずっとあとになって、僕より十とか十五歳下の沢木（順）とか青山（明）みたいに劇団四季でやっていた連中からも、あれは口パクでやっていると思っていたと聞いて驚きました。ともかく『アニーよ銃をとれ』はとても大きな、いい経験になりました。だから僕は、チエミと菊田一夫さんには足を向けて寝られない。私というものを触発してくれた、本当に大きな存在です。

日比野　宝田先生の起用は、菊田一夫さんの命によるものですか。それとも江利チエミさんの希望が強かったのでしょうか。

宝田　はっきりとはわかりませんけど、おそらくチエミと菊田さんで、相手役をどうしようと相談したときに、「先生、宝田明でやりましょうよ」とチエミがいったんでしょう。その推薦が菊田さんを動かし、藤本さんに頼んだという経緯じゃないかと思います。

神山　ミュージカルでの菊田一夫演出にはどんな印象をお持ちですか。

宝田　私は演劇部出身の役者じゃないし、映画の若手でしたから、特に厳しく指導されたということはなく、「頑張って」というような感じでしたね。ニコニコしていて、「宝田君もこれを一つの踏み台として、もっとボイストレーニングをやってください」なんて、本当に優しく指導してくれました。

神山　稽古場で灰皿を投げつけるとか、そういう伝説もありますが。

宝田　私は一回も見たことないし、私に対しては全然そんなことはない。心優しき指導者でした。その証拠に、その後もシェイクスピアの『じゃじゃ馬馴らし』をベースにしたコール・ポーター作曲の傑作『キス・ミー・ケイト』（一九六六年二月、東京宝塚劇場）だとか難しい歌がうんとある作品に出していただいていますが、菊田先生の厳しい指導風景を目にしたことはありませんでした。最初から、ある高さのハードルを課され、それを一応クリアした。で、その次はもうすこし高いハードルを用意していただいたのかなと思っていました。映画もやらなきゃいけないうえに、どんどん大きなミュージカルの主役をさせていただいて、最初から恵まれすぎた歩みをしてきましたから、それには応えなきゃいけません。それが私の立場でもあり、義務でもありますしね。ですから、舞台の仕事に関しては、映画とはまた違った意味で全力を傾けました。

ミュージカルの「日本語」づくり

神山　『アニーよ銃をとれ』のプログラムを見ますと、倉橋健の訳詞、中村メイコの詞と出ていますね。

宝田　はい。中村メイコと御主人の神津善行が音楽監督、僕とチエミの四人で「ここをこう変えよう」「いや、おかしいよ」なんてやったんです。オリジナルそのままというんじゃなくて、ここは一拍休んだ方がいいとか、オケもブレイクさせようとか、技術的なことにもグッと入りながら、どうすれば日本の観客に理解され聴きやすいかを考えました。この経験は以後ずっと私の気持ちの底辺にありましてね。つまり、日本語と英語の壁をどうするか、楽譜の中にどう日本語をはめていったらいいか。倉橋健さんなんかも書いていらっしゃいますけど、どうも音と日本語のアクセントがうまく合わないんです。とってつけたようになっちゃう。『キス・ミー・ケイト』でも、稽古ピアノをやる滝弘太郎と一緒になって、歌詞のフレーズを変えたりしました。作詞家にオリジナリティがあるというのは百も承知ですが、「歌うのは俺で、お客様は日本人だ」生意気ですけど、そう思いましてね。机の上で譜面に歌詞を書き込むのと、実際に歌う立場とは違いますから。「雨」はアクセントを「あ」のほうにおいて歌いたいし。最初のうちは遠慮しいしいやってたんですが、歌詞がお客様に伝わらなければ意味がないとの考えから、そのうちどんどん歌詞を変更してやるようになりました。『マイ・フェア・レディ』なんかもずいぶん私が変えましたけどね。それでできた歌詞が今も使われているようです。やっぱり稽古場で、役者が歌っているところで、あるいは動きに合わせて、つくらなきゃいけません。リチャード・ロジャースやハマースタイン・ジュニアだって、みんな稽古場で音をつくっていった。ところが日本の場合、作曲家や作詞家が稽古場になかなか来ない。これが不思議でしょうがなかったんですよね。

日比野　みなさん来ないんですか。

宝田　ええ。渡したら渡しっぱなしで。岩谷時子さんはわりと来てくださいましたけど。

神山　菊田一夫さんが演出なさるのは、芝居のところだけですか。

宝田　そうですね。いざ立ち稽古になったときに菊田さんが入ってくるんです。歌の方はそれ以前に完璧にしておきました。ですから、菊田さんは歌には触らなかったですね。

日比野　菊田一夫は、音楽を解さなかったという説もあるようです。

宝田　そうですか。だからあんまり稽古場に来なかったのかな。

日比野　菊田一夫演出では一九七〇年五月に『マイ・フェア・レディ』（帝国劇場）もおやりになっています。

宝田　先ほど申し上げたように、まさか自分がやるとは思いませんでしたね。自分が演じるとなると、映画版のレックス・ハリソンの歌いぶりが気に入りまして。「歌は語れ、台詞は歌え」といいますけども、あの人の音の中に乗って語る見事な歌唱を、何度も聞いて勉強させてもらいました。ですから私なりに、プロフェッサー・

ヒギンズを演じきったと自負しています。東宝の森岩雄社長が観に来られて終演後楽屋にいらっしゃり、大変褒められて金一封をいただきました。

神山　宝田先生の二回目の『マイ・フェア・レディ』（一九七八年六月、東京宝塚劇場）では、曾《そ》我《が》廼《の》家《や》鶴《つる》蝶《ちょう》さんのヒギンズ夫人がものすごくよかったのを覚えています。松竹新喜劇の方だから、宝田さんの演技とはタイプが違うんですけど、なんともいえない魅力がありました。

宝田　いや、実は一九七六年十一月にも文化庁移動芸術祭で全国二十ヵ所で公演をやりました。このときのイライザは雪村いづみでした。だから東京宝塚劇場の『マイ・フェア・レディ』は三回目。でも、鶴蝶さんのような達者な人の芝居をみるのは、やっぱり楽しみですね。

日比野　当時の日本の観客にとって、アメリカのミュージカルというのは、まだ馴染みの薄いものでしたよね。お客さんの反応はどういうものだったんでしょう。レヴューをやっていたときの熱狂ぶりと比べてどうでしたか。

宝田　確かにカタカナのミュージカル作品といっても、理解されにくかったですね。しかし人間の感情の喜怒哀楽は彼我ともに変わりませんからね。歌舞伎だって音入りだから、立派なミュージカルです。昔はエノケンさんの『ちゃっきり金太』とか宮城千賀子さんの『狸御殿』のようなシネ・ミュージカルもありました。だから日本人の心の中でも違和感はなかったと思いますね。今は、ミュージカル全盛期、高いロイヤリティ（日本上演権料）を払っていますが、日本発のミュージカルが、評価され、世界で上演される日が来るのを祈っています。

成瀬巳喜男監督に絞られる

神山　一九六六年に新しい帝国劇場（第二次・現帝劇）が完成しますね。それで宝田さんは、帝劇にもお出になります。この劇場の完成の前後の菊田一夫の様子はどうでしたか。何か変化はありましたか。

宝田　東宝は、それまでは宝塚劇場（東京宝塚劇場）でやっていましたね。『キス・ミー・ケイト』もそうでした。菊田先生の夢は帝劇をリニューアルして、世界のどこでもやっていない『風と共に去りぬ』（一九六六年十一月）を上演することでした。だから、ああいう大きな作品をやるのにもってこいの、世界に類のない大きな劇場を造ったわけです。『風と共に去りぬ』では、本物の馬を舞台に乗っけたんです。北軍の猛攻に燃え盛るアトランタを脱出して故郷のタラへ向かうシーンです。東京の日野市に住んでいる方の農耕馬を訓練して、スクリーンが動いている間はパカパカ舞台上で足踏みして、それが止まったらバーッと走るというのを教え込んだんです。

日比野　それは菊田さんのアイデアですか。

宝田　そうですね。毎朝訓練して、ステージの上で粗相をしないようにたっぷり汗をかかせ、糞もさせたところで楽屋入り。帝劇の楽屋入りもにぎやかでしたよ。「これがあの舞台に出てる名馬ジュラク号だ」といって、スターさんが入るみたいにファンが集まる。私も第一部、第二部、そして前後編あわせて何カ月と出演していましたから、ジュラクの方も私の声と匂いをちゃんと知っている。馬というのは甘い物を好むんですよ。だから私は角砂糖をバリバリと噛み砕き、口に水を含んで、馬の口を開けて、ブーッと吹きかけてやるんです。甘くておいしいんでしょうね。いよいよメラニーを乗せてタラを脱出する場面で、舞台の裏で待っていたジュラク号と馬車が表に出てくるんですけど、私が来るのを待って、早く来てくれ、というふうにひずめで床をかくんです。トントン、トントンと。私が行って、ニンジンをやってブーッと砂糖水を吹きかけるとおとなしくなる。ぐるっと盆が回って表舞台に出ていく。そこでジュラク号とスクリーンプロセスの名場面が展開されるわけです。「お手」もできるんですよ。馬がそれをするようになるのは大変なことです。その後、ジュラクがどうしているか訪ねていくというテレビの取材があって、日野市まで行って、遠くから馬小屋に向かって「ジュラク〜」と呼んだら、田んぼ道をパカパカッと走ってきて、大きな体をぶつけて来るんですよ。可愛かったですよ。ジュラクは四月二十九日生まれで、僕と同じ誕生日なんですよ。

日比野　『風と共に去りぬ』もそうですが、この時期に宝田先生がミュージカルではない演劇に出演されるようになったのは、ご自身の希望だったんでしょうか。

宝田　そうですね。舞台では、吐く息、吸う息を同じ場でお客さんに生で感じてもらえるわけです。フィルムで撮って、現像所に出して、それをお客さんに見せるんじゃなく、より時間と空間を共有したいという気持ちで、ミュージカルでなくともストレートプレイもやりたい、というふうには思っていました。

神山　これはちょっとうがった考え方かもしれませんが、同じころ映画では、成瀬巳喜男監督の作品に出演されますね。それまでよく出られていた娯楽映画とは違って、成瀬さんの映画はいわゆる文芸作品という感じでしょう。その影響はなかったですか。

宝田　そうですね。私は結局、成瀬先生の映画は六本やっております。なかでも「宝田君、なるべく抑えて、そのままでいいよ。普通にやってちょうだい」というのが、成瀬さんの僕に対するアドバイスでした。僕は演劇をやっていたせいか、表現がちょっとオーバーなことがありました。でも映画ではレンズがお客の目ですから、大目だけの芝居、顔だけの芝居を要求されることもあります。しかも「マイクもカメラも近くに来るんだから、大げさな芝居の必要はない」とつねにいわれるわけです。

成瀬さんの映画では、高峰秀子さんとか原節子さん、森雅之さんとか、いろいろな名優さんたちと一緒にお芝居できたので「この人はアップになるとこうするのか」などと、勉強にもなりました。もともとわれわれは東宝の演劇研究所で「お前らは映画の役者になるんだから」と、二十五ミリだ、五十ミリだと、キャメラのレンズのタマ（の種類）と、それにともなったフレームをつねに頭に入れて芝居するように勉強してきました。そのフレームのどこに自分が位置しているか、そこを外れて芝居しちゃいけない。たとえば伊丹十三だったら、五十ミリなんて深い焦点深度のレンズで撮りますから。みんなグッと顔を近づけて芝居をする。そうしますと奥行きのある映像ができるんです。これはとても役に立ちましてね。監督が「宝田君、よくフレームが分かるね」というので、「そういう勉強をさせていただいたからなんです」って。

成瀬監督と演技のことで特にお聞きいただきたいのは、映画の『放浪記』(一九六二年九月公開)のことです。妻の林芙美子が苦労して原稿を書きながら、なかなか売れない。僕も全然売れない三番目の夫の役でした。四畳半くらいの部屋でみかん箱をひっくり返して原稿を書きなぐっていると、女房の芙美子役の高峰秀子が、同人雑誌に原稿が売れたというんで、夕食のおかずにがんもどきを買って帰ってくる。土間からあがって、ちゃぶ台にそれを置くと、僕がふっと芙美子を睨むという場面がありました。

この映画は成瀬さんとの五本目。場所は宝塚市にある宝塚撮影所。撮影も半ばすぎ。いつもは「宝田君、いいよ、いいよ。面白いよ」って笑ってた成瀬さんが、朝から始まったそのカットで「宝田君、違うよ」というんです。五、六回までは、一緒にマイクや照明のテストもするんですけど、それで本番になってもまた「違うよ」の連続。たとえば台詞がうんとあって二日酔いでろれつが回らないとか、忘れちゃってというならまた別ですけどね。とにかく台詞は一言もない。ここまで撮影が進んできて何をいうんだろう、これはきっと奥さんと喧嘩して、その腹いせが俺の方に回ってきたんだと思うくらい、まぁ、ダメでした。午前中ダメ、午後の一時からずっとテストをやってもダメ。そのうちライトを一つしか点けてくれなかったりする。その日は五時にサイレンが鳴って中止になりましたが、宿に帰っても飯も喉を通らない。

翌日、九時に支度をしてテストをはじめても、やっぱりライトは一つで、本番のために動く気配もない。カメラは私のほうを向いている。高峰さんだって、何十回も後ろ姿で芝居させられているんです。で、私もたまりかねて「高峰さん、僕、どうも分からないんだけど、教えていただけませんか」といったんです。そうしたら「宝田君、私は分かってるけどね、もったいなくて教えてやんないよ」と。「この野郎」と、思わず右手が出かかるくらいムカッとしましてね。なんて底意地の悪い。「これまで五本も一緒にやってきて、そのくらい教えたっていいだろう」と思いました。「もうこんなにケツの穴の小さい世界ならやめちゃおう。満州から苦労して帰ってきて、死に物狂いで役者になったけど、もういい」と、ムカムカきつつも「先生、一回、一回だけ回していただけませんか」と監督に頼みました。不承不承ライトが点いて「行こうか」と。それで「よーい、スタート」で、高峰さんががんもどきをちゃぶ台に置いたのをジーッと睨みつけたら、「カット。宝田君、それでいいんだ」って（笑）。

僕はいまだにその場面を見直しても、どこがどう違ったのかが分からないんです。おそらく、女房のやつが生意気に、亭主を差し置いて原稿料が入って、「何ががんもどき三つだ、この野郎」と、まあ、売れない文士は思ったのかもしれません。その眼光というか、力が出ていなかったのか。それと同時に個人的に「この野郎、高峰秀子」と思ったのがうまく出たのかもしれません。

日比野　高峰さんが上手だったのかもしれませんね。そこまで計算しておっしゃったとすれば。

宝田　まあ、うまいカンフル剤を与えてもらったと思ってね。今から十五、六年前かな、久しぶりに高峰さんから、「おたかさん、元気」と電話がありました。「どうしました」というと、「私ね、随筆を書いてもう七冊目ぐらいになるんだけどさ。あなた、『放浪記』でうんと苦労したでしょう。あのシーンを一章書いて、もう原稿を出稿済みなんだけど、できあがったらあなたんとこ送るから読んでね」というんです。ですから「よく、お電話いただきました。私はあのとき、高峰さん、あんたを殴ろうと思いました」と。「そうでしょうね、私、生意気な女優っていわれ続けていたからね」。「その後よく考えまして、あれは自分で考えてくぐり抜けなくてはできなかった愛のムチだと思ってます。脳天からつま先まで太い串となって、僕を支えてくれています。あの言葉を忘れていないし、感謝しているんです」と伝えると、「あんたそこまで思ってくれてたの。ありがとう」と電話口で泣いてました。

『放浪記』という作品も最高に褒められましたし、振り返れば、今日、一日半も粘ってくれる監督なんてどこにもいないです。「一人で苦しまなきゃ、ワンステップも上がれないだろう」なんて突き放してくれる先輩もどこにもいませんよ。ですから私は映画でも貴重な経験をしたと思います。三船敏郎をはじめとする黒澤一家は、新劇の俳優も含め、全員が黒澤さんにぐったりするまで絞られている。でも僕は成瀬さんに後にも先にも一回だけでした。でもその一回が血となり肉となり、他の追従を許さない貴重な経験となっているのです。今は恋しくも、懐かしくも思います。

『ファンタスティックス』開幕!

日比野　舞台でもさまざまな演出家とお仕事をされていますね。どなたか特に印象に残っている方はいるでしょうか。

宝田　そうですね。確かに映画と同時に、舞台でも菊田さんをはじめ、たくさんの演出家の方との出会いがありました。

日比野　たとえば松浦竹夫さんは。

宝田　あの人も飲んべえでね。大いに飲みながら語り明かしたもんです。風貌からしても、古武士を思い出させるような、ちょっと侍的な感じがありまして。僕は自分の兄貴だというぐらいの気持ちで慕っていました。もう亡くなられたんですよね。いい男でした。松浦さんとの出会いは『サウンド・オブ・ミュージック』(一九六八年九月、梅田コマ劇場)です。彼はちょうどその頃(文学座から劇団NLTを経て)浪漫劇場(結成は同年四月)

の代表になったばかりだった。商業演劇やミュージカルの演出はさかんに手がけていましたけれどね。僕はこの舞台ではじめて越路吹雪さんと共演しました。僕がフォン・トラップ大佐で、越路さんはちょっとトウのたったマリアでしたが、一生懸命かわいらしくやってらっしゃいました。松浦さんの演出も東宝の方とはまた違った意味で、しっかりしていましたね。

それから『ファンタスティックス』(一九七一年四月、渋谷ジァン・ジァン)では演出家・中村哮夫《たかお》との運命的な出会いがありました。彼は昔、東宝の助監督をやっていたんですが、一度も本編を撮ることなく演劇部に異動になった。

実はこの作品、昭和四十二年(一九六七)だったか、新婚旅行でニューヨークに行ったときに、「宝田さん、面白いのがあるから観てくれよ」と東宝の支社の連中がいうので、オフ・ブロードウェイの小さな劇場、サリバン・ストリート・プレイハウスに観に行ったんです。百二十人くらい入るところで、幕が一つ垂れ下がっているだけ。ちょうど(馬と共演した)『風と共に去りぬ』の後だったので、「こんな馬小屋みたいに薄暗いところで何をやってるんだろう、これはもう酒でも飲まなきゃ」と思いつつ、一杯ひっかけ、最前列で足を組んで座ってた。そしたら音楽が始まって。ピアノとハープだけで、「なんだ、これがミュージカルか?」と思っていると、ルイザという主役の女の子が出てきて、正面でくるっと回ったときに僕の足にひっかかって、スッテンとひっくり返ったんですよ。"Oh I'm sorry. I'm very sorry."と私が立ち上がったら、出演者のみんなが音楽も芝居も一時はストップして"Don't worry. Don't worry."といってくれたんです。なんてこのカンパニーの人は優しくて、私の気持ちを癒してくれるんだろうと。突然のアクシデントに芝居をストップして対応するんです。一瞬そこで「ああ、そうか。私が今まではやってきたものとは違うな」と思いました。ピアノとハープが醸し出す音楽が素晴らしいし、(一九六五年にフォーク・グループのブラザーズ・フォアなどが歌って日本でもすでに有名になっていた)「トライ・トゥ・リメンバー」がいきなり歌われて、おい、この曲がこのミュージカルの主題歌だったのかとびっくりした。出演者八人のアンサンブルが見事で、子を持つ親の愛情、愛し合う二人の子供から見た親への感情、世界中のどこにでも起こりうるストーリーにすっかり酔いしれました。

「こんな心温まる演劇を日本でも」と思っていたところに、東宝の佐藤勉（プロデューサー）が芸術座でやるというので、「これをやるんなら、あの主役のエル・ガヨという役は僕にやらせてください。僕でなければダメなんだ」と頼みました。でも、菊田さんも、藤本さんも「お前、帝国劇場であんな大きな舞台で、大勢の客の前でやっているのに、今さら小さなところでやることはないじゃないか」と反対されまして。「あれは役者として勉強になります。大きな舞台ばかりで、僕の芝居は大きくなりすぎた。だからお客さんの厳しい目線、常にアップで見られているなかで、自分の呼吸さえ感じてもらえるような小さな劇場で演技の鍛錬をしたい、その感覚を味わいたいんです」といったんですけどね。他の仕事の予定もあって、結局（日本初演となった）芸術座公演（一九六七年七月）には出られませんでした。

日比野　そこで、一九七一年の四月にアトリエ41という制作会社で。

宝田　ええ。代表の松江陽一という、東宝の助監督をやってた男と、中村哮夫と僕と、三人で「やろう」ということになりまして、東宝にも許可をとりました。それから渋谷のパルコの並びの山手教会の地下に、ジァン・ジァンという喫茶店があって、そこの代表の高嶋進に話して、「ここを劇場スタイルにしよう」と説得した。狭くてもいいからと、客席を百五十席つくらせました。これでジァン・ジァンは小劇場として認知されたのです。初日、二日目は、二、三十人しか入らない。「ははぁ……」と思ってたんですが、三、四日目くらいになると、始まる前に中村がやってきて、「丸井の方までずっとお客が並んでいる、入りきらないくらい」。私が「中村、いれちゃえよ」といったら「いや、消防署が」という。「消防署なんてきたら俺も一緒に捕まるから」。そのうちまた知らせがきて、表でジァン・ジァンに入るのに客同士がじゃんけんをやってるって。それで私が「入れろ、入れろ」って通路もいっぱいにし、客席から一段あがったステージのところにも客を座らせて、その狭い空間で芝居する。演じながらお客さんに「ちょっと、どいてくださいね」と話しかけるんです。

日比野　『ファンタスティックス』の再演は、誰かが話を持ってきたのではなく、中村さんと宝田さん、松江さんの三人で「やろう」と決めたんですね。東宝とはどんなふうに話をつけたんでしょうか。

宝田　私はあくまでも東宝専属契約者ですから、僕は東宝に、中村は演劇部におうかがいをたてました。それでも佐藤勉は「宝田君、レット・バトラーをやっている君が出ることないじゃないの」といいましたね。「いや、あれはやらせていただきます、是非お願いします」と答えましたけど。藤本さんからも文句が出ました。「お前、映画をやるんだよ。やっと身体が空いたと思ったら、またそんなんじゃ困るよ」と。ところが、いざ幕が開いたら、東宝の人たちも観にきて賛辞を贈ってくれました。藤本さんも撮影所の重役会議かなにかで「おい、宝田はここまでやっているぞ」といってくださったそうです。私は四十代の半ば、今のちょうど半分の歳でしたけど、若さというか、実に意識も高く、それまで映画や舞台で培ったものが、身体の中から湧き出てくるような充実していく過程であったと思います。それが蓄積された私の財産だと思います。

神山　ジァン・ジァンの支配人の高嶋進さんは、東宝とはもちろん、演劇界とつながりのある方じゃないですよね。よく説得されましたね。

宝田　大変でした。静かな雰囲気の中でお茶を飲み、語り合う場所も必要でしょうが、演劇をやることで新しい文化の灯が生まれ、多くの人が出入りするようになる。この狭い空間でいいから、百五十席入る小劇場を作りましょうよと、説得したんです。その後、色々な作品が演じられてきました。中村伸郎《のぶお》さんの『授業』、それから津軽三味線の高橋竹山《ちくざん》。ジァン・ジァンは、小劇場のはしりのような存在だったと思います。その先鞭は私たちと作品『ファンタスティックス』がつけたのです。

神山 『ファンタスティックス』は、オフの作品でしたよね。

宝田 一九六〇年にサリバン・ストリート・プレイハウスという劇場でオープンして、そのうちファンタスティックス・シアターというようになりました。ニューヨークのコッチという頭のはげた市長が、この作品が大好きで、何度も観ていて、劇場の前の通りを「ファンタスティックス・アヴェニュー」と名づけてくれたほどです。トム・ジョーンズとハーヴェイ・シュミットが大学時代にキャンパスでつくって上演、その後プロデューサーのロア・ノートに認められてオフ・ブロードウェイに行って、以来長く上演されていますけど、シンプル・イズ・ベストというかビューティフルというか、あれだけ余分な肉を削ぎとり、写実的なものをのぞいて表現できるんですから、作・演出家のトム・ジョーンズは本当に上手だと思います。フォーティーセカンド・ストリートに進出したファンタスティックス・シアターには、われわれの公演のチラシも燦然と飾られています。

日比野 『ファンタスティックス』の上演でも日本語の歌詞の問題はありましたか。「トライ・トゥ・リメンバー」なんて、とてもうまく訳されていますよね。

宝田 翻訳は渡辺浩子さんで、訳詞は小池一子さんでした。多少の手直しはありましたけども、とてもいい歌詞で。二〇一二年に上演したときも、「僕はもう触るところはありませんから、そのままいきます」と小池さんにお話ししたら「そうしてください」と。いろいろな人が、全然違う歌詞でやっていますけど、違和感を感じることが多いですね。小池さんも「私もほかのを観にいくけど、どうも気持ち悪いよ」といっていました（笑）。やっぱり小池一子がいちばんいい。この前、横浜の方の大学で『ファンタスティックス』を上演したんです。そのときには頼まれて、渡辺浩子さんの事務を引き継いでいる方と小池さんを紹介して、あの台本と歌詞でやれるようにしてあげたんですけどね。

日比野　小池さんは稽古場にもいらっしゃったんですね。

宝田　ええ。でも、小池さんの歌詞は見事でしたから。僕らは、ほんのちょっと「ここをこうしましょう」と手直しをお願いしたくらいです。

神山　当時は、ミュージカルといえば、飾り込んだ舞台で豪華な衣裳でやるものという印象がありましたから、『ファンタスティックス』は本当に画期的でした。今だって珍しいと思います。

さまざまなテイストを味わって……

神山　『ファンタスティックス』以後は『リトル・ショップ・オブ・ホラーズ』（一九八四年八月、同年十二月、八七年十月、九一年十二月、博品館劇場）や『ビッグ・リバー』（一九八八年三月、青山劇場ほか）だとか、東宝製作ではないミュージカルにもずいぶんお出になりますね。つくり方に違いを感じられましたか。

宝田　そうですね。東宝はもともと映画が中心ですから、歌舞伎でやってきた松竹に比べると演劇的には歴史が浅いですすし、本当の意味での劇場、演劇的なものに対して、少し近代的すぎるところがあったと思います。

神山　これは偏見かもしれませんが、松岡辰郎社長自身が、映画の方が好きだったということもあるかもしれませんね。その後、息子さんの松岡功さんに引き継がれても、あんまり芝居が好きという感じではない。

宝田　帝劇ができて東宝は高麗屋一門を招いて東宝歌舞伎を立ち上げたんですが、松竹みたいに歌舞伎のスタッフが少ないし、そういう土壌じゃないんですよね。ですから結局、染五郎（現・松本幸四郎）君だけになってしまった。

神山　市川染五郎さんとは、日劇でも共演なさっていますね。

宝田　日劇レヴューでご一緒でしたか。よく覚えていなくて。

日比野　場面が違うからですね、きっと。

宝田　『ボーイング・ボーイング』（一九七一年八月、日生劇場）という芝居で、萬之助さん、今の（中村）吉右衛門さんとご一緒したことはありますけどね。フランス人の男が、パンナムとエア・フランスとそれからルフトハンザ、それぞれのスチュワーデスを恋人にしていて、取っ換え引っ換えうまくやろうと思っていたのが、一堂に会して、てんやわんやになる、という。気心の知れている、僕と水谷良重（現・水谷八重子）と浜木綿子《はまゆうこ》とで、お互いバカいい合いながら進めていた芝居だったんですが、萬之助さんは、稽古の最初の段階で、一身上の理由でお降りになったんです。今思うと、われわれのしゃべるテンポや何かに入り込む余地がなかったのかもしれませんね。つまりツーカーの間柄であるだけに一から十までお互いの意思がつながった状態が出来上がってしまっていましたので……。もう少し私たちも配慮すべきだったかもしれない。

神山　そうでしたか。その代役として、田舎者のロベール役に緒形拳が出たんですよね。

宝田　そう。なんだかうさんくさい男が出てきた（笑）。なんだこのやろうと思っていたら、新国劇で、辰巳柳太郎の付人をやっていて、実力派の俳優だとのこと。将棋の駒みたいに角形の顔をしたボサッとした男で、「あ、俺みたいににやけた男と朴訥なこの男の対比なら面白くやれるな」と思ってやってみたら、その後メキメキと活躍するようになった。

日比野　じゃあ、それが、緒形さんの新国劇以外の初出演ですか。

宝田　ええ、そう聞きました。ですから彼にとっても、大変いいきっかけになった舞台だったと思います。

神山　赤毛ものみたいな格好も、きっと初めてだったでしょうね。

宝田　そうですよ。髪をブリッジして黄色くし、それだけ熱を入れてやっていました。それと、はち切れんばかりのプロポーションの良重もそうだけど、浜木綿子という達者な女優がいてくれたのが大きかった。彼女は主役だけじゃなくて、敵役や脇に回っても異彩を放ちますね。それと、東宝での仕事ははじめてだったと思いますが、のちに『耳の中の蚤』（一九七三年八月、日生劇場）を演出したキノトールさんは、多彩な才能とユーモアを理解し、包容力のある、素晴らしい演出家でした。

日比野　キノトールさんは、テアトル・エコーで演出はなさってますけど、商業演劇で、というのは珍しかったと思います。『リトル・ショップ・オブ・ホラーズ』は、青井陽治さんの演出でしたね。

宝田　そうですね。結局、四回再演しました。ユダヤ人の小さな花屋の、貪欲な亭主の役。アメリカのミュージカルというのは、こういう小さな作品にもいいものがありますね。このときに、桜田淳子と真田広之と、それから陣内孝則が一緒だった。陣内がちょっと狂気のデンティスト（歯医者）の役で出たんです。彼はグループサウンズの男だけど、妙によかったんだ。「ヘッヘー」なんて奇妙な笑い方で、異常性格者ぶりは体当たり的で（笑）、絶妙でした。あの役が彼にとってはブレイクする大きなきっかけになって、今も生意気に役者として成功していますが。真田君もかわいくてね。とっても生き生きしてよかったですよ。その後『ビッグ・リバー』でも一緒になりますけど、あれもよかった。

日比野　『ビッグ・リバー』では、ジムという黒人の役をロン・リチャードソンが演じました。

宝田　そうです。今の天皇・皇后両陛下が（皇太子・同妃殿下のときに）見に来られたんです、青山劇場に。それで終演後、舞台上でお目にかかり、ちょっとお話もして。もう三十年くらい前になりますか。そうしたらこのあいだ、聖路加病院の日野原重明先生の発案で『葉っぱのフレディ――いのちの旅――』（二〇〇〇年十月、昭和女子大学で初演のち全国巡演、宝田氏は二〇〇五年より出演）という作品をやりましたときに、皇后陛下がお運びになられたんです（二〇〇六年七月三十一日、新宿文化センター）。終わった後にお会いしたらハンカチ出して泣いていらっしゃいました。「宝田さん、しばらくでした」とおっしゃるので「覚えていらっしゃいますか」といったら、、あの、「ところで宝田さん、「ありがとうございます」と申し上げると、「ええ、『ビッグ・リバー』のときに」と。「ありがとうございます」と申し上げると、「ところで宝田さん、あの、主役の黒人の俳優さん」と続けられて、そこで期せずして同時に「エイズで」と二人の声が重なった。彼はＨＩＶで亡くなったんですよね。「それにしてもよくこういった話をお分かりになりますね。どこからそんな情報が」と聞くと、「それはまぁいろいろと」と。日本人の人たちだってあまり知らないことなのに、二人でヒソヒソと話し合いました。宮中にいらしても、一度ご覧になったミュージカルの主演俳優の死をはじめとして、文化面で広くご存知なんだなと感心いたしました。

神山　映画の『旅情』（日本公開、一九五五年八月）や『慕情』（日本公開、一九五五年十一月）のミュージカル版（それぞれ一九七四年十一月、三越劇場と一九七六年一月、日生劇場）にも宝田さんがお出になっていますよね。あいうハリウッドスターがやるような役は、宝田先生のような世代のスターでないと、できない感じがしますね。あ照れちゃったらおしまいじゃないかというような。やっぱり、気持ちいいところもあるんですか。

宝田　いやいや（笑）。

神山　ああした舞台の客席は、もうほとんど、ウィリアム・ホールデンの映画を観た女性客だったんですか。

宝田　ええ。『慕情』は私と宝塚出身の男役・上月晃《こうづきのぼる》、『旅情』は私がロッサノ・ブラッツィ、そしてキャサリン・ヘップバーンがやった独身の英国女優、これを淀かおるさん。東宝の場合は往々にして相手役が宝塚出身の方になるんです。演技力もあり、営業的にお客を持っていますから、商業演劇としては仕方がないんですけれども、ただし音域にはちょっと問題がありましたね。アメリカなら有無をいわせず、主役はソプラノ、あるいはメゾでなきゃいけない、男はハイバリかテナーというふうに決まっているものですが、宝塚の男役の方がやる場合は三度くらい音を下げますから。デュエットのときには男も下げますので困ります。それでまた音の響き自体も沈んでしまうんです。

日比野　宝田さんは『泥の中のルビー』（一九七三年九月、東横劇場）や『洪水の前』（一九九五年二月、東京芸術劇場）、『ご親切は半分に…』（一九九七年三月、アートスフィアほか全国巡演）のような創作ミュージカルにもかかわっていらっしゃいます。日本語のミュージカルにはなかなか難しい課題もありますが、どんなお気持ちで取り組まれていましたか。

宝田　そうですね。『泥の中のルビー』は松浦竹夫さんの演出で、宮城まり子と一緒でした。七変化みたいにいろいろな役を劇中で演じました。『洪水の前』の藤田さんは、演出家としては物静かな方でした。あれはいずみたくの作曲ですけど、劇団の連中はもう彼の手の内に入っていますから、あとは自分がどうやるかというだけの問題でね。私が頑張ればいいとだけ思っていました。

日比野　『泥の中のルビー』も『洪水の前』も再々演から参加されていますが、途中から参加するやりにくさはないんでしょうか。

宝田　前のことはあまり気にしないんです。アメリカのミュージカルをやるときにも「急いでブロードウェイに行って観てこよう」っていう、そこまでの必要は感じないんです。行ったとしても、さっと観て、それが「ウイスキーの水割りなのか、ブランデーなのか。ちょっと待って、焼酎のお湯割かな」って、味だけみてくればいいと思っていますから。その作品のテイストは参考にいたしますよ。でも、アメリカ人的にやろうとか、そっくり真似をしようってことはない。日本語の歌詞で日本人のお客さんを対象に観せるわけですから。

ふたたび『ファンタスティックス』

宝田　この前、二〇一二年に久しぶりに『ファンタスティックス』をやりました（二〇一二年十一月、博品館劇場、同年十二月、草月ホールほか）。芸術祭参加作品として、企画・制作・演出・出演と大変でしたが、私の愛し

『ファンタスティックス』（制作・演出・出演：宝田明、2012年12月、博品館劇場）左から、本間ひとし、青山明、宝田、沢木順（提供：宝田企画）

ている作品です。日本初演のときから四十六年。キャストを一新して、東京はじめ各地で公演しました。青年と少女は、ＳＯＰＨＩＡの松岡充君と宝塚出身の彩乃《あやの》かなみです。

日比野 その前に出演された『タイタニック』（二〇〇七年一月、東京国際フォーラム）に、松岡さんが出ていたんですね。脇の重要な役を、これも『タイタニック』で共演された光枝明彦さんと、沢木順さん、青山明さんが固めています。

宝田 光枝、沢木、青木の三人は昔ジァン・ジァンの舞台をかぶりつきで観ていたというんですよ。で、『タイタニック』に出ていたときに「宝田さん、あれをもう一回やりませんか」としきりに誘われて。いずれにしても連中は四季でうんと主役を張ってきた力のあるやつらでしょう。その彼らが「ジァン・ジァンの床に座って観ていたんですよ」というんだから、こちらも「やろう」という気になって。おかげさまでその年の芸術祭大賞までいただきました。脇（役）は枯れているかもしれないけど、しっかりしていましたよ。彩乃かなみはうまい、いい子でしたね。もう一度くらい上演してみたいなと思うけど、だんだん私にもあっちの世界が近づいてきていますから（笑）。

日比野　いやいや。宝田さんのように、半生のほとんどをミュージカルに懸けてこられて、いまだにその情熱を燃やしていらっしゃるというのは、とても貴重なことだと思います。

宝田　役者をしていると、自分の人生以外に、たとえば二百本の映画や舞台に出れば、二百通りの人生を生きることができます。これこそが、私にとっての生きがいのように思えてなりませんね。たとえば『風と共に去りぬ』でマーガレット・ミッチェルの世界に足を踏み入れることもできたし。当時共演した同年代の役者もだいぶ亡くなってしまいました。残った人たちに「君もミュージカルをやってみないか」というと、みんな「いい、いい」と敬遠なさるんだけど、本当は僕らくらいの年代の人間が脇役にまわって、適材適所にぴったりと収まり主役の人たちを支えることができるといいなと思うんですよね。そうやって自分たちの持てる経験を役立てていきたいですね。

取材日・場所：二〇一六年三月一日、山海亭（東京・王子）
取材者：日比野啓、神山彰／編集・構成：鈴木理映子
監修：宝田明、木暮恵子（宝田企画）／取材立会い：木暮恵子

Ⅲ　音楽劇の多様化と深化

第6章

翻訳ミュージカルの歴史

鈴木理映子

一　『マイ・フェア・レディ』の挑戦

日本の翻訳ミュージカルの歴史は、一九六三年九月に東宝が菊田一夫演出で上演した『マイ・フェア・レディ』（東京宝塚劇場）に遡る。菊田は一九五五年に東宝の取締役に招かれ、『モルガンお雪』（一九五一年二月）や『お軽と勘平』（一九五一年十二月）といった秦豊吉《はたとよきち》の帝劇ミュージカルスを引き継ぐかたちで、『恋すれど恋すれど物語』（一九五六年二月、東京宝塚劇場）、『パノラマ島奇譚』（一九五七年七月、東京宝塚劇場）などのオリジナル・ミュージカルの執筆・演出・製作に乗り出した。欧米視察の経験も豊富で日劇ショウも手がけた秦の華やかなエンターテインメント・ショー路線と、浅草常盤座の「笑の王国」でキャリアをスタートさせ、戦後は『君の名は』を始めとするラジオドラマを多く手がけていた菊田の大衆文芸路線とは、テイストの異なるものであったが（実際、菊田が脚本を執筆した『モルガンお雪』は、秦によって大きく改作された）、その二人が揃って構想していたのが、ひとつの物語が音楽、舞踊を統合する「ミュージカル」の上演だった。

日劇ダンシングチームの父として知られ、小林一三《いちぞう》がかつて構想した「国民劇」を、「音楽による総合芸術＝ミュージカルス」として実現しようとした秦は、一九五六年、胃癌のためこの世を去った。だが、菊田は副社長であった森岩雄の命を受け、『王様と私』『マイ・フェア・レディ』などの上演権を獲得したほか、フランキー堺、高島忠夫、草笛光子、寿美花代《すみはなよ》ら日本のスターとブロードウェイのダンサーを共演させた自作『ブロードウェイから来た十三人の踊り子』（一九六三年七月、東京宝塚劇場）を上演するなど、東宝のミュージカル路線を大きく前進させていった。

本邦初の翻訳ミュージカル『マイ・フェア・レディ』上演に先立って菊田は、「ドラマとしてのミュージカル」の登場を高らかに宣言する。

映画になって日本にはいってくるミュージカルは、やたらと踊りと歌がいっぱいありすぎる。これをみてミュージカルとは歌と踊りが先行するものと思っているのだから悲しい。〝南太平洋〟なんかでも、舞台をみると踊りなんかはほんとに必要な場面にしか登場しない。しかし、映画になるとハリウッド流に豪華にするためにやたらと踊りが多くなるのだ。だから、以前から私はミュージカルとはまずすぐれたドラマであるべきだという持論を強調してきた。その私の持論の正しさは〝マイ・フェア・レディ〟で十分に証明された。

（「「マイ・フェア・レディ」日本でも上演へ」、『読売新聞』一九六二年十一月二十六付夕刊七面）

歌というよりはむしろ踊りに批判の矛先を向けていることからしても、菊田のいう「ハリウッド流」は、『雨に唄えば』（一九五二年）や『略奪された七人の花嫁』（一九五四年）など、一九五〇年代中期までに隆盛を誇ったMGMのミュージカル映画を指しているのだろう。歌と舞踊、物語とが、強く結び合わさった統合ミュージカルについては、一九四三年初演の『オクラホマ！』がひとつの達成点として知られており、以後ブロードウェイのミュージカルの主流も、スターとその技量を強調するものから物語性の強い作品へと移行、五〇年代後半には、『ウェスト・サイド・ストーリー』（一九五七年）など、現実の社会における葛藤、課題に触れる作品も登場するようになる。菊田の発言は、そうした時流とも呼応するものだった。

図①　『マイ・フェア・レディ』（1963年9月、東京宝塚劇場）
江利チエミ、高島忠夫（提供：映画演劇文化協会）

一九六三年九月一日、日本で初めての翻訳ミュージカル『マイ・フェア・レディ』は、幕を開けた。主演は江利チエミ、高島忠夫［図①］。ほかに、益田喜頓《キートン》、八波《はっぱ》むと志《し》ら、喜劇のベテランも脇を固めた。

翻訳上演権をとっての日本初演は、清新である。戯曲がもとになっているとはいえ、脚本にムダがない。音楽もそうで、太い幹だけがあり、不用の枝葉は切り落としてある。問題はその一点にしぼられるといっていい。

イライザがレディーになって、競馬を見にゆき、上流階級のコトバを覚え、舞踏会にでるところまでが第一幕である。ここまでの変化は江利チエミも好演だが、第二幕で、主役ふたりの愛の昇華だとかイライザの父（八波むと志）の皮肉などを表現する段になると息がきれ、高島も熱演に走ってしまう。高島はとくに手の動きを注意すべきだ。総体にセリフがおそい。

気品とか演劇的修業という点に課題はのこるが、ミュージカルの骨格を知らせた意義は大きい。たのしめる。

（尾崎宏次「ムダのないミュージカル」、『読売新聞』一九六三年九月六日付夕刊六面）

稽古から本番までの道のりは、決して順調ではなかった。主役のヒギンズ教授に決まっていた森繁久彌が、稽古開始直前に痛風の再発を理由に降板。急遽フレディ役だった高島を代役に立て、そこには新たに藤木孝に出演依頼する事態となった。当時演劇記者だった評論家・宮下展夫は、後に、公演初日のカーテンコールの模様を、新聞紙上でドラマティックに再現している。

何度も幕が上がって下りた。その当時、カーテンコールを繰り返すという習慣は、なかった。しかし、この夜は、熱狂した観客が、拍手をやめなかった。カーテンコールは五、六回だったろうと証言する人が多いが、高島は「十五、六回したような気がする」という。
舞台が終わって、高島忠夫は楽屋の横の階段に腰を下ろして長い間泣いていた。それを観た菊田一夫が、その後、会う人ごとに「ボン（高島忠夫の愛称）が泣いていた」と吹聴した。
しかし、この時、一番泣いたのは菊田一夫だった、という人が少なくない。

（宮下展夫「芸能史を歩く」、『朝日新聞』一九八六年十一月十五日付夕刊十五面）

記事中には、ブロードウェイ産のミュージカルの券売に不安を抱いた営業担当者が〝爆笑ミュージカル〟とのキャッチフレーズを使えるよう菊田に交渉したという証言もある。(1) だとすれば、この公演が好意的に受け止められたことは、関わる者たちを大いに安堵させたにちがいない。

二　森繁のテヴィエ、染五郎のドン・キホーテ

『マイ・フェア・レディ』初演の翌月、東宝は世界ミュージカル・シリーズと銘打ち、映画『リリー』をもと

図②　東宝ミュージカル『カーニバル』（1963年、芸術座）公演パンフレット

にした『カーニバル』（一九六三年、芸術座〔図②〕）を、浜木綿子、神山繁らの出演、フランキー堺演出で上演。その後も『ノーストリングス』（一九六四年六月、芸術座）、『努力しないで出世する方法（ハウ・トゥ・サクシード）』（一九六四年七月、新宿コマ劇場）、『アニーよ銃をとれ』（一九六四年十一月、新宿コマ劇場）と立て続けに、輸入ミュージカルの翻訳上演を展開していった。約七百五十席の芸術座での小規模な作品と、二千席を超える新宿コマ劇場、東京宝塚劇場での大規模な作品を、当初から揃えて公演したことには、宝塚歌劇や日劇、あるいは戦後の「ミュージカルス」など、長く模索、開拓してきた独自の音楽劇の伝統に、ブロードウェイ産ミュージカルを接続し、自社の顔としてのミュージカル路線を確立させようという意図が読み取れる。

一九六七年九月、前年に新装開場した帝国劇場で開幕した『屋根の上のヴァイオリン弾き』は、『マイ・フェア・レディ』以後に東宝が手がけた海外ミュージカルの中でも、重要な意味を持つ作品となった。帝政ロシア時代の小さな寒村に暮らすユダヤ人一家の流転を描く同作は、一九六四年にブロードウェイで初演され、翌年のトニー賞主要部門を総なめにした話題作で、日本版の主演にはかつて『マイ・フェア・レディ』を降板した森繁久彌が挑んだ。

> こんどの日本公演では、なんといってもテビエになる森繁久彌のいい意味でも、悪い意味でもワンマン・ミュージカル的なステージである。

今までのしきたりを守ろうとしながら、時の流れに抗しきれない一家の家長の姿というものを、森繁は実に丁寧に、しかもわかりやすく表現している。時として、演技に歌に、彼独特の森繁調が顔を出すが、いやみにならないように節度を守っているのはさすがだ。

（「節度を守る森繁」、『読売新聞』一九六七年十月五日付夕刊十二面）

東宝版『屋根の上のヴァイオリン弾き』は、娘たちの恋愛や結婚、価値観の変化に戸惑う父親の哀愁を軸とするもので、オリジナル版に色濃くあったロシアによるユダヤ人排斥などの社会状況は後景に押しやられた。だが、その森繁調こそが、日本の観客の琴線に触れたのだろう。同作は一九七五年の日生劇場を皮切りに再演を重ね、一九八六年には九百回公演を数える東宝の看板演目となった。(2) 後年、新聞紙上の座談会に集った森繁、越路吹雪、浅利慶太の間では、こんなやりとりがなされている。

浅利　思い切って日本人の社会に沿うように料理し直さないとね。ブロンディじゃダメなんです。サザエさんにしないと。『屋根の上のヴァイオリン弾き』で見事に森繁さんがしているわけですよ。越路さんのミュージカルの場合もね、男女の愛の話でもやはり日本人の心情風景に合わせてやりますね。

森繁　それとね、どうにも生活形態が違うし、いろいろするから風が吹くセリフがいっぱい出てくるわけ。向こうで受けたって、なんのことかわからない。

浅利　越路さんがミュージカルをあきらめたのは『南太平洋』のころでしたね。

越路　ええ。だって全然、客席に人がいないものね。しかも新宿コマですもの。いくらパッと見得切ったってね。

（「日本人向き手直し成功　楽しきかなミュージカル　先覚者大いに語る」、『読売新聞』一九七九年一月三日付朝刊十七面）

東宝がいかに力を注げど、当時はまだ「ミュージカル・ファン」と呼べる客層はなく、といって、女射撃手の恋物語やアメリカのサラリーマン社会を皮肉るコメディーが、歌舞伎や新劇、従来からの座長芝居の観客の関心を惹きつけるわけもなかった。そんな中「帝劇ミュージカルス」の出演者であり、森繁劇団などでも座長をつとめてきた森繁が、テヴィエというはまり役を得、成功を収めたことは、翻訳ミュージカル普及の礎ともなった。『屋根の上のヴァイオリン弾き』の二年後に日本初演された『ラ・マンチャの男』（一九六九年四月、帝国劇場）も、俳優の個性と役柄との邂逅が生み出した成功例の一つだろう。主演は市川染五郎（六代目）。初演当時は二十六歳だったが、夢みる老人ドン・キホーテを力演し、評判を呼んだ。演劇評論家の尾崎宏次は『朝日新聞』が組んだ染五郎の特集に、次のようなコメントを寄せている。

欲をいえばセルバンテスのときもっと作者らしさがほしいけれど、キホーテのデクラメーション（朗唱＝ろうしょう）なんかみごとですよね。かぶき役者なんだなあ。新劇人も理屈ばかりこねまわさず、通俗性というものを先人の遺産としてもっと研究していいんじゃないか。とにかく世襲制度の傑作ですね。

（「ラ・マンチャの男　染五郎」、『朝日新聞』一九六九年五月十八日付二十二面）

『王様と私』（一九六五年四月、梅田コマ劇場）でミュージカル初主演を果たした染五郎は『心を繋ぐ六ペンス』（一九六七年四月、芸術座）や前述の『屋根の上のヴァイオリン弾き』にも出演していたが、この作品のドン・キホーテで、ミュージカル俳優としての一世一代の役を得たといえる。日本初演の翌年には、世界各国のドン・キホーテ俳優を集めたフェスティバルにも参加、約二カ月にわたってブロードウェイの舞台にも立った。東宝版『ラ・マンチャの男』は、現在も再演を重ねており、二〇一五年の段階で、千二百六十九公演を数える。

三　日本産ミュージカル輸出への道

『屋根の上のヴァイオリン弾き』と『ラ・マンチャの男』の本邦初演は、いずれも外国人演出家（前者はジェローム・ロビンスの愛弟子サミー・ベイス、後者はエディ・ロール）によるものだった。これらに先立つ一九六五年、東宝はメリー・マーティン率いる米国務省派遣の文化使節団による『ハロー・ドーリィ！』を東京宝塚劇場で受け入れており、この辺りから技術、ノウハウの獲得に向けた主要スタッフの招待、交流が活発になっていったようだ(3)。

『屋根の上のヴァイオリン弾き』で、稽古初期の共同演出をつとめた関矢幸雄の回想によれば(4)、この作品を機に、東宝のミュージカルのバックステージは、大きく近代化され、それまでは数分もかかった転換もブロードウェイにならって数秒でできるよう改善されたという。また、『ラ・マンチャの男』では、日本版の上演が、舞台装置から衣裳、照明に至るまで、オリジナルのブロードウェイ版に添ったかたちで上演されたことも話題となった。

上演にあたっての現地視察さえ人員も機会も限られた時代、ミュージカルに携わるスタッフたちは、舞台写真や現地での録音を頼りに、それらしき世界観をつくり出そうと奮闘した。今考えれば浅はかな物真似で著作権問題にもなりかねないが、そこには黎明期ならではの熱気があり、外国人による演出、指導に伴う「本場」のノウハウの投入は、その機運を現実の進化へとつなぐ推進力ともなった。

「輸入」がある程度進めば、オリジナルはどうか、その「輸出」は可能かといった発想も生まれる。一九七〇年、東宝はオリジナル・ミュージカル『スカーレット』〔図③〕上演のため、ほぼすべてのスタッフをブロードウェイから呼び寄せ、稽古開始前の創作段階をも日本の舞台スタッフと共有させている。それは、単にオリジナルを再現するのではない、作曲や編曲、振付や美術まで、ミュージカルがどのようにつくられるのかを実地で学びつつ、海外での上演までも視野に入れた先進的な試みだった。日本側の演出補として現場に立ち会った中村哮夫《たかお》は次のように当時を振り返る。

音楽がつくられるプロセスと、装置が変わっていく様子を初期の段階から見ることができたのは、外国人スタッフを入れたことの収穫だったと思います。また、ここからようやく、ミュージカルとはどのようにつくるのか、そのやり方を盗もうという意識が出てきて、実際に頭に入れることもできるようになった。それまでは、ただわーっと夢中でやっていただけでした。〔略〕本読みや歌、踊りの稽古から、半年くらいはかかったんじゃないかな。それだって全部仕上がって、さぁこれをやるぞ、というんじゃないんだから。台本も曲も直したりしながらの稽古です。だからこそ、贅沢でもあり、大変勉強になった経験です。

（日本近代演劇デジタル・オーラル・ヒストリー・アーカイブ「中村哮夫聞き書き」より）

同作は、マーガレット・ミッチェル原作、菊田一夫脚本・演出で、帝国劇場の開場（一九六六年）から一部、二部、総集編と、足掛け三度、二年強にわたって上演した『風と共に去りぬ』をミュージカル化したもの。菊田一夫脚本、ハロルド・ローム作曲、ジョー・レイトン演出で、一九七〇年四月に開幕、三カ月のロングラン公演を行った。当時の劇評を見ると、ブロードウェイ仕込みの装置、照明とステージング、脇役の葦原邦子、友竹正則らが評価される一方で、神宮寺さくら、北大路欣也といった主役級の演技の大人しさ、音楽の単調さが指摘されている。(5) それでも、日本初演の翌年にはロンドンで、同じくジョー・レイトンの演出と現地キャストによって初演、一年間のロングランとなるのだが、交渉の失敗から「キクタ」の名がクレジットされないなど、必ずしもこれは菊田や東宝にとって満足のいくものではなかったようだ。(6) ロンドン版はその後ブロードウェイ公演も計画するが頓挫。改訂を加えつつ、一九七三年にロサンゼルスとサンフランシスコ、七六年にダラスを始めとする四都市で上演されるが、ついにブロードウェイで上演されることは叶わなかった。

図③『スカーレット』(1970年1月、帝国劇場)北大路欣也、神宮寺さくら(提供:映画演劇文化協会)

一九七三年の菊田の死後も東宝のミュージカル上演は続く。だが、東宝が製作したオリジナル作品が海外で上演されたのは、一九九〇年代末からのウィーン・ミュージカルブームにともなってつくられた、二〇〇六年十一月の『マリー・アントワネット』(遠藤周作原作、ミヒャエル・クンツェ作詞、シルヴェスター・リーヴァイ作曲、栗山民也演出、帝国劇場)のみで、同作はドイツ、韓国、ハンガリーで現地キャストにより上演されている。(7)

四　「新劇ミュージカル」興隆の傍で

海外ミュージカルの紹介、そして歌と舞踊が物語を進行させる統合ミュージカルへの取り組みは、東宝だけで進行していたわけではない。一九六五年五月、劇団東俳は俳優座劇場で行なわれた第二回研究発表会で『野郎どもと女たち（ガイズ&ドールズ）』を取り上げ、翌年一月には『オクラホマ！』にも取り組んでいる。これらは、研究公演ではあるが、どちらも日本初演にあたる。翻訳・演出はいずれも俳優座の木村鈴吉《すずきち》。一九六一年に結成された東俳は、昼間はそれぞれに働きながら演劇を志す若者たちのグループだが、そうした場で、新劇人の指揮する翻訳ミュージカルの試演が行われていたことは、福田善之の『真田風雲録』（一九六二年四月、都市センターホール）、宮本研の『メカニズム作戦』（一九六二年七月、俳優座劇場）などの「新劇ミュージカル」の動きとも相まって興味深い。

自ら翻訳した『オクラホマ！』の台本のあとがきで、木村はブロードウェイ初演の成功の要因を「総合芸術」にあると解説する。

「オクラホマ！」の評判は、ロヂヤースとハマースティンのせいだけではない。この作品は渾然一体となった総合芸術だからだ。レムエル・マイヤーズの装置にはグランド・ウードやトーマス・ベントンの絵画が持っている質饒活達な精神が宿っており、戯曲の様式にぴつたりだ。アグネス・デ・ミールの振付は優れた舞踊以上のものだ＝歌曲同様に戯曲の筋を進行させて行くのである。衣裳とルーベン・マムーリァンの演出は、果すべき役割をきちんと果たしており、主役を演ずる優れた俳優たちが演技し易いようにと、衣裳デザインと人物の配置を考慮していた。

(『オクラホマ!』台本より「あとがき」一九六六年)

『野郎どもと女たち』の上演にさかのぼること九年前、木村は『貸し間探し』のパンフレットの中で「俳優がその演技力をつけるためには、役の人物の心を自分のものとする技術を磨くと同時に、この心を表現する身体をよく訓練しなければなりません。〔略〕歌や踊りや詩の朗読や物真似や声帯模写が出来なくって、どうして俳優としての素質があるなどと考えられるのでしょうか」ともつづっている。若い劇団の研究発表会での翻訳ミュージカル上演には、ショー的要素とドラマを結びつけた「総合芸術」への関心と、俳優指導者としての思想が同時に反映されていると見てよいだろう。

ちなみに、前述の宮本、福田は劇作家ということもあり、はじめからブロードウェイ由来のミュージカルの形式を踏襲するのではなく、「新劇」の殻を破る新たな作劇の実験、観客へのアプローチとしての音楽劇や歌芝居を構想していた。福田は『真田風雲録』以後の自身の立場とビジョンを次のように説明している。

芸術の綜合化、とかジャンルの垣根を越えろ、とかいった主張にぼくは賛成である。「新劇部落」とよくいわれるけれど、よその部落はなおひどい、というのがぼくの探検旅行の結果の実感であって、さればこそ部落性を排せ、と声高く叫びたくもなったわけだが、たちまち何やら誤解された。資本主義とともに資本主義によって生まれた諸ジャンルの問題もおもしろいが、たとえば歌舞伎など、おさなき日のぼくをどれだけか形成した、ということもふくめて、重要である。当面われわれはいくつものことを、同時に進めなければならない宿命にある、とかんがえて「芝居者」になる、と宣言した。これも誤解された。被誤解魔である。

(福田善之「綜合的歌芝居」、『テアトロ』一九六四年十月号)

実験か大衆娯楽か、新劇か商業演劇か。立場や世代は違えど、この時代「(統合)ミュージカル」に期待をかける演劇人は少なくなかった。それだけこの舞台形式は若く、日本においてはまだ使いこなす者のいない領域だったのかもしれない。

五　宝塚歌劇団の「翻訳」ミュージカル

木村鈴吉が若い俳優志望者たちと『オクラホマ!』上演に挑んだ二年後、同作は宝塚歌劇団(月組)で大々的に上演されることとなる。岸田辰彌《たつや》、白井鐵造《てつぞう》らの洋行や海外公演を通し、戦前から欧米の音楽劇の影響を受けつつ、独自の舞台様式を発展させてきた宝塚歌劇団は、ミュージカルの受容についても意欲的だった。演出には、ブロードウェイ初演の演出・振付を担当したアグネス・ド・ミルの助手、ジェムジー・ド・ラップを迎え、異例の劇団内オーディションによるキャスティングが組まれた。また、星組から上月晃《こうづきのぼる》、水代玉藻《みずしろたまも》、アメリカ留学から帰国した司このみも参加した。稽古中に収録されたとみられる機関誌『歌劇』(一九六七年七月号)の出演者・スタッフ座談会によると、稽古の焦点は主に、スターシステムに基づいたステージングや演技法とリアリズムとのバランスをとることにあったようだ。

デ・ラップ　自然に動くこと以外に演技の基本はありません。次に、自然に動いたあとコーラスを固め、客席側から見てどうスターを扱わねばならないか、と考えて自分はやっています。ドラマというものは群衆と主役が一体となってこそのものですから。

美山〔しぐれ〕　今までも群衆は群衆の芝居をしなくちゃいけないと聞いてるし分かっていても、下級生の人達は恥ずかしいのか、やらないのです。それが今度はよくわかったのか、やってますもの。

（「オクラホマ！」座談会、『歌劇』一九六七年七月号）

宝塚版『オクラホマ！』は、一九六七年七月に宝塚大劇場で幕を開け、大きな反響を呼んだ。なかでも話題にのぼったのは、序列を超えた配役、よりナチュラルに近づいたメイクや衣裳、演技。歌劇団OGの葦原邦子は、このことを「男役」の存在意義と結びつけて賞賛している。

おそらく賛否両論とは思うけれど、『オクラホマ！』を宝塚が上演したということに意義があり、それによって新しい展開が必ず生まれるという、一つの区切りを、これからの宝塚に画すだろう。問題の男役のことにしても、主役のカーリーをはじめジャッド、ウィル、フレッド、スリムなどという男たちは今迄の絵の具箱のような男役のメーク・アップを禁じられ、余分なものはかなぐりすてて、生き生きと登場する――。

（「羨ましいオクラホマ！」、『歌劇』一九六七年八月号）

確かにアメリカ中西部の、田舎っぽく土臭い若者たちを演じたことは、宝塚歌劇の男役のイメージの幅を広げることにもつながったのだろう。『オクラホマ！』で一定の手応えを得た宝塚歌劇団は、翌年八月、サミー・ベイスの演出のもと、不良少年グループの対立から生まれた悲恋を描く『ウエストサイド物語』の翻訳上演（月・雪組合同）に挑み、芸術祭賞を獲得している。

ブロードウェイ・ミュージカルを路線のひとつとして取り上げつつ、その演出や俳優の技術を素直に学び、再現しようとした当時の宝塚歌劇団の姿勢は、一九六九年八月上演の雪組『回転木馬』までの三作すべての演出・振付スタッフが海外からの招聘で、宝塚向けの脚色・潤色もほとんど行われていないことからも推測できる。(8)女性だけの出演者と「男役」のスターを中心としたドラマを作り上げる宝塚歌劇では、本来、専属の演出家が脚本も兼任し、音楽や振付、衣裳など、さまざまな要素を「宝塚風」に統合していく。だが、日本人の名前が主要スタッフに登場するのは、『回転木馬』から数年をおいた、一九七四年十月の星組『ブリガドーン』の鴨川清作（演出）と司このみ（振付）が最初で、この時も、現在では恒例となっているロケットや大階段を使ったパレードといった宝塚オリジナルの「フィナーレ」が作られた形跡はない。

一九七〇年代後半から八〇年代前半は、オペレッタの『ヴェロニック』（一九七八年八月、花組、雪組）や『シブーレット』（一九八二年八月、月組）、ミュージカルではオムニバス形式の『アップル・ツリー』（一九七九年五月、花組、雪組）(9)などが若手公演や実験的演目を上演する中劇場、宝塚バウホールで上演されていたが、大規模な翻訳ミュージカル上演は途絶えていた。再び大劇場で海外ミュージカルが上演されるのは、劇団七十周年を記念した一九八四年十一月の月組『ガイズ&ドールズ』で、この作品で初めて、「フィナーレ」のパレードを含むオリジナルの脚色・演出（酒井澄夫）、作曲（寺田瀧雄、高橋城）、振付（山田卓）がなされた。なお同年には、『回転木馬』（九月、星組）、『南太平洋』（九月、月組）、『オクラホマ』（十月、花組）がいずれもバウホールで再演されている。

『ガイズ&ドールズ』以後、宝塚歌劇団が上演する海外ミュージカルの主要スタッフは、専属の演出家、作曲（編曲）家、OGを中心としたメンバーで占められるようになる。一九九三年四月に日本初演された『グランドホテル』（月組）では、ブロードウェイ版の演出・振付を手がけたトミー・チューンが来日、同じく演出と振付をつとめているが、内容は登場人物の設定、ダンス場面の構成などの点でオリジナル版とは異なる「宝塚版」となっている。こうした改変は、歌劇団所属の演出家・岡田敬二との共同作業に加え、チューンが一九八五年五月の『マイ・ワン・アンド・オンリー』来日公演の際、宝塚歌劇を観劇し、この女性だけの劇団によるスペクタクルに強い関心を寄せていたという背景があって実現したとされる。この公演で退団するトップスター涼風真世《すずかぜまよ》が、くたびれ果て死期を悟った簿記係を演じるという企画には批判もあったが、(10) 宝塚歌劇団にとっては併演のショー『ブロードウェイ・ボーイズ』（同じくトミー・チューン演出・振付、岡田敬二共同演出）も含め、ブロードウェイのスタッフと本格的なコラボレーションを果たした記念碑的な作品となった。

『グランドホテル』から三年後の一九九六年二月、宝塚歌劇団はウィーン・ミュージカル『エリザベート』の宝塚版『エリザベート　愛と死の輪舞』を雪組で初演する。オーストリア＝ハンガリー帝国の皇后エリザベートの生涯を、死への誘惑＝黄泉《よみ》の帝王トートとの交流を通じて描く同作の宝塚版では、タイトルロールではないトート役をトップスターが演じ、二人の関係をより「恋愛」的に描く必要があった。したがって原作とは場面構成を変えているほか、主題歌を含めた二つの新曲を追加している。追加された楽曲は原作曲者であるシルベスター・リーヴァイによる書き下ろしで、そのうちの一曲は後にハンガリーのプロダクションでも使用された。十九世紀末のヨーロッパの複雑な政治状況を整理し、恋愛と女性の精神的自由への希求をメインテーマに据えた宝塚版『エリザベート』は、歌を得意としたトップスター一路真輝《いちろまき》の退団公演でもあり、話題を呼んだ。

ウィーンでロングラン中のオペラ形式のミュージカルが、歌唱力のある一路には、またとないはなむけになった。

台本としても、潤色・演出の小池修一郎が、ミヒャエル・クンツェ作詞、シルベスター・リーヴァイ作曲の原作に、皇太子ルドルフの自殺の経過を追うサブストーリーを増補して、すぐれた改訂版を作った。

（天野道映「一路真輝、酔うほどの甘美さ」、『朝日新聞』一九九六年六月十日付夕刊八面）

宝塚版『エリザベート』は現在（二〇一七年）まで八演を数え、『ベルサイユのばら』と並ぶ歌劇団の代表作となっている。また、この公演以後、大劇場で上演される海外ミュージカルでは、オリジナル曲を加えたり、場面の追加や変更を行うなど、原作者を巻き込んだ、より積極的な脚色が行われることが通例となった(11)。

二〇〇〇年に初演された東宝版も『レ・ミゼラブル』と並ぶ主要なレパートリーとなり、同じ作詞・作曲家コンビによる『モーツァルト!』（二〇〇二年、日生劇場）、『レベッカ』（二〇〇八年、シアタークリエ）といったウィーン・ミュージカル上演の潮流をつくった。

六　劇団四季のミュージカル——自立への道

浅利慶太と劇団四季の翻訳ミュージカルへの取り組みは、一九六九年一月の『結婚物語』（日生劇場）にさかのぼる。四季はジロドゥやアヌイといったフランス演劇を中心に上演してきた劇団だが、浅利、日下《くさか》武史ら創設メンバーと作曲家の林光が同窓であったこともあり、初期から、オリジナルの楽曲を使うなど、音楽的要素を積極的に取り入れていた。それが明確にミュージカル路線を歩むことになったのには、浅利と日生劇場との関係が大きく関係している。

日生劇場は、日本生命が創業七十周年を記念して日比谷に建設した社屋に入る大劇場で、一九六三年九月にベルリン・ドイツ・オペラの招聘公演で華々しく開場した。浅利がこの劇場にかかわるようになったのは、作家として付き合いのあった石原慎太郎を通して、東急グループの五島昇の知己を得たことに始まる。五島の紹介で、劇場建設に関心を持っていた日本生命の会長・弘世現《ひろせげん》と出会った浅利は、新劇場計画に対しさまざまな提案を行い、一九六一年、石原と共に劇場経営を行う株式会社日本生命会館の取締役に就任した(12)。

開場後は、特別プロデューサーとして招聘された千田是也、武智鉄二、福田恆存《つねあり》がかかわる公演のほか、四季との提携公演も始まった。とはいえ、四季の力だけでは千三百席の劇場を埋めるのは厳しく、ヒットと呼べたのは、加賀まりこ主演の『オンディーヌ』(一九六五年六月)ぐらいだった。結局、プロデュース作品の不入りと、大資本と手を結んだという新劇側からの批判に挟まれるかたちで浅利は取締役を退き、以後は、自らが代表をつとめる日本ゼネラルアーツ株式会社のプロデュースで、日生劇場での公演を続けることとなった。一九七〇年五月以後、日生劇場は自主製作を縮小し、貸し劇場を事業の主軸にするが、『結婚物語』はその直前につくられた日本ゼネラルアーツ社の最初の作品でもあった。

すでに数多くのミュージカルを経験し、浅利が演出する同劇場でのロングリサイタルも恒例となりつつあった越路と、四季の創立十五周年作品『ハムレット』(一九六八年六月)でも好評を得た平幹二朗のコンビが結婚生活の悲喜こもごもを演じる二人芝居は、派手さはないものの、軽快さと情感にあふれた佳作で客足も上々だったという。以後、日生劇場では、その流れに乗るように、越路主演、浅利演出の『アプローズ』(一九七二年六月)、『メイム』(一九七三年五月)、『日曜はダメよ』(一九七四年六月)、『リトル・ナイト・ミュージック』(一九七九年六月)が製作された。

越路ら劇団外のスターを起用したミュージカル作品に携わる一方で、浅利たちが取り組んだのは、四季が自前で翻訳ミュージカルを上演するための地盤づくりだった。その原動力となったのは一九六四年十一月に日生劇場が製作した『ウェストサイド物語』来日公演。カンパニーの中に、ダンス歴が数年しかない俳優がいることから、レッスン方法に関心を持った浅利は、その話を振付の山田卓《たく》にする。「四季の人だって、毎日レッスンすれば、五年で『ウェストサイド物語』ができるようになりますよ」との山田の発言を機に、常駐のダンストレーナーが雇われ、ミュージカル上演のための研鑽が本格化したのだという。[13] また、劇団として初めて取り組んだ翻訳ミュージカル『アプローズ』では、主演の越路以外の役をすべて公開オーディションで選び、外部の才能と四季の若手とのダブルキャストでの競演を促すなど、劇団内部の俳優育成に力が注がれた。

そして、一九七三年六月、劇団創立二十周年記念として上演した『イエス・キリスト＝スーパースター』（中野サンプラザホール）で、四季のミュージカルは大きな転機を迎える。キリストの最後の七日間を描いたロンドン発のロックオペラを、ヒッピー風の衣裳に隈取メイクの若者たちが演じる四季版は、新鮮な驚きを観客に与えた。また、『アプローズ』に続く二度目の公開オーディションを経て選ばれたキャストは劇団の若手が中心で、イエス役は当時まだ研究生だった鹿賀丈史《かがたけし》、ユダには『アプローズ』でも活躍した元ジャニーズの飯野おさみが扮し、さらにオーディションに応募した市村正親がヘロデ王役でデビューを飾った。

四季の草創期をよく知る作曲家・林光は、ロックのリズムや楽器を用いたこの作品の構造がオペラのそれをなぞっており、本質的には「革新的」になりえないことを看破しつつ、四季版の舞台の成果を次のように書き留めている。

とはいえ、こんどの舞台は、そのような限界の範囲内でいろいろと楽しませてもらった。東洋演劇ふうの白ぬり顔のせいもあってか、天草四郎みたいに、頼りないところが神秘的といったイエス（鹿賀丈史）と、ホモ的なまでにイエスの身を案ずるあまり日より見の泥沼にはまりこみ、ついにうら切りものになってしまうユダ（飯野おさみ）とがからむ部分が、作品のせいもあり、また飯野の好演もあって、印象深かった。正調派をもって身上とする浅利慶太（演出）が、ついに、ヘロデ王をおいらんを引き連れたカブキ・スタイルで登場させるというアングラ手法にふみ込むほどハッスルしただけのことはあったのだし、ロックとマタイ受難曲のきわどい接点を押さえ込んだ音楽監督兼指揮の若杉弘、大八車をみごとに様式化かつ機能化した美術の金森馨にも、拍手をおくろう。ところでさて、つぎは、純日本製といきたいものですな。

（林光「若者の悩みの音楽劇」、『朝日新聞』一九七三年六月二十日付夕刊七面）

三年後の四月、同作は『ジーザス・クライスト＝スーパースター』（日生劇場）として、よりオーソドックスな意匠、演出でも上演され、以後は二つのバージョン共に四季のレパートリーとなっている。劇団の俳優たちを中心に配したオリジナル演出の翻訳ミュージカル、それも、ロックを用いて旧来のキリスト教観を刷新しようという現代社会の世相、風俗に呼応した上演を実現できたことは、「劇団四季のミュージカル」というブランドイメージを確立させるきっかけともなった。その流れは翌年二月の『ウェストサイド物語』（日生劇場）を経て、『コーラスライン』（一九七九年八月、日生劇場）、『エビータ』（一九八二年一月、日生劇場）、『キャッツ』（一九八三年十一月、キャッツシアター）と受け継がれていく。

七　ロック・ミュージカルの受容——日本版『ヘアー』

ロック、ポップミュージックを使った新世代のミュージカルは、四季の『イエス・キリスト＝スーパースター』の四年前、一九六九年十二月にはすでに日本に上陸していた。ベトナム戦争を背景に、愛と平和、自由を希求するヒッピーたちを描いたロック・ミュージカル『ヘアー』。自らもフラメンコ舞踊団を持ち、文楽のアメリカ公演時のマネージャーをつとめた経験を持つプロデューサーの川添象郎《しょうろう》（アスカプロ）と松竹の共同製作による日本版は、渋谷の東横劇場で、三カ月のロングラン公演を行った。
日本版上演の一報を伝えた『朝日新聞』の見出しは「異色、ハプニングも予想」(一九六九年七月二十九日)。一つの演劇作品というよりは「社会事象」としての『ヘアー』に対する期待は高かった。実際、雄叫びをあげながら客席内を歩く冒頭から、舞台上に観客を呼び寄せる終幕まで、日本版『ヘアー』はそれまでの劇場観、ミュージカル観とは異なる演出を随所に施した作品だった。オーディションで選ばれたキャストの大半が素人だったというのも、かえって劇場の外に生きる若者の実像を強く連想させた。作家・阪田寛夫は、その若者たちの拙い体当たりこそを、作品の本質と捉え、賞賛する。

物語もないし、ラブシーンもない。舞台は鉄骨とむきだしの照明器具だけ。出演者もレッキとした若者ではあっても、多くはタレントとしては無名かしろうとだ。〔略〕
こう何ももなくては仕方がなかろうと思われるが、実はそれがこの作品の武器でもあるのだ。規格はずれのフンイキに初めはどぎもを抜かれた若い観客たちが、二時間半後には舞台へおずおずと登って、出演者たちと共感の握手をかわす状態になるからフシギだ。おそらく、下手だがホンモノの若者たちが、彼らのあせりとかなしみを歌の形でジカにたたきつけるからであろうが、作品の方も若者の悲しみがよく現れるように、うまくできている。何より曲そのものに説得力がある。楽団の演奏と、日本人の中にまじっている黒人たちの歌がめっぽういい。
こうなってくると、登場人物はホンモノなのに場所がアメリカだという設定が歯がゆく思われるのだ。
(阪田寛夫「『ヘアー』説得力のある音楽」、『読売新聞』一九六九年十二月二十二日付夕刊九面)

一方、パリとニューヨークでこの作品を体験した作曲家・黛敏郎のレポートは辛い。

しかし、私がパリやニューヨークで目撃した『ヘアー』への関心と支持は、若者はもとより、むしろ大人たち――社会的地位を持った知識人の間においてさらに著しいものがあった。同じような不安とフラストレーションにさいなまれながらも、若者たちのようにそれを奔放に、発散させることの出来ない彼等の「声なき声」を、仮託しうる大きさと高さをパリやニューヨークの『ヘアー』は持っていたのだ。

日本版上演に当たって、私はこの現象が日本でどう現れるか大いに興味を持った。そして初日を見て失望した。日本の『ヘアー』は若者たちだけのものだった。大人たちを理解させ、説得し、その夢を仮託させるに足る大きさも高さも無かった。

舞台は、ただ耳を聾（ろう）するボリュームによってしかダイナミズムを実現出来ない音響と、絶叫することが迫真性だと錯覚するセリフの洪水で、非常に含意とウィットに富んだ文学的台本も、八分通り何を言っているのか皆目聞きとれず、もともと物語劇でもないから、観客は、ただ歌と踊りの調子からやっと劇の進行を手探りせざるを得ないことになる。

（黛敏郎「ヘアーを見て　夢を欠く自己陶酔」、『朝日新聞』一九六九年十二月十七日付夕刊九面）。

日本版『ヘアー』の上演が単に低レベルであったのか、あるいは等身大のリアリティを追求した結果だったのかを、今、確かめることはできない。ただ、ここで焦点になっている若者たちの演技が、「反戦」や「反体制」を前提にしたというよりは、より普遍的なアイデンティティをめぐる葛藤を舞台にぶつけるものだった、というのは想像に難くない。(14) 開演前に話題となった全裸の場面は、かすかに舞台の薄闇に姿が浮かぶ程度に抑えられた。

それでも、三カ月の公演は立ち見の出る盛況ぶりで、のべ十一万人を動員した。

東京公演閉幕直後の一九七〇年二月二十六日、『ヘアー』のプロデューサー川添と出演者ら四名が、パーティーで大麻を所持、吸引したとして逮捕されたことから、予定されていた大阪公演は中止、その熱狂を全国に伝えることは叶わなくなった。[15]だが、「若者文化」を象徴するイベントとしてのロック・ミュージカルは、むしろそうした話題を得て、より広く認知されることになったとも言える。

日本版『ヘアー』、そして四季によるアンドリュー・ロイド＝ウェバーの『ジーザス・クライスト＝スーパースター』のレパートリー化、一九七五年六月の『ロッキー・ホラー・ショー』来日公演（三宅坂小ホール）を経て徐々に浸透したロック・ミュージカルは、一九七〇年代末期から一九八〇年代に入ると、より口当たりのいいポップ・エンターテインメントとして提供されるようになっていく。一九七七年には東宝が、ジョン・トラボルタ主演の映画でもヒットした『グリース』を日劇で日本初演。真田広之、桜田淳子主演の『リトル・ショップ・オブ・ホラーズ』（一九八四年八月、博品館劇場）、ロイド＝ウェバー作曲のスペクタクル『スターライト・エキスプレス』（一九八七年十一月、国立代々木競技場第一体育館）などもこの時期に製作されている。ロック、ポップミュージックと、リアルな若者像とがふたたび重ねて語られるようになったのは、一九九〇年代初頭のバブル経済の崩壊後。エイズやドラッグといった問題を交えた、若き芸術家たちの青春ドラマ『レント』（一九九八年九月、赤坂ＢＲＩＴＺ）でのことだった。

八　小劇場からの発信――『ファンタスティックス』の拓いた道

一九七〇年代になると、東宝や四季（日生劇場）による翻訳ミュージカル上演が定着する一方で、下は百席から、上は四百席くらいの中小規模の劇場での自主企画によるミュージカル公演も登場し始める。その先鞭をつけたのは、なんといってもアトリエ41による『ファンタスティックス』（一九七一年四月）だろう。『ファンタスティックス』自体は、一九六七年七月に東宝が芸術座で上演しており、アトリエ41版は、初演の演出も担った中村哮夫と映画プロデューサーの松江陽一、初演時から出演を熱望していたという宝田明を中心に企画・製作されたものだ。初演版は、当時としては珍しいオーディションでキャスティングを進めたことも話題となり、ごくシンプルな装置、衣裳、楽器編成でつくられる舞台の意義も認められたが、客足が伸びず、大きな赤字を残した。[16] それを、中村のアイデアで渋谷のシャンソン喫茶だったジァン・ジァン（客席数約百五十）に移し、新たな俳優、新たな演出で練り直したのが、紀伊國屋演劇賞を受賞、翌年にはアートシアター新宿文化を始め、全国二十都市を巡演するヒット作となった。

狂言まわしのエル・ガヨ役を演じた宝田によれば、ジァン・ジァンでの開幕当初二、三十人だった客は、ロングランを続けるうち次第に増え、しまいには俳優が観客をかき分けて登場するような盛況ぶりという。[17] 映画スターであり、『アニーよ銃をとれ』『南太平洋』などの大劇場ミュージカルに出演していた宝田が渋谷の山手教会地下の小劇場に出るというのも当時としては珍しく、開幕直後の新聞には「宝田明の変身」と題したコラムも出た。[18]『ファンタスティックス』は、劇場としてのジァン・ジァンの出発点ともなった作品で、以後、中村伸郎《のぶお》が演じるイヨネスコの一人芝居『授業』や出口典雄が率いるシェイクスピアシアターの公演、美輪明宏や高橋竹山《ちくざん》のライブなど、演劇、音楽、演芸など、各分野で今も語り継がれる名舞台が、ここから発信された。なお、演出の中村は、『ファンタスティックス』の翌年十一月、この場所で、宮城まり子が自らプロデュース、主演したフレンチ・ミュージカル『イルマ・ラドゥース』の構成・演出も担当し、好評を得た。ブロードウェイ風の編曲を加えたロンドン版（ピーター・ブルック演出）を、少人数、小劇場用に改訂した同作は、一九七四年六月に紀伊國屋ホールでも再演されている。

一九七八年十月、銀座八丁目に博品館劇場がオープンしたことも、その後の翻訳ミュージカル、特に小劇場ミュージカルの展開においては重要な出来事である。もともとはファッションビルとして計画されたものに「地域文化に貢献する要素を」と劇場が計画され、[19]土地柄、想定される客層などから「ミュージカル劇場」「女性のための劇場」と銘打つこととなった。こけら落としは、黒テントの佐藤信《まこと》のプロデュース、竹邑類《たけむらるい》構成・演出、真帆《まほ》志ぶき主演のショー『アイ・アム・ミュージカル』。最初の数年は東宝が企画に協力したが、やがてオリジナル路線に転向、翻訳ミュージカル、創作ミュージカル双方で独自の企画を打ち出した。翻訳ミュージカルでは、開場二カ月後に岡田眞澄主演で上演された『シーソー』を皮切りに、『キャバレー』(一九八四年十月)、『リトル・ショップ・オブ・ホラーズ』、『ザ・ミュージックマン』(一九八五年十月)などが日本初演されているほか、創作ミュージカルの分野でも、オンシアター自由劇場の『上海バンスキング』(一九七九年一月)や宮本亜門の『アイ・ガット・マーマン』(一九八七年四月)を中劇場に進出させた功績は大きい。また、来日公演にも注力し、ブロードウェイの振付家による名場面を再現した『ザ・アメリカン・ダンス・マシーン』(一九七九年六月)やトニー賞女優チタ・リヴェラの『チタ・リヴェラ・ショー』(一九八五年三月)などで、日本の観客、演劇人を刺激した。

さらに、この時期の翻訳ミュージカルを牽引した、薔薇座の存在も忘れてはならない。声優としても活躍した野沢那智を中心に一九六六年に結成された同劇団は、ジャン・コクトーやラシーヌといったフランス演劇に取り組んでいたが、いったん解散、一九七七年四月に再結成した後、『セレブレーション』(一九七七年十二月、俳優座劇場)、『アップル・ツリー』(一九七八年十二月、労音会館)、スティーブン・ソンドハイム作詞・作曲の『ローマで起こった奇妙な出来事』(一九八〇年十月、渋谷エピキュラスホール)など、ブロードウェイ・ミュージカルを連続して上演、ミュージカル路線を明確にした。なかでも『グリース』（一九八一年九月、労音会館）や『踊れ艦隊のレディたち』（一九八五年十二月、シアタートップス）は再演も重ねるヒットとなり、『スイート・チャリティ』（一九八八年十月、俳優座劇場）では、ボブ・フォッシーのアシスタントを招き、ニューヨーク初演時の振付の再現に挑むなど、意欲的な活動を展開した。薔薇座のミュージカルについては、個別の作品についての劇評や公演パンフレット、所属した俳優たちのエッセイなどに断片的な記述が残るものの、まとまった資料はない。だが、独立した劇団として、博品館劇場、俳優座劇場を始めとする中劇場で数々のブロードウェイ・ミュージカルに挑み、存在感を示したことは、特記にあたいする。

九　ミュージカル・ファンの開拓――『キャッツ』以後

一九八三年秋、西新宿に出現した巨大なテント、キャッツシアターは、四季が初めて持った自前の劇場で、日本初の本格的なロングラン公演を睨んで建設された。床面積約二千五百平方メートルの劇場の収容人数は千六十二。劇場の総工費は三億円、土地の賃借代も含めた初期の製作費は約十億円とも言われたが、前年に開幕したブロードウェイ・プロダクションのトニー賞受賞のニュースと劇場建設の話題性も伴って、十一月十一日の初日前から四万枚のチケットが売り切れる、好調なスタートを切った。

物語の舞台は、満月の夜に開かれる猫たちの舞踏会。最高の「ジェリクルキャッツ」として新たな命を得るのは誰かがその場で決定される――。作品内容に合わせて設計された劇場には、円形のメインステージのほか六つの小舞台が用意され、「猫の目線」でつくられたさまざまな装飾、客席通路の下から猫が現れるといった仕掛けが、観客を喜ばせた。開演時に円形の廻り舞台と共に百八十度回る回転席も話題で、浅利はこの劇場を「万国博のパビリオン」にたとえてもいた[20]。

今年有数の大型ミュージカルであることは疑いない。大作をよくここまでまとめあげたと、感心する。個々のミュージカル・タレントはほかにもいるが、歌や踊りのミュージカル・アンサンブルとしては、日本でもトップの水準の舞台である。

しかし、かなり足りないものがある。俳優たちのさりげないすごさだ。歌でも踊りでも、困難なテクニックをさらりとやってのけてしまうパワーといってもいい。感覚を刺激し、快楽を目的とするミュージカルは、まず楽しくなければならない。それには演者の余裕が必要だ。四季アンサンブルに、青春の熱気と水準をいく技術はあるが、終始目いっぱいのスピード運転をみているようで息苦しいし、ハラハラする。歌、踊りとも強弱、緩急の自在さがほしい。

〔略〕技術をきざみつけられた俳優たちの体、存在感で、一気にみせてしまう芝居なのだ。もし、伊達（だて）猫を演じた光枝明彦ほどの技術と〝色〟があれば、ネコたちの人間界へのアイロニーとして深みが出ただろう。〔略〕ともあれ、美しい歌もふんだんにあり、東京ディズニーランドかサーカス小屋にはいったような楽しさはある。

（「楽しくまとめ上げる　四季ミュージカル「キャッツ」」、『朝日新聞』一九八三年十一月二十九日付夕刊十一面）

複雑な筋立てがないぶん、登場する猫たちそれぞれの個性に頼らざるをえず、厳しい訓練を重ねた四季の俳優たちの生真面目さが物足りなさを生んだ、というのが、初演版の劇評の大勢ではあった。それでも新宿の特設劇場での『キャッツ』は最終的には一年間のロングランで約五十万人を動員。その翌年の大阪公演とその後の東京凱旋公演までの三年半でのべ百二十三万五千人以上を集める成功を収めた(21)。プログラムなど関連商品の売り上げも合わせた収入は三年半の間で八十億円にのぼったという。時代は折しもバブルへ向かう好景気の最中。同年に開場した東京ディズニーランドを始め、多くの資本が、娯楽や芸術の分野へ投入されていた。『キャッツ』の製作費の一部は、味の素が出資、劇場用地の借り上げは民営化前の国鉄との提携によって実現された。また、日本初のコンピューター・チケットシステム「チケットぴあ」も、同作のテスト販売から事業をスタートさせた。

『キャッツ』の成功は、日本のミュージカル興行全体にも影響を及ぼす出来事となった。作品の娯楽性もさることながら、企業の支援を得つつ大規模な宣伝を展開、さらにチケット管理をオンライン化したことは、これまでの劇団のファンや団体客以外の、たとえば遠方の演劇ファンを掘り起こし、新たな観客をつくることへとつながった。

十　『レ・ミゼラブル』の輸入と展開

一九八七年六月、帝国劇場で幕を開けた東宝の『レ・ミゼラブル』もまた、『キャッツ』成功の手法、流れに沿って、準備された作品だった。一九八〇年にパリで開幕した同作は、五年後、『キャッツ』にも携わったキャメロン・マッキントッシュのプロデュース、トレヴァー・ナンとジョン・ケアードの演出でリクリエーションされ、ロンドンで大ヒットを記録する。パンを盗んだ罪で十九年間にわたって投獄された過去を持つジャン・バルジャンの人生を軸に、執拗に彼を追う警部ジャベールの生きざま、革命に生きる若者たちの青春を描くドラマは、壮大なスケールを持ちつつ、エモーショナルで、廻り舞台を使った大規模な装置も物語をよりダイナミックに見せた。

ロンドン版の開幕後、東宝は、別の作品の上演権交渉をキャンセルして、マッキントッシュとの交渉を開始したという。[22] そして、一九八六年三月、新聞各紙に『レ・ミゼラブル』のオールキャスト・オーディションの告知が出る。「あなたに、愛の、白羽の矢が立つ」とのキャッチフレーズが躍る一面広告には、主要十二役の年齢、性別、設定が掲載されていた。一九六七年の『ファンタスティックス』以後、折に触れ、東宝でもオーディションは行われていた。だが、それらの多くは、東宝内部であらかじめ候補者を選んだり、業界内に告知して行われたもので、ここまで大々的に一般から公募されるようなことはなかった。これは、『キャッツ』も手がけた同作のプロデューサー、キャメロン・マッキントッシュらの意向によるもので、「スターが演じるミュージカルではなく、スターをつくるミュージカルなのだ」というそのコンセプトは、開幕に至るまでの取材記事、広告に繰り返し書かれることになる。

オーディションに応募したのは、一万千二百七十四人。東宝での書類選考、二次選考、演出のジョン・ケアード、作曲者のクロード・ミッシェル＝シェーンベルクも交えた最終選考を経て選ばれたのは、五十五人。劇団四季OBの鹿賀丈史、滝田栄以下、鳳蘭、斉藤由貴、野口五郎ら、名の知れた俳優、歌手も並んだものの、薔薇座の安崎求、黒テントに所属する斎藤晴彦、当時は学生だった藤田朋子ら、多彩な人材が集った。その配役発表会の概要を伝える『朝日新聞』は、次のように東宝の取り組みを伝えている。

初演のミュージカルとしては異例の四カ月公演。出演者のレッスンと一体感を高めるための教習機関、エコール「レ・ミゼラブル」を設立するなど、さまざまな試みが企てられている。加えて、資生堂が企業協賛することも公表された。イベントの〝冠〟興行は、珍しくないが、東宝としては初めてのことだ。

ミュージカル公演では老舗（しにせ）の東宝が、このような挑戦に出た背景には、四季による「キャッツ」

ブームなど状況の変化が見逃せない。スター中心ではない集団演技のだいご味、テーマの現代性、企業協賛を含めた巧みなPR作戦がミュージカルをとりまく環境を変えつつある。

（「ミュージカルに賭ける東宝」、『朝日新聞』一九八六年七月二十二日付夕刊十三面）

オーディション告知を皮切りに、書類選考の様子[23]や、エコールのレッスンの紹介など、準備期間中から、この作品の舞台裏、その規模の大きさをPRしていったことは、券売だけでなく、メディアや批評家、観客に、群集劇であり、青春劇でもある作品のコンセプトを早くから浸透させることにもつながっていたと思われる。開幕から約二週間後、『朝日新聞』は劇評とは別の、「フロントシート」と題するコーナーで、紙面の四分の一近くを割いて、東宝版の成果についてレポートしている。

明日は全員が死ぬだろうという夜、バリケードで歌われる「共に飲もう」の合唱の、静かな心にしみる歌声。青年たちの中にコゼットの愛する男マリウスを見つけて、「彼を帰して」と歌うジャン・バルジャンの美しい歌。クロード・ミッシェル＝シェーンベルクの音楽は、心の優しさを感じさせる。

このミュージカルを見ていると、これはジャン・バルジャンの物語というよりも、純粋な青年たちと貧しく悲しい娘たちの満たされなかった青春ドラマだという気がする。一方にはただ一人生き残ってしまったマリウスがカフェの空の机とイスの中で「友はもういない」と歌う「カフェ・ソング」のにがい思い出があり、もう一方には二人の若い女、貧しさのために幼いコゼットを人に預けて働き、失意の中死んでいく母フォンテーヌの歌う「夢やぶれて」と、コゼットに愛するマリウスを奪われて、嘆きの中で銃弾にあたって死ぬエポニーヌの切ない愛をうたう「オン・マイ・オウン」がある。〔略〕

スターを床の間に置かず、全員のアンサンブルを大事にするというのは、欧米では当たり前のことだが、日本では画期的なことだ。東宝ミュージカルといえばスターばかりがよくて群衆は格段に下手なのが通例だが、「レ・ミゼラブル」は群衆役がいいと、どれだけ舞台がおもしろいかを見せてくれる。〔略〕

ロングランの間に、無名の新人の中から何人かのスターが誕生するに違いない。

（宮下展男「スターより調和重視のレ・ミゼラブル」、『朝日新聞』一九八七年七月四日付夕刊四面）

『レ・ミゼラブル』は、舞台装置から衣裳、音響や照明のオペレーション技術、演出まで、俳優の体と言語をのぞくすべてがロンドン版同様に再現されることを前提とした「輸入ミュージカル」でもある。全役オーディションも「エコール」も、その上演を実現するためには、不可欠なプロセスだっただろう。だが、日本の『レ・ミゼラブル』は、それを「企画」として活用することで、舞台に描かれるもの以上の背景、サイドストーリーを発生させ、よりいっそう、その存在感を強めていった。ジャン・バルジャンと仇敵のジャベールを鹿賀、滝田が交互に演じること、多くの役柄でダブルキャスト、アンダースタディーが用意されたことも、四カ月にわたるロングラン公演を乗り切るための体制という以上の話題を集めた。

東宝の『レ・ミゼラブル』は、演出の変更、リニューアルも挟みつつ、現在まで断続的に公演を続け、二〇一五年には上演回数三千回を数えている。初期の上演では「スター不在」をウリにしながら、テレビなどでも見る有名人を揃えたキャスティングに批判も集まったが、九〇年代の半ばごろから、初演キャストのアンダースタディが本役を務めたり、学生役を中心とする若手俳優が注目を集めるようになり、独自の顔ぶれが並ぶようにもなった。彼らの多くは他の商業ミュージカルや劇団四季での経験を持っており、徒手空拳でミュージカル輸入に取り組んだ第一世代とは異なる、日本のミュージカルが育てた人材ともいえる。

（1）証言者は当時の営業担当で、一九八六年当時は演劇企画室長であった渡辺邦夫で、現在は演劇評論家の渡辺保。広告記事ではないが雑誌『平凡』の一九六三年六月の永六輔と江利チエミの対談（永六輔／おしゃべりジャーナル）には「大笑いマイ・フェア・レディ」の見出しが躍る。同誌では開幕後に百名を招待する企画も行われた（同年九月）。
（2）森繁久彌は一九八六年にこの作品から退き、テヴィエ役は西田敏行（一九九四—二〇〇一）、市村正親（二〇〇四—）へと引き継がれている。
（3）このほか、一九六八年には「日英国際親善公演」として『オリバー！』の来日公演が帝国劇場で行われている。
（4）日本近代演劇デジタル・オーラル・ヒストリーアーカイブ http://oraltheatrehistory.org/
（5）「文句をつければ、リンカーンの演説（？）やシュプレヒコールがよくわからないし、作曲も民族的なにおいのするクリスマスの歌と霊歌（葦原邦子がすばらしい）以外は、それほどきわ立った印象を残さない」（阪田寛夫「さわやかに創意凝らして　意義ある本格的ミュージカル化」、『読売新聞』一九七〇年一月十四日付夕刊九面）。
（6）「菊田さんロンドンを嫌う」、『読売新聞』一九七二年五月三十日付夕刊七面。
（7）東宝製作ではないが、日本で製作された作品がブロードウェイに「輸出」された例としては、二〇〇〇年新国立劇場で上演された宮本亜門演出の『太平洋序曲』（ジョン・ワイドマン脚本、スティーブン・ソンドハイム作詞・作曲）がある。二〇〇二年にリンカーンセンター、ジョン・F・ケネディーセンターで紹介された後、二〇〇四年末から二〇〇五年初めにかけて、現地キャストでのブロードウェイ版が上演、宮本はブロードウェイ初の東洋人演出家となった。
（8）『回転木馬』のスタッフクレジットには、入江薫、吉崎憲治が編曲者として入っているが、場面の変更など作品の構成に影響する加筆・修正はされていない。
（9）初演は一九七八年薔薇座。野沢那智演出、戸田恵子主演。
（10）「チューンは、一昨年、米国から俳優を率いて来日公演したが、それをコンパクトにまとめ、落ち着きの中に力強さを潜ませた。出演者の技術レベルは高く、演出の意図をほぼ消化したようだ。ただ、涼風の老けて見すぼらしい役は、どうしても無理があるし、最後の舞台としては気の毒。羽根が演じるバレリーナも、老いとともに人気を失う苦悩がにじみ出ない。公演企画に問題があると言えよう」（河村常雄「グランドホテル＝宝塚月組　落ち着きの中に力強さ」、『読売新聞』一九九三年七月十日付夕刊六面）。
（11）『ファントム』（二〇〇三年）、『スカーレット・ピンパーネル』（二〇〇八年）では、宝塚版への新曲提供があった。また、二〇〇六年の宙組公演『Never Say Goodbye』は、小池修一郎の脚本で、『スカーレット・ピンパーネル』のフランク・ワイルドホーンが全曲を書き下ろしている。

(12) 代表取締役社長は五島昇。

(13) 浅利慶太「ブロードウェイとの出逢い――『ウェストサイド物語』日本初演をめぐって」、『浅利慶太の「四季」 著述集1 演劇の回復のために』慶應義塾大学出版会、一九九九年、三二六頁。

(14) 一九六九年十一月十六日付の『朝日新聞』朝刊(二十三面)に掲載された記事「異色の反戦ミュージカル 熱気こもる『ヘアー』のけいこ」には、二人の出演者のコメントが紹介されており、その内容からも同作が自己実現の物語として受容されていることが推測される。「『ヘアー』をやることによって、僕は確実に変わってきた。何か日ごとに純粋になっていくような感じ……」(シーユー・チェン)、「『ヘアー』に参加した以上、公演が終わってからも、もうモデルはやめようと決心しました。たしかにお金がたくさんはいるワリのいい職業だったけれど、結局モデルなんて、バカなお人形にすぎないし、自分で何かをつくり出さないでお金がはいるなんて、やはりおかしいんじゃないかしら。『ヘアー』とモデルは本質的に両立できないんです」(松本洋子)。

(15) 翌年十一月から深水龍作ら初演のメンバーから数人が中心となり、キャストを公募、名古屋、京都、東京で自主上演が行われた。

(16) 芸術座でのミュージカル公演はこれを機に、一九八五年三月の『ラブコール』(竹邑類演出、鳳蘭、布施明出演)まで途絶える。

(17) 日本近代演劇デジタル・オーラル・ヒストリーアーカイブ http://oraltheatrehistory.org/

(18) 「かつて東宝メロドラマの二枚目代表。どことなく気取った感じで、お世辞にもうまいなどとは言えなかった宝田明が、ミュージカルの舞台ではものすごくいいのだ。若い出演者をリードして親分の風格さえある。彼の映画しか見ていない人にこの話をすると「信じられない」と口をそろえて言う。だが『キス・ミー・ケイト』から六年余、宝田明は着々と舞台俳優としての地歩をかためてきた。映画スター〝変身〟の一例である。(小)」(『読売新聞』一九七二年六月二十日付夕刊七面)。

(19) 高田城「劇場プロデュースの方向 博品館劇場の場合 伊藤巌氏に聞く」、『テアトロ』一九八五年八月号。

(20) 「最初、日生劇場でやろうと思ったのですが、それには客席を改造しなければならない。劇場側が「それだけは勘弁してくれ」というので、専用劇場を作ることにしました。万国博のパビリオンのような劇場です」(「1公演だけで専用劇場建設」、『読売新聞』一九八三年四月二十日付夕刊十三面)。

(21) 一九八五年に大阪に進出。以後、名古屋、福岡、札幌などを巡演。キャッツシアター以外の常設劇場での上演を含めれば、現在まで、年を空けることなく上演され続けている。

(22) 萩尾瞳「Les Miserables 始まりから進化まで　短期集中コラム第一回「初めて」の始まり」東宝演劇部HP http://www.tohostage.com/lesmiserables/column.html

(23)「レ・ミゼラブル　オーディション狂想曲」、『読売新聞』一九八六年五月十四日付夕刊十一面。

Ⅲ　音楽劇の多様化と深化

第7章　百花斉放の創作ミュージカル

日比野啓

はじめに

本章では、戦後日本の創作ミュージカルの歴史において重要な役割を果たしたが、史料が少なく、相対的に知られていない以下の四つの上演団体・組織をおもに扱う。括弧内の年月は活動開始と終了の時期を表すが、終了時期については活動停止と解散の区別も含め、他にも解釈の余地があるかもしれない。

北野ステージ・ショウ（一九五四年三月—一九五九年一月）

作曲家いずみたくによるミュージカル（一九六〇年七月—一九九二年六月）

赤坂ミュージカル（一九六三年十二月—一九六九年十月）

サカモト・ミュージカル（一九六七年十月—二〇一〇年四月）

もちろん、これ以外にも創作ミュージカルの発展を記す上で欠かすことのできない上演団体・組織は多くある。そのうち、以下は本書の他の章で詳しく扱われている。

帝劇ミュージカルス／東宝ミュージカル／コマ・ミュージカル（第2章「東宝ミュージカルの「起源」——秦豊吉と菊田一夫」）

大阪労音制作のミュージカル（第4章「労音ミュージカル——総合芸術家たちの培養基」）

浅草松竹ミュージカルス（第3章「松竹歌劇から松竹ミュージカルスへ」）

新劇団によるミュージカル（第8章「新劇ミュージカルとは何だったのか」）

劇団未来劇場／東京キッドブラザース／ザ・スーパー・カムパニイ（第9章「アングラ和製ミュージカルの一九七〇年代――劇団未来劇場、東京キッドブラザース、ザ・スーパー・カムパニイ」）

また、本書で扱われていなくてもその活動を記した書籍が複数あるものは、紙面の制限ゆえ割愛した。以下である。

劇団四季（一九六四年五月―現在）

劇団ふるさときゃらばん（一九八三年三月―二〇一五年十二月）

現在でも活動を続けており、実際にその舞台に足を運んだことのある読者が相当数いるだろう以下の三つの上演団体・組織については、最後にごく簡単にその概要と意義・主要作品とその批評を見ていく。インターネット上の情報には誤りも含まれているので、その点も正しておく。

ジャニーズ事務所のミュージカル（一九六五年四月―現在）

音楽座（一九七七年五月―現在）

劇団目覚時計（一九七七年十二月―現在）

これ以外にも重要な創作ミュージカルの上演団体・組織としては、

おさの会（一九六五年一月―一九七二年七月）

作曲家・大中恩《おおなかめぐみ》、作詞家・阪田寛夫のコンビが自作のミュージカルを上演するために二人の頭文字をとって作った組織で、「さっちゃん」のような童謡や、ラジオ・テレビでも幅広い活躍をしてきた二人による第一回公演は一九六五年一月十一日・十二日、草月会館ホールで行われた。音楽詩劇『イシキリ――私のキリスト』一幕とミュージカル『世界が滅びる』一幕の二本立てで、観世榮夫が演出した。

モッシ・カンパニー（一九七七年十月―一九八三年二月）

学生時代に梅田コマミュージカルチームに在籍し（当時の芸名は俊圭《しゅんけい》）、劇団四季の六期生（当時の芸名は高弘《たかひろし》）に在籍していたこともあるダンサー神ひろしと、西野バレエ団出身で歌手の金井克子と組んで活動していたフラッシャーズという四人の男性ダンサー・チームの一人だったかわらさきけんじによるグループ。記録に残る最初の公演は『男らしさ、愛について教えます』（一九七七年十月、俳協ホール）。神はその後一九八二年から九二年まで神ひろしミュージカルカンパニーを主宰する。

劇団スイセイ・ミュージカル（一九九五年七月――二〇一七年二月）

一九九五年七月『夢のタイムリミット』（東京芸術劇場、作：赤見有美子、演出：藤田修平）で、サンケイリビング新聞主催、ケント・ギルバート、岩崎良美、山内賢らが出演するプロデュース公演で七万人の観客を動員した。その後も『夢のタイムリミット』を重ねて再演（ただし翌九六年十月・サンシャイン劇場での公演は演出：山本勝美、九八年八月公演では作：高橋由美子、演出・振付：荒巻正になる）、九六年八月『プリマ・ドンナ』（演出：忠《ただ》の仁《じん》）など、話題作を作ってきたが、二〇一七年二月に経営不振のため自己破産することになった。

ミュージカル座（一九九六年十二月――現在）

一九九五年二月、舞台芸術学院ミュージカル部講師ハマナカトオルのもとに舞台芸術学院の卒業生たちが集まって開いた勉強会が母体となった。九六年十二月の旗揚げ公演『ひめゆり』（六行会ホール）は以降再演を重ね、代表作となっている。

などがあるが、これらについては活動期間が短い、活動開始時期が比較的最近である等の理由でこれ以上詳述しない。また、テレビ・ミュージカルも重要な創作ミュージカルの一部であるが、これについては第1章で短く触れるにとどめた。さらに上演団体・組織ではないが、博品館劇場とパルコ劇場も創作ミュージカルの制作者として大きな役割を果たしてきた。紙面の制約があり、この二つの劇場のウェブサイトで詳細な上演記録が閲覧できるようになっていることもあるので、省略することにした。これらはいずれ別の機会に詳述したい。

一　北野ステージ・ショウ

戦後創作ミュージカルの系譜を東宝からたどる場合、秦豊吉《はたとよきち》が制作・指揮した『モルガンお雪』（一九五一年二月）をはじめとする帝劇ミュージカルスから、間に『虞美人』（一九五一年八月、宝塚大劇場・星組、脚本・演出：白井鐵造《てつぞう》）、『源氏物語』（一九五二年一月、宝塚大劇場・花組、構成・演出：白井鐵造）、『ジャワの踊り子』（一九五二年十月、宝塚大劇場・雪組、作・演出：菊田一夫）などの宝塚のドラマ色濃い作品への言及を挟んで、一九五六年二月から東宝劇場で始まった菊田一夫による東宝ミュージカルへと至る道筋で説明するのが定番だろう。帝劇ミュージカルスや東宝ミュージカルについては第2章で扱ったので、ほぼ同時期の大阪における北野劇場の動きも見ておきたい。

一九三七年十二月、梅田に開場した約千五百人収容の北野劇場は、東京宝塚劇場などと同様、戦後間もなく占領軍に接収され将校用劇場として使われていたが、一九五二年六月に接収解除となり、同月に新装再開場した（翌月には同じく接収されていた京都宝塚劇場も接収解除・新装再開場）。一九五四年三月から「北野ステージ・ショウ」と銘打って、映画との二本立てではあるものの、「実演」すなわち舞台公演がされるようになる。

松岡功はこの北野ステージ・ショウについて、

映画に加えて一時間の実演がある。「北野ダンシングチーム」のラインダンス、コント、有名歌手のステージという構成だった。いわば東京の日劇の関西版だ[1]〔略〕

と証言しており、また北野劇場の舞台監督としてキャリアをスタートさせた放送作家の新野新《しんのしん》も「北野は日劇の大阪バージョンだった[2]」と書くが、いずれも活動後期の印象によるものだろう。松岡が東宝に入社したのは一九五七年四月、新野が五八年一月で、翌五九年一月には実演劇場としての北野劇場は閉場する（二月に洋画ロードショウ劇場として新装開場）。東宝映画の上映のほかはレヴューと人気歌手のショーを上演する方針にぶれのなかった同時代の日本劇場と違い、五年に満たない実演劇場としての北野劇場の短いけれども活発な活動の前半期においては、上演作品の方向性をめぐって試行錯誤が続けられ、その中で創作ミュージカルの可能性も追求された。

すでに一九五一年九月に東宝の取締役社長に復帰していた小林一三《いちぞう》は、モデルとして戦前の東宝国民劇を、接収解除直後には念頭においていたのかもしれない。白井鐵造に北野ステージ・ショウを任せようとしていたからである。東宝国民劇とは、秦豊吉のもとで白井が手がけた「男性加入の本格的なミュージカル運動[3]」で、第二回『木蘭従軍』（一九四一年七月、東京宝塚劇場、小夜福子、灰田勝彦主演）や第四回『桃太郎』（一九四三年三月、東京宝塚劇場、榎本健一、高峰秀子主演）はとりわけ高く評価された。北野ステージ・ショウ開始直前の一九五四年二月十三日付『小林一三日記』に、前年十一月からロンドン、ニューヨーク、パリと外遊に出かけて帰朝したばかりの白井鐵造を待って北野ステージ・ショウ第一回の打ち合わせをしたことが記されている[4]。もちろん、白井は『パリゼット』をはじめとする宝塚のレヴュー作品を多く手がけ「レヴューの王様」と呼ばれた人物であるから、北野劇場の出し物として、小林がミュージカルではなく、男女混合の出演者によるレヴューを考えていたとしても白井は呼ばれただろう。

いずれにせよ、白井は北野ステージ・ショウに関わることはなかった。開始直後の『小林一三日記』には、冗談音楽の開祖・三木鶏郎《とりろう》に編成を依頼するとの記述もあり、[5] また併映された『七人の侍』との組み合わせ上、という但し書きはつくものの、出演者が「全部日劇からの出向」であると聞いて「三時間以上の息づまる映画〔略〕の中に又日劇的の騒々しいショーはイケナイと思ふ。手軽に笑わせる短編ものが良い」[6] と慨嘆するなど、小林が宝塚や日劇の豪華で派手なレヴューとは異なる路線を探るようになっていた形跡がある。「結局どの幕が面白かつたと顧るとヌードのアクロバチツクが秀逸だ」[7]「北野のショーをみる。『大阪マンボ』終末がマヅイので失望した。ヌード一群の見せ場がないので可愛そうだと思つた」[8] のように、小林は女性ダンサーによるヌード・ショーにも期待をかけていたが、五三年十二月に南街ミュージック・ホールが、翌年七月にはＯＳミュージック・ホールが開場してヌード・ショーを上演するようになったこともあってか、こちらの路線も立ち消えになる。

最後まで残ったのは笑わせる軽いものだったが、これも貫き通すのは難しかったようだ。トニー谷が主演した『サイザンス・パリ』は「誠に面白いショーである。初日はトテモ下等で困つたといふ話で心配して居つたが、今日はそういふ下等の部分がカツトされていて一時間充分楽しめた」[9] が、ミスワカサが主演した『ワカサの猫化』については「ショーの怪談ものとして三週間続演という話であるが、どうも、面白くないので閉口した」[10]。ちなみにこの時期の『小林一三日記』において、一つ一つの公演について小林がここまで一喜一憂して見せることは他になく、いかに小林が北野ステージ・ショウに力を入れていたかをよく示している。

北野ステージ・ショウの路線を確定させていくのは、結局、内海重典と高木史朗という、白井に続く世代の宝塚歌劇団文芸部の演出家たちだった。たとえば、公演プログラムとして発行されていた『北野ニュース』第二八号（一九五五年一月）に内海は「去年の三月に誕生した北野ステージ・ショウも、どうやら目出度く二年目の春を迎える事の出来たことは、嬉しいことである。北野ショウにはヴァラエティに富んでいる処が、他のアトラクションと大いに違う処だと思う」[11]と書いている。

この頃すでに内海は宝塚本体の作・演出のほか、一九五〇年十一月に発足した宝塚新芸座道場の構成も担当していた。席数二百の宝塚第二劇場で上演する「少人数で、モダンな新しい寄席」[12]を意図して結成された宝塚新芸座道場は、宝塚歌劇団生徒、一九四五年十二月から募集していた男子研究生、そして当時は無名の新人だった夢路いとし・喜味こいし、秋田Aスケ・Bスケの漫才コンビらが参加して、彼らが言うところのヴァラエティやヴォードヴィルを上演していた。一年後の五一年十一月、宝塚新芸座と名前が改められ、宝塚映画劇場（旧・宝塚中劇場）に本拠地が移されたのち、五二年三月、ミュージカル・プレイ『トップ・バナナ』を上演する。これは「宝塚歌劇団戦後初の海外研修で（五一年十月から十一月にかけて）アメリカへ渡っていた内海重典のブロードウェイ土産」[13]だったが、漫才師たちを束ねていたプロデューサーの秋田実が反発、公演中に大量脱退騒ぎが起きた。この時は説得されて秋田以下は出戻る格好になるが、その後も宝塚新芸座は演目の方向性をめぐって迷走を続ける。だが、次第に漫才師を中心とするコメディが中心になり、一九五三年六月に片岡右衛門ら歌舞伎俳優が加入してからは、歌舞伎も上演されるようになった。

宝塚新芸座で自分のやりたい洋物のレヴューやミュージカルに力を入れることがもはやできなくなったから、内海は五四年三月から始まった北野ステージ・ショウに期待をかけたのだろう（ちなみに、五六年四月、秋田実と漫才師たちが最終的に退団した直後の七月公演で、内海はミュージカル・ファース『あべこべ・ろまんす』を上演している。内海の執念が窺えるかのように、この後宝塚新芸座でミュージカルの上演回数は増える）。内海が晩年に著した自伝『私が愛した宝塚歌劇——演出家として生きた六十年』では、北野ミュージカルはほとんど触れられていないので、本人の思惑は不明のままだ。だが一九五六年一月興行「新春スタア双六」（十二月三十一日〜一月七日）、「初笑い北野宝船」（一月八日〜十四日）など『北野ニュース』の以下のような記事を読むと、まだ四十歳の内海が北野ステージ・ショウに大きな夢を持っていたことがわかる。

先ず今年も宝塚歌劇の、大きな目的に進んでゆくのは、勿論であるけれど、一昨年から担当している北野ステージ・シヨウと、昨年誕生した南街ミユージツクも、今年こそは、大阪の名物として、毎週、毎月見ずにはおられないという、皆さんのシヨウとして、存在する様にしなくてはいけないと思つている。それには、もっと関西の芸能人が、この二つの舞台から生れて来ないといけない[14]〔略〕

同じ『北野ニュース』第五九・六〇合併号に高木史朗も寄稿している。高木は内海と同い年の一九一五年に生まれているが、代表作とされるレヴュー『華麗なる千拍子』（一九六〇年八月、宝塚大劇場・星組）をまだ発表していない頃である。ただし、五一年六月に高木が発表した『河童まつり』（宝塚大劇場・花組）について、小林一三は条件付きながら「私の理想である国民劇」の可能性を見て激賞している。高木は白井鐵三の評伝『レヴューの王様』の中で小林の国民劇構想について説明する際にこのエピソードを引き、小林の国民劇とは「結局日本の創作ミュジカル」[15]だと定義しておいてから、自身のミュージカル作品『虹のオルゴール工場』（一九六三年七月、宝塚大劇場・花組）や『星の牧場』（一九七一年一月、宝塚大劇場・星組）などを紹介するが、北野ステージ・ショウには一言も触れていない。だが以下を読むと、高木も内海と同様、当時は北野ステージ・ショウに創作ミュージカルの可能性を見ていたことがわかる。

今年は北野ステージ・シヨウ初まつて、三年目である。石の上にも三年と云う。一応、北野ステージ・シヨウも大阪の皆様にもなじみを得て一つの名物になり得たと思われるのです。三年目の今年には、それをはつ

図①　公演プログラムとして配布されていた『北野ニュース』第28・29合同号（1955年1月／成蹊大学図書館蔵）の表紙。「北野劇場」「東宝映画と実演」「KITANO」のネオンサインが夜の闇に浮かび上がる都会風のセンスは、北野ステージ・ショウの特徴をよく表している

きり、もう一度まとめて大きな方針を示すべき年だと思えるのです。〔略〕ジヤズ・シヨウ、ミユジカル・プレイ、日本もの、シヨウ等に様々な試みが次々となされた。北野ステージ・シヨウは新しいだけに、他の劇場では見られない新しい試みがなされるわけで、そこに吾々の興味と魅力があるわけである。

〔略〕

今年は、もつとまとまつたミユジカルスを試みたい、と私は思つています。

ミユジカルスがこれからの日本の新しい大衆演劇になろうとしている時、吾々はこの北野劇場から、その新しい日本のミユジカルスの種子を育てゝ行きたい。それが今年の希望の一つ。

シヨウのものでは、もつとロングを打てる立派なものを今年はやつて行きたい。いつも一週間か二週間のシヨウでは種々な点に於て無理があり、まとまつたものにならない。これを責《〔ママ〕》めて三、四週間のものを最初から計画してやつてみたい。それが今年の希望の二つ。

新しいコメデイアン・ヴオードヴイリアンを育てゝ行きたい。

他の劇場では出来ない事、北野劇場から、次の日本のヴオードヴイリアンが生れて行く、と云う様な若い人達のメツカにしたい。フランキー堺や宮城まり子や川上のぼるや、次々とこのステージで新しい試みの中に大きくなれた様に、もつと種々の人材がこゝから生まれ育つて行く様にしたい、これが私の第三の希望。(16)

ただし、ここで高木が記しているように、北野ステージ・ショウは最後まで一週間か二週間で次の演目に切り替えるという前提で作られており、粗製濫造の誹りを免れないものだった。したがって実際に北野ステージ・ショウで高木が希望するような「まとまつたミユジカルス」が五六年一月以降にできたかどうかは疑わしい。入手できるプログラムが現在限られており、劇評なども皆無だが、多くは歌がメインで、芝居はほんのさわり程度のものだったろう。

そのような歌中心の「ミュージカル」の例として、一九五五年一月二十一日―三十一日に上演された北野ステージ・ショウ第三十回『フランキー・笠置のドラム・ブギ』（作・演出：高木史朗）を、『北野ニュース』第三〇号（一九五五年一月）に掲載されている全十二景の梗概をそのまま引用することで紹介しよう。出演者を補うほかは、表記などもそのままである。

第一景　東京の屋根の下
東京の盛り場の夜景　群衆の男女によるモダンバレー　サンドイッチマンのフラさん〔フランキー堺〕出て「東京の屋根の下」を唄うレイさん〔大久保怜〕出て紙芝居の道具を持って唄う
第二景　車輛住宅
ボロ車輛を住宅にしたフラさんの仲間達の住居その前で箒を持ったテラさん〔寺島正〕が踊り乍ら掃除をしている終りに車輛の窓が開いてフラさんレイさんが顔を出す「陽気な仲間」を唄い踊る。マサキ〔真咲美岐・宝塚歌劇団〕がフランキーを尋ねて　五万円　をもらひに来る
第三景　カーテン前
両手にアレイを持った少女のラインダンス

第四景　選手控室
レイさんがフラさんの身体をマッサージしてゐる。ロイ〔ロイ・H・ジェイムス〕が相手の男〔全日本プロレスリング協会所属のレスラーである、山口利夫や清美川が特別出演として日数限定で出演〕を連れて来てフラさんに紹介する　男準備運動をはじめるフラさんたじたじで逃げようとする
第五景　リング
ロイ・ジェームスの両選手紹介試合開始、リング上を逃げまわるフラさん
第六景　カーテン前
おしづ〔笠置《かさぎ》シヅ子〕出て唄う。歌の終りにマサキ登場　おしづ大変うれし相
第七景　公園のベンチ
フラさんが身体中にバンソコウーやホータイをまいてレイさんと二人でしょんぼり公園のベンチに坐ってゐる
第八景　ドラム　ブギー
二人の幻想　ドラムブギによるフランキーのドラムとテラさんによるモダンバレー
第九景　元の公園のベンチ
二人しょんぼり坐ってゐる。五万円を貰ひにおしづマサキ登場　世文〔ヤシロ・セブン〕から五万円貰うフラさん五万円をおしづに渡すフラさん警官に五万円行方を追求される
第十景　ブギ女王誕生（A）
第十景　唄うブギの女王（B）
笠置が多勢の男女の踊子に囲まれて笠置の似顔と共に階段せり上がって来る。

ブギの女王　ブギメドレーを歌ふ一同の踊り
第十一景　フラさんは何処に
テラさんとレイさん登場
第十二景　楽屋の外
ポスターがはってある車屋口に多勢の人がたかってゐる。ボロボロの服装をしたフラさんが一人ポスターに見入ってゐる車屋口からおしづ出て来る新聞記者がおしづを取り巻いて写真をうつしいろいろと質問する。
フラさん淋しく出て歌ふ「東京の屋根の下」[17]

幕や場ではなく、景を単位に梗概を記しているところはレヴューを思い起こさせるが、『北野ニュース』にはこの作品の「テーマソング」として「買物ブギー」「東京ブギウギ」「ドラム・ブギー」「東京の屋根の下」「甘い言葉の」の五曲が歌詞とともに挙げられているし、梗概を読むだけでも、物語と歌との繋がりが当時の日劇のレヴューなどよりはずっとあったことがわかる。テーマソングのうち「買物ブギー」（一九四七年九月）、「東京ブギウギ」（一九五〇年六月）は言わずとしれた笠置シヅ子のヒット作で、いずれも服部良一の作曲である（「買物ブギー」は作詞も服部。ただし名義は村雨まさを）。「東京の屋根の下」（一九四八年十二月）も佐伯孝夫が作詞し、服部良一が作曲した灰田勝彦のヒット曲。[18]「ドラム・ブギー」はジーン・クルーパー楽団が一九四一年一月に吹き込んだヒット曲で、一九五二年四月にジーン・クルーパーがトリオで初来日したこともあって、同年五月にビクター・レコードから発売された同名のシングルが日本でもヒットし、またジョージ川口ら日本のドラマーたちも演奏した。一九五四年、シティ・スリッカーズというコミックバンドを結成し、ドラマーとして芸能界にデビューしたフランキー堺が演奏するのにうってつけの曲だったのだろう。「甘い言葉の」は不明である。

舞台、ラジオそして映画を通じてヒットした歌謡曲と人気歌手を擁して「ミュージカル」を作るという手法は、一九五〇年代中葉のテレビ放送において数多く放映された音楽番組でしばしばとられていたものだ。たとえば『フランキー・笠置のドラム・ブギ』のほぼ半年前、一九五四年六月十三日午後七時半から八時まで、NHK総合テレビで放送されたミュージカル・ショー『笠置シズ子ヒットメロデイ・ショー』では、笠置にくわえて服部良一や、彼がプロデューサーをつとめた服部リズム・シスターズなどが出演している。内海や高木がこうしたテレビの音楽番組に参加したという記録は残されていないが、当時の新しいメディアであったテレビ放送の実験的試みと方向性を同じくしていたことは想像に難くない。

北野ステージ・ショウが、当時大きくなりつつあったテレビの影響力を意識していたふしは他にもある。『北野ニュース』第七三号（一九五六年六月）によれば、六月二十日から三十日は「新しく誕生北野ミュージカル第一回」として『宮城まり子のてんてん娘』を上演することが予告されている。これはラジオ東京（現在のTBS）が制作し、同年四月二日から翌五七年六月二十四日にかけて毎週月曜日八時半から九時に放映された、宮城主演のテレビドラマ『てんてん娘』の人気にあやかったものだろう。出演者は宮城のほか、旗照夫や、ジョージ川口とビッグ・フォーのようなジャズ・ミュージシャン、そして佐々十郎、寺島正、立原博（OSM）のような喜劇俳優だった。

ただし、この「北野ミュージカル」が第二回以降も続いた形跡はない。むしろテレビ放送の「ミュージカル・ショウ」と同様に、芝居の部分は縮小されていき、歌番組のようなものに変わっていったことが窺われる。五六年六月二十九日から七月五日に上演された、第七十五回北野ステージ・ショウ『ミュージカル　コメデイ　マンボ・ハワイ』を見てみよう。戦前の歌って踊れるコメディアンの代表格だった古川ロッパが上置きで、戦後の第一次ジャズブームを牽引した一人である歌手の武井義明と星野美代子（この時はみよ子名義）、そしてヨーデル歌手のウィリー沖山が主演級のようだ。それに「マンボキング」と称されている浜口庫之助とアフロクバーノ、ハワイアンフラとしてドロシー三田村、トニー植村とアロハボーイズと、歌手やバンドの名前が続く。その後に、寺島正と佐々十郎の名前が挙げられている。専属の北野ダンシングチームと北野シアターオーケストラはこの時も出演している。『フランキー・笠置のドラム・ブギ』と同様、芝居の部分はあったのだろうが、それよりも歌を聴かせることに眼目が置かれているようだ。冒頭で紹介した、「日劇の関西版」「大阪バージョン」という松岡功や新野新の証言は、こうした傾向が強くなっていったからだろう。

二　作曲家いずみたくによるミュージカル

野坂昭如と組んでCMソングでヒットを飛ばしていた作曲家いずみたく（一九三〇—一九九二）が初めてミュージカルを手がけたのは一九六〇年七月、大阪労音の制作による『見上げてごらん夜の星を』（大阪フェスティバルホール、作・演出：永六輔、振付：竹部薫、美術：やなせたかし）である。「本当はオペレッタをやりたかった」いずみは、大阪労音のプロデューサーだった浅野翼《つばさ》と知り合いだった永六輔に誘われた。当時のことを振り返って、音楽評論家の安倍寧《やすし》と永は以下のように説明する。「（安倍）浅野は大阪を拠点に新しい芸術運動をやりたいと思ったけど、永さんを含めて、やっぱり新しい芸術家は東京にいるわけですよね。だからめぼしいクリエーターに目をつけて、大阪へ連れて来ようという意図があった」。「（永）当時大阪で一番ゴージャスな〔大阪グランド〕ホテルに、我々学生もどきが何ヶ月も〔泊まって作品作りをした〕（笑）。これにはまずびっくりしました。これだけのつきあいは東京労音にはできませんよ。いかに浅野翼というプロデューサーが凄腕だったか、今になると本当によくわかる」(19)。以降、いずみはCM、映画、テレビ、ラジオなど、六十二歳でなくなるまで一万五千曲余りの楽曲を手がけながら、その利益をつぎ込んで創作ミュージカルを作り続け、その数は百二十作近くになる（なお、共産党の文化工作隊に参加していたことなど、いずみが作曲家として名をなす以前の前半生については、いくつか他に参考文献があるので省略する）。

一九六三年六月十八日から二十日にかけてわずか三日間であるが、『見上げてごらん夜の星を』はいずみたくミュージックオフィスによる再演がされた。翌年二月一日から二十六日にかけては梅田コマ劇場でも再演された。もっともこのときは梅田コマ・ミュージカルとして菊田一夫の『万事ＯＫ』と併演である。出演は坂本九のほか、九重佑三子、ジェリー藤尾、渡辺トモ子、パラダイスキングだった。

『見上げてごらん夜の星を』の次にいずみが手がけたのは、やはり大阪労音の制作による一九六〇年十一月『泥の中のルビイ』だった。原作は合衆国の劇作家マクスウェル・アンダーソンがサッコ＝ヴァンゼッティ事件を下敷きにして書いた詩劇『ウィンターセット』（一九三五年九月）で、一九三七年三月に創作座による日本初演がなされていた。これを新派や新国劇に書くことの多かった八木柊一郎《しゅういちろう》が横浜港岸壁の倉庫街を舞台にして翻案し、「川底の泥に埋まった船の中に住んでいる少女岩田美代（ルビイ）を中心に、間違った裁判のために無実の罪を着せられた死刑囚の遺児広岡光とのロマンスや、ギャングの金丸親分との戦いを織りまぜて描い」た脚本に、岩谷時子が作詞し、松浦竹夫が演出した。大阪フェスティバルホールで二十五日間公演を行い、「七万人の観衆を集め、昨年度大阪府民芸術祭大賞を受賞した」[20]。

翌六一年七月に早速再演がなされる。東京・大手町のサンケイホールで、いずみたくミュージックオフィスの制作によるもの。いずみによる最初の自主公演といっていいだろう（なお、有限会社いずみたくミュージックオフィスの設立はこの後、六二年五月となる）。「大阪公演では主演のまり子が三十七時間ぶっつづけで歌と音楽を吹き込んだテープを使ったが、東京公演では採算を度外視して、十二人の弦楽器をはじめ四十人近いオーケストラで生演奏し、作曲のいずみ・たくが自ら指揮棒をにぎる」「大阪公演では助演陣には劇団青年座が大挙出演したが、今度は各方面から多彩な顔ぶれを集めている」「広岡光にはまり子の希望でミッキー・カーチスが起用」「金丸親〔分〕には大阪と同じく市村俊幸、その子分には舞芸座の森三平、東京新喜劇の左とん平、織田功三」。初演に引き続き演出を担当する松浦は「日本には本格的ミュージカル・ドラマが育たないと頭からきめてしまわず、ともかくぶつかってみることが必要だ」「出演者もバラエティーにとんでおりミュージカル運動に新劇人が参加することも大変な意義があると思う」[21]と語っている。好評だったせいか、同年十一月には同じサンケイホールで再演。主演・宮城と演出・松浦のコンビで七三年九月にも再演された（松浦企画、東横劇場）ほか、六三年十一月には児童劇団の劇団若草による公演も行われた。

六一年六月、『泥の中のルビイ』再演の一ヶ月前には、いずみの第三作目のミュージカルとなる『灯台の灯のように』をやはり大阪労音制作で上演。大阪フェスティバルホールで、『見上げてごらん夜の星を』に続き永六輔が作・演出を担当した。第四作は六二年三月十九日、NHK総合テレビで放送されたテレビ・ミュージカル『霧淡く』。これは視聴者から脚本を募集したもので、近松万紗子による佳作第一席だった。ジェリー伊藤、金井克子、長谷川明男らが出演した。第五作は六二年九月『われらの同居人たち』（都市センターホール）。これは青年座によるいわゆる新劇ミュージカルで、小説家の椎名麟三が脚本を書いた[22]。第六作は一九六三年一月、木馬座によるぬいぐるみ人形劇ミュージカル『ピノキオ』（読売ホール）で、藤城清治が美術・演出を担当した。第七作は大阪労音制作の『明日がわたしを待っている』（大阪フェスティバルホール）で、脚本を岡田教和が、演出を観世榮夫が担当した。第八作はこのあと触れる朱里みさをが主宰した赤坂ミュージカルに書き下ろした小劇場ミュージカル『男性専科』（六四年二月）。最初に手がけてからわずか三年半あまりで、いずみは八本のミュージカルを作曲し、しかも労音ミュージカル、商業ミュージカル、テレビ・ミュージカル、新劇ミュージカル、人形劇ミュージカル、小劇場ミュージカルとさまざまなタイプのものを書き分けたことになる。

第九作は同じく六四年四月、新宿コマ劇場「恒例　喜劇人まつり」三本立ての一本として松木ひろしが作・演出した『気まぐれ夜間飛行』、翌五月には作曲を手がけた三本の作品が上演される。まず第十作として、永六輔作・演出『アダムとイヴのように』を新宿コマ劇場で、コマ・ミュージカルとして内藤法美《つねみ》作曲、八木柊一郎と伊奈洸《あきら》（のちの福田陽一郎）による脚本・作詞『飛び出せ！　未亡人』との二本立てだった。第十一作は大阪労音制作の『エンジンは快調です』。作を高垣葵が、演出を竹内敏晴が担当した。第十二作は、日生名作劇場・子供のためのミュージカル・プレイ第一作として、『はだかの王様』（作：寺山修司、構成・演出：浅利慶太）[23]。

百二十本近くをこの調子で紹介していたら紙面が尽きてしまう。これまでさまざまな人と組み、さまざまなタイプのミュージカルを作曲してきたいずみも、これ以上は決まった相手と組むことが多くなっていく。以下、代表的な作品だけを取り上げる。それまで自主公演はいずみたくミュージックオフィス名義で行なっていたが、六三年十二月、オールスタッフ・プロダクションを設立。その制作による最初の作品は六五年七月『夜明けのうた』で、松木ひろしが書き下ろし、松浦竹夫が演出し、アートシアター新宿文化で上演された。アートシアター新宿文化は、当時アングラ文化のムーブメント発信地となった映画館で、映画終了後の午後九時半から前衛的な演劇作品を選んで上演していた。一九六三年六月、エドワード・オールビー『動物園物語』がその最初で、以降サミュエル・ベケット『芝居』（六四年五月）、ハロルド・ピンター『ダム・ウェイター』（六四年七月）、三島由紀夫『近代能楽集』から「班女」「弱法師」（六五年五月）などが上演されていたが、ミュージカルは初めてだった。「客席二階には、二十数人の混声合唱団が並び、小編成のオーケストラと一緒に「夜明けのうた」を、ある時は力強く、ある時は悲しく演奏した[24]」。

このオールスタッフによる小劇場ミュージカルの試みは、翌六六年四月に、今度は紀伊國屋ホールで第一部

『ばらえてぃ　どこにあるんだろうにほんのうた』、第二部『結末のない童話』として結実する。第一部の作・構成・演出を担当する永六輔、キャストの男性四人組のボーカル・グループ、デューク・エイセス、そしていずみは、六五年六月から東芝レコードより「にほんのうた」シリーズを発表していた。第一部のバラエティ・ショーは、「新しいフォーク・ソングを作るため、日本全国四十六都道府県の旅に出かけ」「約三年間の制作期間に五十曲余りをつくって、全曲をＬＰにおさめる」(25)企画の一環だった。第二部『結末のない童話』は作・八木柊一郎、演出・松浦竹夫、振付：関矢幸雄で、尾藤イサオや天地総子《ふさこ》、小松方正《ほうせい》らが出演したほか、水田外史《がいし》率いるガイ氏即興人形劇場も加わっている。

一九七〇年六月にオールスタッフ・プロダクションは劇団四季と提携してロック・イン・ミュージカル『さよならＴＹＯ！』（作：阪田寛夫、演出：浅利慶太）を日生劇場で上演する。前述のようにいずみは劇団四季による「こどものためのミュージカル・プレイ」に楽曲を提供しており、これは一九六四年五月から始まった日生名作劇場シリーズだけでなく、富士急ハイランドに新たに作られた二千二百五十人収容の富士急ハイランドホールで上演する富士急名作劇場（一九六九年五月・七月に『白鳥の王子』、七一年八月『どうぶつ会議』）や、全国を巡演した母と子のヤクルト名作劇場（第一回『うかれバイオリン』一九七〇年四月、第二回『ピーターパン』一九七一年五月）にも及んでいた。浅利の姉・陽子と舞台芸術学院第一期生として同期だったこともあって、一時いずみは劇団四季の演出部にも名を連ねており、一九七八年に刊行された『聞き書き《四季》の25年　劇団四季創立25周年記念』でもそれを確認することはできるが、同じ年に西友ファミリー・ミュージカルとしてオールスタッフ・プロダクションが『ファーブルの昆虫記』を上演することをめぐって、劇団四季が受注するものだと思っていた浅利と揉めることになった(26)。結果、過去の作品を上演することは許諾するものの、一九七六年六月初演の日生名作劇場第十三回『冒険者たち―ガンバとその仲間―』を最後に、楽曲提供をやめてしまう。

したがって『さよならＴＹＯ！』は、劇団四季の劇団員が出演した、いずみたく作曲の唯一の大人のためのミュージカルということになる。「東京の夜ふけの地下鉄。地震のためにとざされた状況の中におかれた十四人の男女の心情と行動をテーマにしたミュージカル」「自分に忠実に、残された時間を生きようとする人々は、次第に虚飾のベールをかなぐり捨て、自分の〝言葉〟で話しはじめる」[27]という作品内容は、前年十二月、渋谷・東横劇場で上演された日本版『ヘアー』からの影響をうかがわせる。作品の企画にも関わった安倍寧が「〔ヒッピーになる松橋登〕をはじめ、劇団四季の出演者たちが、歌といい踊りといい、実によく訓練されている」[28]と書く一方、「肝心のお話の中身はそっけないし〔略〕振付けも案外なくらい独創性に乏しい。もっともそれ以上に気になったのは〔ピンキーと佐良《さがら》直美という〕流行歌手たちの演技力」[29]と評価が分かれた本作品は、劇団制のもと所属俳優を厳しく訓練してきた劇団四季と、専属歌手のマネジメント業務に多くの時間を割かれるオールスタッフ・プロダクションの明暗がはっきり出たものだったのかもしれない。いずれにせよ、劇団四季が子供向けをうたわなかった創作ミュージカルを次に上演するのは一九九一年一月『ミュージカル李香蘭』（青山劇場）になった。

落語『死神』を原作に、藤田敏雄が作・演出を担当し、西村晃《こう》が主演、大阪労音が制作した『死神』は、何度も再演を重ねていずみの代表作となった。一九七二年五月、大阪厚生年金中ホールを皮切りに、その年だけで四十八会場で五万三千人を集め、翌年三月・四月も全国五十ステージ公演。その後、いずみ、藤田、西村は同じ一月生まれということで意気投合して睦月の会を結成、旗揚げ公演として一九七四年二月『おれたちは天使じゃない』を西武劇場で上演する。ハンフリー・ボガート主演の同名映画（日本公開は一九五五年七月）がもっとも有名だが、原作はフランスの劇作家アルベール・ユッソンによる戯曲で、これを矢代静一と山川啓介がミュージカルにした。七九年三月にアトリエフォンテーヌでいずみたくフォーリーズ第五回公演として再演、さらに八〇年二月に紀伊國屋ホールでも上演され、初演時の有島一郎が参加した。以降の全国巡演にも有島は付き合い、「どうしても銀座で最後の舞台を飾りたい[30]」という本人の希望で、八一年十二月博品館劇場でも上演する。三人称で記される有島の自伝には、「根っからミュージカルの好きな若い人達との三年間の旅公演は、彼にとって今でも忘れることのできない楽しい公演の一つである。彼はますますミュージカルが好きになっていった[31]」と書かれている。

アトリエフォンテーヌやいずみたくフォーリーズの名前が先に出てしまったが、一九七五年に歌、演技、踊りの基礎から教える学校、いずみたくミュージック・アカデミーを作ったいずみは、翌七六年一月に、六本木の自社ビル、フォンテーヌビルの地下に約百十席の小劇場アトリエフォンテーヌのこけら落としとして、黒柳徹子と二期会会員の島田祐子主演による即興音楽劇『二重唱』を上演。企画・演出は藤田俊雄、作：神吉拓郎、山川啓介で、音楽はもちろんいずみである。七ヶ月のロングランを記録し、劇中歌はテレビ朝日『徹子の部屋』のテーマ曲となった。一九七七年五月には、ミュージカル劇団いずみたくフォーリーズを発足させる。劇団フォーリーズ、さらにいずみの没後にミュージカルカンパニー　イッツ・フォーリーズと改名、現在まで存続している。

一九八〇年十一月にアトリエフォンテーヌで初演、翌八一年八月に紀伊國屋ホールで再演された『洪水の前』も好評だった。ジョン・カンダー&フレッド・エッブのミュージカル『キャバレー』（一九六六年十一月）の原作、ジョン・ヴァン・ドゥルーテンの戯曲『私はカメラ』を翻案し、昭和戦前期の大連に置き換えたもので、脚本は藤田敏雄、矢代静一、演出は藤田。昭和五十七年度（第三十二回）芸術祭大衆芸能優秀賞を「ミュージカル『洪水の前』の企画・制作に対し」受賞。再演のときの『朝日新聞』の劇評を引用しよう。

昭和六年、大連が舞台である。ダンスホールの歌手（秋川リサ）、下宿のおかみ（北村昌子）、作家の卵（池田鴻）、日本人をかたる満人（笹野高史）、富豪の中国娘（花条まりと弘中くみ子の交代）が、刻々と軍国化する時代に、流され、つぶされ、そして抵抗する。

主演財津一郎は、ホールの多芸な司会者、戦死したコサック大尉、右翼の黒幕、気のきかない弁護士、憲兵将校の五役。これが良くなった。〔八〇年十一月の〕試演でも五役をおもしろくこなしてはいたが、あくの強い個性がまだ目についた。今回は財津の個人的魅力を失わず、いやみにとられる部分をほとんど消去している。この作業は自己との相当な葛藤を伴ったことが推察される。とかく崩れがちな地方公演を間にはさんでの精進だけに立派だ。

秋川もせりふ、歌、動きが総体的に進化した。主題曲「顔を見ないで」に心が通い、今や有力なミュージカル女優に数えられる。ただ、ナチスの制服で女形の財津をムチ打つ場は、試演ほどサディスティックな狂気が迫ってこない。劇場の広さによるものだろうか。演出上、一工夫ほしいところだ[32]。

一九八五年四月には『歌麿』を上演する。これはもともと七二年五月に菊田一夫が脚本を書き帝国劇場で上演した作品にいずみが楽曲をつけたものだったが、台本が未完成で失敗作と言われた。菊田一夫と共同演出名義だった中村哮夫《たかお》によれば「日本でいちばんの売り物である浮世絵という題材をバックに世界に打って出ようとした」意欲作のわりには、いずみの作曲も遅れ、「本がとても長くて、だいぶカットしたけど、それでもすごい長さだった。また、カットしていくうちに中身もぐらついてき[33]」た。これを藤田敏雄が引き取り、再演を重ね、八八年二月二日のロサンゼルスを皮切りに〔図②〕、ワシントンなど米国六都市で十六回公演を行って、菊田一夫が叶えられなかった夢を実現した。このときの公演費用は約一億円で、そのうち七千万円はアメリカ企業の援助だ

図②　『歌麿』（作曲・制作：いずみたく、作・演出：藤田敏雄、1988年2月、ロサンゼルス・the Japan America Theatre、提供：オールスタッフ、撮影：安念勉）

が、三千五百万円ぐらいの赤字が出た(34)。いずみはこれまでも「新劇の舞台の四倍はかかってしまう」ミュージカルの上演のためにヒットメーカーとして稼いだ印税を全てつぎ込む、ということをしていた(35)。

一九九二年五月、いずみは六十二歳の若さで肝不全で亡くなる。遺作となったのは、翌六月に初演された古川こども劇場主催公演『それいけアンパンマン――アンパンマンと勇気の花』（演出：坂上道之助、宮城県大崎市民会館）で、『見上げてごらん夜の星を』の美術を担当したやなせたかしの漫画『怪傑アンパンマン』を一九七六年七月にいずみが子供向けミュージカルにして（このとき『アンパンマン』おなじみの悪役ばいきんまんが誕生した）以来、いずみは『アンパンマン』シリーズのミュージカル化を何作か手がけていた。

三　赤坂ミュージカル

舞踊家・振付家の朱里《しゅり》みさを（一九二四―一九九三）が主宰した赤坂ミュージカルは、一九六四年に第十九回（昭和三十九年度）芸術祭奨励賞を受賞しているにもかかわらず、また一九六三年十二月の第一回公演から六九年十月の第八回公演までは活動を続けていたにもかかわらず、その活動を記した文献は新聞記事をのぞけばほとんどない。朱里は当時あちこちのテレビの歌謡番組で振付を行い、また宝塚歌劇団のために兵庫県宝塚市まで振付を教えに行っており多忙だったため、「私の主張を世の中にアッピールするためには、どうしても「赤坂ミユージカル」が必要」[36]だと気持ちでは思っていても、現実には公演日数も数日間のみ、後半になるにしたがって公演間隔も空いてしまい、世間では片手間仕事だと思われていたからかもしれない。

二冊の自伝『裸の足』『人生はザ・オーディション』によれば、朱里は本名を田辺藤枝といい、七歳で父を失った後、生家の借金の礼として九歳で年季奉公に出された。その後上京した叔父の家の隣が橘秋子バレエ研究所で、橘の内弟子となり橘晴美を名乗る。だが、いびりに耐えかねて師のもとを飛び出し、一九四〇年浅草・オペラ座で初仕事。同年花月劇場に出た際、芸名を朱里みさをに改める。朱里の名が一躍世間に知られるようになったのは一九四八年六月、ヌード・ショーの朱里みさをとパルナス・ショウの振付師としてで、真木小太郎の勧めにより焼け残った浅草・公園劇場で開始したのち、大都劇場から日本劇場小劇場まで様々な劇場で上演された。朱里も出演したが、自身は脱がなかった。

その後一九五七年十一月から、当時ラスベガス一の威容を誇ったホテル、デザート・イン内にあるナイト・クラブ、ペインテッド・デザート・ルームでトム・ボール演出による「ゲイシャ・ファンタジー」に朱里みさをとカブキ・ガールズとして出演[37]、翌年CBSテレビの第四百九十九回『エド・サリヴァン・ショー』でも紹介される。その後『ディーン・マーティン・ショー』や、ラジオの『カーメン・キャバレロ・ショー』にも出演したというが詳細は不明だった。

合衆国から一時帰国したのだろうか、五八年十月、日本劇場の『秋のおどり』を県《あがた》洋二、平野宏果《こうか》、八木沼陸郎《りくろう》らとともに振り付けするという記録が残っている。[38] 朱里が振り付けた『都会のジャングル』は、『ウェスト・サイド・ストーリー』のジェローム・ロビンズの振り付けをコピーしたものだったことを評論家の安倍寧は証言している。[39] 五九年五月、帰国直後にも日本劇場で『レインボー・カクテル』を県洋二と共同で振り付け、六一年以降は宝塚歌劇団の舞踊指導・振付を担当するようになる。一九六〇年十月よりNET系列で放送された『ピアス・ナイン・ショー』や、六一年一月より放送開始されたフジテレビ『マイ・マイ・ショー』での振付を任されるようになった頃の朱里は、芸能界で振付家としての人生を選択することもできたはずだ。けれども朱里の野心はもっと大きかったようだ。

最終的には、制作者側の意図もあったりして、自分の思うことができない。そこで私が考えだしたのが「赤坂ミュージカル」であった。

歌って、踊って演技もやらなければならないミュージカル、これこそ総合芸術であろう。自分で思ったとおりにやらなければならないから、スポンサーの必要性はなかった。私の道楽というには、お金がかかり過ぎる――。

がしかし、私の主張を世の中にアッピールするためには、どうしても「赤坂ミュージカル」が必要であった。[40]

原田信夫とファイブ・キャラクターズは、一九六一年十二月に結成された「歌って踊る日本初のグループ」で、「メンバーは原田の他にNDTをやめた山口滋、原田健〔原健の誤り〕、新宿コマ・ダンシングチームにいた塁サ

図③　第2回赤坂ミュージカル『ジィス・イズ・ショウ　その2』『男子専科』公演プログラム

トル、ホリデイ・イン・ジャパンに参加した西村篤巳〔賀津也〕、クラシック・バレーの堀湧の六人」[41]だった。

六三年十二月に赤坂ミュージカルは第一回公演『吼えろ！　野郎ども』を上演しているが、「モリエールの〝守銭奴〟のパロディ[42]」という以外、詳細は不明である。第二回公演は公演チラシによれば、翌六四年二月ナイトクラブのゴールデン赤坂で行われ、第一部『ジィス・イズ・ショウ　その2　6人のカッコいい野郎どもの合言葉〝TOKYO　ITE　トウキョウ・アイト〟』、第二部『男子専科　さようなら——をあなたは上手にいえますか』という二部構成になっている〔図③〕。出演は原田信夫とファイブ・キャラクターズで、原健、西条公彦、平野弘、西村賀津也、織田功三の名前が挙げられており、メンバーが入れ替わっているのがわかる。ゲストは芳村真理と牟田悌三、朱里みさをダンサーズとブルーボーカルズ。脚本：岡田教和《のりかず》、演出：砂田実、音楽：いずみ・たく、ぺぺ・メルト、小野崎孝輔、振付：朱里みさを、西条公彦、シュニー・パルミサーノ。「ステージと客席に白々しさがある大劇場主義を否定しプレイヤーと観客に充実した密着感を可能たらしめる新しいミュージカルの場にナイト・クラブの空間を」と公演チラシにあるように、赤坂ミュージカルは小劇場ミュージカルの嚆矢でもあった。

赤坂ミュージカルがはじめて新聞記事に登場するのは六四年七月、第二回に引き続きゴールデン赤坂で行った第三回公演で、第一部は原田信夫とファイブ・キャラクターズほかによる『ジス・イズ・ザ・ショー』〔第二回と表記が異なるが、それが新聞記事の誤りかどうかはわからない）、第二部は創作ミュージカル『幽霊の靴』（作：宮田達男、演出：伊藤昭、音楽：宮内国郎）、中川弘子、田中志幸がゲスト出演することが報じられている。(43) 第一部『ジス・イズ・ザ・ショー』は毎回上演されるレヴューのようなものだったのだろう。

ただし、『東京新聞』の伊藤寿二の劇評によると、予定していた中川弘子の代わりに草笛光子の妹で当時俳優小劇場に所属していた富田恵子が出演したようだ。以下、全文を引用する。

三度目の正直というが、ナイトクラブのゴールデン赤坂を借りて朱里みさをがプロデュースする原田信夫とファイブ・キャラクターズの創作ミュージカル実験劇場も、第三回公演でやっと軌道に乗っている。

第一回は、出演者にむりな演技力を強要して学芸会じみたし、第二回はゲストの芳村真理と牟田悌三に頼りすぎてファイブ・キャラクターズを軽視していたが、こんどの『幽霊の靴』は、ミュージカル公演のけいこ場を舞台にして、今までの作品の中ではいちばん無難だし、レギュラーの出演者たちをうまく生かしている。

筋は、ダンスのうまい男性の出演者の一人が交通事故で急死し、代役を買って出たセールスマンが、死んだ男の幽霊から借りたクツをはくと急にダンスが上手くなり、みごとに代役をやってのけるという話。

宮田達男の脚本はソツがない。ただし、鏡台前のA子のくだりで興行師が色じかけで口説くのがくどく、せっかくのスムーズな流れを中断していたのが惜しい。

宮内国郎の作・編曲も朱里の振り付けも脚本にマッチし、伊藤昭の細かく神経のゆきとどいた演出に助けられてファイブ・キャラクターズの芝居はむりがない。原田のセールスマンが、彼の大阪弁や喜劇味を生かされて好演。

ゲストの女優が事故続出で、急に代わった富田恵子だが、歌唱もダンスも一応こなし、ミュージカル・タレントとして有望。小品だが、好感の持てるスモール・ミュージカルだ。(44)（伊）

続く第四回は同年十月で、『幽霊の靴』の再演と『野盗』の二本立てで第十九回（昭和三十九年度）芸術祭に参加し、奨励賞を受賞した。(45) 第五回は翌六五年五月で、『幽霊の靴』と『マイ・シャイニング・アワー』(46) を都市センターホールで上演した。

第六回赤坂ミュージカルは『ユキとアキ坊』（作：宮田達男、伊藤昭、音楽：宮内国郎、振付：朱里みさを、出演：原田信夫とファイブ・キャラクターズ、朱里みさをダンサーズ、雪村いづみ、久松保夫、大塚周夫）で、一九六五年十一月十日と十一日に渋谷公会堂で上演された。この作品も芸術祭に参加したが、受賞はならなかった。内容は以下の通りである。

作品は二部にわかれ、第一部のニューバラエティー「三ツのファンタジー」は第一話が岡田教和作〔詩のオムニバス〕で、男性のエネルギッシュをテーマに、ファイブ・キャラクターズが出演、第二話が宝塚の鴨川清作の作で、東京タワーの上からみた人生の縮図をテーマに、原田信夫が出演、第三話が岩谷時子の作〔抒情詩・ローソク〕で、抒情詩的な内容のものを朱里ダンサーズが踊る。第二部のミュージカル「ユキとアキ坊」は、〔略〕少年院出のアキ坊と、同じような過去を持ちながらミュージカルスターを目ざすユキとの友情をテーマにしたもの。ユキを演じる雪村が乗り気で、自分で歌の作詞も引受けている[47]。

内容は少年院を出たアキ坊（原田）が、ある劇団にひろわれ、そこで更生をはかろうとする。劇団のスター、ユキ（雪村）は金持ちの娘というふれこみだが、実は真っ赤なウソで、彼女は演出家の金をぬきとり、罪をアキ坊にかぶせる。しかし、いつしかアキ坊の純粋な魂に触れ、まごころをとりもどすといった筋書きだ[48]。

第七回公演は少し間が空き、一九六七年十一月、馬場先門の東京商工会議所内にかつてあった東商ホールで『ジス・イズ・ザ・ショー』と『ファンタスチック・ミュージカル、恋しかるらん物語』の二本立てとなる。後者の作・演出を担当するのは劇団未来劇場を主宰していた里吉《さとよし》しげみで、音楽は里吉とコンビを組んでいた小林亜星《あせい》。出演は原田信夫とファイブ・キャラクターズや朱里みさをダンサーズのほか、朱里の娘で歌手の朱里エイコが加わっているのが目を引く。朱里エイコは十六歳で単身渡米し、ラスベガスをはじめとする各地のホテルやクラブのショーに出演、六六年九月に帰国していた。「港・横浜を舞台に一人の風太郎の恋をめぐる笑いと涙のミュージカルプレー」「社会からはみでた人間・風太郎でも、真剣に恋をし人生を語る資格があると言ったテーマ」[49]という作品だった。

劇団未来劇場については第9章に詳細を譲るが、主宰が里吉にかわり「コミックなスリラー劇」[50]から、小林を迎えての「推理劇仕立てのミュージカル」[51]と変わる時期にあって、いち早く朱里みさをは目をつけたようだ。『恋しかるらん物語』は未来劇場ですでに上演されたものだというが、上演年月などは不明である。

第八回公演は一九六九年十月で、やはり公演の間隔が空くが、また別の若い才能と組むことを選択する。大手町サンケイホールで上演された『百万馬力の淑女』は、自由劇場の佐藤信《まこと》の作品で、音楽は当時佐藤と組んでいた林光。その少し前、佐藤は六八年六月、自由劇場第九回公演『ザ・ショウ』を上演するにあたり、ユージン・オニール『毛猿』を「むかしながらの音楽ショウによるむかしながらのラヴ・ストーリィ」として自ら潤色したこの作品の振付を朱里みさをに依頼していた。レヴュー好きだった佐藤は、赤坂ミュージカルも見ていたという(52)。

赤坂ミュージカルの第九回以降の公演記録は見つからない。「今日に至るまで、このミュージカルは回を重ねている。それは私の生命であって、これに代えられるものはなにひとつとしてない、と私は断言する(53)」と朱里は書くが、この後、朱里みさをダンスカンパニーや、現在も存続する朱里みさをジャズダンススクールについての記事が断片的にインターネットで見つかるのみで、赤坂ミュージカルは第八回で終わったと考えてよさそうである。

四　サカモト・ミュージカル

サカモト・ミュージカルとは、声楽家の坂本博士《ひろし》（一九三二―）が主宰していたサカモト・ミュージカル・カンパニーによって上演された一連の作品のことである。坂本博士は東京生まれ、東京藝術大学声楽科在学中の一九五三年に青山杉作が演出したオペラ『トゥーランドット』に同期の立川清澄とともに出演した。卒業後、藤原歌劇団に入団し、五七年二月『ラ・ボエーム』マルチェロ役でデビュー（指揮：ガエターノ・コメッリ、演出：青山圭男、ロドルフォ：藤原義江、ミミ：戸田政子）し、以降次々と主役級の役を与えられて、若手のバリトンとして頭角を表す。

坂本がミュージカルに初出演したのは大阪労音制作『歯車の中で』で、一九六一年五月のことだった。永六輔が脚本・演出を、芥川也寸志が作曲・指揮を担当し、主演の草笛光子の恋人役を立川清澄とのダブルキャストで演じたこの作品は、「大阪で一ヶ月ぐらい公演した」[54]が、それほど話題にならなかった。ところが、次に出演した『劉三姐《りゅうさんぢえ》』は大成功をおさめる。大阪労音と東京労音が初めて共同制作を行い、六二年二月に東京・文京公会堂で初演したこの作品の詳細については第4章に詳しい。東京と大阪で三ヶ月間公演を行ったあと、全国巡演をした。坂本は「土日二回公演で、一ヶ月三十回という大変なハードスケジュール」をこなし、[55]NHKのテレビ番組『歌おう世界の友よ』に歌と司会で一年間出演し、一九六四年四月、中田康子主演の日本初のミュージカル映画『アスファルト・ガール』（制作：永田雅一、脚本：船橋和郎、監督：島耕二、ミュージカルシーン監督：ロッド・アレキサンダー、振付協力：矢田茂、衣裳：真木小太郎[56]）するなど、多忙を極める。

「サカモト・ミュージカル：年譜[57]」によれば、坂本が脚本・作曲・演出を最初に担当し、自らも出演したミュージカルは、一九六四年の『リズムさんこんにちは』（振付：高見映）という作品であるが、公演回数が一回であるという以外は、上演場所や上演月も含め、詳細は不明である。六五年には作曲を寺島尚彦が、振付を堀内完《かん》が担当し、坂本は脚本・演出・出演した『村で一番大きな銀杏の木』が百四十九回上演されたが、それ以上の詳細は不明。なお、寺島作曲の「村で一番大きな銀杏の木」は男声合唱曲として現在まで歌い継がれている。翌六六年にも『あしながおじさん』（脚本：山本和子、作曲：内藤孝敏、演出：星野和彦、振付：朱里みさを）、『ふるさとの唄』（脚本：吉永淳一、作曲：内藤孝敏、演出：星野和彦）が上演されている。「楽壇生活60年のあゆみ[58]」によると後者は第七回リサイタルのなかで上演されたようだ。

ミュージカル公演の企画主体として坂本が注目されるのは、一九六七年十月サンケイホールで行われた第八回坂本博士リサイタルの第二部として上演された『津軽山唄やまながし』以降である。「三年かかって、日本のミ

図④　みちのくがたり第２作『鹿吠えは谷にこだまする』（1970年10月）坂本博士、右は真帆志ぶき（提供：サカモト・ミュージック・スクール）

ユージカルを試みようと云うもの」だと坂本が「ごあいさつ(59)」に書くように、この「みちのくがたり」は、（実際には六年かかったが）一九七〇年十月『鹿《しし》吠《ぼ》えは谷にこだまする』、七三年十月『海から黒い蝶がくる』との三部作となる。三作とも脚本を吉永淳一が、演出を星野和彦（ただし、この時期NETテレビのディレクターだった星野は星野隆英名義で参加している）が担当した。「一人の男声歌手（私）と物いわぬ邦舞家（花柳照奈さん）との対決を描(60)」いた『津軽山唄やまながし』は、昭和四十二年度文化庁芸術祭奨励賞を受賞し、『鹿吠えは谷にこだまする』〔図④〕は昭和四十五年度文化庁芸術祭優秀賞を受賞した。

「三部作のこと」で吉永淳一は以下のように書く。

> 日本には〝能〟そして歌舞伎という、ある意味のミュージカルがあります。しかし、これが現代の社会に素直に受け入れられない面が多くあります。だが、これらの芸術が、純粋に日本の土地で生み出された事は否めません。そして、産み出した母体が「民俗芸能」であるのです。
> そこで、このシリーズでは、「民俗芸能」から出発した「現代に通用するミュージカル」づくりを目的としようと思いました。第一作の「津軽山唄……」は、津軽三味線と、津軽の小唄踊りを素材に用いましたが、第一作である関係上、それは部分的に配する程度にとどめて、全体のミュージカルの構成法に、新しい手法として「歌垣」から発展した形式の延長線上に則って、一人の歌手と、合唱に依ってのみ、物語が語られることにしました。これは、一見、ギリシャ劇のコーラスに通ずるものがあります。

また、日本の秀れた歌舞伎舞踊の流れの上に立つ日本舞踊と、その約束事の上に成立った表現技法を執り〔ママ〕入れました(61)。

「一人の男声歌手・合唱と邦舞家のためのミュージカル」という副題がつき、音楽を内藤孝敏が、津軽三味線を原田直之が、振付を二世花柳壽楽《はなやぎじゆらく》が担当し、花柳寿楽社中が踊り手として参加した『津軽山唄やまながし』に比べると、『鹿吠えは谷にこだまする』では「日本のミュージカル」色は後退したように思われる。『津軽山唄やまながし』には音源や楽譜が残っていないので聞き比べることはできないが、LPレコードが発売された『鹿吠えは谷にこだまする』（キングレコードSKK―658）を聴く限りでは、童謡やいくつかの旋律が和風になっているだけである。三部作のうち後の二作品の作曲を担当した小川寛興《ひろおき》は「尺八と日本太鼓等の邦楽器を楽器編成に組込みその音色とリズムで民族色を出す様につとめ旋律は現代の誰にも親しめるものにしようと努力しました」と書いており、客演の真帆志ぶきと熊倉一雄の歌も、とくに邦楽の素養がなくても歌いこなせるものになっている。他方で、振付を花柳滝蔵と竹邑類《たけむらるい》の二人が担当しているのは、和物と洋物で分けていたからだろう。民俗芸能である鹿踊りのパートを花柳姓の五名が担当している。

『海から黒い蝶がくる』もまた、木や竹の棒で床や壁を叩く乱声《らんじょう》という、いくつかの民俗芸能で演じられる行事を取り入れてはいるものの、小川が作曲を担当、新日本フィルハーモニー交響楽団が演奏していることもあって、「日本のミュージカル」色はそれほど強くない。振付は花柳滝蔵と横井茂。『津軽山唄やまながし』では、青森県の岩木山を舞台に「口きかぬ山の民」である娘と里の男の禁じられた恋を、『鹿吠えは谷にこだまする』では山村の習慣である乳児殺しの間引きを、それぞれ過去を舞台にして描いたのに対し、『海から黒い蝶がくる』は現代の岩手県三陸沿岸の村を舞台にして、底引き網による乱獲や津波の恐怖を背景に妻に先立たれた男と分教場の教師である女の恋愛を描く点で斬新だったが、芸術祭には参加したものの賞は取れなかった。

とはいえ、『海から黒い蝶がくる』だけでなくて、『津軽山唄やまながし』『鹿吠えは谷にこだまする』にも現代を批判する視点があった。坂本博士の初期のミュージカルが「社会派」と称されたのは、吉永淳一の脚本にもよるだろう。この三部作と並行して、『モノ・ミュージカル〈ある炭鉱夫の手記〉黒い涙』（一九六九年、作曲：山下毅雄《たけお》、演出：星野和彦）や『〈イタイイタイ病への挽歌〉白い川』（一九七一年十一月、郵便貯金ホール、作曲：淡海悟郎、演出：星野和彦）を同じ吉永淳一の脚本で発表。両者とも労音を中心に全国各地で公演、前者は舞台となった夕張での公演を、後者はイタイイタイ病発祥の地である富山県婦中町で公演し、いずれも大きな反響を呼んだという[62]。『白い川』は昭和四十六年度文化庁芸術祭優秀賞を受賞している。

一方、坂本は一九六九年四月にミュージカル・タレントの養成を目指してサカモト・ミュージック・スクールを東京都世田谷区に開校するが、教育熱心な土地柄もあってか児童の生徒が多くなっていく。サカモト・ミュージック・スクールで学ぶ子どもたちを出演させることもあって、ファミリー・ミュージカル・シリーズを始める。その第一弾となったのが、一九七三年八月、開場したばかりの西武劇場で提携公演として上演した『小鳥になったライオン』である。「ライオンの王子が心やさしいため猛獣の世界に住みづらくなり、小鳥の国へやって来る。王子は歌がうまく、自分のたてがみでハープを作り、歌のへたな鳥たちを愛をこめてリードする[63]」という脚本を担当したのは山崎陽子で、宝塚歌劇団第四十二期生（一九五五年入団）で旗雲《はたぐも》朱美という芸名で短い期間活躍した後、結婚して退団していたが、この作品をきっかけにサカモト・ミュージカルのファミリー・ミュージカル・シリーズに脚本を提供するようになる。以降、七五年八月『らくだい天使ペンキィ』（演出・振付：坂上道之助、読売ホール）、七七年八月『パパの子守唄』（演出：中村哮夫、振付：坂上道之助、虎ノ門ホール）、八一年八月『ロン・ひとりぼっちのおおかみ』というサカモト・ファミリー・ミュージカルの四作品の脚本を担当している。これらはいずれも再演が重ねられているが、最近では二〇一〇年四月に『らくだい天使ペンキィ』をサカモト・ミュージック・スクール創立四十一周年記念として上演した。

五　ジャニーズ事務所のミュージカル

ジャニーズ事務所が最初にミュージカルに携わったのは、一九六五年四月に日生劇場が上演した『焔《ほのお》のカーブ』（作・演出：石原慎太郎、作曲：山本直純、三保敬太郎、作詞：谷川俊太郎、岩谷時子）に「雷族」の役柄で飯野おさみ、青井輝彦、真家ひろみ、中谷良という初代ジャニーズの四人が出演したときのことである。四人は六二年一月に日本公開されたばかりの映画『ウエスト・サイド物語』を見てミュージカルの夢を抱くようになり、ジャニーズを結成して訓練に励むようになっていた。

テレビや映画に活躍していた芸能人たちが出演する「芸能人ミュージカル」といえば、前述の赤坂ミュージカルが原田信夫とファイブ・キャラクターズを擁して六三年十二月に行なった第一回公演『吼えろ！　野郎ども』を嚆矢とするべきだろう。当然のことながら、彼らは『焔のカーブ』にも出演していた。『読売新聞』には「実績を買って、原田信夫とファイブ・キャラクターズ、朱里ダンサーズ、ミュージカル・アカデミーなどの第一線のボーカル・チームに若手のジャニーズを加え」と解説されている(64)。

「〔『焔のカーブ』での〕日生劇場出演は、ジャニーズにとって、大きな試金石」だったが、「ボーカル・グループ、ジャニーズの起用は、一応の成功をおさめた(65)」。その余勢を駆ってか、同年八月には梅田コマ劇場でコマ喜劇二本立て『夏の踊り』（作・演出：竹内伸光、音楽：神津善行、津野陽二、吉崎憲治、高橋城、振付：県洋二、山田卓、関矢幸雄、松原貞夫、谷雅子）と『青春大騒動』（作・演出：成沢昌成、音楽：東海林修、振付：渡辺武雄、笠原正光）

に出演する。梓みちよ、藤田まことらが出演していた。同年十二月には日本劇場でジャニーズ・ショウを上演。ジャニーズの四人の他、いしだあゆみ、木の実ナナ、ロミ山田、ジャッキー吉川とブルー・コメッツ、峯のぼるとジャニーズ・ジュニアが出演した。また暮れにはNHK紅白歌合戦にも出演している。

翌六六年一月には日生劇場のミュージカル『宝島』（作・演出：石原慎太郎、音楽：中村八大《はちだい》、振付：横井茂、江川明）に出演。だが「歌入り芝居で終わってしまったのは〔略〕ジャニーズと梓みちよに責任がある。どう見ても、学芸会なのだ」[66]と酷評される。そのせいもあってか、ジャニーズの四人は同年八月に渡米してダンスレッスンを受ける。翌六七年一月に帰国するも、同年末での解散が決定。六月、大阪労音の制作したミュージカル『いつか何処《どこ》かで〜フォーリーブス物語』（大阪フェスティバルホール）に主演して、ファンに別れを告げる。山田卓、西條満が脚本と振付を、小坂務、服部克久が音楽を、加味優が演出するものだったが、この時ジャニーズ・ジュニアとして出演した北公次、江木俊夫、おりも政夫らはこの作品の副題からグループ名をフォーリーブスとすることになる。ほかに木の実ナナも出演していた。

やがてフォーリーブスの四人もミュージカルに出演するようになる。一九六九年十二月にCBSソニーから発売された二枚目のLPレコード『フォーリーブス　ヤングサプライズ——小さな抵抗——』をもとに大阪フェスティバルホール（十二月二十八日・二十九日）と日生劇場に出演（ただし『日生劇場の五十年——全記録』〔公益財団法人ニッセイ文化振興財団、二〇一四年〕など、日生劇場側の記録にはこの公演は残っていない）。ジャニー喜多川が構成し、当時演劇実験室・天井桟敷に所属していた萩原朔美《さくみ》が監修、ジャニーズの他に、ジャニーズ事務所から当時デビューしていたザ・ハイソサエティとジューク・ボックスが参加しているほか、天井桟敷も出演している。全十曲のうち、五曲の作詞を高橋睦郎《むつお》が担当、二曲の作詞を寺山修司が担当。寺山率いる天井桟敷は、六八年八月、第七回公演として『ハイティーン詩集　書を捨てよ町へ出よう』を厚生年金会館ホールで初演、全国巡演を続けている最中だった。投稿された高校生の詩をもとにした「わかものたちのドキュメンタリー」だったこの作品にならって、フォーリーブスは等身大の若者を演じ歌った。

『少年たち』は以降シリーズ化し、一九七一年十月、帝国劇場などで上演された『生きて行くのは僕たちだ』まで六作品を数えた。その後もジャニーズ・ジュニアたちによる上演などがあり、二〇一〇年になると『少年たち　格子なき牢獄』（二〇一〇年八月、松竹座／同年十月、日生劇場）として復活し、『少年たち　南の島に雪は降る』（二〇一七年八月、松竹座）など現在までジャニーズ事務所に所属するタレントたちが出演するミュージカルとなっている。ただし、当時の『少年たち』シリーズや、それ以外のフォーリーブスが出演したミュージカルの多くは、「フォーリーブス　リサイタル」として企画・宣伝され、上演されたのも一日または二日だった。当時を知る関係者によれば、当時は口パクで、舞台で歌っていたわけでもなかった。七〇年五月三十日・六月一日に日生劇場で上演された第二作『ミュージカル'70　少年たち――完結篇――』を除く五本はLPレコードとして発売されたことからもわかるように、フォーリーブスによるミュージカルはレコード販売の促進という意味合いが強かった。ジャニーズ事務所が本格的な舞台ミュージカルに取り組むのは、少年隊によるミュージカル『PLAY・ZONE』シリーズ（第一回は一九八六年七月、青山劇場）まで待たなければならなかったのだ。

第三作　一九七一年一月五日・六日『素足で駆けるとき』東京厚生年金大ホール[67]（LPレコード『素足で駆けるとき――ある少年の記録――』一九七〇年十月一日発売［図⑤］）

図⑤　ジャニーズ事務所「少年たち」シリーズ第三作『素足で駆けるとき』上演に合わせて発売されたＬＰレコードジャケット

第四作　一九七一年六月『太陽からの少年』渋谷公会堂(68)（同名のLPレコード一九七一年五月一日発売）

第五作　一九七一年八月『明日なき友情――少年たちシリーズ――』（同名のLPレコード一九七一年九月二十五日発売）

第六作の『生きて行くのは僕たちだ』は、骨肉腫で十七歳の短い生涯を閉じた大森晶子の手記『十七歳の絶唱』（講談社、一九六九年）を原作に、「主人公をガンにおかされた少年に置きかえ、その仲間たちの友情、生きがいを描いていく」もので、構成・演出を星野和彦（隆英名義）、脚本を竹邑類、音楽を宇野誠一郎、服部克久、都倉俊一、振付を小井戸秀宅《しゅうたく》と朱里みさを（矢里みさをとなっているが誤記だろう）だが担当した。十二月には御園座、翌七二年一月には大阪フェスティバルホールでの上演もされた。(69)翌七二年二月二十一日に実況録音盤『フォーリーブス・ライブ・ミュージカル　生きていくのは僕たちだ！』が発売された。

一九七〇年代後半から八〇年代前半の約十年間はジャニーズ事務所がミュージカルに携わることはなかった。一九八六年七月、少年隊のデビュー約一年後に、第一回『ＰＬＡＹ・ＺＯＮＥ　ミステリー』（脚本：森泉博行、作・演出：長束利博、音楽：井上堯之、振付：マイケル・ピーターズ、名倉加代子）を上演。「明日のスターを夢見てニューヨークにやってきた三人の若者の希望と夢を描くといった使い古されたシチュエーションで、脚本にはさしたる新味はなかったが、映画でスクリーンにうつされた三人のダンスがＯ・Ｌしてステージ上に同じポーズで再現された時、大きなジワが起こった」(70)。以降二〇〇八年まで少年隊は毎年七月青山劇場での「プレゾン」シリーズに出演し、さらに青山劇場が閉場される二〇一五年まで、ジャニーズ事務所所属のタレントが出場するミュージカルとしてこのシリーズは続けられた。ＫｉｎＫｉ　Ｋｉｄｓの堂本光一が座長・主演・演出・脚本を務める、現在まで人気のミュージカルシリーズ『ＳＨＯＣＫ』の原型となる作品（『ＳＨＯＣＫ』作・構成・演出：ジャニー喜多川、作曲：ヘンリー・クレイガー、一九九〇年七月）や、ジャニーズ事務所の原点とでもいうべき『ウェスト・サイド・ストーリー』（二〇〇四年七月）を上演するなど、さまざまな試みがされたことでも特筆すべきだが、インターネットに多くの情報が残されているので、ここで筆を擱く。

六　音楽座

音楽座は一九七七年五月に横山由和《よしかず》、山本木の実、上田聖子ら七人の桐朋学園大学演劇科八期生によって結成された。注目を集めるようになったのは第五回公演『ヴェローナ物語』（一九七八年十月、六本木MAKI―Tアートシアター）を野口久光が『テアトロ』誌上で激賞してからのことである。「ミュージカル時評」で「『ロミオとジュリエット』とモリエールの『ドン・ジュアン』をくっつけて両作品の主人公たちがヴェローナを舞台に混戦《ママ》の芝居を展開するシャレっ気たっぷりの作品で、同じく上田聖子のパロディックは音楽《ママ》も大いにたのしませてくれた(71)」と褒めた野口は、続く『森林幻想曲』（一九七九年四月、六本木MAKI―Tアートシアター）についても「作品のテーマも一本シンが通っていて、しかも日本ではあまり成功していない幻想的なミュージカルとしてよく書けている」「ミュージカル・ナンバーのアイディア、曲（上田聖子という若い女性で伴奏グループのひとりとしてピアノも担当）も素直なメロディが耳に快よい(72)」にも賞賛を惜しまなかった。一九八六年一月には、演劇制作プロダクション・イマジンとミュージカル評論家・風早美樹が企画した第一回東京ミュージカル・フェスティバルに、ミュージカル劇団フォーリーズ、テアトロ・イン・キャビン、劇団NLT、ザ・スーパー・カムパニイとともに参加して、『組曲　楽園』（作：横山由和、作曲・編曲：後藤裕二、演出：五十嵐進）をシアターアプルで再演した。

しかし経営の行き詰まりから一九八七年九月、第二十六回公演『昨日からの贈り物　セピア色のフォトグラフ』（作：脇坂啓一、演出：五十嵐進、俳優座劇場）を最後に、劇団音楽座は休団、横山由和も退団する。相川レイ子が制作部門の会社として株式会社ヒューマンデザインを創設、営業部門の確立と俳優陣の刷新を図り、音楽座ミュージカルとして再出発した。(73)横山はその後も脚本・演出を担当し、八八年五月、新作『シャボン玉とんだ宇宙までとんだ』を上演する。原作小説『アルファ・ケンタウリからの客』の作者でもある筒井広志が作曲を担当。土居裕子、佐藤伸行が主演し、中川久美が振付を担当した。『読売新聞』の大平登による劇評では「オフ・ブロードウェイ並みの手作りの味わいで、心温まるＳＦメルヘンとなった。『ドリーム』など単純なメロディーの中にも広がりがあり、伸びやかな好舞台(74)」と高い評価を受けた。

一九九一年四月にはこの『シャボン玉とんだ宇宙までとんだ』の改訂再演を青山劇場で行って初の大劇場進出を果たし、三万人の動員を達成した。同年十月にはフジテレビジョン主催、講談社後援のもと、福山庸治の人気漫画を原作とした『マドモアゼル・モーツァルト』を下北沢・本多劇場ほか全国十一ヶ所で上演。作曲・編曲を小室哲哉が担当し、主演の土居裕子のほか、森田浩平、福島桂子、畠中洋らが出演した。三浦時彦はこの頃、『ミュージカル』誌上で「横山由和作品は、どれにも豊かな青春と夢と生きるよろこびへの賛歌が満ちあふれていて快よい。歌詞が美しいし、セリフが軽快でスピード感を感じるのも氏の作品の特質の一つである」と評している。(75)

一九九四年、第一回読売演劇大賞優秀作品賞を受賞した『アイ・ラブ・坊ちゃん』（一九九三年一月、シアターコクーン）は夏目漱石『坊ちゃん』をミュージカル仕立てにしたもので、「マンガチックなファンタジーが多かったこの劇団のこれまでの作風とは一風違った歯ごたえのある作品(76)」などと評された。

だが九五年十月、ヒューマンデザインの相川レイ子ら幹部数人が脱税容疑で逮捕されたことをきっかけに、九六年三月『マドモアゼル・モーツァルト』（青山劇場）を最終公演として解散する。その後横山が新しいミュージカル劇団STEPSを結成したり、『泣かないで'97』公演（一九九七年十一月、パルコ劇場）などヒューマンデザイン制作というかたちで「復活」公演をしたり、紆余曲折はあったが、二〇〇四年二月に音楽座ミュージカル／Rカンパニーとして劇団を復活させ、現在まで活動を続けている。

七　劇団目覚時計

木村重雄は「開拓者の努力にもかかわらず、興行資本の手によってはほとんど不毛であった創作ミュージカルが成功したのは、むしろいわゆる新劇という名の欧米の古典から現代に及ぶ演劇と日本の明治以降の作品をレパートリーとする劇団であった。それはまず、俳優座にはじまる」と前置きして、一九四八年五月からはじまる俳優座こども劇場（第一回は杉山誠『ジャックと豆の木』、トルストイ『人は何で生きるか』、杉山誠『人形劇　パンチとジュディ』で、音楽を林光が、振付を真木竜子が担当し、毎日ホールおよび都内小学校の講堂で上演した）を創作ミュージカルの最初の例として挙げている。木村によれば、俳優座劇場の開場記念公演として一九五四年五月に初演され、現在まで劇団仲間によって上演が続けられている『森は生きている』が「彼らのそうした仕事の到達点」である。[77]

木村はたしかに一つの見識を示しているが、子供向けの音楽劇をミュージカルと呼んでいる例も含めてしまうと、日本の創作ミュージカルの範囲は大きく広がり、収拾がつかなくなる。だからといって子供向けの音楽劇をミュージカルに全く含めないことにすると、劇団四季による日生名作劇場や、後期のサカモト・ミュージカルなど、子供に向けて作りながらも日本の創作ミュージカル独自の表現を目指した試みを見落としてしまうことになる。また観客の大半が子供（と付き添いの大人）でありながら、子供向けと限定せず、大人も楽しめるミュージカルと銘打っている集団や公演も多い。ここでは劇団仲間や、あるいはいずみたくが楽曲を提供することの多かった木馬座、日生名作劇場のような、冨田博之『日本児童演劇史』（東京書籍、一九七六年）で扱われている劇団については省略する。同書が刊行された一九七六年以降に活動を開始した重要な集団は二つある。シンガーソングライターの小椋佳が企画を担当し、一九八七年五月『アルゴ初めての冒険』（光が丘ＩＭＡホール）で旗揚げ公演をしたアルゴ・ミュージカルと劇団目覚時計だ。このうち前者は小椋佳公式サイト（http://www.gfe.co.jp/ogla/stageWorks.html）などに詳細な公演記録が残っているので、史料が入手しにくい後者を取り上げる。

劇団目覚時計は、日活や俳優座で活躍した女優・稲垣美穂子が主宰する劇団で、元日活の監督で夫の丹野雄二をプロデューサーとして一九七七年十二月に旗揚げし、現在まで活動を続けている（夫の丹野は二〇〇一年に死去。また、当初は演劇集団・目覚時計としていたようだ）。第一回の公演はＴＢＳホールで「アルプスの少女ハイジ」「赤ずきんちゃん」「ねずみの嫁入り」など六本の昔ばなしや童話のオムニバス形式のもので、「赤ずきんちゃんを宮城まり子さん、猟師を名古屋彰さん、おばあさんを賀原夏子さん、そして〔稲垣は〕ねずみのお母さんです[78]」。この時は一日だけ（十二月二十六日）の公演で、以降も一日のみの公演が多い。会場は市民文化会館のようなところが多いが、博品館劇場や東横劇場のような中劇場もあり、一九八二年十二月二十六日には大阪新歌舞伎座でも上演した。レパートリー制をとっており、その大半は第一回公演同様、昔ばなしや童話のオムニバス形式のものである。

八五年十月、三越・ロイヤルシアターでの第七十四回公演は、ヒロコ・ムトー作、篠崎光正演出『白姫伝説』で新機軸を打ち出した。「目の見えない少女サヨと、白蛇山に住む白蛇の精、白姫との物語。利己のために甘いわなをしかける白姫に対して、心がゆらぐサヨ。舞台一面に花開く梅の木の下で、愛のテーマが、静かに語りかけてくる[79]」。さらに八八年六月、砂防会館ホールで上演した第九十三回公演は、ソニー創業者で幼児教育に関心の深かった井深大《いぶかまさる》の原案で「胎児と母親が心の交信をする奇想天外なミュージカル」の、『胎児に対する親の責任について　赤ちゃんからのメッセージ』（作：松木ひろし、作曲：寺島尚彦、演出：浦辺日佐夫）というミュージカルらしからぬ題名で話題になった。(80) 翌年二月「奇想天外親子ふれあいミュージカル」として京都こども文化会館、新神戸オリエンタル劇場、志賀町文化ホールで、同年七月にも日本青年館などで再演を重ね、九〇年八月には『Ｂａｂｙ－Ｂａｂｙ』（東急文化村シアターコクーン）と改称して上演、二〇〇八年二月には十四年ぶりに大きく改訂したものをセシオン杉並で上演した。

やなせたかし原作のミュージカル『ジャンボとバルー』（構成・演出：竹内悦子、音楽：深町エリ、振付：鈴木知久、二〇一四年十一月）など近年の公演はウェブサイト（http://www.mezamashidokei.co.jp）で見られるので、割愛する。

（1）松岡功「私の履歴書（10）東宝入社――映画館で客からびんた、正月の大混雑、驚きの連続」、『日本経済新聞』二〇一六年六月十日付朝刊第四十面。
（2）新野新『大阪廻り舞台』東方出版、二〇〇四年、一三頁。
（3）白井鐵造『宝塚と私』中林出版、一九六七年、一五八頁。
（4）小林一三『小林一三日記（三）』阪急電鉄株式会社、一九九一年、五七五頁。
（5）『小林一三日記（三）』一九五四年四月十四日付、五八八頁。
（6）『小林一三日記（三）』同年五月五日付、五九二頁。
（7）『小林一三日記（三）』同年三月十六日付、五八二頁。
（8）『小林一三日記（三）』同年六月二十九日付、六〇一頁。
（9）『小林一三日記（三）』同年四月二十日付、五八九頁。
（10）『小林一三日記（三）』同年七月八日付、六〇二頁。

(11)内海重典「新らしい年のことば」、『北野ニュース』第二八号、一九五五年一月。

(12)引田一郎「新芸座道場の行く道」、『歌劇』第三〇三号、一九五〇年一月(「宝塚新芸座のあゆみ」、『宝塚新芸座・記録』阪急電鉄株式会社、一九九一年、一二頁からの孫引き)。

(13)「宝塚新芸座のあゆみ」、『宝塚新芸座・記録』一九頁。

(14)内海重典「今年の今日」、『北野ニュース』第五九・六〇合併号、一九五五年十二月。

(15)高木史朗『レヴューの王様――白井鉄造と宝塚』河出書房新社、一九八三年、八三頁。

(16)高木史朗「今年の三つの希望」、『北野ニュース』第五九・六〇合併号、一九五五年十二月。

(17)『北野ニュース』第三〇号、一九五五年一月。

(18)佐伯孝夫の歌詞に、塙六郎が作曲したものが一九三九年十月に由利あけみによって、また吉田正が作曲したものが一九五二年三月によって宇都美清によって吹き込まれているが、知名度から考えると服部良一作曲のものだろう。

(19)永六輔・安倍寧「52年前、『見上げてごらん夜の星を』はこんな風に誕生した」、アトリエフォンテーヌ公演『見上げてごらん夜の星を』パンフレット、二〇一二年。

(20)「泥の中のルビイ　本格的なミュージカルドラマ　宮城まり子が再上演」、『朝日新聞』一九六一年七月二日付夕刊第五面。

(21)同右。

(22)ただし、いずみは公演プログラムに「といってもこれはミュージカルではない」と書いている。

(23)ただし作曲者として、いずみの他、三木たかしと宮川彬良も名を連ねている。また、浅利慶太は「今で言えば音楽劇です。ミュージカルプレイではありません」「全くの手さぐりで、芝居に歌と踊りを入れてゆくというもので、あと数日で初日というのに、舞台稽古をやったらぜんぜん出来が悪い」(浅利慶太・談「35ステップス――劇団四季ミュージカルの歩み」、劇団四季公演『35ステップス』パンフレット、一九八八年一月〔『浅利慶太の四季〈著述集2〉劇場は我が恋人――演出ノート選』慶應義塾大学出版会、一九九九年、三三六頁に再録〕)と述べている。これらの理由があったからか、いずみは『新ドレミファ交遊録』のなかで「浅利と一緒に作った作品」に、『はだかの王様』を入れず、第二作『イワンのばか』(作:寺山修司)以降を数えている。

(24)いずみたく『新ドレミファ交遊録――ミュージカルこそわが人生』サイマル出版会、一九九二年、九四頁。

(25)「フォーク・ソングの泉をもとめて　永六輔、いずみ・たく氏ら　全国へ取材の旅」、『読売新聞』一九六五年五月十九日付夕刊第八面。

（26）いずみたく『新ドレミファ交遊録』二七三―二七五頁。

（27）安倍寧「よく訓練された歌・踊り　だが音楽の同時性は大切にしたい　ステージ「さよならＴＹＯ！」」、『読売新聞』一九七〇年六月十五日付夕刊第七面。

（28）同右。

（29）「なかなか豪華版だが乏しい〝きわもの〟の味」、『毎日新聞』一九七〇年六月二十二日付夕刊第九面。

（30）「クリスマス親子ミュージカル「フォーリーズ」11日から銀座で」、『読売新聞』一九八一年十二月八日付夕刊第九面。

（31）有島一郎『ピエロの素顔』レオ企画、一九八五年、一八八頁。

（32）「国産ではトップ級　劇団フォーリーズ「洪水の前」財津・秋川とも進歩の跡」、『朝日新聞』一九八一年八月二十日付夕刊第十三面。

（33）「中村哮夫聞き書き」、「日本近代演劇デジタル・オーラル・ヒストリー・アーカイヴ」科学研究費・基盤研究（Ｂ）、研究代表者：日比野啓（http://oraltheatrehistory.org/archives/235）。

（34）「国産ミュージカルを初めてアメリカで上演する　いずみたくさん」、『読売新聞』一九八八年一月二十四日付朝刊第九面、「ミュージカル「歌麿」　米国から凱旋公演」、『読売新聞』一九八八年五月二十六日付夕刊第十面。

（35）「見上げて100本ミュージカル　作曲家いずみたく氏」、『日本経済新聞』一九八六年六月二日付朝刊第三十二面。

（36）朱里みさを『裸の足　SHALL THE SUN RISE TOMORROW』オリオン出版社、一九七一年、一八五頁。

（37）LAS VEGAS STRIP HISTORICAL SITE (http://www.lvstriphistory.com/ie/di1950.htm)

（38）橋本与志夫『日劇レビュー史――日劇ダンシングチーム栄光の50年』三一書房、一九九七年、二四八頁。

（39）「安倍寧聞き書き」、「日本近代演劇デジタル・オーラル・ヒストリー・アーカイヴ」科学研究費・基盤研究（Ｂ）、研究代表者：日比野啓。

（40）朱里みさを『裸の足』一八四―一八五頁。

（41）『読売新聞』一九六一年十一月十三日付夕刊第六面。

（42）「原田信夫とファイブ・キャラクターズ　歌って　踊って　芝居して　人気の秘密　３拍子そろう強み」、『読売新聞』一九六四年十二月十四日付夕刊第七面。

(43)「赤坂ミュージカル　三回目の公演」、『読売新聞』一九六四年六月二十九日付夕刊第七面。
(44)『東京新聞』一九六四年七月九日付（大笹吉雄『新日本現代演劇史3　東京五輪篇　1963～66』中央公論新社、二〇〇九年、三二九頁からの孫引き）。
(45)「原田信夫とファイブ・キャラクターズ　歌って　踊って　芝居して　人気の秘密　3拍子そろう強み」、『読売新聞』一九六四年十二月十四日付夕刊第七面。
(46)「五月に二つの創作ミュージカル」、『読売新聞』一九六四年四月二十九日付夕刊第八面。
(47)「雪村いづみらゲスト出演　第6回赤坂ミュージカル」、『朝日新聞』一九六五年十月二十五日付夕刊第十面。
(48)「赤坂ミュージカルの芸術祭公演」、『読売新聞』一九六五年十月二十一日付夕刊第十面。
(49)「赤坂ミュージカルの芸術祭公演」、『読売新聞』一九六七年十一月八日付夕刊第十二面。
(50)「未来劇場で『女性専科のラ・紳士』」、『読売新聞』一九六二年十二月十二日付夕刊七面。
(51)「未来劇場の公演」、『読売新聞』一九六八年十一月二十一日付夕刊第十二面。
(52)「佐藤信聞き書き」、「日本近代演劇デジタル・オーラル・ヒストリー・アーカイヴ」科学研究費・基盤研究（B）、研究代表者：日比野啓。
(53)朱里みさを『裸の足』一八五頁。
(54)坂本博士『見はてぬ夢――はかせの音楽談議』音楽之友社、一九九八年、六〇頁。
(55)同右、七〇頁。
(56)なお、封切りは岡本喜八監督のミュージカル映画『ああ爆弾』（東宝）と同日四月十八日である。
(57)『らくだい天使ペンキイ』公演パンフレット、一九七五年八月、虎ノ門ホール。
(58)『楽壇生活60周年記念リサイタル』公演パンフレット。
(59)坂本博士「ごあいさつ」、『昭和42年度芸術祭参加　第8回　坂本博士リサイタル』パンフレット。
(60)坂本博士『見はてぬ夢』七七頁。
(61)吉永淳一「三部作のこと」、『昭和42年度芸術祭参加　第8回　坂本博士リサイタル』パンフレット。
(62)坂本博士『続・見はてぬ夢――はかせの音楽談義』音楽之友社、二〇〇七年、三〇九―三一〇頁。なお、『見はてぬ夢』一七一頁でも、『白い川』婦中町公演の際、「イタイイタイ病の患者さんがバスに乗って団体で見にきてくれた」「みんな椅子に座れないからゴザに座って〔見た〕」ことを坂本は語っている。
(63)「母と子のミュージカル　オリジナル　「小鳥になったライオン」」、『読売新聞』一九七三年八月二十一日付夕刊第七面。
(64)「歌に踊りに演技力加え　〝若さ〟を思いきり　ジャニーズの場合も成功」、『読売新聞』一九六五年五月四日付夕刊第六面。
(65)同右。
(66)安倍寧「ステージ　宝島（日生劇場）　印象薄い出演者の個性」、『読売新聞』一九六六年一月二十二日付夕刊第八面。
(67)『読売新聞』一九七〇年十一月十八日付夕刊第九面に広告あり。
(68)「フォーリーブス芸術祭に初参加　他界した少女の手記　ミュージカルにして」、『読売新聞』一九七一年十月四日付夕刊第九面。なお、LPレコード『太陽からの少年』（CBSソニー、SOND―66051）には萩原朔美が「四つの質問」というエッセイを寄稿し、『書を捨てよ町へ出よう』の一場面である「母捨記」をフォーリーブスが自分たちのミュージカルで何度か上演していることを記している。少年隊のファーストコンサートでもこの場面が上演され、萩原が演出した（http://blog.livedoor.jp/at40111-jns/archives/21356759.html）という証言もあり、ジャニーズ事務所と劇団天井桟敷の浅からぬ関係を示すものとして興味深い。
(69)同右。
(70)大井満「少年隊ミュージカルの6年！　彼らのかがやきの日々…」、『ミュージカル』第七九号、一九九一年八月。
(71)野口久光「ひときわ光る音楽座　ミュージカル時評」、『テアトロ』第四三六号、一九七九年六月。
(72)同右。
(73)以降、音楽座ミュージカルとしての公演記録は、すぎやま文「音楽座公演記録」（http://pugyu.web.fc2.com/soko/ongakuza/kiroku.html）に詳しい。
(74)「五月の新劇から」、『読売新聞』一九八八年六月二日付夕刊第十三面。
(75)三浦時彦「音楽座ミュージカルの生みの親・横山由和氏」、『ミュージカル』第八〇号、一九九一年九月。
(76)『毎日新聞』一九九三年一月十四日付夕刊第九面。
(77)「創作ミュージカルの現段階――その足どりと現状」、『テアトロ』第四五七号、一九八一年三月。
(78)稲垣美穂子『愛の目覚時計』講談社、一九八七年、五一―五二頁。
(79)「子どもにミュージカルを　稲垣美穂子　作り続けて来年で10年　NYの日本人学校で上演も」、『朝日新聞』一九八五年十月二十九日付夕刊第九面。

（80）「スポット　井深名誉会長の原案上演」、『読売新聞』一九八八年六月二十一日付夕刊第十七面。

（付記）本研究はＪＳＰＳ科研費JP26284033の助成を受けたものです。

Ⅳ ジャンルを超えたミュージカル

第8章 新劇ミュージカルとは何だったのか

日比野啓

一　一九六三年前後における新劇の危機

新劇ミュージカルを概観するにあたり、おさえておきたい二つの流れがある。一つは、新劇団にゆかりのある劇作家たちが書き下ろし、新劇団が上演した創作ミュージカルであり、もう一つは、新劇団と必ずしも関係が深くはなかった小説家たちが構想した、いわば理念としての新劇ミュージカルである。この二つの流れは時代も異なれば、関わっている人間たちも異なる。それだけでなく、生まれてきた背景も異なるのだが、これまでこの二つはしばしば「新劇ミュージカル」として一緒にされて論じられてきた。本章では、それぞれの流れを分けて記述する。

まず前者から。その時期の前後にいくつか注目すべき活動はあるとはいえ、「新劇団の創作ミュージカル」なるものが実体として存在し、かつ、新劇団が自らの表現としてミュージカルの可能性を模索していた時期は、一九六二年二月から一九六七年八月までのおよそ五年半である。

ある時期まで新劇界全体の代弁者ないしは機関誌的存在であった雑誌『新劇』が、「新劇とミュージカル」という特集を「最近とくに注目をあびてきたミュージカルの問題を、一般のアメリカ的概念からはずれるかも知れませんが、新しい劇スタイル創造の立場から」組んだのは一九六四年十月だった。(1)「最近とくに注目をあびてきた」とあるのは、その約一年前、一九六三年九月に東宝が初の翻訳ブロードウェイ・ミュージカル『マイ・フェア・レディ』を上演して東京宝塚劇場を連日満席にし、六四年一月に再演したことを指す。寄稿者の一人である倉橋健はもっとはっきりと「昨年九月、『マイ・フェア・レディ』が上演されてから、ミュージカルにたいする関心が急速にたかまってきた」と記している。(2)

だが一般社会のミュージカルにたいする関心を、新劇の存続に関わる問題として新劇関係者が強く意識することになったのは、さらにその約一年半前の一九六二年四月、青年座、仲間、新人会、同人会、三期会、俳優座小劇場の合同公演による『真田風雲録』が都市センターホールで上演され、好評を博したことだった（これらの劇団はどれも俳優座養成所の出身者が独立して創立した劇団だったため、まとめて俳優座スタジオ劇団と呼ばれた）。大阪労演が企画し、東京労演が提携したこの（作者じしんの定義によれば）「歌入り芝居」「娯楽劇」を書いたのは福田善之。福田はその前年の岸田國士戯曲賞候補に『遠くまで行くんだ』（青年芸術劇場、一九六一年五月、俳優座劇場）が挙げられながらも、当時新劇界において大きな影響力を持っていた日本共産党が作品の内容を反動的だと批判したことで落選の憂き目にあっていた。『真田風雲録』もまた、一九六〇年に改定された日米安全保障条約に反対する闘争の方針をめぐる共産党と全学連反主流派の対立を諷刺する内容だったから「新聞評は芳しくなかった」が、「ご見物衆は喜んでくださった」(3)。

よく知られているように、一九五〇年代に新劇が大衆的支持基盤を獲得したのは東京労演（一九四七年七月発足）や大阪労演（一九四九年二月発足）をはじめとする各地の労演（勤労者演劇協議会などの略称）が新劇団の公演を丸ごと買い切って会員に鑑賞させたからだった。たとえば「一九五八〜九年に会員数一万五、〇〇〇名台に達した大阪労演は、以後上昇カーブは鈍化したものの六四年にはピークの二万に達しようとしていた」(4)。このような観客動員力を誇る労演の企画だったからこそ、前作で共産党の逆鱗に触れた当時若手の福田善之に脚本を依頼するという無理も利いた。

当時、労演もまた共産党との軋轢を抱えていた。新日本文学会の事務局長だった武井昭夫は、大阪労演の事務局の尾崎信が、共産党の干渉に対していかに組織独自の運動論を唱えて論争を行ったかを記録した『運動族の発言』の序文でその状況を以下のようにまとめている。

こうして六三年、全国労演の結成にいたるのだが、このころ、総計一〇万といわれた「全国労演」の運動に持ち込まれてきたのが「二〇万労演の達成」、さらに「民主的民族的演劇の発展」といったスローガンであった。

この動向はしかし、運動の成長・発展に伴い、おのずから演劇運動ないしは演劇鑑賞運動のなかから出て来たものではなかった。〔略〕一口に言って日本共産党の「文化政策」の大衆運動への持ち込みである。党の本部文化部やその周辺にいる学者・知識人たちが「指導」の名においてその音頭をとり、やがてそのお囃子が合唱となって響いてきたのだ。(5)

それでも労演は共産党と完全に袂を別つことはできなかったので、『真田風雲録』が上演にこぎつけるまでには一悶着あった。「発注元の大阪労演の幹事会では、大変だったようだ。結局、千田演出による修正を期待して、という条件でOKになった(6)」が、演出の千田是也は何も修正しなかった。千田はたんに福田の戯曲を気に入ったというだけではなく、大阪労演内部での意見分裂の状況も読み切ってゴーサインを出していたはずだ。そもそも俳優座スタジオ劇団合同公演の演出に俳優座の創立者の一人である千田を担ぎ出して、千田が引き受ける、というところにも当時の新劇界での独特の政治力学が働いていた。戸板康二が杉山誠に向かって「若いところでイキのいいのが、ゴソッと〔俳優座から〕出た」「青年座というのは、はじめの感じでは、俳優座から反逆したような感じがした」「〔俳優座スタジオ劇団は全体に〕俳優座の息のかかっている劇団という感じでね、他の若い連中がはじめた劇団よりは、質を保証されているみたいな感じ」(7)と鋭い観察を述べるように、俳優座スタジオ劇団は、三大新劇団の一つだった俳優座の反逆児であるとともに別働隊であるという二重の性格を持っていた。当事者たちには必ずしもそういう意識はなかったろうが、エスタブリッシュメントたる俳優座には今更できない音楽劇の「実験」を若手中心の俳優座スタジオ劇団が引き受け、その際に千田が演出を担当することでその実験にお墨付きを与える、という意味合いも『真田風雲録』の上演にはあった。

無論、その背景には、俳優座のような大手の新劇団でも新機軸を検討せざるを得ない状況が一九六〇年代初頭にはあった。再び武井の言葉を借りると、

一九六三年、東京日比谷の日生劇場の出現以後、相次いで大劇場の建設が進み（やがてそれは大阪にもおおうのだが）、これまでの新劇団は商業用の大ホール公演に適合する方向に誘われる一方、演劇の次代を担う若手たちの指向は、新築小ビルの地下を使ったいわゆる〝小劇場運動〟や〝地下劇場〟活動、さらには黒テント・赤テントといった小屋がけ芝居へと拡散していった。一口で言えば、従来からの新劇存立の基盤が外側からと内側からの両面から突き崩されていったのであった。そしてそれは、勤労人民の間の新劇愛好者を主たる対象とする従来からの労演の安定した基盤が解体されていくことでもあった。(8)

一九五〇年代に作られた大衆的支持基盤が徐々に切り崩されつつあること。共産党の文化政策からの独立の適否を含め、新劇はこのままの形態では存続し得ないこと。当時の新劇関係者はそのような危機意識を共有していた。武井は触れていないが、一九六三年十月の日生劇場開場を挟んで二度、文学座にも危機が訪れている。同年

一月、中堅座員が大量脱退し、先に退座していた福田恆存《つねあり》とともに現代演劇協会を設立。同年十二月には三島由紀夫の『喜びの琴』上演保留という上層部の決定を巡り、またしても有力座員十数名が脱退、一部はグループNLTを結成。もちろん、このような事件が起きた直接の原因となったのは文学座内部の事情だが、もっと広い文脈では、演劇とは何であり、自分たちは何を目指すべきか、という問いの答えがもはや自明ではなくなっていたことがあった。[9] 他方で、第4章で長崎励朗が論じているように、一九五八年二月『あなたのためにうたうジョニー』（台本・作詞・演出：藤田敏雄、作曲：飯田三郎）から始まる大阪労音によるミュージカルの成功があり、だからこそ、『真田風雲録』の成功は一つの光明に見えた。

　このような状況のもとで『新劇』が「新劇とミュージカル」という特集をするのだが、その際に「新劇団のミュージカル」はさらに遡って一九五七、八年ごろから始まった、という語り口が採用されることがある。[10] なるほど、一九五七年五月、東横ホールで文学座が上演した『陽気妃』三幕十四場は、『朝日新聞』で「新劇始まって以来のミュージカル仕立ての芝居」と評された。[11] 横山はるひバレエ団十四名の参加もあって「文学座史上最大の登場人員（延一六〇数名）」であったが「歌は予め録音せしテープに口を合わす」[12] この作品の脚本を担当したのは、前年一九五六年二月に開演した第一回東宝ミュージカルに『泣きべそ天女』（作曲：三木鶏郎《とりろう》）を提供した飯沢匡《ただす》で、楊貴妃を杉村春子、玄宗皇帝を中村伸郎が演じた。しかし、『陽気妃』に続くいくつかの「新劇団のミュージカル」とされる作品を書いた劇作家たちの中には、自分の作品をミュージカルと考えていなかった者も多かったし、当時の新聞等の批評では大半がミュージカルという評価を得ていなかった。

　たとえば、一九五八年四月に文学座が東横ホールで上演した「近松原作による歌舞伎仕立てのスペクタクル」である『国性爺《こくせんや》』（演出：戌井《いぬい》市郎《いちろう》、音楽：武満徹、振付：藤間勘十郎）を書いた矢代静一は、特集のアンケートに答えて「七年ほど前に、文学座のために『国性爺』を執筆したときは、音楽劇という意識はまったく持っていなかった」[13]。一九六〇年六月に青年座が俳優座劇場で上演した「狂言仕立ての異色作」『8段――白菊匂う』（音楽：平井澄子、振付：花柳寛《はなやぎひろし》〔現・四世花柳壽輔《じゅすけ》〕）を書き、演出した田中千禾夫《ちかお》は具体的な自作品について触れることがないまま、「ミュージカルとは芝居入り歌か、あるいは歌入り芝居か、そのどちらかであっても、たぶんそのどちらでもあるまい。ミュージカルの様式は両者を統一し、別の種類に変化させた何かであるだろう。それは物理的変化ではなくて化学的変化ではあるまいか」「私なども二、三、歌入り芝居のようなものを書いたけれども、化学的変化の妙にまで及んだかどうか心許ない」と煙に巻く[14]。既述した六二年四月『真田風雲録』についても、福田善之は「『真田風雲録』のことを、いわゆるミュージカルスと関係づけて語る、ということが、いま適当であるとはおもえない[15]」と語る。

したがって、一九五七、八年ごろに「新劇団の創作ミュージカル」を作ろうという機運が生まれていたとは言い難く、新劇界が自分たちの問題としてミュージカルを意識するようになるには、まだ五、六年あった、というのが本当のところだろう。一九五四年度の演劇界回顧の記事で『朝日新聞』が「今年の新劇界はいわゆる《ブーム》という言葉で一括された。上演回数、新劇関係者の数、観客動員の面で空前の膨張をとげた[16]」と書いてから、まだ三年。六二、三年ごろに新劇団が抱くようになる危機感はまだそれほど大きくなってはいなかった。

とはいえ、文学座が『陽気妃』を上演した際に、すでに変化の兆しを見て取る者もいた。評論家の尾崎宏次である。当初『読売新聞』紙上で『陽気妃』の初演評を行った際の尾崎にはそこまでの認識はなかった。「文学座にはなんでもやってみる大胆さと気安さがあって、それが時流にのっているところもある。が、同時にその気安さが芸術的な昇華をつい薄めてもいる」と書き出し、「これはまあ一編のオトギ話ですといった音楽劇」「どうにも音楽（服部正）の薬味がきかず、演劇の音楽的昇華という点では、アマチュアじみて平板」「ノン・プロの気安さに遊んでいる程度の娯楽品[17]」と散々にこき下ろす。要するに、最新流行のミュージカルを新劇団の老舗たる文学座が軽薄にも手を出しおって、という程度の把握だ。第1章で述べたように、東宝ミュージカルが一九五六年二月に始まった頃より、日本は第一次ミュージカル・ブームというべきものを迎えるが、これは東宝ミュージカルや松竹浅草ミュージカルスのような舞台ミュージカルだけでなく、ラジオやテレビがこぞって「ミュージカル」番組を放送したことが大きかった。尾崎の批判の矛先は、新劇が商業演劇の真似をしたことよりも、ラジオやテレビの後追いをしたことに向いていたはずだ。

ところが尾崎はその約四ヶ月後に同じ『読売新聞』紙上に「劇界にみる自壊作用　『古くささ』とアマチュアリズム」という時評を発表し、「新劇のひろがりに応じようとした形式主義的な数々の試み」を批判する。

たとえば「非写実の芝居」をつくりだすことが急務だといいだした文学座が、どんな企画をおしすすめたかというと「楊貴妃」「人と狼」「国姓爺」というようなものであった。こういう芝居がかりに非写実であるとしても、それでは写実的な芝居の何を否定して、何を発展させたのかというと、ほとんど劇の内奥にふれた事柄には縁がなく、形式上のことがらだけが非写実的であった、というわけである。(18)

尾崎の時評は、新劇界に浸透しつつある形式主義を退け、写実主義に戻ることで内容を充実させることを提唱するもので、それ自体新味はない――一九三〇年代、ソヴィエト連邦において社会主義リアリズムが公認芸術とされアヴァンギャルドが形式主義として弾圧されて以来のもので、この対立図式を持ち出すことは当時の文芸評論家の基礎教養だった――が、なぜ形式主義が席巻しているのかについての分析が興味深い。尾崎は現在「歌舞伎が歌舞伎に自信をうしない、新派が新派そのものに疑いを抱きはじめている」と指摘した上で、「同じような問題が、新劇界にもある」「新劇団がやはりアマチュアリズムの流し目にまいっている」と主張する。「人間が人間を演じる芸術」である演劇――ということは写実が守られねばならないということだ――において「演じる人間が、自分の生きてきた伝統に自信をもてなくなってきている」。だから形式主義に走るのだ、というのが尾崎の見立てで、それはとりもなおさず、すでに一九五七年の段階で新劇がその存立基盤や使命を失いかけていたことを尾崎が鋭く見抜いていたからに他ならない。

いずれにせよ、「新しい劇スタイル創造の立場から」（傍点は原文）、「新劇とミュージカル」という特集を組んだ『新劇』（こう書いたのは、当時編集長だった石澤秀二だった）は、それから七年経っても尾崎の提出した「新劇はミュージカルのような形式主義偏重の演劇に向かうべきではない」という動議に正面切って答えないまま、新しい様式としてのミュージカルの可能性だけを追っており、いささか軽率のように見える。[19] アメリカン・ミュージカルの最大の特徴は――尾崎が考えていたのとは異なり――音楽劇固有の様式性と、オペラやオペレッタでは得難いリアリズムとを折衷させたところにあるのだが、『新劇』誌上でこの折衷主義に注目した論考はそれほど多くない。皮肉なことに、劇作家（菅原卓、矢代静一、飯沢匡、宮本研、八木柊一郎《しゅういちろう》、福田善之、田中千禾夫）や評論家（倉橋健）は、日本におけるミュージカルの様式はどうあるべきか、あるいはアメリカン・ミュージカルの様式を日本人が習得するにはどうするべきか、という観点からもっぱら論じており、ミュージカルという新しい形式に、新劇が追求していた内容としての「ドラマ」をどう盛り込んだらよいか、ということを検討しているのは、新劇プロパーではない観世榮夫（「演出家としての立場から」）と林光（「作曲家としての立場から」）の二つの論考だけだ。その中から、観世のものを引用しよう。

> つまりね、ミュージカルというスタイルが劇構成の一つのテクニックなのか、或いは、それ自体が或る思想の表現様式なのかという根本的問題が、あなたのおっしゃる通り、でてくるわけです。従来のいわゆるドラ

マティック演劇では〔略〕自然主義的方法があります。それでは足りなくて、人間とか或る対象の内側をパッと表に出したいと思う時、外側から自然主義的に描いたのでは、対象の内側というか、その裏にあるものは出て来ないと思う。その内的なものを、音楽や舞踊で表現し、観ている人々を、内側の世界にまき込んでいくという方向が、ミュージカルの問題には、まずあると思う。[20]

もちろん、そのことを当時活躍していた新劇の劇作家たちの認識不足と一概に責めることはできない。一九六四年の段階で大半の日本人はブロードウェイで上演されるアメリカン・ミュージカルを観ておらず、ナンバーが物語を進めるという統合ミュージカルの原理をよく分かっていなかった。先ほど引用した田中千禾夫がいみじくも認めるように、「ミュージカルとは芝居入り歌か、あるいは歌入り芝居か、そのどちらかであっても、たぶんそのどちらでもあるまい」という把握がせいぜいで、「新しい劇スタイル」としてのミュージカルを上演する際の関係者の頭でもっとも大きな場所を占めていたのは、台詞を話すこと以外の訓練を受けていない俳優に歌を歌わせたり、踊らせたりしてもなんとか格好つけさせるのにはどうしたらよいか、という様式の習得の問題だった。

とはいえ、この時期を過ぎると、もはや新劇団がミュージカルを自らの問題として取り組むことはなくなる。『真田風雲録』の直後、六二年七月に青年芸術劇場が俳優座劇場で上演した宮本研『メカニズム大作戦』(作曲:林光、演出:観世榮夫)、同年九月に青年座が都市センターホールで上演した椎名麟三『われらの同居人たち』(作曲:いずみたく)、一九六五年七月に青年芸術劇場が俳優座劇場で上演した福田善之『三日月の影』(作曲:林光、演出:観世榮夫)、そして一九六七年七月、新人会が日経ホールで上演した山崎正和『動物園作戦』(作曲:服部克久、演出:田中千禾夫)が、新劇団によるミュージカル上演の試みの全てであったと言ってよいだろう。

一九六七年八月、再び東京・大阪労演提携企画として都市センターホールで新劇団合同公演『奇想天外神聖喜《ミステリヤ・ブ》歌劇《ッフ》』が上演される。総監督：千田是也、演出：観世榮夫、作曲：林光という布陣で実施された第三回合同公演（第二回合同公演は一九六三年八月毎日ホールで上演された『戯劇春秋』）では、俳優座スタジオ劇団として新たに新劇場と自由劇場が加わり、八劇団となった。林によれば、マヤコフスキー原作・長谷川四郎脚色のこの作品は「音楽劇の一種」「いわゆるオペラいわゆるミュージカルとちがう」ので、厳密な意味での新劇団によるミュージカル上演のリストに入れることはできないが、林は自らが作曲した『真田風雲録』『メカニズム大作戦』『三日月の影』を挙げて「どこかでつながっている」と述べている。[21] だが、この作品を六二年四月『真田風雲録』から始まる、新劇団によるミュージカル上演の五年半の歴史の掉尾を飾るのにふさわしいと思わせる理由は別にある。自由劇場が加わっている点だ。

　自由劇場は佐藤信《まこと》、串田和美、清水紘治、吉田日出子らがはじめた劇団で、俳優座養成所出身者が中心となっている点では他の俳優座スタジオ劇団と同様だが、一九六六年十一月の第一回公演ではアンダーグラウンドシアター自由劇場にて佐藤信作『イスメネ』『地下鉄』を二本立てで上演した。佐藤はこの後、黒テント68／71を設立して、アングラ演劇を代表する劇作家・演出家となっていくが、『奇想天外神聖喜歌劇《ミステリヤ・ブッフ》』の上演が横浜（青少年ホール）、大阪（毎日ホール）、神戸（国際会館）、京都（京都会館）と巡演していく八月後半から九月前半にかけて、佐藤の代表作の一つとなる『あたしのビートルズ』（一九六七年八月、アンダーグラウンドシアター自由劇場）を第五回公演として上演している。この作品の音楽も林光が担当しているが、さすがに出演俳優は被っておらず、浅川鮎子、伊藤満智子、河内美子、甲田健右、中村方隆の五人が『奇想天外神聖喜歌劇《ミステリヤ・ブッフ》』に出演している。だから少なくとも『奇想天外神聖喜歌劇《ミステリヤ・ブッフ》』上演が始まった時点では新劇との関係を絶つことは考えていなかったはずだ。

　だがこれ以降、自由劇場は他の俳優座スタジオ劇団と合同公演を行うことはなく、単独でミュージカルや音楽劇を上演していくことになる。紙面の関係上詳細な記述は省くが、たとえば六八年二月に『ヴェト・ロック』を上演していることは特筆すべきだろう。『ヴェト・ロック』はオフ・オフ・ブロードウェイの代表的劇団の一つだったオープン・シアターが六六年五月にラ・ママ実験劇場で初演した合衆国初のロック・ミュージカルで、当時の座付作者であるミーガン・テリーが、ワークショップでの俳優たちによる即興のやりとりを記録しまとめたものだった。中村敦夫が訳し、マリアンヌ・ド・ピュリーが作曲した「オリジナルだが、きわめて平凡な」楽曲を林光が再構成を行い、振付を朱里《しゅり》みさをが担当している。(22)

後述するように、福田善之、井上ひさしの試みなどいくつかの重要な例外はあるにせよ、一九六七年以降の新劇は音楽や舞踊を取り入れて新しい表現を作り上げる方向ではなく、純粋な台詞劇の完成を目指すようになる。アングラ演劇の集団は(ジャンルとしてのミュージカルを試みた集団は多くなかったが)、いずれも劇中で音楽をふんだんに使い、論理的構築性を重視するドラマよりも感覚的刺激を与えるショーを目指すように見えたから、新劇は敢えてその反対の方向に舵を切ったとも言える。一九七〇年一月十九日、『少女仮面』で唐十郎が第十五回岸田國士戯曲賞を受賞した夜、芥川比呂志が宇野重吉に電話をかけて「ずいぶん、おかしいじゃないか」と怒った調子で言ったことが『毎日新聞』で報じられている。その後続けて――記者の意見か、それとも宇野が芥川からの電話を例に引く中で語ったことか定かではないが――岸田國士門下は田中千禾夫、小山祐士など「せりふの美しさを大切にする作風」だが、「『少女仮面』はそれとは違う方向の作品だ」と述べて、新劇の理念を擁護するこの記事(23)が象徴的なように、新劇は「アングラ的なもの」から距離を置くことで自らの存在理由を確認しようとして、以降しばらくミュージカルとは無縁になる。たとえば文学座が次に「ミュージカルらしきもの」(演出の坂口芳貞の言葉)を上演するのは一九八二年八月、文学座アトリエで上演した『ル・トルアデック教授の華麗なる黄昏』である。

二　小説家たちのミュージカル

しかしながら、新劇ミュージカルにはもう一つ重要な流れがある。一九五〇年代末から六〇年代前半にかけて、ミュージカルを大衆的かつ前衛的芸術として捉え、新劇団に上演させようと働きかけた、安部公房、野間宏、花田清輝ら小説家たちによる運動だ。大まかに言って、彼らは二つのことを唱えた。(1)ミュージカルは、歌や踊りがドラマと有機的に結びついて一つになるのではなく、歌や踊りを生み出すもとになる（それぞれは単体で）さまざまな感覚・知覚が統合されたものだ。(2)ミュージカルは、このように表層的な知覚として体験するものなので、深層構造としての物語（＝ドラマ）は重要ではない。

しかしながら、このような彼らの把握は、当時日本で上演されはじめた東宝ミュージカルや松竹浅草ミュージカルのような現実の舞台ミュージカルを見た結果として導き出されたものでもなければ、そうした現実を変えるだけの影響力を持っているものでもなかった。彼らの理念を具現化しようとした集団には、青年座や大阪労音があるものの、実際の上演となると、質量ともに前述の新劇団の創作ミュージカルにもまして貧弱である。現実の成果に乏しく、理念のみ先行する運動を限られた紙面で記述することにどんな意義があるのか、と問われるかもしれない。けれども共同体の無意識の欲望を言語化することに長けているだけあって、小説家たちのミュージカル論は戦後日本の第一次創作ミュージカル熱が人々のどんな思いに支えられていたか、ということを考察する際の貴重な史料となる。

それを一言で言ってしまえば、アメリカ文化への素朴な憧れから生まれたその過大評価、ということになる。人々はその様式の独自性やジャンルとしての成熟の度合いゆえにアメリカン・ミュージカルに惹かれたのではなく、それがアメリカのものだからもてはやしたのだ。一九五〇年代後半の日本において、小説家たちも含めてアメリカン・ミュージカルを――ことにその必然的帰結とも言うべき統合ミュージカルの理念を――理解していた人はほとんどいなかった（例外は内村直也ぐらいだ）[24]。小説家たちは上記二つの把握をもっぱら合衆国の映画ミュージカルの表現や技術を、こう言ってよければ曲解することで得ており、いざそれが舞台上演というかたちで現実化すると、合衆国の映画ミュージカルとは似ても似つかぬ「偉大なる失敗作」[25]を作り上げることになった。

さて、すでに述べたように「新劇始まって以来のミュージカル仕立ての芝居」と評されたのは五七年五月の『陽気妃』であるが、その二ヶ月前の同年三月に青年座が第五回小公演として国鉄労働会館で上演した二本立て、武田泰淳の一幕喜劇『怪しき村の旅人』と内村直也のモノローグ・ドラマ『波の女』のほうがその栄誉にふさわしいかもしれない。『怪しき村の旅人』については、座長であり演出を担当した成瀬昌彦のたっての希望で、「マンボの王者」として当時人気のあったペレス・プラード楽団『ブードゥー組曲』をもとに関矢幸雄が振付を行った。

> ペレツ《〔ママ〕》・プラードの「Boo Doo《〔ママ〕》組曲」が稽古場に響く。ボンゴの強烈なリズム。それにのって若い肉体が躍動する。顔を白くぬった幽霊の大行進がやってくる。村の夜間作業のエネルギーと幽霊群のエネルギーが稽古場を充満する。振付の関矢幸雄氏の注意が飛ぶ。一日7・8時間踊りずめという日が続いた。
>
> 青年座には、若さとエネルギーがあった。
>
> 一種のミュージカル形式ともいえる、当時としては、画期的なもので、ひと月ほど後に俳優座でもこれを上演して、はからずも競演ということになるのである[26]。

たった三日間の公演ということもあって新聞等の批評には取り上げられなかったが、公演プログラムの中で関矢は「新劇とは、いつも新しい感動を与えて呉れるからそう云うのではないのか。〔略〕もうそろそろ惰眠を止めて「進劇」して欲しい。「死ン劇」から今日のしんげき「ミュージカルス」に前進して欲しい」と、その意気込みを述べている。また『波の女』については、やはり公演プログラムで演出も兼ねた作者の内村が「演出の上で、〔略〕今回は多少ミュージカルの形式を使ってみようと思つている」と述べている。実際に観客にどのように受け止められたかはともかく、作り手の意識としては青年座が先行していた。(27)

『怪しき村の旅人』をミュージカルと呼んでいいかは別にして、(28) 作者が武田泰淳だったことには大きな意味がある。小説家である武田は、一九四八年一月に花田清輝と岡本太郎が発起人になって結成した前衛芸術研究会である夜の会に加わっていた。この夜の会には、青年座の文芸部に所属し、後に『われらの同居人たち』を提供することになる椎名麟三もいたし、またやはり青年座のためにミュージカルを書くはずであった(が書けなかった)野間宏もいた。後に安部公房も加わる。夜の会、そこから派生したアヴァンギャルド芸術研究会、そして安部らが発足させアヴァンギャルド芸術研究会と合流する世紀の会については、会員の記憶や当時の史料に齟齬が見られることを鳥羽耕史が報告しており、たとえば埴谷雄高は一九四七年五月に夜の会の最初の会合があり、花田、椎名、安部が参加していたと書いているという。だがここで重要なのは、戦後の日本文学を担った彼らが、美術家をはじめとする様々なジャンルの芸術家と交流し、総合芸術としての演劇に興味をもってこの時期の新劇団に戯曲を提供しただけでなく、大衆的かつ前衛的芸術という自分たちの理念を具現化する手段としてミュージカルを作ろうとしていたことだ。(29)

安部公房と野間宏は一九五五年頃より「ミュージカル創造の集りを作ろうという相談をはじめ」、それは翌五六年にはミュージカル研究会、零《ゼロ》の会に結実する。その初期メンバーは安部と野間のほかに、芥川也寸志、市川俊幸、河井坊茶《ぼうちゃ》、草笛光子、和久田幸助で、やがて林光、塚原哲夫、宮城まり子、長谷川四郎が加わったという。野間はこの頃「ミュージカルについて」というエッセイを書いている。零の会を作り、椎名麟三からもミュージカルを「やる」ようにと勧められているが「その能力があるかどうか」という逡巡を書きつけるところから始まっているこのエッセイには、冒頭に掲げた二つの主張が含まれている。まず野間は、東宝ミュージカルや松竹浅草ミュージカルに有機的統一がないことを批判する。

日本でミュージカルをやるということは、そこに出演する、脚本を書く、音楽をもって構成する、演出によって全体を統一し生きたものにして、観客に結びつけるということと、同時に、音楽家、作者、俳優、演出家、これらすべてのものが、一つの新しい集団を形成するということがなりたってはじめてできるのである(30)

ここで野間は、歌や踊りがドラマの中に「自然に」組み込まれる統合ミュージカルの骨法を正しく捉えているように思える。けれども私は前節で、一九六四年の段階で大半の日本人はブロードウェイで上演されるアメリカン・ミュージカルを観ておらず、ナンバーが物語を進めるという統合ミュージカルの原理をよくわかっていなかった、と述べた。観世榮夫や林光のような演出家や作曲家が劇作家よりもアメリカン・ミュージカルの手法を理解している、ということはあったとしても、野間のような小説家が劇作家よりも理解している、ということがありうるのだろうか。

その背景には、すでに総論で述べたことだが、一九五〇年代の日本では統合ミュージカルの手法にもとづくハリウッド製ミュージカル映画が次々と公開されていたという事実がある。他ジャンルの動向に敏感だった野間たち小説家らは、すでに五〇年代後半に（当時の日本では必ずしも人気があったとは言えない）こうしたミュージカル映画を熱心に見て研究していた。一方、新劇団の劇作家たちの多くは六〇年代になってようやく危機意識を持ったが、すでにこの時期はミュージカル映画における統合ミュージカルの流行は下火になっていた。『恋の手ほどき』（日本公開、一九五九年六月）、『マイ・フェア・レディ』（同、一九六四年十二月）、『サウンド・オブ・ミュージック』（同、一九六五年六月）のような五〇年代末から六〇年代前半にかけて日本で公開されたミュージカル映画は、むしろ「歌入り芝居」の伝統に戻った、オペレッタに近いものだった。六三年九月に上演された日本版舞台ミュージカル『マイ・フェア・レディ』もまた同様である。

五〇年代映画ミュージカルにしばしば見られた物語と音楽、踊りの緊密な関係を野間たちが見てとったからこそ、東宝ミュージカルや松竹浅草ミュージカルが戦前の日本でも盛んに作られたオペレッタ同様に有機的統一を欠いた歌入り芝居でしかないことを批判することができたのだろう。だが後で詳しく検討するように、野間たちが合衆国の統合ミュージカルの理念を正しく理解あるいは評価していたわけではなかった。

自分の育った家が千日前・弥生座の隣だったことを述べて野間がするもう一つの主張は、さらに興味深いものである。戦前の弥生座は、森川信らが一九三四年に旗揚げしたレヴュー劇団ピエール・ボーイズの常打ち劇場となっていた。野間によれば、名前も出ていなかった菊田一夫もそこにいたという。ピエール・ボーイズは「アチャラカ」だったが、「それは私のうちに入りこみ、はなれなかった」。

やっかいな家の問題にとりかこまれ、自由でない恋愛に苦しめられ、戦争と貧困に圧迫されている若いものの心のなかにつみ重ねられている、ごてごてしたイメージの切れはしを、ひっつかんで、とりだしてくる力をそれは持っていたわけである。その若いものの心のなかに動いている表象にじかにつながる細部をもっていて、それが観るものの心に、つよくぶつかるのである。その細部はたしかにぶつぶつ、ざらざらしていて、みがきをかけられてはいない。しかし私はいかに磨きをかけようとも、ほんとうにとらえられた細部は、この観るものの心のなかに動いているごてごてした表象につよくつきあたるものを失うことはないと思うのである。私はアクチュアリティというものをこのぶつぶつざらざらしたものときりはなして考えるとすれば、すでにそこに考えちがいが起ると思う。私は弥生座の「ピエール・ボーイズ」をそのまま認めるなどということは考えていないが、そこには今日のミュージカルがどうしてもとらえることの出来ない、アクチュアリティをとらえる生きた力があったのである。(31)

野間がピエール・ボーイズのショーを見て強烈なアクチュアリティを感じた、その思い出を語るなかで出てくる「ごてごてしたイメージの切れはし」「ぶつぶつざらざらした〈細部〉」という表現は、先に野間が提示したミュージカルの有機的統一という理念とは正反対のように思える。なるほど、レヴューの楽しみは芸人たちが自分の持ち芸を披露するところにあり、レヴューを見ることは細部に宿る美を愛でることだから、野間がレヴューの美学を唱えているのならよくわかるが、野間はそれをミュージカルの美学として提唱している。

有機的統一と断片の美学がなぜ同居するのかを理解するために、後年書かれた補助線を二本引きたい。まず、『テアトロ』第二五一号「特集・ミュージカルの可能性」において、NHKテレビディレクターの和田勉《べん》が寄せている「ミュージカル原則――または状況のミュージカル」という奇妙な一文を見よう。奇妙な、というのは、五〇年代後半から安部公房や花田清輝の影響を強く受けていた和田が、具体的な作品の上演状況とは全く無関係な、ひどく観念的なミュージカル論を展開しているからだ。和田はまず、一九五九年四月から一九六一年三月にかけてNHK大阪が制作した「現代人間模様」という一回三十分のテレビドラマのシリーズが、安部公房がある機会に口に出した「フィクションルポルタージュ」を狙ったものだったと記す。「フィクションルポルタージュ」とは聞き慣れない言葉だが、要するにドキュメンタリー風に見せかけたドラマ、ということだろう。そしてとりわけ自分が演出した『ぼうふら地帯　ある手配師の周辺』（シリーズの大半の他の作品と同様、前後編に分けて放映された。前編は六〇年六月六日、後編は六月十三日）という作品は「釜ヶ崎の一見暴動風のドラマ」であるが、「歌も音楽もひとつもなかったけれど、「ドラマ」というよりは「フィクションルポルタージュ」というにふさわしく、そういうよりはもっとさらに「ミュージカル」であったのである」と主張する。(32)

和田が「歌も音楽も」ないドキュメンタリー風ドラマとミュージカルを同一視するのはこういうわけだ。『ぼうふら地帯』には手配師と群衆が登場するが、「ストオリイ自身はまあどうだってよい」「このとき、私を捉えたのは、それらの持っている要素であり、ある場面は素材のままの、それらの物自体であった」「要素と、素材とは〔略〕これらのことを物語るなどということをはるかにのりこえて、私のなかに存在したのである」。作り手の主観をなるべく交えず、素材をそのまま見せようとするのが記録芸術の基本であり、作り込んだドラマは不要だ、というのはよくわかるが、和田にとってはミュージカルもまた、作為のない「要素と、素材」だけのものであった。

歌や踊りの「意味」のなさ、話し言葉と異なり、その場にない対象を明確に指し示す代わりに、ただその場に「物自体として」、すなわちたんなる歌や踊りとして舞台上に存在していること、それが和田をしてミュージカルに強く惹きつけられた理由であることがよくわかる。

後述するように、このような和田の即物主義的とも言えるミュージカル観は安部公房の影響を受けたもので、安部公房を中心とするサークルの中では広まっていたが、そうでない捉え方をする人々も一方ではいた。その一つの例として、同じ『テアトロ』第二五一号に掲載されている八木柊一郎「ミュージカル私論」を見てみよう。

一九六〇年十一月に初演され、翌六一年七月と十一月、六三年十一月、七三年九月と再演が重ねられた、八木の脚本による『泥の中のルビィ』は、創作ミュージカルの傑作という評もあったが、初演の上演主体である大阪労演では不評だったようだ（この作品の詳細については第7章「百花斉放の創作ミュージカル」を参照されたい）。八木は労音幹部から漏れ聞こえてきた不満にたいする反論のかたちで、当時の労音ミュージカルがドラマ性の薄いものを好んで取り上げたことを批判する。

労音という組織の幹部たちの間では、果して、「ミュージカルとしてはドラマ性が強すぎる」という意見が多かったらしい。その言葉の正確な意味を、理解できなかったのだが、のちに労音当事者が、〝これこそ我々のミュージカル〟と推奨してやまない「劉三姐《りゅうさんぢぇ》」を見るに及んで、なるほどと私は思った。

「劉三姐」も、ミュージカル・ショーというよりミュージカル・ドラマであり、とってつけたような歌や踊りはなく、優れた構成を持った作品だったが、ドラマの骨格あるいはテーマが、あきれるほど公式的なもので、従ってその中の歌や踊りを楽しむのに少しも芝居がじゃまにならない。(33)

『泥の中のルビィ』について、「ミュージカルとしてはドラマ性が強すぎる」という意見が出されたのは大阪労音の「組織の幹部たち」だといっても、彼らは観客の反応を間近に見ていたからこそ、このように言い得たはずだ。先ほどの野間のレヴュー礼賛と合わせると、とくに労音に加入しているような若い観客は、レヴューのような断片的かつ即物的なものに「アクチュアリティ」を感じ、物語の筋道を丹念に辿らないと理解できないドラマを忌避していたのではないかと想像がつく。

野間や安部、そして和田にとってミュージカルが大衆的かつ前衛的芸術であり得たのは、それが近代劇と異なり、相当な長さの時間の間中ずっと息を詰めてドラマの展開を見守るという鑑賞態度を要求しないからだった。八木柊一郎のような新劇出身の作家にとっては理解しがたいことだったが、野間や安部、和田らは確かに新しい大衆の感受性が育ちつつあることを嗅ぎ分け、ミュージカルはそのような感受性の上に花開くものだと考えていたのだった。

もっとも、本人はおそらくそうと意識していなかっただろうが、八木の主張は理念としての合衆国の統合ミュージカルに一致していた。統合ミュージカルは、近代劇としてのドラマの構築性と、音楽劇が必然的に抱える断片性や即物性とを両立させようとする。一九四〇年代から五〇年代にかけての統合ミュージカルの全盛期が、テネシー・ウィリアムズやアーサー・ミラーに代表される合衆国のリアリズム演劇が合衆国の内外で支持された時期であったことは偶然ではない。オペラやオペレッタ、あるいは半世紀前までのミュージカル・コメディにおいて演じ手が歌や踊りを披露するとドラマの進行が止まる、観客は固唾をのんで物語の展開を見守るのではなく、演じ手の「芸」に拍手を送って物語を中断させることを厭わない、そんな古い音楽劇の慣習から逃れようとして、ドラマと歌や踊りが切れ目なく続くように――登場人物たちの自然な感情の発露が歌や踊りへと発展し、舞台上のリアリズムが維持されるように見えるように――したのが統合ミュージカルだった。別言すれば、統合ミュージカルはウィリアムズやミラーの戯曲同様、近代劇だった。

花田清輝が『美術批評』にこの時期発表した「ミュージカル・コメディとアヴァンギャルド芸術」というエッセイは、以上のような近代劇にたいする批判という文脈の理解がないと全く不可解なものである。しかし「コラージュをつくったマックス・エルンストのような芸術家だったら、それぞれの大衆芸術を、そっくり、そのまま生かしながら、ありふれたヴァライエティ《ママ》を再組織するだけで、素晴らしいアヴァンギャルド芸術を作り出すことができるかもしれない」「ミュージカル・コメディは、オペラやオペレッタを俗流化したものではなく、逆にヴァライエティを踏み台にして、オペラやオペレッタを否定することによって、はじめてうまれてくるものだ[34]」という花田の主張は、有機的統一や構築性、論理性を重んじる近代精神を批判し、断片や分裂、感覚的なものを偏愛するアヴァンギャルドを擁護する、当時の文化人の気分をよく表していた。

そうするとやはり、断片的であり即物的である前衛芸術としてのミュージカルは、野間が見てとるような有機的統一に向かわないようにみえる。野間が「全体を統一し生きたものにして、観客に結びつける」（傍点引用者）とだけ説明して有耶無耶にしている箇所を、もう少し精緻に説明しているのが安部公房である。

安部は一九五九年八月、大阪労音の委嘱により『可愛い女』（作曲：黛敏郎、演出：千田是也、振付：飛鳥亭、出演：ペギー葉山、立川澄人、加納純子）をフェスティバルホールで上演する前後にミュージカルについて数本エッセイを書いている。座談会やインタヴューでの発言も含めれば、一九五〇年代から六〇年代にかけてミュージカルについて、もっとも活発に論じた小説家は安部である。だが彼のミュージカル論について、これまで真剣な検討がされたことはない。それはおそらく以下の引用のように、衒学的でほとんど人を食ったような調子で安部がミュージカルを論じているからだろう。

オペラは歌が中心だが、ミュージカルスの中心は、単なる歌でも踊りでもなく、あえていえばそれらをむすぶ**前庭器性空間知覚**とでもいうべき、より根元的な自己感覚や、関節部位やコルジ氏器官による、姿勢ならびに運動感覚等なのである。ここでつくられる、線加速度と角加速度、あるいは位置や転位の知覚の組合わせが、リズムの理解となり、やがては歌や踊りという表現の母胎にもなるわけだが、出来上ったそれら表現形式よりも、その底にある、より根源的な要素に一度たちかえって、そこから現実を再構成しようという立

場に近い。[35]（太字は原文）

「ミュージカルスの中心」という表現が曖昧なので意味が取りにくいが、安部がここに挙げている様々な知覚や感覚は「歌や踊りという表現の母胎」となるものだということはなんとかわかる。「出来上ったそれら表現形式よりも、その底にある、より根源的な要素に一度たちかえって、そこから現実を再構成しようという立場に近い」というのも悪文だが、要するに、ミュージカルを作ることは、歌や踊りという「表現形式」を組み合わせるのではなく、さらにその母胎である様々な知覚や感覚という「根源的な要素に一度たちかえって」、それらの要素を再構成することである、と言っているようだ。

この頃の安部のキーワードは分化と総合だった。たとえば安部は「テレ・ミュージカルスへの誘い――芸術の分化から総合へのみち」では、「分化と、その否定である再総合――どうやらこの矛盾した二つの力の交代が、あらゆる創造力の秘密であるらしい」と述べる。[36]『可愛い女』上演直前に大阪労演機関紙『新音楽』に寄稿した「ミュージカルス論」では、「分化した〔芸術の〕各ジャンルの〔略〕現存する一つの極は、いうまでもなく散文芸術〔略〕これを活字によるイマジネーションの合成と批評の芸術と呼ぶことにしましょう」「もう一つの極は、音楽やダンスで代表される、リズムによる表現です」と書き、「〔歌舞伎やオペラやオペレッタのような〕音楽入り芝居」や「今流行の詩劇」は、「散文とリズムの結合であるミュージカルスの総合精神とは、およそちがった、異質のもの」であると断言する。[37] 別のところでは分化のかわりに「行動の微分値までおりる」、という表現を用いている。[38]

しかしながら、既存の表現形式を根源的な要素までどのようにして分化させ、その根源的要素をどのようにして総合するのか、という具体的な方策について安部はどこにも書いていない。野間のように上演された作品を全体としてではなく「ごてごてしたイメージの切れはし」として観客側が捉えることで分化は可能かもしれないが、そうした分化が生じるのが観客側であるのならば、総合の作業もまた作り手ではなく、観客側に委ねられることになる。

ミュージカルとは何かを作り手の立場から論じているのではなく、どのようにミュージカルを鑑賞するとその前衛的かつ大衆的な芸術としての性格が顕わになるか。安部公房が牽引し、野間宏や花田清輝が追随し、武田泰淳が実践した小説家たちによる理念的運動をそのような探求行為だったと捉えると、その矛盾・混乱や現実離れした構想も腑に落ちる。安部のミュージカル論においても、このような留保をつければ様々に興味深い主張を他にいくつか見つけることができるが、紙面の制限上ここでは省く。

三　その後の新劇ミュージカル

上記の小説家たちは一九六〇年代中葉、新劇団が自らの表現としてミュージカルの可能性を模索していた時期にはほぼ沈黙してしまう。大手新劇団も一九六七年が終わるとミュージカルを上演しなくなる。例外は青年座とテアトル・エコー、劇作家で言えば福田善之、井上ひさし。順番に見ていこう。

青年座は寺崎裕則が「創作ミュージカルは劇団四季以外は青年座を除いてしだいに下火となり」(39)と書くように、新劇団の中では例外的に創作ミュージカルを上演し続けてきたとみなされることが多い。しかしながら、劇団員が大阪労音のミュージカルの出演に駆り出されるということはあったものの、劇団としてはミュージカルの上演本数はそれほど多いわけではない。七七年一月『ファンタスティックス』(青年座劇場、脚本：トム・ジョーンズ、作曲：ハーヴェイ・シュミット、翻訳：渡辺浩子、演出：篠崎光正、振付：柳昭子)、一九八九年二月『Ｎｕｎｓｅｎ se』（青山円形劇場、脚本・作曲：ダン・ゴギン、翻訳：松岡和子、翻案・演出：高木達《とおる》、振付：岩崎ひろし）といった翻訳物をのぞけば、創作ミュージカルといえるものは以下の二作である。

一九八三年四月　原田一樹・鈴木完一郎『二つのダイヤモンド』（本多劇場、演出：鈴木完一郎、音楽：瀬戸龍介、振付：中川久美）

一九八六年十一月　高木達『パラダイス　オブ　ギンザ』（本多劇場、演出：前田和則、音楽：三木敏悟《びんご》〔図①〕）

図①　劇団青年座『パラダイス　オブ　ギンザ』（1986年11月）左・竹中直人、山路和弘（提供：劇団青年座、撮影：真野芳喜）

ただし、『シラノ・ド・ベルジュラック』を下敷きに一九四九年の銀座の進駐軍専用キャバレーを舞台にした後者は好評を博し、翌八七年から八八年にかけて約一年半のあいだで全国を巡演した。また、現在まで上演され続け、青年座の代表作とも言える『ブンナよ、木からおりてこい』は、水上勉の原作小説を小松幹生が脚色し、篠崎光正が演出して七八年四月に青年座劇場で初演された最初期のものがミュージカル仕立て（音楽：樋口康雄、振付：金森勢《せい》）であったこと、そして中学校公演として全国巡演を続け、途中に訪中公演をはさんで八一年五月までに計四百四十四回の上演回数を記録した大ヒット作だったために、「ミュージカルの青年座」というイメージが形成されたのだろう。二十一世紀に入ると、青年座の「ミュージカル路線は、上演にこぎつけるまでに膨大な期間と予算がかかると云う現実のため、現段階としては休憩中と云わざるを得ない[40]」という状況になる。

テアトル・エコーはおもにコメディを上演してきたこともあって、新劇団として目されないことも多い。しかし一九五四年六月、前身のやまびこ会を劇団テアトル・エコーと改称してからしばらくは、エルマー・ライス『計算機』（一九五七年三月）やゴーリキー『どん底』（一九五八年十二月）など、他の新劇団でも上演した作品を上演していたし、台詞劇を中心とする点では他の新劇団と変わらない。そのテアトル・エコーがはじめてミュージカルを手がけたのは一九六一年六月、第一生命ホールで上演したミュージカル版『真夏の夜の夢』で、演出部所属のキノトールが「現代化」を行い、伊藤一夫が音楽を担当した（演出：芦辺信一、振付：金井芙三枝）。その後も同じキノトール、伊藤一夫のコンビで六八年十月『われら今夜の悪夢』（演出：キノトール、振付：若松美《み》黄《き》）を農協ホールで上演した。キノトール（本名・木下徹、一九二二―一九九九）は当時三木鶏郎グループの一員で、ラジオやテレビの放送作家としての活動のほうが知られており、最初期のテレビ・ミュージカルである『光子の窓』（日本テレビ放送網、一九五八年五月十一日―一九六〇年十二月二十五日）の脚本にも三木鮎郎《あゆろう》、永六輔らとともに参加している。何でも屋の才人だったキノトールはまた、大阪労音のミュージカルにも脚本を書き下ろしたりしている。

キノトールにかわってテアトル・エコーの座付作家的存在になった井上ひさしも、それ以前は放送作家だった。主宰の熊倉一雄のたっての勧めで『日本人のへそ』を執筆したのが、井上の劇作家としての実質上のデビュー作となった。六九年二月、テアトル・エコー第三十四回公演として恵比寿エコー屋根裏劇場で上演、演出は熊倉一雄、音楽は服部公一が担当した。井上自筆のものと思われる「初演記録」には「十二日間十六回上演したが殺到する観客を捌ききれず、三月に三日間四回の追加上演を行なった[41]」とある。続いて「抱腹絶倒ミュージカル・シリーズ」と銘打って、以下の五本を上演する。『表裏源内蛙合戦《おもてうらげんないかわずがっせん》』は新装なった椅子席七十一（当時）の劇場テアトル・エコーのこけら落とし公演であり、それ以外の作品も全てこの劇場で上演された。

一九七〇年七月　第三十六回公演『表裏源内蛙合戦』（演出：熊倉一雄、音楽：服部公一）

一九七一年四月　第三十八回公演『十一ぴきのネコ』（演出：熊倉一雄、音楽：宇野誠一郎、振付：砂川啓介）

一九七一年九月　第四十回公演『道元の冒険』（演出：熊倉一雄、音楽：宇野誠一郎）

一九七三年三月　第四十四回公演『珍訳聖書』（演出：熊倉一雄、音楽：宇野誠一郎）

一九七五年一月　第四十六回公演『それからのブンとフン』（演出：熊倉一雄、音楽：宇野誠一郎）

その後、井上はテアトル・エコーに新作を書き下ろすことはなくなるが、以降これらの作品はテアトル・エコーだけでなく、さまざまな集団や劇場によって再演が続けられている。一方、テアトル・エコーは以下のような創作ミュージカル作品を初演している。

一九八〇年七月（本公演外・回数表記なし）『半変化束恋道中《はんばけおたばこいのみちゆき》』（作：岡本多美子〔岡本螢《ほたる》〕、演出：熊倉一雄、音楽：宮本貞子、振付：おがわこういち）

一九八〇年十二月　第六十回公演『れびゆ　純情雪景色』（作：松原敏春、演出：熊倉一雄、音楽：桜井順、振付：坂上道之助）

一九八二年十一月　第六十五回公演『恋愛二重奏』（作：松原敏春、演出：熊倉一雄、音楽：桜井順、振付：小川公二）

一九八四年五月　第六十九回公演『甚助無用鰯烹鍋《じんすけむようわしにたなべ》』（作：岡本螢、演出：熊倉一雄、音楽：篠崎秀樹、振付：小川こういち）

一九八五年六月　第七十三回公演『夏宵漫百鬼夜行《なつでそぞろひゃっきやぎょう》』（作：岡本螢、演出：熊倉一雄、音楽：篠崎秀樹、振付：

小川こういち）

一九八六年六月　第七十六回公演『鯵《あじ》さん鱚《きす》さん猫飼好五十三疋《みようかいこうごじゆうさんびき》』（作：岡本螢、演出：熊倉一雄、音楽：青島広志、振付：小川こういち）

二〇〇四年七月　第百二十五回公演『星逢井戸命洗濯《ほしあひのいどいのちのせんたく》』（作：岡本螢、演出：永井寛孝、音楽：高橋剛、振付：伊藤多恵）

松原敏春（一九四七—二〇〇一）はテレビドラマの脚本家として多数のヒット作を手がけた他、熊倉の誘いに応じて『れびゆ　純情雪景色』を書き下ろしたのが劇作家のデビューとなる。これは「チンピラヤクザのヒデ（安原義人）と、ラーメン屋の出前持ちのみゆき（松金よね子）の出会いと純愛の末路を軸として、歌あり、コントあり、劇中劇ありの、バラエティー形式の芝居」[42]「出演者全員が何らかの楽器を演奏とするというにぎやかなショー」[43]だった。その後『恋愛二重奏』も書くものの、ほどなくして劇団東京ヴォードヴィルショーの結成に参加し、文芸部として脚本・演出を担うようになり、その後テアトル・エコーには書かなくなった。

岡本螢（一九五六—）は本名の岡本多美子名義でテアトル・エコーの創作戯曲募集に応じ佳作入選した『半変化束恋道中』が上演されて以来、「お江戸ミュージカル」と銘打った作品を一九八〇年代に次々と発表した。二〇〇四年七月『星逢井戸命洗濯』は新作書き下ろしで、同年九月の『半変化束恋道中』の再演と合わせて連続公演として上演した。

その後の井上ひさしが、遺作となる『組曲虐殺』（二〇〇九年十月）まで、生涯にわたって多くの音楽劇を書き続けたことはよく知られている。そのほとんどがミュージカルというより歌入り喜劇というのにふさわしいもので、劇中歌も多くは当該作品のために書き下ろしたものではなく、よく知られた出来合いの曲に新たな歌詞をつけるものだったため、本章が扱う対象とはしない。ただし、井上がアメリカン・ミュージカルの主流になっていった統合ミュージカルとは異なる様式の音楽劇を当初から志向していたことについては付言しておきたい。そのことを論じるためには、こまつ座の公演雑誌である『the座』第二〇号（一九九二年二月）から第三〇号（一九九五年四月）にかけて断続的に連載したものの、未完に終わった「服部良一物語」が役に立つ。作曲家・服部良一の評伝というよりも井上ひさしの「音楽面での自己形成史(44)」であるこのエッセイで、注目すべきは以下の二つのことだ。

第一に、西洋の旋律に日本語の歌詞をつける替え歌は、「西洋の日本化」であり、「固有の文化から洋の東西の別を超えた普遍的な原則をどのようにして抽出するか、そしてその普遍的な原則をどのように使えば固有の文化を豊かにできるかという大変な実験(45)」だと井上が考えていること。第二に、井上は作曲家ジョージ・ガーシュウィンと、彼を生み出す土壌となった一九二〇年代の大劇場レヴューに思い入れがあったこと。後者については、ガーシュウィンがその早い死の前年に作曲した代表作のフォーク・オペラ『ポーギーとベス』（一九三五年十月、ニューヨーク・）アルヴィン・シアター）に言及がなく、『ジーグフェルド・フォーリーズ』『ジョージ・ホワイトのスキャンダル』のようなレヴューの説明に紙面を多く割いていることが示唆的である。統合ミュージカルや『ポーギーとベス』のような、台詞で語られる物語と音楽が一体となって一個のドラマを提示するような種類の音楽劇ではなく、レヴューのような台詞で語られる物語と音楽が交互に演じられる種類の音楽劇に井上が関心を持っていたことがわかる。

井上自身の音楽劇においても、歌はドラマを進めるものではなく、緊密な構成のドラマの進行を止めて、観客にホッと息をつく間を与えるものだった。オリジナル作品を使わずに、西洋音楽の替え歌を使うようになったのは、遅筆で知られた井上が上演前までに余裕をもって作品を完成させて、作曲家に曲を依頼することが難しかったこともあっただろうが、日本語の歌詞をよく知られた西洋のメロディで歌うことで、歌詞の世界をいっそう広げ、親しみやすいものにする、という意識的な戦略でもあったろう。晩年の東京裁判三部作のうち、第二部にあたる『夢の泪』（二〇〇三年十月）では、長年にわたり井上のために曲を提供してきた宇野誠一郎の曲（『ひょっこりひょうたん島』や『ブンとフン』の劇中歌など既成のもの）、ブレヒト『三文オペラ』などのために書かれたクルト・ヴァイル作品に加えて、リチャード・ロジャース作品が使われている。しかもそうした曲は、ロジャースがオスカー・ハマースタイン二世と組んで統合ミュージカルの傑作を次々と生み出していった時代のものではなく、それ以前の、ロレンツ・ハートと組んで作った *The Girl Friend*（一九二六年三月）、*Pal Joey*（一九四〇年十二月）からのものなのだ。井上がレヴューやミュージカル・コメディが流行していた時代のアメリカの音楽劇を理想だと考えていることがよくわかる選曲といえる。

福田善之が『三日月の影』の後で再びミュージカル作りに携わるようになるのは商業演劇の世界においてだった。麻布高校時代から演劇部に属し、東京大学在学中にふじたあさやと共作した『富士山麓』を一九五三年の五月祭で上演して好評を博するなど旺盛な活動はすでに始まっていたとはいえ、福田の職業演劇人としての出発点は、ぶどうの会や民衆芸術劇場（のち劇団民藝）の岡倉士朗（一九〇九―一九五九）の助手時代にあったといってよい。岡倉が新派、歌舞伎をはじめとする商業演劇の演出をよくしていたことから、福田も商業演劇にかかわるようになるのは当然の成り行きだったが、その名前が広く知られるようになったのは、歌舞伎でも新派でもなくミュージカルだった。一九七一年十一月に新宿コマ劇場で、江利チエミ主演『白狐の恋』（作：谷口守男、原案：沢竜二、音楽：山屋清、振付：西川右近）の補綴・演出を担当。人形浄瑠璃や歌舞伎で有名な『芦屋道満大内鑑』（「葛の葉」）を原作としたこの作品には、脚本・演出を担当した『好色一代男』（一九六六年六月、歌舞伎座）の主演だった中村賀津雄（現・嘉葎雄）や清川虹子も出演していた。一九七七年八月には日生劇場で松竹制作の大竹しのぶ主演『にんじん』（作：山川啓介、音楽：山本直純、振付：坂上道之助）を演出。八三年八月にも日生劇場で、今度は主演が伊藤つかさに替わり再演。八七年八月にも中座で高見知佳の主演で三演された。
八一年三月、新宿コマ劇場の「榊原郁恵スプリングフェスティバル」で二日間だけ上演した『ピーター・パン』の大人気が、福田善之とミュージカルの結びつきをいっそう強くする。福田が構成・演出したこの作品は、ブロードウェイ・ミュージカル『ピーター・パン』と銘打って同年八月に同劇場で約一ヶ月間上演した。サンディー・ダンカンが主演した再演版（メアリー・マーティン主演のブロードウェイ初演は一九五四年十月だが、翌年二月に上演回数百五十二回で終わっている）が一九七九年九月からロングランしているところだったが、「そのまま向こうの演出を持ってくるにはいろいろ条件がうるさくて。それで自前の演出でやろうということになった」。宣伝上のこともあり、作詞者・作曲者・振付家のクレジットはブロードウェイ版のものを使っているが、実際には輸入ミュージカルではなく、「その芝居には似せない、どこも盗ってないってことが条件でつくった、メイド・イン・ジャパンの作品[46]」であり、音楽も内藤法美《つねみ》が担当した。

福田演出の『ピーター・パン』は一九八七年まで「新宿コマ劇場の夏の名物」となって、毎年一ヶ月間の公演を続けた。一九八八年、七年間で三百四十回主役を演じた榊原に代わり、新体操のホープだった十七歳の双子の姉妹・沖本富美代と美智代が交互に主役を演じることになり、これを機に青井陽治が演出を担当、「これまでの二幕仕立てをオリジナルの三幕仕立てに戻すなど、ブロードウェーの原型に近い公演」となった[47]。この他にも福田は『アニマル・ファーム』（一九八六年六月、青山円形劇場）演出、『シャーロック・ホームズの冒険』（一九九〇年十月、東京FMホール）脚色・演出など、現在まで多くの商業演劇ミュージカルに関わってきている。

商業演劇の世界とは別に、福田は女優の吉行和子、舞台美術家・朝倉摂《せつ》、舞台照明家・立木定彦らと作った劇団・立動舎を拠点にして、一九七一年から自らの作品を上演・演出しはじめていた。福田によれば、新宿コマ劇場での『ピーター・パン』の原型は七一年六月に上演した立動舎公演『変化紙人形、私の思い出』である[48]。堀内完《かん》が率いるユニーク・バレエが作った西麻布の小劇場ユニーク・バレエ・シアターのこけら落とし公演として、西川右近、吉行らが出演した。これ以降も福田は、小劇場や非商業演劇のために音楽劇仕立ての作品を多く書き、演出する。『ピーター・パン』の翌年、八二年一月には人形芝居の結城座のために『文明綺談――開化の殺人』（結城座）という題名で、モリエール『女学者たち』をバロック・ロック・ミュージカルとして企画・演出するなど、興行資本による大劇場ミュージカルとは異なる場で、一九六〇年代に新劇団が上演した創作ミュージカルの系譜に連なるような仕事をしてきている。ことに福田は、井上ひさしと違って歌入り芝居に徹する、ということはなく、ナンバーと物語がある程度統合された作品を書くので、アメリカン・ミュージカルに習って、様式性とリアリズムをなんとか折衷させようとした新劇ミュージカルの問題意識をもっとも正統な形で受け継いでいると言える。

とはいえ、紙面の関係上言及できるのは二つの作品のみである。九三年四月、木山事務所によって上演された『壁の中の妖精』（シアターサンモール）は、元宝塚歌劇団の春風ひとみによる一人ミュージカルで話題をよんだ。原作はイギリスの歴史家ロナルド・フレイザーによる聞き書き『壁に隠れて――理髪師マヌエルとスペイン内乱』（*In Hiding: The Life of Manuel Cortes*, 1973）。フランコ独裁政権下のスペイン・アンダルシアを舞台に、処刑を恐れて三十年自宅の壁の中に隠れ続けた夫を守り通した妻と娘の実話を描いたこの作品で、春風は二十人以上の役を一人で演じ分けた。翌年二月全労済演劇フェスティバル'94で再演（全労済ホール、スペース・ゼロ）、以降九九年十月（俳優座劇場）、二〇〇五年八月（新国立劇場小劇場）、二〇一〇年六月（あうるすぽっと）と東京の中劇場・小劇場でも再演を重ねているが、特筆すべきなのは一人ミュージカルゆえの小所帯を生かして、全国巡演を重ねてきたことだろう。九五年七月～九月、九九年七月～九月、〇一年八月～十月、〇三年三月～八月、〇三年十一月～十二月、〇五年七月～八月、〇七年六月～八月と北海道、本州、四国、九州の各地で公演を行ってきている。

また二〇〇九年六月第一回日韓演劇フェスティバルではペ・サムシク脚色、ソン・ジンチェク演出による韓国版の上演も行われた(49)。

もう一つはわらび座による民話ミュージカル『龍姫《たつひめ》』（一九九七年四月）である。わらび座は、かつて「〔ミュージカル〕のようなものが圧倒的な幅をもってもてはやされるのは、資本主義末期の人間疎外によるもの(50)」と創設者である原太郎が批判したミュージカルを、九五年四月『男鹿《おが》の於《お》仁丸《にまる》』以降、常設劇場であるわらび劇場で長期にわたり公演していく方針に切り替える。この時、脚本・演出を担当したのが宝塚の演出家・大関弘政で、以降わらび座は座内スタッフだけで作品を作り上げる体制から、東京その他で活躍する作家や演出家、振付家や作曲家に委嘱するようになる。大関に続いて委嘱されたのが福田で、劇団の地元、秋田・田沢湖町に伝わる辰子姫の伝説を用いて自然の神と人間との間に生まれた娘タツコと、優しく気弱な青年八郎の恋物語を描いた。また、クレーンを使い、龍姫を乗せた巨龍が座席数七百十のわらび座劇場の舞台を動き回るスペクタクルは、『ピーター・パン』で「空中遊泳」と評され宙吊り線の見えないフライングが話題になった福田の面目躍如たるものだった。

新劇ミュージカルの系譜を考えると、本章が福田善之『真田風雲録』に始まり、同じ作者の『龍姫』で終わるのは示唆的である。『龍姫』の少し前、一九九四年五月に、福田善之は竹田青嗣との対談で、「ぼくは今なんでもミュージカルになると思っていて、なんでもミュージカルにしたいんですけど(51)」と語っているが、幼い頃から歌舞伎に親しみ、歌舞伎の演出も多く手がけながら、新劇のリアリズムをも追求してきた福田のような特殊な境遇にいないと、リアリズムと様式性の折衷、ということを真剣に考える契機はなかなか与えられないのかもしれない。

（1）石澤秀二「編集後記」、『新劇』第一一巻第一〇号、一九六四年十月。同年九月、『テアトロ』第二五一号もまた「ミュージカルの可能性」を特集している。
（2）倉橋健「日本におけるミュージカルの上演」、『新劇』第一一巻第一〇号。
（3）福田善之「みんな、素敵な人だった　第九回　『遠くまで行くんだ』事件②」、『悲劇喜劇』第六〇巻第四号、二〇〇七年四月。
（4）武井昭夫「演劇運動の再生のための教訓――尾崎信遺稿集『運動族の発言――大阪労演とともに四〇年』の跋に代えて」、『運動族の発言――大阪労演とともに四〇年』慶應義塾大学出版会、一九九九年、一七頁。
（5）武井昭夫、同書、一七頁。
（6）福田善之「みんな、素敵な人だった　第九回　『遠くまで行くんだ』事件②」。
（7）戸板康二『対談戦後新劇史』早川書房、一九八一年、二四二―二四三頁。
（8）武井昭夫『運動族の発言――大阪労演とともに四〇年』一九頁。
（9）なお、この後一九七〇年・七一年には民藝からも鈴木瑞穂らの大量脱退事件があった。三大新劇団における造反が揃ったところで、『読売新聞』は一九七一年九月六日から十月八日にかけて「転換期の新劇」という連載記事を十一回にわたって掲載し、鈴木瑞穂や中村敦夫（元俳優座）ら脱退者から話を聞いている。
（10）例外的に、石澤秀二「日本の創作ミュージカルへの道程」（『新劇便覧　1984　今日のミュージカル』テアトロ、一九八三年）では、「年表に〝新劇初のミュージカル〟とされる文学座の飯沢匡作・演出『陽気妃』」（三四頁）と書くことで、『陽気妃』が新劇初のミュージカルであるという通説に反駁しているように見える。だが石澤がそう考える根拠は「本質的には東宝ミュージカルの保守性を共有していた」（同頁）ということであって、アメリカン・ミュージカルという折衷的表現様式に対する、多くの新劇劇作家たちの問題意識の薄さという、著者が主張する意味とは若干異なる。
（11）「総登場のにぎやかさ　文学座『陽気妃』」、『朝日新聞』一九五七年五月十一日付朝刊第五面。
（12）龍岡晋『文学座々史』文学座、一九六二年、九二頁。
（13）矢代静一「わたしのミュージカル　ミュージカル寸感」、『新劇』第一一巻第一〇号。
（14）田中千禾夫「わたしのミュージカル　合唱を主軸に」、『新劇』第一一巻第一〇号。
（15）福田善之「わたしのミュージカル　綜合的歌芝居」『新劇』第一一巻第一〇号。

(16)「回顧　一九五四年」、『朝日新聞』一九五四年十二月十六日付朝刊第五面。

(17)尾崎宏次「〝ノン・プロの気安さ〟文学座公演『陽気妃』」、『読売新聞』一九五七年五月十三日付夕刊第四面。

(18)尾崎宏次「劇界にみる自壊作用　「古くささ」とアマチュアリズム」、『読売新聞』一九五七年九月二十九日付夕刊第四面。

(19)石澤は「日本の創作ミュージカルへの道程」において、「自然主義的な近代リアリズム劇から脱皮の一方法として、ミュージカル様式への模索が当時からあったことは明らか」だとした上で、『テアトロ』第三六五号（一九七三年七月）に掲載された関博文編「ミュージカル・プレイ　日本上演年表」に言及し、「〔だからこそ、この年表〕に漏れている部分に注目したい」（三六頁）として以下のような新劇の劇作家による創作劇の上演を列挙している。

矢代静一『狐憑《きつねつき》』一九五二年十二月、文学座、文学座アトリエ、演出：矢代静一、音楽：黛敏郎。

矢代静一『叙情喜劇・絵姿女房』一九五六年一月、文学座、大阪・毎日会館、演出：戌井市郎、音楽：中田喜直。

田中千禾夫『案山子《かかし》将軍御昇天』未上演。『新劇』第三巻第五号（一九五六年四月）に、「〔俳優座による同年〕六月上演予定のところ、都合により無期延期となった」ことが注記され掲載。

矢代静一『象と簪《かんざし》——今様天保六花撰』一九五六年六月、青年座、一ツ橋講堂、演出：戌井市郎、音楽：武満徹。

花田清輝『泥棒論語』一九五八年十月、舞芸座、俳優座劇場、演出：土方与志・鄭泰裕《ていやすひろ》。

野間宏『黄金の夜明ける』一九五九年二月、青年座、俳優座劇場、演出：千田是也、音楽：林光、振付：関矢幸雄。

花田清輝『ものみな歌で終わる』一九六三一九六三年十一月、日生劇場。

なるほど、これらの戯曲では、それまでの多くの新劇の戯曲と異なり、歌詞や振付まで作者がト書きで具体的に指定していることが多い。だが、これらをミュージカルと呼ぶのは難しい。繰り返しになるが、リアリズムと様式性をどう折衷するか、という同時代のアメリカン・ミュージカルの問題意識をこれらの作品は共有していないからだ。『黄金の夜明ける』をのぞけば、全作品が時代物である——しかも『真田風雲録』と異なり、現代の政治状況を諷刺するためにあえて舞台を過去に据える、というのとも異なる——ことからわかるように、これらの戯曲は導入した音楽やダンスの様式性と拮抗するために、類型的人物や類型的状況の持つ様式性を利用している。その意味で、尾崎宏次が批判する形式主義的実験に止まっており、六〇年代後半の新劇ミュージカルがこの直後、恐る恐る足を踏み入れるような、日常生活と地続きの（写実的）ドラマを音楽やダンスで表現する、という領域には到達していない。換言すれば、石澤は、『陽気妃』のような「新劇大衆化のお題目や観客動員の方法としてのミュージカル」（三六頁）への批判に性急なあまり、新劇ミュージカルをたんなる様式上の実験と捉える傾向があった、と言える。

(20) 観世榮夫「演出家としての立場から――新しい表現としてのミュージカル」、『新劇』第一一巻第一〇号。

(21) 林光「音楽たね明かし」、三期会・新劇場・新人会・自由劇場・青年座・同人会・仲間・俳優小劇場合同公演『奇想天外《ミステリヤ》・神聖喜歌劇《ブッフ》』公演パンフレット、一九六七年八月、日本都市センターホール。

(22) M. Paul Holsinger, ed. "VIET ROCK (Musical)" *War and American Popular Culture: A Historical Encyclopedia*, p. 425.

(23)「少女仮面の評価」、『毎日新聞』一九七〇年一月二十八日付夕刊第九面。

(24) 内村直也『ミュージカル』（音楽之友社、一九五八年）は、この時期発表された劇作家によるミュージカルについての論考にはめずらしく、統合ミュージカルの理念とその内在する矛盾について理解しているように思われる。内村は「一人の俳優がうたう歌が、それ自体として、美しくあることはもちろんですが、その歌のかもしだした雰囲気が、次の場面に密接につながって、観客に一つのサスペンスを残すということが可能です」（一九頁）と述べ、イギリスの演出家ノーマン・マーシャルが *Drama: The Quarterly Theatre Review* に発表した論考を訳出するかたちではあるものの、「本質的にミュージカルという芸術は、リアリズムで処理しきれないものだ。それを無理にリアリズムに近づけようとするところに、アメリカの最近のミュージカル・プレイの大きな矛盾がある」（二二頁）と書いている。

(25) 安部公房『可愛い女』について岡部伊都子は「『可愛い女』大阪に誕生　かみがた通信10」、『芸術新潮』第一〇巻第一〇号（一九五九年十月）で、自分ではなく「誰か」の言葉としてこの「偉大なる失敗作」という言葉を引いている。安部公房が発展させてきた、崇高だがいささか現実離れしたミュージカルの理念と、その現実である失敗について間接的な形でしか当時の人々は評することができなかったことをよく示している。

(26) 木島新一「『怪しき村の旅人』『波の女』『女優の死』そして、懐かしい仲間達」、奥野健男編『10　劇団青年座』有限会社劇団青年座、一九六四年、二八頁。

(27) 関矢幸雄「今日のしんげき」、劇団青年座第五回公演『怪しき村の旅人・波の女』公演パンフレット、一九五七年三月、国鉄労働会館。

(28) 武田泰淳は前年一九五六年十月『群像』（第一一巻第一〇号）に戯曲『怪しき村の旅人』を発表した際も含め、この作品をミュージカルと呼んだことはない。また、前掲『10　劇団青年座』からの木島新一の引用だけだと誤解を招くかもしれないので付言しておきたい。たしかに、俳優座は青年座の上演の直後、五七年四月に試演会というかたちで三本立ての一つ（他の二本は田中澄江『京都の虹』、正宗白鳥『死んだような平和』）として上演（演出：島田宏行、音楽：永富正之、振付：青山圭男）するが、この時の『読売新聞』の劇評（「〈ステージ〉一幕物を三本公演　俳優座公演」一九五七年四月九日付夕刊第四面）でも音楽劇としての側面には触れられていない。ただし石澤秀二は「特にミュージカルを志した作品ではないが、その劇作品の発想が超現実性を帯び、リアリズム様式の枠を超えた演出を採らねばならぬ作品だった」と評している（『新劇便覧　1984　今日のミュージカル』三七頁）。

(29) 鳥羽耕史「〈夜の会〉〈世紀の会〉〈綜合文化協会〉活動年表」、『徳島大学国語国文學』第一七号、二〇〇三年三月。

(30) 野間宏「ミュージカルについて」、『群像』第一二巻第二号（一九五七年二月。『野間宏評論集』1、未来社、一九六九年に再録）。

(31) 野間宏、同誌。

(32) 和田勉「ミュージカル原則――または状況のミュージカル」、『テアトロ』第二五一号、一九六四年九月。

(33) 八木柊一郎「ミュージカル私論」、『テアトロ』第二五一号、一九六四年九月。

(34) 花田清輝「ミュージカル・コメディとアヴァンギャルド芸術」、『美術批評』第五三号、一九五六年五月。

(35) 安部公房「映画芸術論6　ミュージカルス」、『群像』第一三巻第六号、一九五八年六月（『安部公房全集』第八巻、新潮社、一九九八年に再録）。

(36) 安部公房「テレ・ミュージカルスへの誘い――芸術の分化から総合へのみち」、『放送と宣伝　CBCレポート』第三巻第三号、一九五九年三月（『安部公房全集』第九巻、新潮社、一九九八年に再録）。

(37) 安部公房「ミュージカルス論」、『新音楽』一九五九年八月（『安部公房全集』第三十巻、新潮社、二〇〇九年に再録）。

(38) 安部公房、「ミュージカル発見」、『キネマ旬報』第一九一号、一九五七年十一月下旬号（『安部公房全集』第七巻、新潮社、一九九八年に「『アヴェロンの野生児』――ミュージカルスの可能性」として再録）。

(39) 寺崎裕則「日本のミュージカル」、『日本大百科全書（ニッポニカ）』オンライン。

(40) 五十周年史編集委員会編『劇団青年座　五十周年年史』劇団青年座、二〇〇四年、七八頁。

(41) 「初演記録」、『井上ひさし全芝居　その一』新潮社、一九八四年、六四一頁。

(42) 「テアトル・エコーが『純愛雪景色』を上演」、『読売新聞』一九八〇年十二月五日付夕刊第十一面。

(43) 「出場全員、楽器を演奏」、『朝日新聞』一九八〇年十二月三日付夕刊第十三面。

(44) 扇田昭彦「編者あとがき」、扇田昭彦編『井上ひさし（日本の演劇人）』白水社、二〇一一年、二四〇頁。同書に採録した「服部良一物語」についての解説となっている。

(45) 井上ひさし「服部良一物語」、『the 座』第二〇号、一九九二年二月（扇田昭彦編『井上ひさし（日本の演劇人）』に再録）。なお、替え歌の意義については、井上の指摘のあと、作曲家いずみたくによる中期以降のミュージカルに脚本を提供し続けた藤田敏雄も『ミュージカルはお好き？——日本人とミュージカル』（日本放送出版協会、二〇〇五年）、七一—七五頁で述べている。

(46) 福田善之「聞き書き」、「日本近代演劇デジタル・オーラル・ヒストリー・アーカイヴ」科学研究費・基盤研究（B）、研究代表者：日比野啓。http://oraltheatrehistory.org/archives/192

(47) 「二代目ピーターパンは双子　沖本姉妹　新体操で国体にも出場」、『読売新聞』一九八八年七月二十二日付夕刊第十五面。

(48) 福田善之「聞き書き」。

(49) 『壁の中の妖精』については永井恵理子『妖精を生きた、演じた！——一人ミュージカル『壁の中の妖精』の軌跡』（大村書店、一九九七年）が上演とそれに到るまでの経緯を当事者たちへの綿密な取材をもとに記録しており、参考になる。また上演記録については新聞記事のほか、ギタリストとして参加した細井智のウェブサイト「さとるーむ」（http://www.ne.jp/asahi/hosoi/guitarist/info.html）を参考にした。

(50) 原太郎編『日本の歌をもとめて』第一集、未来社、一九六一年、二四五頁。

(51) 福田善之・竹田青嗣「ミュージカルその原点——歌、演歌、演歌劇」、『テアトロ』第六一六号、一九九四年五月。

（付記）本研究はＪＳＰＳ科研費 JP26284033 の助成を受けたものです。

IV ジャンルを超えたミュージカル

第9章 アングラ和製ミュージカルの一九七〇年代

劇団未来劇場、東京キッドブラザース、ザ・スーパー・カムパニイ

中野正昭

一　アングラ演劇とミュージカル

第二次世界大戦後の日本演劇史の流れは、通常、明治期からの近代劇確立の流れを汲む新劇と、それへの抵抗・打倒を目論む戦後世代の若者によるアンダーグラウンド（アングラ）演劇（小劇場演劇）の台頭によって語られる。全体としてそれは正しいのだが、残念ながら、そうした単線的な演劇史では掬いきれない劇団も少なくない。なかでも歌と音楽の力に新しい日本演劇の創造を見出そうとした〝アンダーグラウンド＝小劇場系ミュージカル〟の存在は、唐《から》十郎、寺山修司、鈴木忠志、佐藤信《まこと》のアングラ四天王を戴くアングラ演劇史――アングラ演劇の特徴のひとつは音楽劇なのだが――からも、そしてブロードウェイ・ミュージカルの輸入・上演を成熟の証とする日本ミュージカル史からもこぼれ落ちている状態だ。

こうした劇団のひとつに「劇団未来劇場」（以下、未来劇場）がある［図①］。作・演出に里吉《さとよし》しげみ、女優兼歌手にイラストレーターの水森亜土《あど》、作曲にCMソングの巨匠である小林亜星《あせい》を抱える未来劇場は、アングラ文化を体系的に取り上げた最初の書籍ともされるグルッペ21編『これがアングラだ！――サイケでハレンチな現代風俗のすべて』（一九六八年）の中で状況劇場、発見の会、演劇実験室天井桟敷、自由劇場、早稲田小劇場、人間座、変身、俳優小劇場、黒の会と共に「老衰した新劇の〝破壊工作〟を狙うアングラ劇団」の代表として紹介されている。

主宰は作・演出を受け持つ里吉しげみ。なかなか個性的な男でアングラ演劇の中でも異色の存在。この劇団、公演ごとにユーモアのあるエッチなセリフで話題を呼ぶ。大いにあたり、この劇団の看板にもなった『薔薇の伯爵』など、その典型だ。

女の妖精が、

「おまえのアレは夏場のドジョウ、水気のきれた可愛らしいヤツが入口でパチャパチャと獅子舞い踊ってハイソレマデヨ、なんだろ」

受けて答える男の妖精、

「キサマ、オレのオチンチンが夏場のドジョウかバズーカ砲か見せてやる、おまえなんざイッパツだ」

図①　未来劇場第20回公演『薔薇の伯爵』(1967年) パンフレット。水森亜土画

日頃、気品高い俳優座劇場での公演だったから観客はびっくりしたりニヤニヤしたり。同劇場はじまって以来のエッチなセリフであったことは間違いなし。

舞台のうえで女優のスカートをパッとめくり、「オッ、スカッとさわやかノーパンティー」と客席をドッとわかせたのはつい最近の公演『華麗なる豚走』。

「女性は始終うつむいている」のが『未来劇場』の公演だが、アングラ劇団の中で当世風俗をピリッと風刺する持ち味は抜群[1]。

艶笑小咄を思わせる「おまえのアレは夏場のドジョウ」とコカコ

ーラのCMフレーズをパロディにした「スカッとさわやかノーパンティー」――新旧両時代に跨がる明るいエロチシズムと軽妙なユーモア、そしてつい口ずさみたくなる歌と音楽が未来劇場の個性だ。

未来劇場は、演劇はもとより映画、音楽、そして放送・新聞等のマスコミ関係者にファンが多い点でも突出している。たとえば映画監督の黒澤明は、未来劇場の魅力は単刀直入に「芝居を見る楽しさ」にあると言う。

日本の新劇は、ちっとも面白くない。

なんだか、試験勉強をしているみたいである。観ているのにも辛抱がいる。ソ連の、例えば「タガンカ劇場」の出し物なぞは、文句なく面白いし、展開も快適で楽しい。第一、日本の新劇には、新しい戯曲作家が出て来ない。これでは、前進はのぞめない。

その点、「未来劇場」は、公演の度に新作の戯曲で勝負しているのはうれしい。

それに、何時も面白いし、快適な展開で、楽しい。芝居を見る楽しさを、と云う精神はよい。

しかし、その楽しさの質に対してはきびしくなくてはなるまい。俳優も、お客に甘ったれてはいけない。気をゆるめて安易になるとチンプで馬鹿みたいな舞台になる。

「未来劇場」は、御贔屓だけに、ちょっと一言。

（第三十三回公演『サンタ・マリアの不倫な関係』パンフレット、一九七七年三月、俳優座小劇場）

日本の新劇の退屈さを指摘する上で、スターリン批判後の自由化の空気を漂わせたタガンカ劇場を引き合いに出すところに、青年時代にプロレタリア美術運動にのめり込み非合法活動にも参加した経験を持つ黒澤らしい皮肉が読み取れる。未来劇場の「面白さ」「楽しさ」を褒めつつも、最後に苦言を一言添えるあたりに、義理やお世辞ではない贔屓の真摯さがうかがえる。この前年に黒澤は過去の業績が認められて文化功労者として顕彰された。新劇から軽演劇まで小劇場に足繁く通い、気に入った俳優を映画に引き抜いては、印象的な名脇役に育て上げた黒澤明の寄稿は、演劇界を超えて少なからぬ話題となった。

現在の演劇史では、未来劇場のような明るいエロチシズムと軽妙なユーモアにあふれたミュージカル劇団がアングラ演劇の代表に数えられたことや、「面白さ」「楽しさ」が新劇への異議申し立てと見なされていたことは見過ごされている。また小劇場を拠点にオリジナルの和製ミュージカルを上演することが、国内にあってはブロードウェイに対するオフ・ブロードウェイ、オフ・オフ・ブロードウェイの挑戦に似た立ち位置にあったことも忘れられている。

本章では、里吉しげみ（一九三五―）主宰の「劇団未来劇場」（一九五八年結成）、東由多加《ひがしゆたか》（一九四五―二〇〇〇）主宰の「東京キッドブラザース」（一九六八年結成）、竹邑類《たけむらるい》（一九四二―二〇一三）主宰の「ザ・スーパー・カムパニイ」（一九七〇年結成）の三劇団を取り上げ、主に一九七〇年代の活動を通して、アングラ和製ミュージカルへの再評価を促してみたいと思う。

二　未来劇場

1　推理劇の娯楽性と知性

「未来劇場」は、一九五八年、女優で演出家の吉武みどり主宰により日本初の推理劇専門劇団として誕生した。推理劇の本格上演は既存の新劇の殻を破ろうとする戦後演劇の出来事のひとつだ。

図②　スリラー劇団宝石座第1回公演（1947年）ポスター

推理劇そのものは、戦前から、探偵作家たちの文士劇や江戸川乱歩の小説を舞台化した市川小太夫一座の探偵劇『黒手組』等が上演されていたが、これを専門とする劇団の登場は、四七年、乱歩原作『パノラマ島奇譚』の舞台化で旗揚げ公演を飾った「スリラー劇団宝石座」が最初とされる［図②］。前年に推理小説専門誌として創刊された雑誌『宝石』と同じ名前を持つこの劇団は、元ムーラン・ルージュ新宿座の文芸部長だった斎藤豊吉を中心に軽演劇関係者が集まった商業劇団で、旗揚げの背景には「「疑惑の影」「断崖」「クリスマスの休暇」「ローラ殺人事件」「影なき殺人」そして「ガス燈」、戦後吾々の眼に触れるアメリカ映画はかくの如くスリラー全盛です(2)」といった、アメリカのスリラー映画の流行があった。しかし「スリラー劇団」の看板や『パノラマ島奇譚』の作品選択から想像されるように、宝石座は知的な推理《ミステリー》というよりは怪奇趣味を前面に押し出したエロ・グロ劇団の域を脱することができず、カストリ時代よろしく三回公演で解散した(3)。

その後、五五年に「劇団NBK」（一九四六年設立の社団法人・日本文化協会が運営した演劇人養成組織）がアガサ・クリスティの戯曲『アリバイ』（原題『アクロイド殺し』、長沼弘毅《こうき》訳・指導、吉武みどり演出、飛行館ホール）を上演し、日本初のクリスティ劇を実現する。翻訳と指導を受け持った長沼弘毅は元・大蔵事務次官にして文芸評論家、日本探偵作家倶楽部会員という異例の肩書きを持つ人物で、当時は日本コロムビア会長はじめ戦後の文化メディアの育成に広く携わっていた。劇団NBKのクリスティ劇上演は、国際的なシャーロック・ホームズ研究団体「ベーカー・ストリート・イレギュラーズ」の会員で、クリスティとも親交のあった長沼の推薦によるものだった。

英国では、推理劇は殺人事件の犯人探しという娯楽性と論理的な思考に基づいて犯人を突きとめる知性を合わせ持つ舞台ジャンルとして早くから親しまれていた。クリスティ作品に限っても、第二次世界大戦前にオリジナル戯曲『ブラック・コーヒー』（一九三〇年）や小説の戯曲化『そして誰もいなくなった』（一九四三年）が好評を博し、戦後も五二年ウエストエンド初演の『ねずみとり』は歴史的なロングランを記録するなど、正統な演劇のジャンルとして定着していた。しかし日本では、乱歩の探偵小説同様に推理劇は際物扱いで、戦時中は英米の推理小説そのものが規制されることとなった。したがって推理劇、なかでもクリスティ劇の上演は、推理小説や英国演劇の愛好家にとってはひとつの悲願だった。

図③　第1回公演『ナイル河上の殺人』（1958年）舞台写真（第11回公演『南よりの風とところにより恋のにわか雨』〔1962年〕パンフレットより）

演出を担当した吉武みどりは劇団ＮＢＫの研究生で、『アリバイ』につづくクリスティ劇『ナイル河上の殺人』でも演出を担当する予定だったが、公演直前で劇団が解散となり、自ら未来劇場を立ち上げて同作に挑むことにした。設立当初の未来劇場は新劇系劇団である。

五八年五月、砂防会館での第一回公演『ナイル河上の殺人』三幕（クリスティ作、長沼弘毅訳、山村正夫、吉村みどり共同演出、団伊玖磨音楽〔図③〕）は、クリスティが自ら小説を戯曲化した十三篇のうち英国でも唯一未上演の作品で、この時の未来劇場が世界初演を飾った他、公演最終日には特別出演として江戸川乱歩、木々《きぎ》高太郎《たかたろう》、日影丈吉、渡辺啓助ら人気探偵作家が十名も出演して話題になった(4)。公演パンフレットで探偵作家たちが「新劇で推理劇を上演するのはこの劇団が最初ではないかと思う」（江戸川乱歩「最初の純推理劇」）、「アガサ・クリスチーをやるといふ大胆にして新劇の価値転倒を試みる」（木々高太郎「新劇の不思議」）などと、その上演意義を強調するように、新劇での推理劇上演は小さいながらも一つの事件だった。

吉武みどりの詳しい経歴は不明だが、その人脈は興味深い。吉武時代、里吉時代を通じて未来劇場はその時代のサブカルチャーの結節点として機能したところがある。まず劇団NBKで推理劇の師弟関係にあった長沼弘毅。未来劇場は第一回から第五回までクリスティ劇を上演したが(5)、これは長沼がクリスティ全著作の国内翻訳権・上演権を持っていたこと（『ナイル河上の殺人』は長沼の尽力により、クリスティへの上演料は無料）が大きい。各公演のパンフレットには探偵作家をはじめ作家や学識者からの寄稿があるが、これもその方面に顔の利く長沼の紹介だろう。

文芸演出部には民話劇・人形劇の土生《つちお》三郎、まだ学生の矢内原勝《やないはらかつ》（経済学者の矢内原忠雄の三男で、のち経済学者）や三保元《みほもと》（のちフランス文学者）ら推理小説好きが在籍した。また、矢内原や三保をはじめ劇団内にはクリスチャンが多かったようで、稽古場が「玉川神の教会内」に置かれていたことと考え合わせると、吉武時代の未来劇場は推理小説愛好家とクリスチャンが集う演劇サロンの趣きがあったようだ。

俳優陣も若く、劇団NBK出身の眞渡達《まわたりとおる》、瀬下和久、加藤玲子、山田満、平山淑子らを中心に、公演ごとに劇団テアトル・エコーから和田文夫、納谷悟朗《なやごろう》といった当時やはりまだ若手だった人々が客演で出演した。

テアトル・エコーは、フランスのブールバール劇上演を目的に三一年に結成された新劇系劇団「テアトル・コメディ」の流れを汲むもので、五〇年に元テアトル・コメディの俳優・北澤彪《ひょう》と彼を慕う若者の演劇研究会「やまびこ会」として発足、五四年に劇団名に改称するが、組織が整うのは五六年の再建以降のことだ。未来劇場とは同時期、同世代の劇団である。テアトル・エコーと未来劇場は、従来の新劇が軽視した演劇の娯楽性を正面から追求しただけでなく、俳優陣が草創期の海外ドラマや洋画の吹替、アニメなどの声の仕事を積極的に手掛けることで、現在の声優業を開拓するなど共通項が多い。

演出や俳優が若手なのに対し、スタッフは既に中堅として活躍していた人物が目立つ。衣裳に伊藤熹朔《きさく》門下で劇団四季も手掛ける河盛成夫、照明に後に国立劇場舞台技術部長となる立木定彦、そして美術・装置に映画美術の下河原友雄（小津安二郎監督『宗方姉妹』、増村保造監督『巨人と玩具』、市川崑監督『黒い十人の女』など戦後の巨匠作品を多数手掛ける）など、演劇・映画界に名を残すスタッフが顔を揃えている。若手俳優と実力派スタッフの組み合わせは、その後までつづく未来劇場の特徴のひとつだ。

吉武の人脈では、彼女の夫で文芸演出部に籍を置いたエンリコ・ロッシーも注目される。ロッシーはイタリア出身のピアニストで、東洋音楽学校（現・東京音楽大学）で教鞭をとる傍ら、海外オペラ団の来日プロモーションを手掛けるなど戦後のクラシック音楽界で活躍をした。第一回公演の音楽を団伊玖磨が担当しているのは、彼の人脈だろう。ロッシーで興味深いのは、彼が音楽だけでなく、草創期のテレビ放送で外国人俳優として活躍していることだ。確認できたものだけでも、『戦場にかける橋』を無許可翻案して放送禁止になった『虹をかける戦士』（岡本愛彦《よしひこ》演出、小幡欣治脚本、一九五九年）や広告代理店の宣弘社（現・電通アドギア）が制作した『怪傑ハリマオ』（一九六〇―六一年）など十本以上の作品に出演している。ロッシー以外にも未来劇場の俳優には子供向けヒーロー番組への出演が多い。声優と合わせ、草創期のテレビ業界との繋がりもまた後までつづく未来劇場の特徴だ。

2　里吉しげみと戦後アメリカ文化

未来劇場がミュージカルへと傾斜するのは里吉しげみが参加してからのことだ。里吉は一九三五年、東京・新宿に生まれた。父親は証券会社勤務、母親は民生委員で市川房枝の片腕と呼ばれた堅い人物だが、その息子は本人曰く「立派な放蕩者」に育った。

里吉は小学生の時からの野球少年で、煙草は中一の夏休みに野球部の合宿で覚え、中二の頃からは女の子と問題を起こし始める。高校は都立武蔵高等学校（旧・都立武蔵女子高等学校）へ入学したが、ちょうど男女共学に変わった最初の年度だったので男子数が少なくて野球部はなく、そこで誘われるまま水泳部と登山部と演劇部に入部、これが演劇を始めるきっかけとなった。「高校生活三年の間に、何となく演劇部が私のメインになったのは、先輩にも後輩にも可愛い子が多かったせいだと思う。芝居の魅力に取り憑かれた訳じゃない事だけは断言出来る。私はたゞの軟派ボーイに過ぎない[6]」――里吉が好んで語る自己像は彼の作品と同じく戯画化されている。

大学は立教大学文学部仏文科に進んで演劇研究会に所属、好きなジャズのレコードを聴きながら自分で戯曲を書き、演出し、出演した。だが、一方で麻雀と競輪にのめり込み、数度の停学処分を受ける。何とか六年かけて大学を卒業し、今度は東宝芸能学校へ入ったが、映画界のニューフェイスを前提とする雰囲気に馴染めず十日で退学。毎日を雀荘と競輪場で過ごしていたところ、大学時代の友人から未来劇場を紹介され、第四回公演から参加した。初めは俳優「里吉五郎」を名乗った。

しかし学生時代から「日本人の役者が髪の毛を染め、妙な身振りで芝居をするのは芸が無いよ[7]」が持論だった里吉は、新劇系劇団らしい翻訳劇とリアリズム演技術が肌に合わず一度は退団を決意するが、吉武から好きな作品を上演してよいと言われ、六一年の第七回公演で『ネコが好き』を作・演出した。同作の好評を受け、以降は翻訳劇四作品(8)を除く全公演の作・演出を里吉が担当、俳優座や博品館劇場を中心に年に一～三回の定期公演を行う。半世紀以上にわたって個人の作・演出で九十本以上の作品を上演した劇団は、日本演劇史上の記録となるだろう。

　未来劇場のミュージカル路線は、里吉が未来劇場と前後して日劇ミュージックホールの舞台監督になったことと関係がある。日劇ミュージックホールは、戦後のストリップ人気をみた東宝がその高級化を目指して五二年に日劇五階に開場したもので、エロチシズムを媒介としたアメリカニズムの表象の空間だった〔図④〕。ジャズ・バンドの生演奏で踊るヌード・ダンサーたちの芸名は、ミス池上、メリー松原、ヘレン滝、ヒロセ元美などカタカナ名が多数で、「日本のマリリン・モンロー」と賞讃されたジプシー・ローズにいたってはアメリカの有名ストリッパー「ジプシー・ローズ・リー」そのままだった。客席にはアメリカ人の客も多く、プログラムは日本語と英語が並記され、キザな口調で〝トニングリッシュ〟なるインチキ英語を喋る司会のトニー谷が注目を集めた。そもそもジャズ・バンドであれ、ヌード・ダンサーであれ、その大半が進駐軍キャンプで実力を磨いた者たちだった。可愛い女の子とジャズが好きな「軟派ボーイ」の里吉は、日劇ミュージックホールでアメリカ風のショウ演出を学び、多くの人脈を築く。

図④　日劇ミュージックホール（1952年）パンフレット

　その人脈の一人が、里吉の舞台に不可欠な水森亜土だ。一般的には「亜土ちゃん」の愛称でイラストレーターとして有名な水森だが、未来劇場では女優・歌手・宣伝美術と多岐にわたって活躍、さらに

図⑤　水森亜土が描いた第72回公演『花ぞむかしの色に化けなん』（1999年）パンフレット

結婚後は里吉夫人として劇団を支える。

水森亜土は一九三九年、東京・日本橋生まれで、父は建築家、母は画家というモダンな家庭に育った。中高は桜蔭学園へ通うが、名門校の厳しさに馴染めず、両親の影響で聴いていたジャズに慰められる。自宅近くの有楽町ビデオホールでラジオ番組『素人ジャズのど自慢』（文化放送、一九五三―五九年）が始まると、たびたび出場するほど熱心になる。

高校卒業後は母の勧めでハワイのモロカイハイスクールへ一年八ヵ月留学、本場のアメリカン・ジャズ――戦前からハワイは海外巡業ジャズ団の拠点だ――に触れるうちに本格的にジャズ歌手を志すようになり、またこの留学中につけていた絵日記が後のイラストの原型にもなった。帰国後、中学生向け英会話雑誌『たのしい英語のレッスン English Phone』（小学館）の挿絵でプロ・デビュー、同時に日本のジャズ・ボーカルの草分けである水原早苗に師事し、日劇ミュージックホールのステージに新人ジャズ歌手として立つようになったところを、里吉から未来劇場へスカウトされた。といっても、歌手や女優としてスカウトしたのではない。楽屋でいつもスケッチブックを携帯する水森を見て、そんなに絵が好きならパンフレットの挿絵でも描かないかと声を掛けたのだ。こうして第七回公演以降、水森は個性的な愛らしさを持つ女優兼歌手として未来劇場に独特の色を添えると共に、パンフレット、ポスターなどの宣伝美術を担当することで未来劇場のポップなイメージを視覚的に作り上げた［図⑤］。

注目したいのは、水森の留学が、ハワイがアメリカ合衆国の正式な州に昇格した一九五九年前後だということだ。ハワイの立州運動は公民権運動に便乗する形で盛んになったこともあり、五〇年代を通じてハワイではアメリカ文化の摂取が積極的に行われた。水森の舌っ足らずだが適確にリズムを捉えた歌い方や、大らかな線とカラフルな色使いのイラストには、アメリカ合衆国ハワイ州という独自のアメリカ文化圏の影響が感じられる。

一九六六年、吉武から未来劇場の主宰を押しつけられたこともあって、(9)里吉は新たに制作に麻雀仲間で電通映画社（現・電通テックの前身のひとつ）プロデューサーの喜多村寿《じゅ》信《しん》と、彼の紹介で音楽に小林亜星を加え、劇団の方向性をミュージカル風コメディに絞り込む〔図⑥〕。

図⑥　第37回公演『ロートレックの特別料理』（1979年）舞台写真。中央・小林亜星、右は水森亜土（第38回公演『猿』〔1980年〕パンフレットより）

　小林も里吉に負けない軟派ボーイで、初めて顔を合わせた二人の会話が女性談義だったというから恐れ入る。里吉より二歳上の小林は、一九三二年、東京・渋谷に生まれた。父は逓信省の役人で、若い頃は劇作家を目指し真船豊と同じアパートで劇作に励んだ人物。母親は戦前に築地小劇場の女優だった人で、亜星の名前は、村山知義を尊敬する母が、村山の息子「亜土」に因んで名づけたものだ。父方の祖父が医者だったことから亜星も慶応大学医学部へ進学するが、ジャズ・サークルの活動に夢中になり、親に内証で経済学部へ転部。卒業後これがバレて勘当されると、服部正の門を叩いた。服部からは「音楽大学出身者以外の弟子はとらない」と断られるが、自作曲を録音したカセットテープと連絡先を郵便受けに残したところ、後日、服部から入門を認める電話があったという。独学ながらも、作曲家としてのセンスは確かだった。

里吉しげみ、水森亜土、小林亜星に共通するのは、戦前のリベラルな思想に共感する親を持ち、敗戦に打ちひしがれるでもなく、戦後の解放感の中で積極的にアメリカ文化を享受した東京っ子であるという点だ。加えて里吉の場合、文学的にはフランス志向も強い。育ちの良さや教養を表に出さず、好きなものに熱中することを信条に、軽妙に生きるモダンボーイ、モダンガールの末裔だ。

3　ミュージカル風推理コメディ

図⑦　第30回公演『ムッシュ・ランバンの哀しい殺意』(1974年)舞台写真。左から恒吉雄一、内海賢二、中原由視(第45回公演『ムッシュ・ランバンの哀しい殺意』〔1984年再演〕パンフレットより)

里吉の作品は〝ミュージカル風推理コメディ〟といったものだ。アングラ・ミュージカル劇団として一部で知られた存在になっていた第三十回公演『ムッシュ・ランバンの哀しい殺意』(一九七四年〔図⑦⑧〕)の様子を、阿木《あぎ》翁助《おうすけ》は日刊紙でこう伝えている。


六本木についたのは五時半。まだ早いが切符を買っておこうと俳優座劇場へ急ぐ。

なんと行列が出来ていて、札止め売り切れ!「入れない方のため四日七時から延長公演をやります」とビラが出ている。「こりゃ困った!」と思ったら天の助け、美しいダフ屋さんがあらわれて……思いきや「前売りを買ったが余ったから」と千三百円の券を千円で売ってくれた。〔略〕お客は圧倒的に若い

図⑧　第30回公演『ムッシュ・ランバンの哀しい殺意』（1974年）舞台写真。左から岬マコ、水森亜土（同右）

娘さん。〔略〕小林亜星作曲「野菊の唄」で幕があくと、伊豆にある花丸木竹弥（内海賢二）の別荘。ハナマルキ・タケヤといっても味噌屋ではなくヤクザの親分だ。〔註――この命名が里吉さんのコスイところ、テレビCMでおなじみのこの名は、テレビ育ちの若い観客に、たちまち親近感を与えてしまう。タケヤ味噌の社長が同級生である私なんか、トタンにうれしくなってしまったのだ〕

丸米時次郎（恒吉雄一）と信州一浅太郎（斉木信博）という子分がいる。丸米の妹おはぎ（水森亜土）が、親分の三人目のお妾さんになる筈の晩だ。親分には本妻（水島早苗）と二号（羽鳥靖子）三号（林理恵）がいる。〔略〕花丸木親分は、ヤクザのくせにおそろしくパリづいていて、自分で料理をするという美食家。その上、妻妾を同居させるばかりか、夜な夜な夢に現れる美女（岬マコ）に、文字通り夢中でホレているという大変な野郎！〔略〕亜土ちゃんはうまい。岬マコちゃんのヌードも美しい。ほかの皆さんもよくやっている。ちかごろ見た芝居の中で、一番面白くタメになった。(10)

花丸木親分は本妻を愛している。愛人の二号も三号も愛している。新しい愛人候補のおはぎも夢の中の美女も愛している。心優しい彼は、本妻といるときは愛人たちの孤独を思いやり、愛人といるときは本妻や他の愛人たちのことで胸を痛める。いっそ全員が夢の中の美女のように決して手の届かない永遠の憧れになれば、刹那の愛は永遠の愛に変わるのに——こうしてフランス料理に見立てた奇妙な愛の殺人劇が展開される。里吉の作品は基本的には吉武以来の推理劇を踏襲しつつ、日劇ミュージックホール仕込みの華やかな歌と踊りで飾られている。歌が挿入的に使われる点では、厳密な意味でのミュージカルではなく、ミュージカル風だ。エロチシズムとパロディに基づく諷刺性、ブラックユーモアという点ではバーレスク的である。なかでも阿木は、テレビＣＭを元ネタとするパロディの斬新さを高く評価し、里吉とつかこうへいをこの手法の両巨頭だとしている。

矢野誠一は里吉の「喜劇作家としてのなみなみならぬ才能」を認めた上で、それでも里吉を「劇作家」と呼ぶのはためらいがあるという。

強いていうなら、「狂言作者」とでもいったところだろうが、「劇作家になれるくせに、あえてならないひと、あるいはなろうとしないひと」といった感じがいちばんぴったりとくる。ミステリーの好きなひとだったらすぐにわかっていただけるだろうが、レイモンド・チャンドラーのことを評して「ヘミングウェイになれるのにならなかったひと」といったひそみにならって、「井上ひさしになれるのにならなかったひと」といったら、いささか過褒だろうか。

里吉しげみのどこに劇作家とよぶにためらう部分があるかというと、サービス精神が旺盛なところである。すべて客のため、客に面白いと満足してもらうためには、おのれをも殺してしまうところが、なみの劇作家とはちがう。お芝居など遊びごと、高尚な喜劇論などはなから無視してかかり、面白ければそれでよしとする姿勢に貫かれているから、ナンセンスに徹した笑いをふりまくことにだけ意が払われる。要するに、観客第一主義なのだが、このことがこの劇団を特別に贔屓する層を確実にこしらえて、それを引きつけてきた事

実は認めていいだろう。(11)

里吉より一歳上の井上ひさしが、テアトル・エコーの〝抱腹絶倒ミュージカル〟『日本人のへそ』で劇作家デビューするのは六九年のこと。東北出身で浅草のストリップ劇場フランス座の雑用係兼脚本家として笑いの修業を積み、放送作家としてキャリアを重ねた井上もまた「新劇嫌い」を公言しつつ自ら「戯作者」を名乗り、音楽劇を通じて演劇の「面白さ」を追求した。ただし、井上の場合はどこか教養主義から抜け出せなかったのに比べ、里吉の遊び心は日本の劇作家には珍しく純粋で徹底している。作品には皮肉の利いた世相諷刺や社会批判も折り込まれているが、そこに囚われることはない。「観客第一主義」と言えば簡単だが、その根底には日劇ミュージックホールから受け継いだハイブロウなエンターテインメントへの自信を読みとることができる。(12)吉武から作・演出を任された頃の未来劇場には、里吉作品に否定的なメンバーも少なくなかったが、彼らに対して吉武は「才能の差よ」と言って里吉を擁護したという。

里吉と井上は、「面白さ」を軽視し、時に観客を置き去りにすることも厭わない新劇の高踏的態度を嫌い、自分たちの観客の支持を担保に、芸術性と娯楽性を合わせ持つ理想の演劇を上演しつづけた。こうした動きは大正時代の浅草オペラあたりから顕著になり、一九三五年前後には先述のテアトル・コメディが登場し、軽演劇作家が「新喜劇」を標榜して商業演劇からの現代劇運動を起こすなどした。留意しておきたいのは、こうした動きの賛同者は演劇関係者以外が多かったということだ。戦前、演劇雑誌が軽演劇やレヴューを真面目な批評の対象としなかった頃、唯一これらの専門劇評欄「ヴァリエテ」を設けたのは『キネマ旬報』で、評者は内田岐三雄《きみお》、飯島正、芦原英了《えいりよう》、北川冬彦、双葉十三郎《じゆうざぶろう》らだった。里吉や井上の登場は、戦争で一時中断したこうした動きが、戦後改めて現れたものだと言ってよい。

4　未来劇場の人々

黒澤明がパンフレットで未来劇場贔屓を公言した翌年、未来劇場は第十二回紀伊國屋演劇賞・団体賞を受賞する。団体賞という点から分かるように、未来劇場の個性は、里吉の作品だけでなく、劇団全体の賑やかな雰囲気にあった。黒澤は、ともすると拙くなりがちな未来劇場に少々苦言を呈したが、逆に「現在の未来劇場に〝完成された〟舞台なり、芸なりの、ツマラヌ期待を抱かないでほしいと思う。〔略〕野放図で、デタラメで、無秩序で、混乱していて、それらが奇妙なバイタリティで統合されている」[13]とこれを喜ぶ者も少なくなかった。

里吉しげみの人脈もまた吉武みどりに負けず興味深い。日劇ミュージックホールから水森亜土の他に売れっ子ダンサーの岬マコ、歌手のホキ・徳田（のちヘンリー・ミラー夫人）、ジャズ歌手の水原早苗、日劇ダンシングチームからは振付に県《あがた》洋二と黒瀧《くろたき》月紀夫《つきお》、作曲・編曲に筒井広志と小川俊彦などを未来劇場に招いた。筒井は舞台以外に江利チエミの専属アレンジャー、ＣＭ曲「かっぱえびせん」やアニメ『オバケのＱ太郎』『魔法使いチャッピー』『コンバトラーＶ』などの劇伴曲を作曲した人物。小川はジャズピアノ・アレンジャーで元「原信夫とシャープス・アンド・フラッツ」のメンバーだ。小林亜星、筒井広志、そして井上ひさしと組んだ宇野誠一郎はいずれもテレビＣＭ、子供番組、アニメの作曲でパイオニア的な活躍をしている。里吉や井上が追求した演劇の「面白さ」「楽しさ」は、音楽的には、こうした戦後本格的に需要が増す若者・子供文化と親和性の高いものだった。そして未来劇場では、ＣＭやアニメの音楽とジャズが違和感なく同居していた。

日劇閉鎖後の八〇年代になると、ゲストに内藤陳《ちん》、ディック・ミネ、石井好子、山本リンダ、益田喜頓、フランキー堺、森サカエなど日劇とゆかりのある人物を多数招いている。

舞台装置は引き続き下河原友雄が担当し、下河原が没した七四年以降は劇団四季や演劇集団・円などで知られる丸田道夫が、照明は美空ひばりのコンサート照明プランナーで知られる有馬裕人が、音楽は小林亜星が担当した。

俳優陣はベテランの笠間幸雄を除けば、内海賢二、柴田秀勝、小林修、恒吉雄一、白石冬美、紅理子《くれないりこ》など舞台よりはテレビの吹替やアニメの声優として活躍した人物が中心で、相変わらずテアトル・エコーからの客演もつづく。大半が、老舗の新劇養成所や放送劇団を振り出しに、若手中心で結成しては解散した劇団七曜会、作品座、劇団薔薇座、あるいは俳協（東京俳優生活共同組合）などを転々とした人たちだ。

そして重要なのが、これら多彩な顔ぶれを裏でまとめた制作の喜多村寿信だ。喜多村は一九三六年、福岡生まれで、里吉の一歳下。ヘルド映画社を経て設立間もない電通映画社に入社、CMプロデューサーとして小林亜星の出世作のレナウン「イエイエ67」（一九六七年）など斬新なCMを多数手掛けた他、日活を追われた映画監督の鈴木清順や自主製作映画で注目されていた大林宣彦をCMディレクターに起用するなど、テレビCMを単なる広告媒体からひとつの芸術作品に高めることに貢献した。後に電通から独立してCM制作会社ゲネプロを設立、また「板橋幸《さち》」名義で海外ドラマ『刑事コロンボ』のノベライズ版（二見書房サラブレッドブックス版）の翻訳を受け持つなど推理小説好きらしい仕事もしている。

未来劇場のパンフレットは毎号のように野口久光、石崎勝久、小島正雄、岡田憲和、旗一兵、大笹吉雄、尾崎宏次、七字《しちじ》英輔、花井伸夫といった演劇評論家はもとより、渥美清、殿山泰司、財津一郎、浅丘ルリ子、森光子、沢村貞子、美輪明宏、いずみたく、前田武彦、萩本欽一、黒澤明、鈴木清順、大林宣彦、倉本聰、実相寺昭雄、石川内康範、和田誠、永六輔、矢崎泰久、瀬川昌久、宇佐見宜一、田辺茂一《もいち》、色川武大、油井正一、川本雄三、石上三登志（今村昭）、虫明亜呂無《むしあけあろむ》、三国一朗、橘市郎、なだいなだ、角川春樹、手塚治虫、赤塚不二夫などの俳優や文化人、さらにテレビや新聞・雑誌関係者……がファンを公言し寄稿している。この規模の劇団としては、

図⑨　ＥＰレコード「オー・チン・チン」広告（水森亜土画。第23回公演『さらばゲリラよロマンスの日々』〔1969年〕パンフレットより）

驚くほど豪華な顔ぶれだ。もちろんこれは喜多村はじめ各劇団メンバーの人脈によるものだろうが、これら業界内のファンを募って後援会をつくり、招待日に顔合わせをして各人の仕事を未来劇場の内外へと繋げたり、水森亜土のイラストを使った劇団グッズを作成して女性観客のコレクション・グッズにするといったアイデアは、喜多村のプロデューサー的手腕の賜物だ。

　喜多村のプロデューサー的手腕は劇団外での俳優の仕事にもあらわれている。元々、喜多村と内海賢二は福岡時代の先輩後輩の間柄で、東京に移った喜多村を頼って内海も上京し、喜多村がプロデュースした子供向けヒーロー番組『熱血カクタス』などに出演するうちに共演の柴田秀勝、小林修、恒吉雄一らと親しくなり、それぞれ未来劇場へ参加するようになった。そして喜多村はまだ仕事が不安定な彼らを電通映画社制作のＣＭのナレーションや映画（電通映画社の前身のひとつに政岡憲三の日本映画科学研究所があった関係から、児童向けのアニメ映画、人形映画、教育映画が多い）に積極的に起用した。

　またレコードと深夜ラジオへの進出も、喜多村らしい手腕が発揮されている。六九年、未来劇場は第二十一回公演『愛すること』（一九六八年）の劇中歌「オー・チン・チン」（里吉しげみ作詞、小林亜星作曲）をハニー・ナイツの歌で日本コロムビアから発売した［図⑨］。ノスタルジックな童謡のメロディにのせ、幼い頃の思い出が歌われる。「♪オー・チン・チン、オー・チン・チン、あのチンポコよ、どこいった」――どこまでが本気で冗談か分からないナンセンス・ソングだが、レコード発売直後に警視庁から歌詞の四番が猥褻だと警告があり、店頭販売禁止となった。そこで喜多村は通信販売に切り替え、販売禁止のアングラレコードとして喧伝した結果、有線放送、ジュークボックス、特に「深夜の解放区」と称された深夜ラジオにリクエストが殺到し、遂には日本コロムビアが改めて警視庁にお伺いを立てて再発売の許可を取りつけた。そして発売から三ヵ月で三十五万枚を超える大ヒットとなった。[14] 七一年には桂三枝、野沢那智、フランキー堺、森光子、益田喜頓らゲストを招いてLPとEPがセットになった変型アルバム『パラコンペ』を発売、生憎と版元のカンガルーレコードが直後に倒産したため、市場には多く出なかったが、倉本聰が「この珍品レコード、僕の周囲では、既に十倍の高値を呼んでおり、貸出しにも一日三百円の損料をとれることになっている[15]」と書くように一部では幻のナンセンス・レコードとして珍重された。

図⑩　『深夜版ラジオマンガ』広告（水森亜土画。第31回公演『愛そして嘆きのロア・ソレイユ』〔1975年〕パンフレットより）

　レコード以上に喜多村の手腕と未来劇場の個性が発揮されたのが深夜ラジオ番組『深夜版ラジオマンガ』（TBSラジオ、七〇年―七八年〔図⑩〕）だ。薔薇座の野沢那智と未来劇場の白石冬美が、深夜ラジオ番組の草分である『パックインミュージック』（TBSラジオ、六七年―八二年、月曜―土曜深夜）の木曜深夜パーソナリティーとして人気を誇ったことは有名だが、『深夜版ラジオマンガ』はパックインの放送のない日曜深夜の同時間帯に放送され、関東ローカルながらパックイン日曜の特別編といった趣きで人気を集めた。小島一慶のナレーションに未来劇場メンバー総出演で、里吉と城悠輔が書き下ろした「忍法西遊記」「戦国ロマン　俺は日吉丸」「フライドチキンウェスタン　センチメンタルトマホーク」などを一作品ごとに一年かけて放送した。提供をサンリオ、リリック、サンスター文具など未来劇場と関係の深い企業で固めることで、CMも出演者が番組の延長でコント風に宣伝し、全てが未来劇場の色に染められた。番組のファンだった映画評論家の木全公彦《きまたきみひこ》は「内容は古典のパロディを現代的なギャグとシモネタをまぶして再構成したもので、こちらはもう救いがたい映画狂であったから、当代の人気声優たちが織りなす「あっはん、うっふん」のシモネタ・ギャグに外国人スタアの姿形をダブらせて、妄想と股間をふくらませていた。主題歌に入る前のお色気たっぷりのショートコントも大好きだった」(16)という。ＣＭでは未来劇場の公演案内もあり、普段は芝居など観ない若いリスナーが劇場へ足を運ぶ契機にもなった。

　未来劇場の人気は、舞台の魅力もさることながら、劇団が一九六〇年代から七〇年代にかけてサブカルチャーの結節点として機能したことが大きい。五〇年代以来の推理物や日劇ミュージックホールを筆頭に、六〇年代半ばから七〇年代にかけてのテレビＣＭ、吹替、ヒーロー番組、アニメ番組、コミックソング、深夜ラジオ、さらに水森亜土に関しては七〇年代から八〇年代にかけて彼女のイラストを起用した「ファンシーグッズ」が新しく商品開発されるようになる。大人から若者・子供まで時流のサブカルチャーの結節点となりつつも、小劇場らしい規模と親密さを維持することで、劇団の拡散や破綻を上手く回避してきたのだった。

　一九八〇年代以降の未来劇場についても簡単に記しておこう。八四年、老朽化と再開発を理由に日劇が解体されると、里吉は未来劇場の伴奏を往年のジャズ・メンに依頼、さらに従来のミュージカルの他に新企画としてジャズ・コンサート「ＡＬＬ ＪＡＺＺ ＢＡＳＨ」やレヴュー・ショウ「ＣＨＡＮＴＥＲ ＬＡ ＲＥＶＵＥ」を立ち上げる。特に後者は、小劇場ながらも約二十名のダンサーを登場させ、日劇や松竹歌劇団なき後の東京レヴューを守るものとして評判を呼び、二十回以上の公演回数を重ねた。二〇一三年以降は里吉の健康問題を理由に公演を行っていないが、いまだ未来劇場は解散していない。

三　東京キッドブラザース

1　キッド伝説

東京キッドブラザースに履歴書はない、あるのは伝説だけである。東京キッドブラザースは「キッド伝説」にのみ生きているのである。キッドとは世界中にいる伝説の人間で、始祖は英国のエリザベス朝時代のキャプテン・キッドで、以後、アメリカにはリンゴ・キッドがいるし、日本には美空ひばり歌うところの東京キッドがいた。だからキッドとは海賊であり、傷だらけのガンマンであり「右のポッケにゃチューインガム、左のポッケにゃ愛〔ママ〕がある」という戦後っ子でもある。キッドとは夢に生き、空想の世界に船を浮かべるないものねだりの小羊たちである。[17]

主宰者の東由多加が記すように、「東京キッドブラザース」（以下、キッド）には多くの伝説がある。そのなかで最も有名なのは呪術的ロックミュージカル『ＧＯＬＤＥＮ　ＢＡＴ』（東由多加作・演出、下田逸郎作曲）のニューヨーク公演ロングランだろう。

一九七〇年、旗揚げから一年六ヵ月しか経たない無名の劇団が、家財を売り借金をして購入した片道キップだけを手にニューヨークへ渡った。メンバーは総勢十八人、大半が大学をドロップアウトした若者で、最年長の東は二十五歳だ。会場はオフ・オフ・ブロードウェイのカフェ・ラ・ママ（現・ラ・ママ実験劇場）で、公演日数は五日間。

⑪　『GOLDEN BAT』舞台写真（東由多加『KID ぼくらの時代——東京キッド・ブラザース全漂流記録集』より）

六月十七日初日、これがアメリカで最初の日本の現代演劇の公演で、しかも前衛的なオフ・オフということもあり、桟敷席を含め百五十席のラ・ママには三百人の観客が詰めかけた。『GOLDEN BAT』には筋らしいものはない。全体は「日本」「太平洋」「アメリカン・ロック」「祭」の四つのパートで構成され、各パートごとに幾つかのテーマ曲がある。俳優は頭巾、着ながし、剣道着、坊主姿、能面などの日本風の装いでモノローグを語り、歌を歌う。「花」「雪」「風」と題した狂言風の場面や、御詠歌を合唱しながら仏教的な空しさを漂わせた場面もある。ラストは、松明が照らす中で全裸の女優が神楽風の踊りを踊り、全員が声をあわせ大漁節を歌う。こうして東がイメージする「祭」は終わる［図⑪］。

作品の好評を受けてラ・ママは公演延長を決定、最終的に三週間のロングランとなった。日延べや再演を認めないラ・ママでこれは異例中の異例だ。

六月二十五日『ヴィレッジヴォイス』誌に絶賛する記事が載り、二十七日には辛口で有名な『ニューヨーク・タイムズ』にクライヴ・バーンズの「オリエンタル・ロック」と題する劇評が掲載された。

これは『ヘアー』の流れを汲むヒッピー・ミュージカル〔tribal musical〕だが、そのやり方は完全にオリジナルだ。〔略〕劇団は観客を魅了している。出演者は明らかに日本のポスト広島世代の若者で、作品は彼らのライフスタイルを映している。彼らはまるで花のように、そして全世界が自分達の庭であるかのように、愛を表明する。東京キッドブラザースは観客と対立することに信念を持っているが、それはリヴィング・シアターの感情を逆なでするような批判めいたものではない。彼らの案内役は非常に物腰が柔らかく、優しく、殆ど憐れみ深いと言って良いほどだ。ミュージカルのある場面で、一組のカップルが愛の行為を演じてみせるが、私はあんなに心優しく人間性のある愛情行為の演技を舞台でみたことがない。

『GOLDEN BAT』はロックミュージカル『ヘアー』（一九六七年）の影響を受けてできた作品だが、ヒッピーやフラワー・チルドレンが主張する「愛と連帯」を、東由多加は日本の土着的な「祭」へ集約させてみせた。「ぼくらはアメリカ文化の私生児ですよ、それが急に名乗りでて、親を告発した、その驚き」[18]と東が語るように、西洋的な器に盛られた日本的民族性、西洋と東洋の融和によって生まれた独自の表象が、ニューヨークの観客に高く評価された。

そして振付家ジェローム・ロビンスの計らいでオフ・ブロードウェイ進出が決定、七月二十一日からはシェリダン・スクェア・プレイハウスで本格的なロングランに入り、『デイリー・ニュース』『ニューズ・ウィーク』『ニューヨーク・ポスト』『キュー』等々の新聞・雑誌に次々と好意的な劇評が、『ニューヨーク・タイムズ』には大きな写真入りで二度目の劇評[19]が掲載された。十月にはラ・ママの依頼で新作『CONEY ISLAND PLAY』（下田逸郎音楽）を上演、俳優の多くがオフとオフ・オフを掛け持ちで出演した。同月二十五日にはテレビ番組『エド・サリヴァン・ショー』に出演してパフォーマンスを披露、十二月には国連大使館主宰のクリスマス・ディナー・パーティに招待された。最終的にオフ・ブロードウェイのロングランは十二月までつづき、公演回数百五十五回を記録、現在もこの記録を破る日本の劇団は現れてない。

こうしたキッドの活躍を日本で最初に報じたのは新聞だった。『朝日新聞』はキッドの渡米が決まった時から取材し、七月二十四日付でラ・ママ公演の成功を報じている。ついで美術や映画など海外情報に敏感な雑誌が現地レポートやメンバーの手記を載せるなど大きく扱った。主要な演劇雑誌にキッドの成功記事が掲載されるのは、帰国後のことだ。

2　東由多加と演劇実験室天井桟敷

東由多加は一九四五年、台湾に生まれ、長崎に育った［図⑫］。六三年に早稲田大学教育学部へ進学、大学の友人と寺山修司作『血は立ったまま眠っている』を上演したことから寺山と親しくなり、大学中退後の六七年に演劇実験室天井桟敷の結成に参加、演出を担当した。しかし六八年の舞台版『書を捨てよ町へ出よう』（寺山修司作、東由多加演出、厚生年金会館ホール）を最後に天井桟敷を退団。その理由を東は「（寺山、横尾忠則、丸山明宏（現・美輪明宏）ら）「大人」たちの間で背伸びしつづけるには無理があった」としている。そして東は下田逸郎、佐藤憲吉、小林由紀子、峰のぼる、梶容子といった同世代の「子供」と日本初のロックミュージカル劇団「東京キッド兄弟商会」（のち東京キッドブラザースに改称）を結成、以後、キッドの全作品約八十作の作・演出を担当する。強い世代意識を持つ東にとって、キッドは同世代の学園闘争やベトナム反戦運動に連

図⑫　東由多加（東由多加『KIDぼくらの時代——東京キッド・ブラザース全漂流記録集』より）

なる対抗文化《カウンター・カルチャー》の実践だった。

六九年一月、新宿のゴーゴースポット「パニック」で第一回公演『交響曲第八番は未完成だった』(下田逸郎音楽)を、つづいて渋谷の喫茶店を買い取り改造した小劇場「HAIR」で『東京キッド』(同)、『黄金バット』(同)を上演する。この時、ニューヨークから日本版『ヘアー』のために来日していたプロデューサーが『黄金バット』を観て気に入り、ラ・ママでの上演の橋渡しをした。

東はロックミュージカルという形式を選んだ理由を「たまたま「ヘアー」というロックミュージカルをレコードで聞き、「アクエリアス」という序曲のイントロを聞いた瞬間、いいようもない感動をした」[20]からだとしているが、これとは別に寺山修司に示唆されるところもあったはずだ。六八年、寺山はアメリカ国務省の招聘プログラムで渡米した際、ブロードウェイ版『ヘアー』の稽古を見学し、劇場外の現実を舞台上に持ち込む手法に関心を示している。舞台版『書を捨てよ町へ出よう』は、寺山が『ヘアー』を手本に東に演出させた作品と言っていい。却下されたが、日本版『ヘアー』の最初の脚本も寺山が書いている。

3 「共生」としてのロックミュージカル

ニューヨーク公演を成功させたキッドは、当然のように、帰国後は海外志向を強め、七四年までの五年間は活発に欧米公演を行う。『八犬伝』(松崎由治音楽)では、国内公演は七一年三月二十七日の立教大学タッカーホールの一日のみで、海外公演は四月から八月にかけてローマ、ブリュッセル、アムステルダムなどヨーロッパ六都市を回り、『西遊記』(加藤和彦音楽)の場合も七二年三月三十一日から三日間、四谷公会堂で上演した後、四月から八月まではヨーロッパ公演に出ている。国内よりもはるかに海外での公演期間が長い。いずれも海外招聘プログラムなどではなく、完全な商業公演だ。

タイトルから分かるように、これらは『GOLDEN BAT』のオリエンタリズムを時間的にも空間的にも深化させた作品だ。これは一つには海外での需要を見越した東のしたたかな戦略なのだが、他方では「日本のオリジナル・ミュージカル」のアイデンティティを確認するためにさらなる根源へと降りる作業でもあった。そしてキッドではこのアイデンティティの模索がヒッピー文化の中核をなす「共生」思想と結びつき、演劇を使った世代共同体の連帯や、コミューン運動へと発展した。

たとえば七一年一月二十日から二十四日まで後楽園ホールで行った凱旋公演『帰って来た黄金バット』［図⑬］では、「世代共同体の魂の大運動会的「祭」である。ここでは誰もが歌わなければならない」[21]として、沖縄を含む全都道府県から若者を一人ずつ招待し、舞台上で自分の町について喋らせる「全国キッド」を実施した。また海外公演では一般から希望者を募って「キッド旅行団」を結成し、総勢約八十名が四ヵ月にわたってヨーロッパ各地を「漂流」した［図⑭］。高校生の時に家出してキッドに参加した音楽家の井上誠によれば、当時のキッドは

図⑬　ＬＰ『帰ってきた黄金バット』（1971年）ジャケット（復刻ＣＤ）

図⑭　キッド旅行団の記録を収めたキッド旅行団・東由多加編『東京キッドブラザース　さくらんぼ漂流記』（講談社、1971年）表紙

ボロアパートを借り切って劇団員たちが共同生活をし、新人に演劇の仕事を教えるなど、疑似コミューンのようだったという。そして七二年には新聞・雑誌で一人千円の会員（出資者）を募って鳥取県の廃村を買い取り、本物のコミューン「さくらんぼユートピア」の建設を計画する。さくらんぼユートピアには高校生、大学生、トラック運転手、工員、夫のDVから赤ん坊連れで逃げてきた母親など延べ二百人以上の人が集まった。劇場の外の現実を舞台に上げる試みが、遂には舞台上の理想を劇場の外へと持ち出す試みへ発展したのである。しかし、過激派に占拠されるのではないかと危惧する周辺村民の反対や田舎暮らしに耐えられなくなった会員の不満によって、さくらんぼユートピアは半年足らずで崩壊する。「愛と連帯」を謳うフラワー・チルドレンの理想が、現実の前で脆くも崩れ去った形だ。しかし、当時の日本でこれほど直接的で大規模なヒッピー文化の実践が他になかった点は留意しておくべきだろう。

4　ロックからの転換

さくらんぼユートピアの挫折がひとつの契機となり、キッドの活動は劇場回帰を見せ始め、同時に作品も海外志向から国内志向へと転じる。ユートピア崩壊を比喩的に描いた『黄色いリボン』（井上堯之音楽、七二年、一橋大学講堂）、モーターサイクル族を描いた『ザ・シティ』（下田逸郎音楽、七四年、新橋ヤクルトホール）など、題材が呪術的なオリエンタリズムから日本の現代社会へ移ったことで物語の格子が明確になり、テーマの普遍性が増し、技術面の水準も高くなった。

特に国内志向を決定的なものにしたのが『ザ・シティ』海外公演〔図⑮〕の失敗だ。革ジャンにリーゼント、ジーンズを履いてバイクを乗り回す日本の暴走族を描いた『ザ・シティ』は、主人公を演じたポール脇（沖縄出身で在日米軍の黒人兵を父に持つハーフ）に象徴されるように、アメリカナイズされた日本人のアイデンティティ

図⑮　海外公演『ザ・シティ』（1972年）舞台写真。右端、ポール脇（東由多加『KIDぼくらの時代――東京キッド・ブラザース全漂流記録集』より）

をテーマにした意欲作だ。国内公演は好評で、劇評家の扇田昭彦は「一番プロフェッショナルな技術水準とまとまりを持った作品」と絶賛、これまでの特色だった「彼ら固有の個的な切実さと痛み」が薄れたことは物足りないが、「かつての貧しい「フラワー・チャイルド」たちは、いまや立派なおとなに成長したのだろう」と好意的に捉えてみせた[22]。しかし、ニューヨークやロンドンの観客が、アメリカナイズされたアジア人の若者が下手な英語で歌うメロドラマ風のミュージカルに興味を持つはずもなく、海外公演はどの都市も惨めな結果となった。日本の現代社会や日本人のアイデンティティを扱いたいのであれば、まずは日本の観客を相手にするのが当然だった。

一九七五年、口癖のように「三十過ぎは信じるな」と言っていた東は三十歳になった。この年、東は新聞で「さよならフラワー・チルドレン――ぼくは中年の仲間入りをする[23]」と宣言、ここからキッド伝説は、国内でのオリジナル・ミュージカル定着を模索する第二章へ入る。

大きく変わったのは音楽と劇団経営だ。七〇年代前半のキッドの音楽は下田逸郎、松崎由治、加藤和彦、井上堯之、石間秀樹、かまやつひろしが担当し、演奏では結成間もないエイプリル・フール（柳田ヒロ、菊地英二、小坂忠、松本隆、細野晴臣）が、第二回公演『東京キッド』の劇中歌を収録した自主制作レコード『ＬＯＶＥ ＆

BANANA』と第三回公演『続・東京キッド』の生演奏を担当するなど、ロックやグループサウンズの人々が手掛けた。劇団員では後にヒカシューを結成する井上誠（キッドでは音響担当）と巻上公一（同じく俳優）が、高校の時に家出して加入したりしている。時期的にみて、台詞をロックに乗せて歌うキッドの実験的スタイルは、初期の日本語によるロック音楽の成立に少なからず影響を与えたと考えられる。新しい音楽に応じて新しい演劇が登場し、歌の可能性を探り合う——こうした音楽と演劇の蜜月時代が、この頃はまだ存在していた。

　こうしたロック志向が七五年に民音の依頼で作った『十月は黄昏の国』〔図⑯〕では、音楽に小椋佳と加川良を初めて起用し、以降も吉田拓郎、谷村新司、深野義和などフォークソングやニューミュージックの人に任せるようになる。台詞も主張の強いモノローグから、物語性のあるダイアローグを多用するようになった。[24]『十月は黄昏の国』は中年のカメラマンが若者たちのポートレイトを撮っていくという筋立てだが、小椋と加藤のセンチメンタルなメロディは、主人公の過ぎ去った青春への愛惜を効果的に引き立てた〔図⑰〕。何より東を驚かせたのは、客席にいる十代の女の子たちがすすり泣く姿だった。

> ロック・ミュージカルなんていって、日本でちっともポピュラーにならないものを振りかざして、突っ走ってきたけれど、それがそもそも間違いなのじゃないか。ちょうどその頃、〔井上〕陽水や〔吉田〕拓郎の全盛期だった。彼らの歌をきいてみたら、その歌詞もメロディーラインもそこに歌われている世界も、その哀しい感じさえも、僕らがやってきたものとそっくりだった。なのにむこうはビッグビジ

図⑯　ＬＰ『十月は黄昏の国』（1975年）ジャケット（復刻ＣＤ）。ロックミュージカルの時代とはデザインが大きく変わっている

図⑰『十月は黄昏の国』舞台写真（東由多加『KID ぼくらの時代――東京キッド・ブラザース全漂流記録集』より）

ネスで、こっちは五百円しか残らなかった。〔略〕一切のラジカルな粉飾をやめよう。[25]

東は、「粉飾」を取り払った結果、自分の演劇の本質が「〝宝塚の青春版〟といった世界」にあることに気づいたという。元々キッドの強い「共生」意識の背景には、東の暗い生い立ち――幼い頃に母が病死し、父と折り合いが悪く、孤独な少年時代に演劇を通じて友人関係を築いた――があり、東にとってキッドは疑似家族だった。しかし同世代が「大人」になり、客席には年下の「子供」が増えるに従い、「キッドのミュージカルが若い観客を惹き付けるものがあるとすれば、ぼくと同じように〈愛されてもいいはずだ〉と、孤独にうちのめされている若者が少なくないからだろう[26]」との考えに到り、同世代の元フラワー・チルドレンではなく、現在の若者に向け「愛と連帯」のメッセージを発信するようになった。すなわち、この時に東とキッドは「若者」と「若者文化」を発見したのだった。音楽研究の大和田俊之が「ロックンロール以前に「若者」は存在しない。〔略〕ロックンロールを「若者の反抗」の象徴としてとらえるのではなく、ロックンロールとともに大人とは異なる価値観や行動様式を伴う「若者」という社会的カテゴリーが浮上した[27]」と記すように、若者と若者文化は五〇年代以降になって社会的に形成された新しい存在である。ロックンロール、ロック、フォークソング、ニューミュージック……と音楽のスタイルは変わっても、それらが若者のための若者文化である点は同じである。

舞台の上で「愛と連帯」を声高に叫ぶ「子供」やその姿に感動する「子供」は、やがてそれに恥ずかしさ感じ

（前ページより）る「大人」へと成長し、するとまた次の「子供」がやって来る。劇団員や観客の世代交代を新陳代謝とみなし、常に十代の若者にむけた作品をつくり続ける。キッドの場合、観客は三年で完全に世代交代したという。一般的にロックがそうであるように、キッドはミュージカルを老若男女に開かれたエンターテインメントではなく、青春期の煩悶と創作衝動を抱える若者を対象とした一種の通過儀礼として機能させたのである。

5　ショウ・ビジネス戦略

キッドで驚かされるのは、劇団が発売したレコードの数だ。第一回公演以来、ほぼ全ての作品がアルバムまたはシングルでレコード発売されている。一九八〇年代半ばまでの十五年間は毎年一枚のペースでアルバムを発売している。日本のミュージカル劇団でこれほどの音楽需要を誇った劇団は他にないだろう。また演劇公演とは別にコンサートも開催するなど、キッドは早い時期からロックバンドを手本とした活動を展開していた。『十月は黄昏の国』は劇団経営という点でも重要な転換作で、この作品によって東は「〔フォークソングやニューミュージックの〕コンサートの観客を、僕らの演劇の観客にしようと考えた。もちろん、あの暗がりで泣いていた女のコたちの姿があった。〔略〕その時点で男の大学生や劇評家を相手にする気持ちも興味も失った。だから演劇雑誌に書かれるよりも、月刊の『平凡』や『明星』に公演案内を載せてもらう方をむしろ選んでいった」[28]という。特に力を入れたのが観客の組織化で、公演アンケートから「①強い共感を持っている②やや共感している③まったくダメ、といったように共感の強度によって、それを全国の地区別に仕分けをしてダイレクトメールによるキメ細かいインフォメーション」を行った[29]。七〇年代後半から八〇年代にかけて急成長する音楽産業の経営方式を劇団に採用したのである。

当時こうしたビジネスライクな考えは演劇関係者の反感を買い、観客動員数が増えるに従ってキッドは演劇界からは黙殺されるようになる。だが、現在のように商業劇場のプロデュース公演や公的助成金が充分ではない七〇年代にあって、個人資本の小さな劇団が、ミュージカル定着のためのショウ・ビジネス戦略を持つことは、その先見性を褒められこそすれ、貶すべきものではない。

注目したいのは、東が最初にショウ・ビジネス戦略の必要性を意識したのが、オフ・オフ・ブロードウェイだったということだ。東はオフ・オフから二つのことを教えられたという。一つ目は「人件費の発想」だ。ラ・ママの依頼で『CONEY ISLAND PLAY』を作った際、総制作費として渡されたのはわずか百ドルで、そのうち六〇%を俳優に渡すよう指示されたという。出演料はないか雀の涙が常態化している日本の小劇場とは異なり、人件費に最大の予算を割き、適切な報酬を払うことが、主宰者の仕事でありプロフェッショナルな人材を育成する最善策だという考えである。これを見習い、東は最低でも制作費の五〇%を人件費に当てることを心掛け、そのための工夫として劇団組織は可能な限り小さく（基本的に出演者は公演ごとにオーディションで決めた）、スタッフもできる限り俳優が兼務するようにした。また人件費を捻出するため劇場使用料を制作費の二〇%以下に抑え、小さな商業劇場を借りるよりは、厚生年金会館のような大きくても公共施設を重点的に利用し、会場規模に応じて演出を工夫した。[30] コンサートが大袈裟な舞台装置を使わずほぼ照明だけで成り立つのなら、ミュージカルも同じはずだというわけだ。キッドが早々に大きな会場へ進出した背景には、こうした人件費の発想があった。

人件費の発想から誕生したものに、七七年に新宿の割烹料理屋を改造して一年間限定で開場した小劇場「THEATER365」がある。外でアルバイトするくらいなら「サラリーマンのように毎日劇場で働こう」[31] という東の提案に従い、自分たちで建物を改造し、常設館らしく三百六十五日のうち三百日の公演（再演を含め五作品）を行うことで、俳優スタッフ総十三名（若手育成を目的に劇団員制を導入し、のち研究生制度へ）に一律七万円の給料を支払った。

　東がオフ・オフで教えられたことの二つ目は、ブロードウェイではオフ・オフ／オフ／オンと階段を駆け上がるように、「優れたアンダーグラウンドの作品は、オーバーグラウンドに出て行く宿命がある(32)」ということである。ＴＨＥＡＴＥＲ３６５閉場後のキッドは、小規模なアングラ劇団とは思えない大舞台進出と年間百五十日を超える全国ツアーを実施する。『失われた藍の色』（小椋佳音楽、七八年、日劇）、『十二月の夢』（谷村新司、深野義和音楽、同年、日本武道館）、『二月のサーカス』（小椋佳音楽、八〇年、後楽園球場）、『心は孤独なアポロ』（小椋佳、深野義和音楽、同年、浅草国際劇場）、『青春のアンデルセン』（小椋佳音楽、八一年、日生劇場）など、大劇場だけでなく、コンサートさながらに武道館や野球場を公演会場としたところに、全盛期のキッドの人気振りがうかがえる。七八年にはテレビ朝日開局二十周年記念番組としてテレビ初のオリジナル・ミュージカル『南太平洋ミュージカル・サラムム』を制作する。武道館や野球場、あるいはテレビでミュージカルをやることの是非をここで問うことはしない。確かなショウ・ビジネス戦略に従って、「優れたアンダーグラウンドの作品」が「オーバーグラウンドに出て行」った事実とその到達点を示すだけでいい。

　その後もキッド伝説はつづく。八一年に『ＳＨＩＲＯ』（吉松隆、松崎由治音楽）の全米ツアーとワシントンケネディセンターでの一ヵ月公演、八二年に原宿竹下通りに稽古場兼劇場「ＷＯＲＫ ＳＨＯＰ」設立、八七年に田町に小劇場「ＷＡＴＥＲ」開場、八九年に元研究生を中心に別働隊「セカンドカンパニィ」を結成、九四年に港区海岸にレストラン併設の小劇場「ＫＩＤ ＴＨＥＡＴＥＲ ＦＡＲＭ」を開場させる。九九年の活動停止までの三十年間に、キッドは五作品の海外公演を行い、二本の映画と一本のテレビ用ミュージカルをつくり、五つの小劇場を開場しては閉鎖した。アングラ・ミュージカルをスタートに、単独の劇団として和製オリジナル・ミュージカルのあらゆる可能性を切り開いてみせた。

四　ザ・スーパー・カムパニイ

1　「スーパー」であること

ブロードウェイには『ウェスト・サイド・ストーリー』のジェローム・ロビンス、『シカゴ』のボブ・フォッシー、『コーラスライン』のマイケル・ベネットなど、優れた振付家であり作・演出も見事にこなす人物が少なくない。しかし、日本の場合、ダンス・カンパニーを除けば、振付家が劇団の中心に立つことは稀だ。一九七〇年に振付家の竹邑類の主宰で結成された「ザ・スーパー・カムパニイ」は、振付家が中心となり作・構成・演出まで手掛けた日本では珍しいミュージカル劇団だ。

ザ・スーパー・カムパニイの目指すものは、劇団附属「ミュージカル・アクターズ・スタジオ」の研究生募集広告に端的に表れている。

> 歌、踊り、芝居を区別することなく三位一体の柔軟な芝居創り。マン・ツー・マン・システムによる感覚のブローアップを目指す新しい時代のアクターを育成。(33)

一般にミュージカルは歌、踊り、芝居を総合した演劇だとされるが、ザ・スーパー・カムパニイ（以下、カムパニイ）は、「スーパー」の意味の通り、それぞれの「超越」を目指した。超越したものが舞台上で合わさり、三位一体のミュージカルとなって表れるのはその結果に過ぎない。また超越するのは歌、踊り、芝居だけに留ま

図⑱　第5回公演『マザー』（1971年）チラシ

らなかった。竹邑は、「演劇のジャンルや、前衛であること、ミュージカル、又々、状況そのものを超えて、新しく、楽しいもの、そして、それが舞台のライブな時間で行われるもの」が、カムパニイの目指す「創造」だとした。[34]

そして「感覚」はカムパニイの「創造」に不可欠な要素だった。「作品を創る時、僕等はいつも新鮮でいられる。新鮮で胸ときめかない時は、停める時だと思っているからである。〔略〕「面白いことはいいことだ」、そんな単純な気持と言葉がここまで来て、ここからどこかまで走る原動力なのである」。[35] カムパニイは結成当初からフランスのジャック・ルコック（Jacques Lecoq）の演技システムを取り入れ、身体と精神の二つの感覚の自由、楽しさ、瑞々しさを最重要視し、俳優同士による即興的な舞台づくりを実践した。後述のように、カムパニイの代表作『菜の花飛行機』シリーズや『ホワイト・レビュー』シリーズはルコック・システムの賜物だ。ルコック国際演劇学校の開校は一九五六年だが、日本でルコック・システムが知られるようになるのは遅く、ようやく九〇年代になって、イギリスのサイモン・マクバーニー主宰テアトル・デ・コンプリシテの「フィジカルシアター」の源流として広く注目されるようになった。カムパニイのルコック・システムの導入は驚くほど早い。

2　竹邑類とミュージカルの自由

竹邑類は一九四四年、高知市生まれ。十三歳から坂口智恵に師事し、モダンダンスを学んだ。土佐高等学校を卒業後、明治大学文学部仏文科へ進学。在学中の六一年に作家の三島由紀夫とパントマイマーのテオ・レゾワルシュ（Théo Lesoualc'h）に出会い、大学を中退して本格的に舞台の道を歩む。

三島由紀夫と竹邑が出会ったのは新宿のモダンジャズ喫茶ＫＩＩＹＯで、竹邑とその友人を通じて「ビート族」の生態を知った三島は、小説『月』を執筆する。『月』に登場する「ピータア」は竹邑がモデル（竹邑の実際の綽名が「ピーター」）だとされる。一方の竹邑は、「今の演劇は言葉だけ」「単に演劇のみ舞踊のみではなくて、ジャンルを超えてというか、何か今までにない舞台を創りたい(36)」という秘めた思いを三島に励まされ、自作上演へと踏み切る。言葉の演劇に巧みだった三島を相手に「今の演劇は言葉だけ」と不満を述べるとは、いかにも血気盛んな若者らしい。

フランス出身のパントマイマー、テオ・レゾワルシュと出会ったのも三島と同じ頃だ。レゾワルシュは、一九六〇年から六五年にかけて日本に滞在し、草月ホールなどでパントマイム・リサイタルを開催したり、マイムの指導を行ったりした(37)。帰国後は日本文化に関する書物 *La Peinture japonaise* (1967), *Érotique du Japon* (1968), *Les Rizières du théâtre japonais* (1978) を執筆、なかでも後の二冊は演劇に関する記述が多く、フランスに日本の現代演劇受容の枠組みをつくったとされる(38)。

竹邑は新宿の風月堂《ふうげつどう》でレゾワルシュが公演の出演者を募集していることを教えられて参加、以後、彼に師事しマイムを学ぶ。レゾワルシュのマイムは、マルセル・マルソーのようなクラシックではなく、アヴァンギャルドなもので、劇的空間・時間における感情の流れや集団での即興性を重視したものだったそうだ(39)。ルコック・システムとの類似点もあり、竹邑のルコック・システムはレゾワルシュから教わったものかもしれない。

戦後の現代舞踊は、五三年に設立されたアメリカ文化センターがモダンダンス普及に力を注いだことや、五五年のマーサ・グラハム舞踊団の初来日公演の影響により、六〇年代から七〇年代にかけてアメリカ系が主流となる。そうしたなか竹邑は、高知で坂口智恵からドイツのノイエタンツ系のモダンダンスを学び、東京でレゾワルシュからルコック・システムに繋がるフランスのマイムを学ぶなど、技術的には主流のアメリカ系から外れている。が、もちろんアメリカの影響がなかった訳ではない。竹邑の場合、芸術創造の根底にあったのはハリウッドのミュージカル映画で、その意味でアメリカからは精神的な影響を受けた。

子供の頃から見続けたミュージカル映画に、僕は「自由さ」の魅力を感じ続けていた。その「自由」とは一体何だろう。それは例えば、素晴らしいミュージカルナムバーに接した時に感じる、ある解放された感情だったりするわけだが、実はミュージカルという様式そのものが「自由」の表現なのではなかろうか。例えば〔略〕三人で、ニューヨークの夜の街をタップで踊り始める。どこかの家の階段で、三人が、喜びのステップをダンスで表現する。階段はその時コーラスガールになって生き始め、音楽はアスファルトの舗道から湧き上り、ニューヨークの汚い街が恋の美しさに輝くばかりになる。〔略〕

僕が、「見続けるミュージカル映画」から「作り続けるオリジナル・ミュージカル」に到ったのは、多分、その「自由さ」とウマがあったからかもしれないのです。

ミュージカルにする素材はすべてであり、僕等の感情や状況を「自由」にしてやることが必要なのです。(40)

竹邑は一番魅了された振付家にボブ・フォッシーの名をあげ、テーマや主義《イズム》がダンス・ミュージカルというエンターテインメントに結実する「自由」を楽しむアメリカと「歌と踊りは、一種低い位置で、あるいは、一種高踏的なものとして評価されるかのどちらかという、硬化した僕等の周囲とは環境自体がかなり違っているのだ」と、歌や舞踊を現代演劇の埒外に置く日本演劇の状況を厳しく批判している。アメリカのミュージカル映画の自由な想像力をドイツのモダンダンスやフランスのマイムを使って表現し、それを現代を映した日本の演劇の一ジャンルとして認めさせるのが竹邑の目標であり、独自の創作の立ち位置だった。

さて、三島から励ましを受け、レゾワルシュからマイムを学んだ竹邑は、さっそく「ピーターズ・カムパニイ」の名前で初の作・演出・振付作品『殉情――ジーン・ハーローとビリー・ザ・キッドの恋』(六二年、自由劇場)を上演する。内容は、星条旗のドレスを纏ったハーローにアメリカを、日の丸を背負ったキッドに日本を象徴させ、彼らがダンスを踊ったり、銃撃戦を繰り広げるといった自由奔放な場面で構成されたミュージカルだった。注目すべきは関係者で、出演は竹邑がダンス指導をしていた自由劇場の吉田日出子、新井純、映画『豚と軍艦』(一九六一年)のヒロイン役で一躍注目を集めていた吉村実子、吉村と竹邑の共通の友人だった中村タヌコ、ファッション・ショウ演出家の木村茂、そして竹邑の五人。制作は吉村のマネージャーが一手に引き受けた。音楽は文化放送のDJとディレクターをしていた桜井陽子が、クラシック、ロック、ジャズ、映画音楽などの既成曲をもとにテープ・コラージュで仕上げた。さらに自由劇場の狭い空間に当時まだ珍しかった巨大ストロボを二基も置き、ディスコさながら派手な閃光で観客を驚かせてみせた。このストロボの操作は、パリのキャバレー「クレイジーホース」の仕事から帰国したばかりの藤本晴美(MGS照明設計事務所を設立し、有名ディスコの照明プランを多数手掛ける)が行った。いずれも新宿のジャズ喫茶仲間であり、後のカムパニイに関わる人々である。

舞台の振付やダンス指導の他にファッション・ショウの演出まで手掛けた竹邑の人脈の特徴は、七〇年代から八〇年代にかけての華やかな若者風俗を牽引する業界、特にファッション業界との繋がりの強さである。それは演劇界全体の中でも際立っていた。

3　ザ・スーパー・カムパニイの人々

一九七〇年、桐朋学園短期大学演劇専攻（俳優座演劇研究所付属俳優養成所から発展）で振付の講師をしていた竹邑は、学生だった田村連《れん》からジャン・ジュネ作『女中たち』上演の相談を受ける。授業の課題で稽古していたのだが、演出担当の女性教師が、男組はイメージに合わないからと投げ出したのだった。「それなら学園の外でやればいい」と竹邑がバックアップして上演は実現、これを契機に田村ほか桐朋学園の卒業生がピーターズ・カムパニイに加入してピーターズ・スーパー・カムパニイへ発展、さらに改称してザ・スーパー・カムパニイとなった。

図⑲　第１回公演『女中たち』（1970年）舞台写真。左より西田清志、田村連、中村タヌコ（田村連『アイ・アム・ミュージカル』より）

桐朋学園の男子学生の練習発表から発展した第一回公演『女中たち』（竹邑類演出、近江館スタジオ）は、三人の女中を全て男優が演じた［図⑲］。出演者全員が男性で女役という配役はこの時が日本初だという。後述のように田村の女役はカムパニイのトランスジェンダーな魅力を引き出すようになる。

会場の近江館スタジオは、ヘア・デザイナーの近江礼一が経営する渋谷の美容室の地下にある写真スタジオで、初期のカムパニイが頻繁に使用した場所だ。他の公演では麻布のアトリエ・つづき（アートフラワー・デザイナーの都築郁子のアトリエ）も会場に使われている。ここでも竹邑の華やかな人脈とカムパニイがそれらの結節点になっていたことが分かる。また天井桟敷館、蠍座《さそりざ》、自由劇場、渋谷ジャン・ジャン、銀座みゆき館劇場などアングラ演劇お馴染みの小劇場と並んで、一般には小規模のピアノ・コンサートやダンス公演で使われる新宿のモーツアルトサロン、青山ラ・ミア・ホール、スタジオ・アップライトが会場となっている点も、アングラ演劇特有の泥臭さを感じさせないカムパニイの特色のひとつだ。

　初期のメンバーでは田村と同じく桐朋学園出身で後に劇団民藝へ移る西川明、元・天井桟敷の下馬二五七《しもうまにごしち》、元・劇団三十人会の中山マリ、元・自由劇場の花房徹、元・芸能座の隈本吉成、三谷六九《ろっく》、後につかこうへい事務所へ移る萩原流行《ながれ》（当時・光男）らがいた。「スーパー」らしくアングラ演劇から新劇団まで、演劇の経歴は多種多様だ〔図⑳〕。

　第三回公演『娘日時計』（竹邑類作・演出、一九七一年、天井桟敷館）では音楽を越部信義が担当。これ以降、カムパニイの音楽は越部が担当する。越部は、『上海バンスキング』（斎藤憐《れん》作、串田和美演出）をはじめとするオンシアター自由劇場の作曲家として有名だが、もとは三木鶏郎《とりろう》が主宰する冗談工房のメンバーで、童謡「おもち

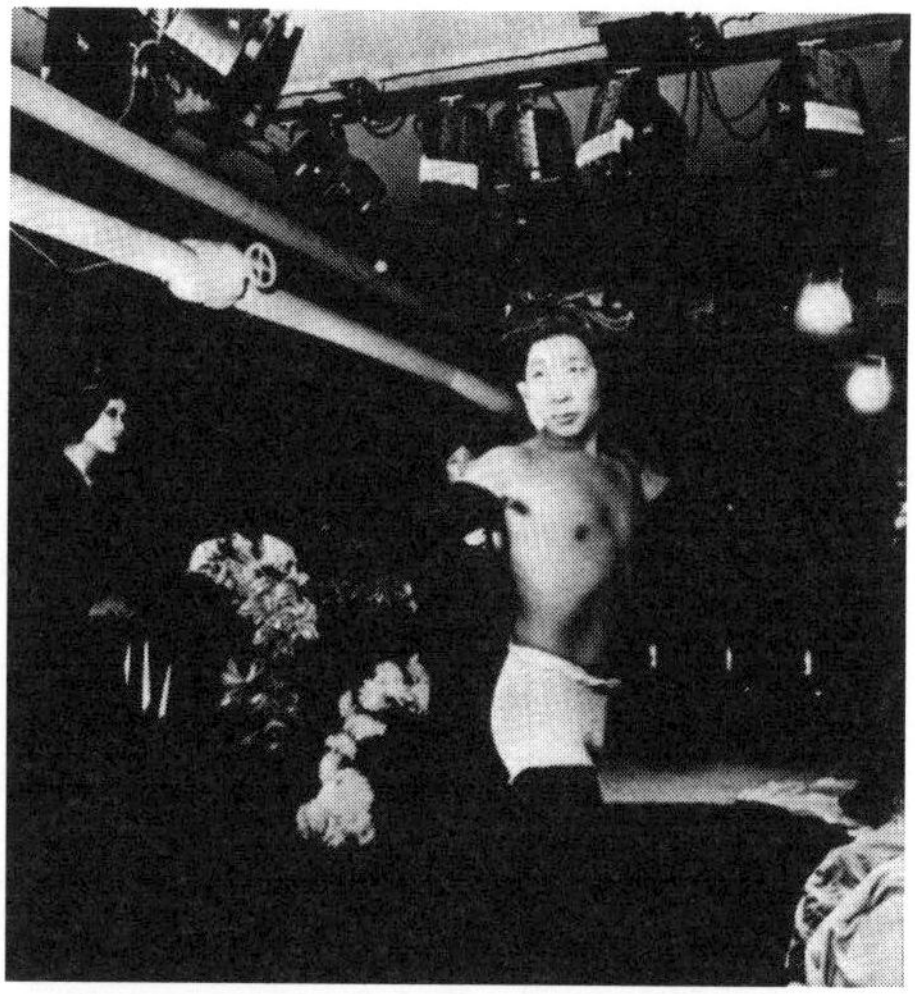
図⑳　第10回公演『マダムイザベラ』（1973年）で女装姿の下馬二五七（田村連『アイ・アム・ミュージカル』より）

図㉑　第7回公演『菜の花飛行機・一番機』（1972年）舞台写真（同上）

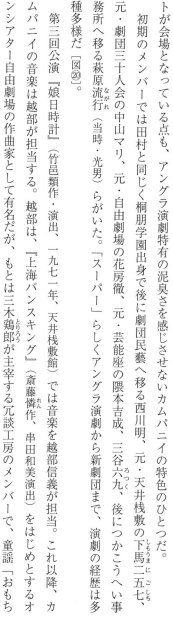

ゃのチャチャチャ」、NHK子供番組の音楽（『にこにこぷん』ほか）、アニメ番組の主題歌や劇伴（『鉄人28号』『マッハGoGoGo』の主題歌、『サザエさん』の劇伴）など子供向けの音楽を得意とした。変わったところでは、三島由紀夫と楯の会の会員が歌う「楯の會の歌　起て！　紅の若き獅子たち」の作曲も行っている。未来劇場同様にここでも子供向け音楽と和製ミュージカルの親和性の高さが見られる。竹邑と越部の出会いも、自由劇場ではなく、NHK子供番組『歌のメリーゴーラウンド』で竹邑が振付を、越部が作曲を担当していたことによる。

そして第七回公演『菜の花飛行機・一番機』（竹邑類作、西川明演出、一九七二年、自由劇場〔図㉑〕）では舞台美術を金森馨《かおる》門下の倉本政典が担当。自由劇場の壁や天井をウレタンとスチールを所狭しと貼り付けたユニークな装置が話題を呼び、以降、カムパニイのほぼ全ての作品を担当する。

4　『菜の花飛行機』とオンシアター自由劇場

六〇年代後半の新宿文化に振付家として登場した竹邑類は演劇やファッション業界から重宝され、他のアングラ演劇団とも親しく付き合った。たとえば一九六九年だけでも、先の東京キッドブラザース『黄金バット』、演劇実験室天井桟敷『犬神』『時代はサーカスの象にのって』、演劇センター68／69『トラストD・E』の振付、劇団NLT『中原中也から流行歌まで』の構成・演出などを担当している。初期の代表作『菜の花飛行機』は自由劇場との交流から生まれた。

竹邑は劇団「自由劇場」第一回公演『あたしのビートルズ』（佐藤信作・演出、六七年）で振付を担当、以後は振付の他に俳優にダンスを指導し、佐藤信や串田和美とも親しい間柄にあった。六八年に佐藤信を中心に自由劇場、六月舎、発見の会が一緒になり、演劇センター68が結成され、活動の拠点が六本木の自由劇場（アンダーグラウンドシアター自由劇場）から黒テントへ変わり、劇団としての自由劇場は事実上の解散となった。七二年、串田和美は再び劇場としての自由劇場を拠点に活動することを決意、四月に「串田和美プロデュース公演」と銘打って『マクベス』（串田和美構成・演出・美術、竹邑類振付、鈴木茂、佐藤博音楽）を上演、同プロデュースの第二弾で六月のカムパニイ『菜の花飛行機・一番機』（竹邑類作・演出・振付、越部信義音楽）が上演された。

図㉒　第12回公演『菜の花飛行機・三番機・酸素発見200年』（1974年）チラシ

『菜の花飛行機』は一番機の好評を受けてシリーズ化、五番機まで飛行した。蜷座での『菜の花飛行機・二番機・フィナーレ』（竹邑類作・演出・振付、七三年）と自由劇場での『菜の花飛行機・三番機・酸素発見２００年』（同、七四年［図㉒］）は各劇場の観客動員記録を塗り替えるほどの人気を集めた。

『菜の花飛行機』シリーズはミュージカル・レヴュー作品で、たとえば二番機では、とあるミュージカル劇団を題材とした縦糸と、その舞台裏や劇中劇という横糸があるが、横糸となる各場面がいずれも独立した個別性を持ち、時間軸もバラバラなので、観客は見終わってから不思議な全体性と円環性に気づくという仕掛けになっている。創作法も当時としては斬新で、レゾワルシュから学んだマイムとルコック・システムを応用し、各場面はベースになる役柄とシチュエーションだけを設定して、残りは稽古の際に出演者同士が即興で創り上げ、演出家が台本にまとめていった。「菜の花飛行機」とは稲垣足穂《たるほ》の短編小説『菜の花の飛行機の翼に及ぼす影響』からとった言葉で、作品のタイトルではなく、こうした創作スタイルを言い当てるために付けた名前だ。

竹邑はレヴューを「感性のお祭り[41]」と呼んだが、なるほど「菜の花飛行機」は歌、ダンス、マイム、詩の朗読、コント、人形劇……カムパニイが面白いと感じるあらゆるものが登場する。二番機で話題を呼んだマイムの「ハムレット一代記」では、ハムレットの目まぐるしい人生を様々なマイムのテクニックを駆使し、数分にまとめてみせる。コント「なぞなぞ喫茶」は、なぞなぞに正解すれば注文を聞いてもらえ、不正解だと店に入るところからやりなおし、お釣りを受け取るときもなぞなぞというナンセンスな笑いで、今観ても秀逸な作品だ。[42]『菜の花飛行機』シリーズは全体的に軽快な笑いが多く、キッチュで知的で上品な雰囲気のある点が、普段は演劇を見ない人からも好評を得た。

ある劇評家はこれを「孤島の演劇」と呼んだという。[43]つまり、どこの劇団の流れも汲んでない、良く言えば、全く独自のスタイルという意味だ。しかし、敢えて指摘すれば、その洗練された遊び心は、一九一〇年代から三〇年代にかけてロンドンで小粋なレヴューをプロデュースしたアンドレ・シャルロなどの小レヴューを思わせる。大劇場主体の大《グランド》レヴューが豪華なダンスのスペクタクルを売りものにしたのに対し、小レヴューは小粋なウィットとユーモア、アイデアの新鮮さを売りにした。

図㉓　『ホワイト・レビュー』舞台写真（田村連『アイ・アム・ミュージカル』より）

カムパニイの小レヴュー形式は、もう一つの人気シリーズ『ホワイト・レビュー』でさらに進化する〔図㉓〕。七七年から始まった『ホワイト・レビュー』は、内容的には『菜の花飛行機』シリーズと同種で、稽古を通じて即興で創り上げて行く点も同じだが、今度はタイトルから全体のテーマらしいものを排除し、舞台装置を置かず（題名の「ホワイト」は第一弾の会場となった近江館スタジオの内壁の白色に因んだ)、衣裳は白の上下一着のみ、出演者も男性四人だけという実にシンプルなレヴューへと発展する。小レヴューのひとつの完成形といっていい。

七五年四月、串田は劇団と劇場名をオンシアター自由劇場と改め、第二次自由劇場の活動を開始し、劇団三〇人会から出た田槙《たまき》道子のグループ、串田和美の電気亀・団、家高勝、朝比奈尚行の自動座(現・時々自動)、そしてカムパニイの共同で、一公演二十日、十作品を一年掛けて上演するレパートリーシステムを導入した。竹邑は十作全ての振付を担当した他に、カムパニイのメンバーを中心とする『コンビ』『東京レヴュウ』『幕末ちんぴら遊侠伝・新式木偶』(串田和美との共作・演出)の三作の作・演出、『どしゃぶり皇帝』(串田和美演出)の脚本を担当した。四作の作・演出を担当した串田に次ぐ活躍振りだ。また出演の点でも、全十作に出演した串田、九作の吉田日出子につづき八作に田村連が出演している。

5　古典のミュージカル化

オンシアター自由劇場でのレパートリー公演終了後、カムパニイはいわば第二次へと入る。カムパニイの作品は大きく「レヴュー形式のもの」「古典のミュージカル化」「完全オリジナル・ミュージカル」の三つに分けることができる。レヴューと共にそのオリジナリティが高く評価されたのが古典のミュージカル化だ。

ギリシャ悲劇『エレクトラ』をロック音楽に乗せ現代化した『マザー』(七一年)、ペールギュントを現代風の青年ランナーに置き換えた『スニーカーをはいたペールギュント』(七九年)、鶴屋南北『鬼若根元台《おにわかこんげんぶたい》』をパンクに翻案した『ピカレスク』(八二年)、チェーホフ初期作品をショウにした『チェホフ・ヴォードビル』(八九年)、シェイクスピアを換骨奪胎し、妖精がジャズを歌い、媚薬がサンバを踊る一夜のカーニバルに仕立てた『シェイク、シェイクスピア・音楽劇　夏の夜の夢』(九一年)、太宰治の作品をミックスさせた『メロス~外套を着た太宰おじさん〜』（九六年。「太宰おじさん」は「ダサイおじさん」と掛けてある）等々、ここでもレヴュー同様に知性や教養を遊びへと昇華してみせる自由な感性と創造力がうかがえる。

古典のミュージカル化で注目すべきは、『女中たち』で男優が女役を演じたように、カムパニイが持つトランスジェンダーな要素が前面に強調された作品が少なくないことだ。代表は『マザー』の再演版『ロックン・マザー・ララバイそして愛しのエレクトラ』（竹邑類作・演出・振付、青井陽治共同演出、越部信義音楽、七七年、モーツァルトサロン〔図㉔㉕〕）で、初演では息子オレステースを演じた田村連にマザー役を演じさせ、劇評家からは「歌舞伎でも宝塚でもない新しい女役、ひとつの文明的な傑作」（堂本正樹）と評された。『マクベス』（竹邑類演出・振付、越部信義音楽、八七年、シアターモリエール）では三人の魔女を含む全ての人物を男性で固め、女性はコロスの役割だけに留めた。バンクオー殺害後のマクベスの宴会では、派手なディスコ・サウンドと照明の中をケバケバしい化粧をした男女（男優たち）が踊り狂い、やがてタンゴのリズムに乗せてマクベスとバンクオーの亡霊が官能的なダンスを踊ってみせる。カムパニイのレヴューがキッチュな魅力に溢れているとすれば、古典のミュ

図㉔　『ロックン・マザー・ララバイそして愛しのエレクトラ』（1977年）舞台写真。左より加藤裕子、大野真由美、小川等、田村連（白服）、萩原流行、宮木茂（田村連『アイ・アム・ミュージカル』より）

図㉕　同舞台写真。右はマザー役の田村連（同上）

ージカル化はキャンプでクィアな魅力を漂わせている。竹邑は八六年の日本人キャストによる『ロッキー・ホラー・ショー』初演（来日公演は七五年のロンドンカンパニー）の演出・振付を担当しているが、これもカムパニイ独特のセクシャリティの立ち位置を評価してのことだろう。

6　アンダーグラウンドであること

カムパニイの作品は自由な感性と創造力に溢れていたが、劇団としては小劇場への強い拘りがあったようだ。カムパニイの幹部の一人で、劇団で一、二を争う人気俳優だった萩原流行は、七〇年代後半に東京キッドブラザース、状況劇場、つかこうへい事務所が一万人以上の観客を動員するのに対して、カムパニイがせいぜい三千人という状況をみて「うちの劇団も養成所をもったことだし、若い子を抜擢して演劇界のスターを育てない？　スーパーカムパニイを日本中の人が知っている劇団にしようよ」と竹邑に提案したという。

「そうだな、それもいいかもしれないな」

竹邑さんは乗り気だった。

そこでこの話を幹部会にかけると、ほかの幹部たちから総スカンを食らった。

「なんで今さら世間に迎合しなくちゃならないんだよ！　我々は好きな芝居を好きなようにやっていればいいじゃないか。有名になりたいとか金儲けのために芝居をやってるわけじゃないんだから！」

これが反対する幹部たちの理由だった。

正直なところ僕としては、金儲けはしなくても、せめて芝居だけで生活できるような経済基盤は必要だと思っていた。でもそこは言わずに、まずは観客動員のことだけで食い下がった。(44)

「芝居だけで生活できるような経済基盤」の確立は、七〇年代の演劇界の最大の課題の一つだ。この課題に対しミュージカルでは東京キッドブラザースや劇団四季がそれぞれに回答を示したが、演劇界からは批判の声が少なくなかった。他の幹部たちの猛反発を受けた萩原は、そのままカムパニイを退団する。そして某看板俳優が状況劇場を退団した際、唐十郎が破門状（関東所払い書）を各劇団に回したように、この時は竹邑が萩原の破門状を回し、「それでも柄本明さん、佐藤B作さんといった知り合いたちが、振りつけの仕事などを回して助けてくれたが、それも竹邑さんの知るところとなり、僕はアングラ系の演劇界から干されてしまった」[45]という。

若くして有能な振付家として業界に知られた竹邑類は、早くから坂東玉三郎、黒柳徹子、水谷八重子らの舞台の作・演出、松竹歌劇団、宝塚歌劇団、東宝ミュージカルの振付、中島みゆき夜会のステージングなど大舞台の仕事を手掛けてきた。人気絶頂のアイドル・伊藤つかさを主役においたミュージカルの脇役をカムパニイのメンバーで固めて上演したり、ファッション・ショウやコンサートの演出、名古屋で開催された世界デザイン博覧会では市民参加のミュージカルもつくっている。若い頃は、日本初演『屋根の上のバイオリン弾き』（一九六七年、日生劇場）のバイオリン弾き役を射止めてもいる。そんなメジャーな仕事を多数手掛ける竹邑が、萩原が提案したカムパニイのメジャー劇団化に最終的に反対した理由は、観客動員が増えることや有名になることの否定ではなく、アンダーグラウンドでミュージカルを行うことの自由を失う怖れがあったからだろう。東由多加がキッドを当然のことのようにオーバーグラウンドへ連れ出そうとしたのに対し、竹邑はカムパニイをアンダーグラウンドに留めることで、ブロードウェイとは異なる日本のオリジナル・ミュージカルの可能性を模索しようとした。

五　終わりに

里吉しげみは「未来劇場の芝居は、客席を満パイにすることは出来ても、喜劇だと言う理由だけで新劇の仲間入りはさせてもらえない、そして何故か客席に閑古鳥鳴いていても、ワケのわからぬ屁理屈劇で目玉ひんむき新劇調のセリフ歌って数少ないお客にイネムリさせている役者と劇団の方が高く評価され、役者もどうしてか世間に対して態度ビッグだものね(46)」と毒づいた。

東由多加は「東京キッドブラザースがジャーナリズムから姿を消して何年になるだろうか。ことに演劇ジャーナリズムからは完全に黙殺されている。もちろんこの紙面でわが身の不遇を歎くつもりはない。それにもかかわらず、今年で二〇周年をむかえ、世評若手人気劇団ともてはやされている。いわゆる第三世代の劇団よりも、全国的な規模では観客席は賑わっているからである(47)」と皮肉った。

竹邑類は「歌と踊りができないのが正統的な「新劇俳優」と日本ではされています。禁欲的な、退屈な演技が、日本では芸術的だとされています。シアトリカルなものは軽薄だとされています(48)」と怒りを表した。

彼らの不満は明快だ。その作風は互いに違ってはいるが、自分たちが「面白い」「楽しい」と感じ、観客も支持する舞台が、どうして演劇界で軽視されなければならないのかという不満だ。端的に言えば、アングラ和製ミュージカル劇団の活動は、日本の演劇界に対して、小劇場系のエンターテインメントを正統な演劇として認めさせようとするものだった。そして彼らが認められない理由も明快だ。それはこれらの劇団が、日本演劇史の縦糸を織りなす「運動」に関わっていないからである。アングラ演劇史からもミュージカル史からもこぼれ落ちる理由がここにある。

これは日本演劇を巡る問題というよりは、演劇の芸術的価値を定め、生産・再生産する日本演劇の生成・構造を巡る問題である。つまり、アングラ和製ミュージカルは新劇の偏狭さを壊そうとしたのではなく、新劇を日本演劇のヒエラルキーの上位に戴こうとする〈制度〉や〈芸術場〉に闘いを挑んだのである。その意味で、アングラ和製ミュージカルが日本の演劇史からこぼれ落ちることは、日本演劇の問題ではなく、日本演劇を語る私たちの問題だと言うべきだろう。

(1) グルッペ21編『これがアングラだ！——サイケでハレンチな現代風俗のすべて』双葉社、一九六八年、八五～八六頁。

(2) 深井俊彦「劇団の方針」、宝石座第一回公演パンフレット、一九四七年。パンフレットは他に推理作家の城昌幸、長谷川伸門下の小説家・古川眞治（番伸二）、雑誌『ワンダーランド』責任編集で知られる評論家・植草甚一が寄稿し、城と植草は劇団顧問にも名を連ねている。俳優陣には山本礼三郎、安部徹、宮川玲子、春山葉子など新東宝所属が多い。新東宝は前四六年の東宝争議の結果、四七年三月に設立されたが、宝石座は後の新東宝のエロ・グロ路線を先取りするものだったと見ることもできそうだ。

(3) 一九四八年四月の日劇小劇場での宝石座再建公演パンフレットによれば、再建後は文芸部長に山本紫朗《しろう》、俳優に森繁久彌、鈴川みね子、旗マリ子、芦田伸介、天野博之らが名を連ねている。

(4) 劇団未来劇場第一回公演『ナイル河上の殺人』パンフレット、一九五八年。特別出演の推理作家は江戸川乱歩、木々高太郎、渡辺啓助、日影丈吉、千代有三、大河内常平、楠田匡介、阿部主計《かずえ》、朝山蜻一《せいいち》、鷲尾三郎。

(5) 第一回『ナイル河上の殺人』、第二回『消えた瞬間』、第三回『そして誰もいなくなった』、第四回『断崖の家』、第五回『求愛人生』。全て長沼弘毅訳。第六回はジャン・コクトー『タイプライター』を上演。

(6) 里吉しげみ「イカレポンチ」、『七月七日の支那人形』パンフレット、二〇〇二年。

(7) 三浦正英「一寸した裏話」、『猫娘月荒し夢三昧』パンフレット、一九九四年。里吉に未来劇場を紹介したのは大学の一年後輩で、後に株式会社サンリツ社長となる三浦だった。

（8）一九六一年以降の未来劇場で上演された里吉しげみ以外の作品は、『さらばその歩む所に心せよ』（エド・レイシー作、真渡達演出、六一年）、『愚かな女』（マルセル・アシャール作、吉武みどり演出、六二年）、『旅情』（アーサー・ロレンツ作、吉武みどり演出、六四年）、『ペペルの甘い犯罪』（フェリシアン・マルソー原作、里吉しげみ脚本・演出、八三年）の四作品。

（9）里吉は未来劇場の主宰交代をしばしば「吉武みどり女史に押しつけられた」と記すが、この背景には、吉武の夫ロッシーが病に倒れ、彼女がその看病で多忙になって主宰を里吉に任せたこと、さらには病死したロッシーを追って吉武が自殺したという事情があった。

（10）阿木翁助「パリ・親分・姉御」、『ムッシュ・ランバンの哀しい殺意』（再演）パンフレット、一九八四年。なお引用部分は第三十回初演時のもので、阿木翁助が『報知新聞』に連載した芸能欄コラム「翁助の見て歩き」からの再録となっている。

（11）矢野誠一「未来劇場のいまと未来」、『テアトロ』一九八一年五月号。

（12）井上ひさしと里吉しげみの作家性の違いを簡単に知りたければ、各々が脚本を担当したアニメ映画が分かりやすいだろう。井上が、『ひょっこりひょうたん島』で組んだ山元護久と共同で脚本を担当した『長靴をはいた猫』（矢吹公郎監督、一九六九年）は、後に東映動画のマスコット・キャラクターとなるペロを生んだ子供向けアニメ映画の傑作として有名だ。里吉が脚本を担当した『クレオパトラ』（手塚治虫原案・構成・監督、一九七〇年）は、手塚が大人向けアニメ「アニメラマ」として企画した意欲作で、クレオパトラは実は未来人だったというSF設定のもと、醜女だったクレオパトラが整形手術で美人になり、シーザーは松の廊下で暗殺され、オクタビアンは男色家、『サザエさん』『カムイ伝』『ハレンチ学園』のキャラクターがゲスト出演するといったナンセンスな笑いとパロディが満載となっている。もちろん里吉が得意とする下ネタも豊富だ。

（13）石崎勝久（無題）、『薔薇の伯爵』パンフレット、一九六七年。

（14）喜多村寿信「オーチンチンのこと」、『さらばゲリラよ　ロマンスの日々よ』パンフレット、一九六九年。インタビュー「CMの作曲、さわやかな朝に　小林亜星」、『読売新聞』一九六九年九月八日付。

（15）倉本聰「幻のパラコンペ」、『愛そして嘆きのロア・ソレイユ』パンフレット、一九七五年。

（16）木全公彦「性の芽生えはこの番組」、『東京人』二〇一一年三月号。

（17）キッド旅行団・東由多加編『東京キッドブラザース　さくらんぼ漂流記』講談社、一九七一年、四四頁。東の書く美空ひばりの「東京キッド」の歌詞は誤りで、正しくは「右のポッケにゃ夢がある、左のポッケにゃチュウインガム」である。東はこの文章が気に入っていたようで、後々まで繰り返し使用している。しかし文章の一部は変更され、たとえば『KIDぼくらの時代――東京キッド・ブラザース全漂流記録集』（八曜社、一九七七年）では最後の部分が「キッドとは夢に生きる永遠の子供たちのことである」と、年下の観客を意識したものになっている。
（18）「帰ってきた黄金バット」、『朝日新聞』一九七〇年十二月九日付。
（19）Harris Green, "Star Wanted For Musical : Voice Unnecessary", *The New York Times*, 一九七〇年八月九日付。
（20）東由多加『東由多加の残した言葉』而立書房、二〇〇二年。
（21）『帰ってきた黄金バット』チラシ、一九七一年。
（22）扇田昭彦、劇評「ザ・シティ」、『映画評論』一九七四年四月号。
（23）東由多加「さよならフラワー・チルドレン」、『読売新聞』一九七五年二月十五日付。
（24）井上誠氏と巻上公一氏に聞き書きをしたところ、時期的に、東のダイアローグへの変化には、キッド退団後に巻上が主宰した劇団「ユリシーズ」（一九七六年）の影響もあるのではないか、とのことだった。巻上は意識的にキッド流のモノローグからダイアローグへと作品を変化させたが、観劇に来た東はそれに感心していたという。
（25）東由多加、前掲『東由多加の残した言葉』一〇六頁。
（26）同前、一〇二頁。
（27）大和田俊之『アメリカ音楽史――ミンストレル・ショウ、ブルースからヒップホップまで』講談社選書メチエ、二〇一一年、一五七頁。
（28）東由多加、前掲『東由多加の残した言葉』一〇六頁。
（29）同前、一〇八頁。
（30）同前、一〇七～一〇八頁。
（31）座談会「想い出のTHEATER365」、東京キッドブラザース機関誌『ミュージカル』第九号、一九七八年。
（32）東由多加、前掲『東由多加の残した言葉』一〇三頁。
（33）「俳優養成学校入学案内」、『テアトロ』一九八七年三月号。

(34) 竹邑類「時間を掃除する道化者」、田村連『アイ・アム・ミュージカル』アクロス発行、星雲社発売、一九八四年、二〇頁。
(35) 同前、二二頁。
(36) 竹邑類『呵呵大将——我が友、三島由紀夫』新潮社、二〇一三年、四一頁。
(37) テオ・レゾワルシュの経歴については以下の web サイトを参考とした。http://jose.chapalain.free.fr/pageprin1589.htm http://jose.chapalain.free.fr/pageprin1590.htm (二〇一七年十月一日閲覧)。
(38)「大駱駝艦がであうブラジル、世界がであう舞踏」、Web Magazine『をちこち』http://www.wochikochi.jp/topstory/2011/03/butoh.php (二〇一七年十月一日閲覧)。
(39) 竹邑類、前掲『呵呵大将』三一頁。
(40) 竹邑類「ミュージカルは「自由」の子」、第二八回公演『スニーカーをはいたペールギュント』パンフレット、一九七九年。
(41)『The Super Company Magazine』創刊号、一九七八年。
(42)「なぞなぞ喫茶」は『菜の花飛行機・二番機・フィナーレ』で初演された。Youtube で「なぞなぞ喫茶」を含む第一〇一回公演『ホワイト・レヴュー2003』(二〇〇三年、シアターVアカサカ) の一部を動画で見ることができる。
(43) 田村連、前掲『アイ・アム・ミュージカル』六八頁。
(44) 萩原流行・萩原まゆ美『Wうつ』廣済堂出版、二〇〇九年、一三四頁。
(45) 同前、一三五頁。
(46) 里吉しげみ「道楽稼業」、『悲劇喜劇』一九七九年十月号。
(47) 東由多加「ぼくのミュージカルは三つの言葉でなりたっている」、『MUSICAL KID』パンフレット、一九八九年。
(48) 竹邑類「肉体のメッセージをめざして」、『テアトロ』一九七三年七月号。

(引用をのぞく主要参考文献)

里吉しげみ『ブラック・ジャック』新潮社、一九七四年。

内田静枝編『水森亜土』新装版、河出書房新社、二〇一五年。

小林亜星『亜星流! ちんどん商売ハンセイ記』朝日ソノラマ、一九九六年。

永井建児『小津安二郎に憑かれた男——美術監督・下河原友雄の生と死』フィルムアート社、一九九〇年。

大笹吉雄『同時代演劇と劇作家たち』劇書房、一九八〇年。

勝田久『昭和声優列伝——テレビ草創期を声でささえた名優たち』駒草出版、二〇一七年。

CD『劇団未来劇場創立50周年記念　劇中歌』劇団未来劇場、二〇〇八年。

東由多加『KIDぼくらの時代——東京キッド・ブラザース全漂流記録集』八曜社、一九七七年。

東由多加『地球よとまれ、ぼくは話がしたいんだ』講談社文庫、一九八一年。

東由多加『愛を追い夢を追い——東京キッドブラザースの青春』講談社、一九八二年。

東由多加『Essay　ぼくの「ミュージカル」』而立書房、一九八二年。

東由多加『ぼくたちが愛のために戦ったということを』而立書房、一九八二年。

柳美里『命』新潮社文庫、二〇〇三年。

柳美里『魂』新潮社文庫、二〇〇四年。

釉木淑乃『帰ってきた黄金バット』集英社、二〇〇六年。

岩井レイ子『戦後4世の青春』文芸社、二〇〇一年。

CD『帰ってきた黄金バット』キングレコード、二〇一五年。

CD『南総里見八犬伝』キングレコード、二〇一五年。

CD『西遊記』キングレコード、二〇一四年。

CD『十月は黄昏の国』キングレコード、二〇〇九年。

FACE BOOK「東京キッドブラザース・東由多加」https://www.facebook.com/YUKKAHIGASHI/

Webサイト「８ ENDLESS ８ KID BROS.」http://www.endless-kid.net/index2.html
串田和美『幕があがる』筑摩書房、一九九六年。

日本近代演劇史研究会編『20世紀の戯曲Ⅲ　現代戯曲の変貌』社会評論社、二〇〇五年。

他に劇団未来劇場パンフレット、東京キッドブラザースパンフレット、ザ・スーパー・カムパニイパンフレット、『竹邑類の神宮前芸事通信』『悲劇喜劇』『テアトロ』『新劇』『映画評論』『朝日新聞』『読売新聞』『毎日新聞』『日経新聞』を参考とした。

（付記）本稿は独立行政法人日本学術振興会（ＪＳＰＳ）科学研究費助成（課題番号 26284033 及び 26370114）の成果の一部である。また、ＮＨＫ番組アーカイブス学術利用トライアル（二〇一六年度第一回）によって閲覧した資料も活用している。

V　ミュージカルの現在形

第10章

市民ミュージカルの発展

「社会包摂型アート」の一事例として

日比野啓

ミュージカルをつくる人、演る人、観る人、批評する人、すべての人々に言いたい。

ぼくらは、ぼくらがつくらずにはいられないミュージカルをつくり、観たいミュージカルを観る、という原則を守って行くべきです。つまり、自前でここまでやって来た成果を大事にしようということ。

最近のように本場ものがさまざまのルートで入ってくると、ついそういうことを忘れそうになります。

（林光「作曲者の立場から　ミュージカル問答」[1]）

はじめに

本章ではミュージカルが「社会包摂型アート」として機能してきた一九七〇年代後半以降の動向を略述する。具体的には、各地のコミュニティ・シアターなどが主体となって素人参加の創作ミュージカルを上演してきた歴史を概観し、それが各地の演劇・文化活動の歴史において生じた空白を埋めるようにして出てきた運動であり、「中央」の動向、すなわち東京・大阪における一九七五年前後の第三次ミュージカル・ブームや、一九八三年代前後の第四次ミュージカル・ブームとは無関係に生じた現象であることを示す。

社会的包摂（ソーシャル・インクルージョン）は社会的排除の対概念で、「社会的に排除されてきた人々について、単に保護の対象とするのではなく、その自立を促進し他の人々との相互的な関係を形成していく」ことを指す(2)。二〇〇一年に施行された文化芸術振興基本法の第二十一条では、「国は、広く国民が自主的に文化芸術を鑑賞し、これに参加し、又はこれを創造する機会の充実を図るため、各地域における文化芸術の公演、展示等への支援、これらに関する情報の提供その他の必要な施策を講ずるものとする」として、社会的包摂を視野に入れた文化政策の立案が期待されている。また、同二十二条において高齢者、障害者等の文化芸術活動の充実が、同二十三条において青少年の文化芸術活動の充実がうたわれている。これらを合わせて、都市に居住し中程度ないしはそれ以上の収入を得ている家庭に属する健常者という、従来の文化芸術活動の担い手だと考えられてきた層以外への積極的な働きかけ《アウトリーチ》が目されていると考えてよい。

とはいえ、社会包摂型アートという概念が知られるようになり、また日本で文化芸術振興基本法の原型が構想されるようになる一九九〇年代のはるか以前から、一部の「特権階級」のみが享受してきたアートを広く開かれたものにしようという動きはあった。演劇においてそれは、たとえば二十世紀初頭ロマン・ロランの民衆演劇論や、ルイス・ナポレオン・パーカーやパーシー・マッケイなどの歴史野外劇《モダン・パジェント》というかたちで唱導され、実践された。一九三〇年代の合衆国ではフェデラル・シアター・プロジェクトが実施され、広範な観客層の創出に一役買った。フランスでは一九二〇年に設立された国立民衆劇場が一九五〇年代に全盛期を迎え、演劇の地方分散の推進力となった。一九六〇年代以降はアウグスト・ボアールが提唱した「被抑圧者の演劇」のシステムが世界各地で実地に応用され、拡張された。

日本においては坪内逍遥が唱えた「国劇」、小林一三《いちぞう》が構想した「国民劇」、そして一九三〇年代に大山功、飯塚友一郎らがイデオローグとなった「国民演劇」はいずれも近代国家にふさわしいナショナル・シアターの創出という目標を掲げつつ、階級や出身を超えた国民を全て包含するという意味で農民演劇や素人演劇の振興・育成をプログラムに含めていた。坪内逍遥とその弟子たちが一時期熱中していた野外劇／パジェント（ページェント）や、一九一〇年代後半に島村抱月、大杉栄、本間久雄らがそれぞれの立場から主張した民衆劇なども欧米諸国からの影響が大きく、日本独自の理論的深化があまり見られなかったという憾みはあるものの、社会包摂型アートとしての演劇の可能性を探ったものとみてよいだろう。

結果として、世界各地においてと同様、日本各地においてもコミュニティ・シアターの運動は現在でも盛んだ。このうち、農村における地芝居、都市も含めた奉納芸能など――これらは必ずしも「伝統的に受け継がれてきた」ものに限らず、第二次世界大戦後に「復活」されたものも含める――については、主として民俗学の分野で研究・調査が積み重ねられてきた。(3) 新劇ベースの台詞劇については、欧米における研究・調査の深化・展開に比べると驚くほど数少ないものしかなかったが、近年ようやく本格的なものが見られるようになってきた。(4) 山本珠美は一九六八年十月に始まった大分県民オペラや、一九七三年十月に始まった藤沢市民オペラをはじめとする市民オペラの活動について報告している。(5)

しかしながら、七〇年代後半以降増えている、コミュニティ・シアターがミュージカルを上演する事例報告をアカデミズムが行ったことは管見の限りない。ジャーナリズムでも、市民ミュージカルを特集した『地域創造』が、**浦河町グランドシアター**（北海道浦河町）、**りゅーとぴあ市民創造ミュージカル**（新潟県新潟市）、**A－STOCK Theater**（長野県駒ヶ根市）、**横手市民創作ミュージカル**（秋田県横手市）、**十和田市民ミュージカル**（青森県十和田市）という五つの事例を取り上げているのが目立つくらいで、(6) その旺盛な活動はほとんど知られずにある。実際のところは、最北端の知床・**羅臼町町民ミュージカル**（『風のすむ町』二〇〇〇年十一月十二日）から、最南端の沖縄県・**南城市民ミュージカル**（第二回『太陽の門―新ムラヤー版―』二〇一七年二月十八・十九日）まで、現在継続的に上演されることがなくなってしまったものも含めると、これまで百以上の市民団体がミュージカルを上演してきており、そのうち三十近くの団体が十回以上継続している。

たしかに、市民や学生などアマチュアによるミュージカル上演の試みの多くは記録に残らないことが多く、とくに半世紀以上前のことだとその歩みをたどることは困難だ。ごく一部ではあるが、例外的に報道などで文字史料が残っている、この時期のアマチュアのミュージカル上演を紹介しよう。一九五九年から日本大学文化団体連合会に参加している三十二グループ全部が参加して日大ミュージカルが十月の大学祭の時期に上演されていたことは新聞記事に残っている。[7] 一九六三年九月、青森市のアマチュア劇団・雪の会が津軽地方語で統一されたミュージカル『お前《メ》は輝く虹だべか』を「ツガル・ミュージカルス」と銘打って上演し、永六輔が『キネマ旬報』誌上で激賞したこともあったというが、記録に残っているのはこの一回の公演のみである。[8] 同年十一月には、小説家の椎名麟三が九月に竣工したばかりの姫路市立厚生会館で自作の『姫山物語』を上演した。椎名は姫路芸術集団を率いていた音楽家・真下恭《ただし》の提案で、平安朝の播磨を舞台にしたミュージカル『姫山物語』を書き下ろし、宇佐美吉哉とともに演出もした。[9]

他方、この二十年はインターネットの発達により、ウェブサイトやフェイスブック等で自分たちの活動を発信するアマチュア・ミュージカル団体も増えてきた。これらの一つ一つを紹介し、その活動の内容を見ていくだけの紙面の余裕はないし、インターネットを検索すれば得られる情報が大半なので、ここでは十年以上の活動実績があり、ミュージカルを上演してきたいくつかの上演団体を取り上げるだけにとどめる。

広島市安佐北区を拠点に活動しているミュージックシアターASAKITAは、一九九五年から毎年一回、安佐北区民文化センターで上演を続け、二〇一七年十一月『白雪姫』の上演で第二十三回になる。初期は既存の脚本・音楽を用いて上演していたこともあったが、最近は作・演出を三上慈人、作曲を坪北紗綾香《さやか》が担当するオリジナル・ミュージカル路線へと変更している。キャスト・スタッフは（子供を含む）市民の参加を呼びかけ、配役はオーディションで決めるという市民ミュージカルとしては標準的なやり方だ。[10]

愛媛県の**松山市民ミュージカル**は、ミュージックシアターASAKITAよりさらに一年早い、一九九四年から毎年一回、松山市総合コミュニティセンターで上演を続けている。二〇一七年七月に上演された第二十四回『リトル・マーメイド～アクアブルーの恋ものがたり～』は市民百五十人が参加するという大規模なものだった。第六回『アラジンと魔法のランプ～あなたの願いを叶えてさしあげましょう～』、第十二回『リトル・マーメイド～人魚姫伝説～』、第十八回『不思議の国のアリス』のように、多くの作品はディズニー映画の題材となったおとぎ話である。奇妙なことに、作・演出などのクレジットがポスター等にないので、オリジナル・ミュージカルなのかよくわからない。

他にも一九九五年前後に活動を開始し、現在まで活動を続けている、あるいはごく最近まで活動を続けてきた団体はいくつかある。

ヨコハマ・都筑《つづき》ミュージカルは、一九九四年にそれまでの港北区と緑区の一部から都筑区が発足したのを記念してオリジナル・ミュージカル『北極星を探して』を上演したことをきっかけに、一時期中断を挟んで二十年近く活動を続けてきたが、二〇一五年五月に上演主体であるヨコハマ・都筑ミュージカル委員会が解散して終焉を迎えた。創作ミュージカル団体**ゆめっ子くらぶ**は鳥取県境港市・米子市在住の市民を中心とし、一九九五年から境港市民会館や境港市文化ホール（シンフォニーガーデン）で公演を行い、二〇〇八年八月に上演された『ツキを呼ぶ魔法の言葉～アンドロメダを救え～』は記録集と公演DVDが市販されているが、[11]二〇一一年八月に上演された『王様になった妻の物語』以降、活動実績が見当たらない。横浜市栄区を拠点とする劇団ぽかぽかは、一九九七年より活動を開始し、二〇一七年七月『雪の女王』で第二十一回公演を迎えた。変わり種としては、**大杉**

ミュージカルシアター（石川県小松市）がある。金城大学短期大学部教授であるガート・T・ウエスタハウトが主宰し、小松市大杉町の旧公民館を改修した大杉中町劇場を本拠地として、一九九五年から毎年十月に英語を交えたオリジナル作品を上演している。二〇一七年十月には第二十三回公演として『開創一三〇〇年　那谷寺ものがたり』を真言宗の名刹・那谷寺の野外ステージと大杉中町劇場で上演した。

一九九五年前後に市民ミュージカル上演団体が各地で設立されるようになった理由はよくわからない。たしかにこの時期になると、行政の後押しによって、市民が芸術文化活動をしやすい環境が整ってきていた。文化行政の推進が唱えられ始めたのは高度経済成長期が終わった一九七五年前後のことで、二十年以上かけてようやく、それが花開く時期を迎えていた、ということは言えるだろう。地方公共団体の要請に応え、芸術文化の振興による創造性豊かな地域づくり団体を支援することを目的として一般財団法人地域創造が設立されたのが一九九四年九月。また地方分権推進法が施行されたのが九五年五月。さらに、後で詳述するように、一九八〇年代から九〇年代にかけて各地で市民会館などの公共文化施設が建設されることで、市民ミュージカル上演団体は公演会場や稽古場として利用できるようになった。とはいえ、これらの動きは、市民ミュージカル上演団体設立の機運が九五年前後に高まった直接のきっかけとは言えないし、この時期に設立された市民ミュージカル上演団体には行政の支援なしで活動しているものもある。

二〇〇一年以降も多くの市町村が市民ミュージカルを上演するが、一回あるいは数回で終わってしまうものを多く見かけるようになる（あるいは、それ以前においても短期間で終わってしまう市民ミュージカルは多かったのだが、現在それらの資料が残っていない、という可能性もある。さらなる調査に期待したい）。そのなかで比較的長続きしているものを二つ紹介しよう。

まず、千葉県市川市の**いちかわ市民ミュージカル**は第一回『いちかわ真夏の夜の夢』を二〇〇二年八月三十一日に市川市文化会館大ホールで上演して以来、二年に一度の開催を続け、二〇一八年九月には第九回を開催することが決定している。上演主体となっているのはＮＰＯ法人いちかわ市民文化ネットワークで、代表理事を務める劇作家・演出家の吉原廣《こう》は、劇団朋友などに所属していた職業演劇人である。現在はいちかわ市民ミュージカルだけでなく、市川市の障害児施設からの参加者を得て、**チャレンジド・ミュージカル**を上演しており、これも二年に一度上演している。

次に、二〇〇七年に始まり今年で十回目を迎える**さっぽろ市民ミュージカル**は、長年にわたり北海道のローカルテレビ局に出演し、パクスミュージックスクールを経営する金田一仁志《きんだいちひとし》が代表となって創作ミュージカルを中心に（音楽はすべてミュージカルだが、『オズの魔法使い』『森は生きている』等原作のあるものもある）毎年一回から二回のペースで上演してきた。第五回公演『なきむしミーシャ、空を飛ぶ？』は、金田一の作・演出によるもので、二〇一二年三月に初演され、同年五月に再演、九月にはロシア政府の招聘で東日本大震災で被災した福島の子供たちを交えてサハリンでも上演された。[12] 公式ウェブサイトによると、これまでに、のべ三百七十名の市民俳優が参加し、観客数は一万名を超えているという。

他にも、現在に至るまで各地で上演されている**憲法ミュージカル**（一九九三年五月、大宮ソニックシティ小ホール『だから、いま』など）、劇作家・演出家で、劇団空間演技を主宰していた岡部耕大《こうだい》が、故郷の長崎県松浦市の市立小学校を一校ずつ訪れ、その地ゆかりの伝説などをもとに小学生とともに作って行く**松浦ミュージカル**（二〇〇七年十一月、青島小中学校・松浦市文化会館『長者と河太郎』など）、ユニークな試みの市民ミュージカルは多くあるが、紙面の制限があるので割愛する。今や、市民が参加する演劇でもっとも人気があるのがミュージカルであると言ってもいいだろう。

一　能代ミュージカル

なぜ素人参加の創作ミュージカルは――活動歴の長短は団体によって異なるにせよ――これほど全国的な広がりを持つ運動になったのか。そのことを考えるために、これから一つの市民ミュージカルの活動や歴史を詳しく見ていきたい。取り上げるのは、秋田県能代市で一九八〇年から始まり、二〇一七年二月までに三十六回の公演を行ってきた**能代ミュージカル**である。

能代ミュージカルの最大の特徴は、その息の長さだろう。土地の伝説や名所を題材にし、方言交じりの歌詞や台詞のやりとりがある市民参加型のミュージカルとしては、一九七六年から始まり、現在まで続く**遠野物語ファンタジー**（岩手県遠野市）が先行する。しかしこれは「市民劇」という括りのもとで台詞劇も上演してきたので、ミュージカルと銘打って音楽劇のみを上演し続けてきた組織としては能代ミュージカルが国内で最も長く続いていることになる。

能代ミュージカルが生まれたきっかけは、市制四十周年を記念して一九八〇年に市民文化会館が建設されたことだ。能代市が所有・管理する芸術文化施設はそれまで皆無に等しかったが、文化活動は盛んだった。そもそも、米代川河口に開けた能代は北前船の寄港地として栄え、秋田杉の集積地として廻船問屋・木材問屋が建ち並ぶ、東洋一の木都だった。市街の中心地に近い柳町は花街であり、料理店や芸妓置屋が集中していた。他の市民ミュージカルに見られない能代ミュージカルの特色として、第一回から現在まで花柳《はなやぎ》流が協力していることがあるが、これは芸妓の習い事として日本舞踊が盛んだったからである。

一九七七年一月には一般市民の文化組織・団体が結集して能代市民会館建設推進協議会が成立し、同年七月に

第一回文化フェスティバルを開催する。以降七八年七月と七九年五月にも第二回・第三回文化フェスティバルを開催することを通じて、「市内の文化団体が、一体になって、ひとつのシナリオで、舞台をつくりたいという夢がでてくる」[13]。一九八〇年九月十三日に上演された第一回能代ミュージカル『能代物語』のプログラムに記された、スタッフ・キャストが所属する組織は以下の十六団体で、名前が挙げられている人々だけでも四百人近くいる。

演劇グループ十一人の会
能代市民吹奏楽団
能代市民合唱団
花柳登寿巳社中
花柳登巴栄社中
花柳登美隆社中
箏曲能代宮城会中村千代乃社中
たなはしあゆこバレエスクール
能代鼓手蘭交会
能代吟詠同好会
畠兵音楽センター
影絵サークル紙ふうせん
人形劇団パック
能代シネマヴィル

日本リアリズム写真集団・能代支部
天邪鬼（五人編成のロックバンド）

演劇・音楽・舞踊・クラシックバレエ・映画・写真・詩吟・民謡と様々な分野にわたる文化団体を同じ舞台に載せるために、ヴァラエティ形式の音楽劇にすることが決められた。第一回の能代ミュージカル上演のためにプロットが募集されたが、入選作はなく、佳作として以下の二つの作品が選ばれた。

さとなか俊『ミュージカル風グランド・フェスティバルショウ　うるわしき我が能代よ』
棚橋晴生『ミュージカル・バラエティ　能代物語』

どちらの作品も、題名でヴァラエティ形式であることを示唆しているのは、作者たちが建設推進協議会の中心人物で、内情をよく知っていたからかもしれない。さとなか俊は第一回の演出を務めた佐藤長俊（一九二六―二〇一一）の筆名で、その後も何回かさとなか名義で脚本・原作を提供し、本名の佐藤長俊で演出や制作委員長を務めた。棚橋晴生《はるお》はあとで詳述するように元わらび座座員でわらび座在籍時に原太郎から作曲を学び、現在に至るまで能代ミュージカルに音楽を提供し続けているほか、脚本を何度も手がけた。

結局、第一回能代ミュージカルのプログラムには、この二人がプロットを担当し、脚本を佐藤長俊・今野清孝が担当していることになっている。今野はプロット募集の際、『新・機織娘――光の精の娘』という作品で努力賞を得ており、影絵サークル「紙ふうせん」を主宰し、能代ミュージカルの重要なスタッフであり続けた。

第一回能代ミュージカルに参加したグループのうち、筆頭に掲げられた演劇グループ十一人の会について説明することで、能代ミュージカルが開始される以前の能代における演劇事情を概括したい。十一人の会の主宰者は、劇団俳優座演劇研究所付属俳優養成所の第七期生（一九五五年入所で、同期には井川比佐志、大山のぶ代、露口茂、山本學などがいる）で、のち俳優座スタジオ劇団のひとつ、三期会（現・東京演劇アンサンブル）に所属した渡辺幸四郎だ。だが第一回で渡辺は舞台監督として名を連ねているだけである。これは新劇志向の渡辺が能代ミュージカルの開催に反対したからだ。旧制能代中学（在学中に新制能代南高等学校に転換）に入学した渡辺は実家の渡辺家とその材木店を継ぐために帰郷後、おそらく一九七二年に能代で十一人の会を始めて地元の演劇好きの若者たちを集めていた。

渡辺が十一人の会を設立した正確な年は現存する資料で確定することはできなかったが、いくつかの証言から、帰郷したのが六〇年年代末で、十一人の会結成が一九七〇年代初めであることは明らかになっている。一九七〇年代初めといえば、東京ではアングラ演劇の運動が人気を得て、新劇が下火になってきた時期である。もちろん、能代でもそれ以前から新劇運動はあった。よく知られているように、新劇は一九五〇年代において、戦前にはない規模の広範な観客の支持を得ており、秋田でも一九五六年六月に演劇鑑賞協会が設立されている。布施孝雄は以下のように書いている。

その後大館、横手、湯沢、能代にも同協会が組織されて会員制の演劇文化鑑賞の活動が始まり、芸協共同の企画によって中央演劇の地方公演が行なわれた。「西の人気者」「鹿鳴館」「炎の人」「乞食と王子」や前進座公演と走馬灯のように追憶される演劇の巡演が七年の間続けられた(14)〔略〕

とはいえ、当地のアマチュア演劇が新劇一色に染まっていたわけではない。とりわけ敗戦直後にはもっと泥臭い、あるいは田舎臭い芝居が人気だった。一九四八年頃の能代市では「戦後盛んになった文化運動の一翼をになって、秋木青年団の演劇班や、自立劇団の「能代市民劇団」が折にふれては新派や新国劇風の芝居を上演していた」という(15)。「秋木《あきもく》」とは一九〇七年に井坂直幹《なおもと》が創立した秋田木材株式会社の略称で、能代が東洋一の木都と称されるようになったのは、米代川沿いに建ち並ぶ秋木の製材工場ゆえである。なお、ここで触れられている能代市民劇団については、これ以上のことは分からなかった。自立劇団といえば、労働者が職場で組織するものがまず思い浮かぶが、ここでは広義の自立劇団、すなわちアマチュア演劇のことを指しているのだろう。自立劇団の演目は多岐にわたったが、職場演劇としての自立演劇の典型的な作品は労働者たちを登場させ仕事や恋愛など自分たちが抱えている切実な問題を取り上げるもので、その生真面目さは新劇に通じるところがあったし、宮本研のように自立演劇出身で新劇団に作品を提供するようになったものもいた。だが能代市民劇団はもっと娯楽寄りの「新派や新国劇風の芝居」を上演していたようだ。

このようなアマチュア演劇における「娯楽」派と「真面目」派、あるいは商業演劇志向と新劇志向の対立は能代市だけではなく、広く見られた。たとえば布施は、秋田県全体における演劇の戦後からの運動を三つの時期に分類し、第一期である一九四五年から五一年の特徴は「秋田市と県北の尾去沢《おさりざわ》、小坂の両鉱山や大館を中心としての労働者による自立演劇の制作上演」であるとしながらも、この時期一方では「青年会の文化活動も各農村部において所謂やくざ踊り的演劇を上演[16]」していたと記す。「やくざ踊り」とは、「旅笠道中」「妻恋道中」「名月赤城山」など、博徒・侠客を主人公とした流行歌に合わせ、扮装などもそれらしく作って踊る、あて振りの一種で、終戦直後の全国の農村で爆発的に流行したものである。また演劇評論家・大山功は、敗戦後、故郷の山形に帰り、学校勤めをするかたわら土地の演劇に関わっていくが、以下のように書いている。

> 今日の素人演劇の現実は一体どんなものであらうか。先づ演劇の分野をみる時、そこには歪曲された歌舞伎劇や、安価低調な新派劇のこま切り的模倣とか、卑俗猥雑な軽喜劇、退廃的な音楽劇、最も濃厚な封建制をもつてゐる股旅物の大衆劇とかいふやうなものが殆どその多くを占めてゐるやうである。しかも完全な演劇

としての形態を持たず、寸劇的なもの、めちゃくちゃにカットを施したもの等が横行してゐる有様である。[17]

この後、大山は公共演劇社を設立して『公共演劇：学校・職場・都市・農村』という雑誌を一九五〇年五月から発行する。これは三号雑誌ならぬ、四号で途絶してしまうが、一九五一年に設立された山形市民劇場に関わる。これは「一部少数の芸術インテリや演劇ファンを対象とせず、一般市民大衆を対象として」「所謂芸術的に高度な演目や翻訳劇等はさけ、普遍性のあるいわば大衆的にしてしかも芸術的なものを選ぶ。又新劇というような狭い観念にとらわれず、日本古来の演劇伝統に即したものをとりあげる。但し現実として今の所必ずしも理想的にはいっておらずやはり新劇乃至新劇的なものが多い[18]」というもので、大山は自らの理想を実地に試す場を得ることになる。

山形市における大山功と似たような役割を能代市で果たしたのが前述の佐藤長俊だったようだ。第二次世界大戦後に佐藤は若者座という劇団を作り、一九四七年十一月に『ああ無情』を上演している。[19]『秋田県立能代高等学校　創立五十周年記念誌』によれば、佐藤は旧制山形高校理科（のちの山形大学文理学部）を出たあとに横浜で演劇修業に打ち込んでから能代市に帰郷し、一九四九年末から一九五〇年にかけて母校である能代高等学校で演劇同好会の指導にあたった。「氏の業績は混迷していた本校演劇同好会に明確な指針を与えてくれたばかりでなく、能代市に初めて明らかなかたちでの「新劇」の芽を植えつけられたことであろう[20]」。

この後一九五三年に佐藤は能代市民劇場を設立し、学校勤めのかたわらこの劇団を指導していく。なお名称が似ていて紛らわしいが、成立時期から見ると、佐藤の能代市民劇場は、新派や新国劇風の芝居を上演していた自立劇団である前述の能代市民劇団とは別のものであると考えられる。

さて、渡辺幸四郎が帰郷して七〇年代初頭に新劇を始めると若者の支持を集めたのはなぜだろうか。おそらく、東京帰りの俳優座養成所出身という点で押しが利いたのだろう。能代には同様の「プロ」の経歴を持つ人間がいなかった。他の市民ミュージカルにあまり見られない能代ミュージカルのもう一つの特徴は素人だけで作る、という点だ。多くの市民ミュージカルでは、現役・退役を問わず東京でプロとして活躍していた、という人々が指導にあたることが多い。山形市における大山功も評論家とはいえ、在京時に「国民演劇」という言葉を初めて用いて、戦前・戦中の国民演劇運動に携わったという実績がある。それに対して佐藤はそのほとんどの生涯をアマチュアとして過ごしていた。地元の素人演劇の指導という点では佐藤の方がキャリアは長いが、渡辺はプロだった。そしてある意味では、佐藤より渡辺はずっと純粋な新劇志向だった。

渡辺が率いる十一人の会は先発の能代市民劇場を差し置いて能代市のアマチュア演劇をリードする立場になったが、能代ミュージカルを開催するにあたっては反対の立場を貫いた。そこには娯楽のためのミュージカル、大山の言葉を借りれば「退廃的な音楽劇」に対する渡辺の軽蔑があった。といっても、能代市で始まる新しい演劇に自分が関わらないわけにはいかない。その板挟みが第一回公演での舞台監督という立場に反映されていると見るのはあながち穿ち過ぎではあるまい。

第二回・第三回公演のときに十一人の会の名前はない。第一回も第二回も予想以上にうまくいったこともあって、渡辺はすっかりへそを曲げてしまったようで、積極的な妨害工作に出るようになったからだ。一九八三年三月十二日に上演された第三回『能代物語第三話・砂防林賛歌』上演の際に、渡辺幸四郎の妨害はもっとも露骨になった。佐藤は「ある団体の長」とぼかして以下のように書いているが、これが渡辺のことであり、十一人の会に所属している人々を出演させない、と言い張ったことは取材に応じてくれた方々からの証言でも明らかだ。

内部に問題が全然無いかというとそうではありません。どうしても参加してくれない団体というのもあるし、ある団体の長が、団員の参加を禁止するということもありました。色々な考え方もあるのですが、これには困りました。団員の中に、たくさんの有能な方がいて、こっそり参加して重要な役割を果してくれていました。

いろいろ考えて、私と何人かのトップリーダーが外れて、彼をトップに入れて仕事しやすいようにし、団員の参加が容易になるようにということを画策しました。

結局思うようには行かず、残ったリーダーたちがかえって難儀をして、後を継ぎました。(21)

プログラムにも野添憲治が「しかし、正直に言って、今回の第3回の上演ほど苦労したことはなかった。準備には早くから取りかかったものの、途中でさまざまな手違いがあったりして、とても上演は無理だから、今回は中止したらどうだろうかという声が出たほどだった。だが、燃え上がった火は一度消えると、再び燃え上がらせることは出来ないという願いのなかで、ようやく上演にこぎつけることが出来た(22)」と書いている。

このように内紛・主導権争いでその後の継続が危ぶまれた能代ミュージカルだが、八三年五月二十六日、能代市西方沖で発生した日本海中部地震のため一年休演となる。佐藤は「私の画策もいいクッションにもなり、これまでの活動を若い人の視点で反省して、若い人なりに自由にやってみるという場に解放した」と書いている。その結果、一九八五年二月二十四日に上演された第四回能代ミュージカル『能代物語第四話・七夕』では体制が大きく変わった。それまでの三回は能代ミュージカル制作委員会による制作・上演だったが、これ以降、能代市芸術文化協会が制作・上演することになった。そして演出を渡辺幸四郎が担当した。

もっとも、渡辺がどこまで主体的な役割を果したかわからない。『能代物語第四話・七夕』のプログラムで、渡辺は以下のようにかなり投げやりな発言をしている。

ミュージカルは私の世界ではない。ミュージカル的な演劇ならば何とかと云う程度。戦後の音楽教育の成功と踊りの徒弟制度的側面に助けられて、若ものたちの熱い傾斜がミュージカル大流行という現状をかもしだしているのではないだろうか。プロもアマも、そして猫もしゃくしもと云う感じがしないでもない。
さて今回の「のしろたなばた」を題材にしたミュージカルは、果たしてミュージカルと呼べるのか疑問も残るが、それは別として七夕参加でもましてそれへの問題提起でもない。沈滞のなかでふるさとを想う若ものたちの熱いおもいと、活性への強い憧れを舞台にあげてみたいと云う。かなり大げさなもくろみを、そして強い願望を制作委員の諸君は持ったのだろう。私ごときが演出を引き受け、そしてこれが「のしろミュージカル」への捨て石になればなどと、おこがましくも思うや切である。(23)

第五回〜第七回に渡辺幸四郎は総監督という立場を与えられ、演出は第四回のときに演出助手を務めた伊藤洋文になった。第八回以降は渡辺の名前は消え、第四回以降名前のなかったさとなか俊＝佐藤長俊が復活する。渡辺の能代ミュージカルについての最後の公式発言になる一九八八年三月十九日に上演された第七回公演プログラムに寄せた小文を全文掲載する。渡辺のさまざまな葛藤や悔しさが透けて見える。素直な人だったのだろう。

図①　市制五十周年記念・第10回能代ミュージカル『よねしろ川物語』（1991年3月）公演パンフレット

のしろミュージカルが能代べんに定着し始めたの

は第3回目あたりからだろうか。私ごとになるが、11人の会もいずれはこの地方の生活語を基ばんに演劇活動をと長い間思い続けて来た。皮肉にもそれがのしろミュージカルで定着しはじめているのは大きな意味で大変喜ばしいことである。お客様に心のこもった舞台が伝わるのはやはり基本は「ことば」であり、それが歌や踊りになってもそれぞれのことばが伝わるからお客さまの感動を呼ぶのである。風土や風俗が土着性のなかで独得なものとして目をみはらせ、貴重な芸術性をかもし出す喜びはひとり私だけでなく、いまや全世界的なものとなりつゝある。地方の芸術的な伝統をみるとそれはやはり土着性であり良い意味での閉鎖性にあったのではないだろうか。都会中心主義に影響されない良いものを創ろう。

私が県アマチュア連盟の功労賞を頂いたのは県の舞台芸術関係者の激励と思う。自愛したい。(24)

紙面の関係上詳細を省くが、大山功もまた、地方文化育成の意義を高らかに謳い、地元の素人演劇の独自性を唱えながら、東京在住時代に培った新劇的理念を演劇の理想として捉える発想から脱却できない人だった。都会中心主義から距離を取るようにと説く、渡辺幸四郎のこの発言にも同じような矛盾がうかがえる。歌や踊りの上位に言葉を置くことを主張するのは、ミュージカルの様式性を最後まで容認しなかったからだ。また、渡辺は地方の生活語を基盤とする作品を上演したいと考えていたと書くが、十一人の会で上演されたのはチェーホフ『結婚申し込み』、プリーストリー『夜の来訪者』といった東京の新劇団がよく上演していた演目か、つかこうへい『出発』『熱海殺人事件』など、当時東京の小劇場界で話題になっていた作品が多かった。最後に唐突に触れられる秋田県演劇団体連盟功労賞受賞の知らせは、いかに渡辺が能代ミュージカルの成功によって自尊心を傷つけられていたか、そして自分が能代でやってきたことを否定されたような思いでいたかを示すものだ。

二　市民ミュージカルが全国的に広がった理由

能代ミュージカルの活動初期における渡辺幸四郎と佐藤長俊の対立をこうして見てきたのは、集団につきものの内輪揉めにたいする下世話な興味や、ましてや渡辺への批判ゆえではない。「はじめに」で示したような、市民による創作ミュージカルが全国的な広がりを持つようになった背景には、渡辺が代表するような「新劇（＝近代劇）志向」の衰退があったからだ、という仮説を提示したいからだ。ここで言う「新劇（＝近代劇）志向」の内容は、多岐にわたる。音楽やダンスのように直接感性に訴えかけてくるものよりも、物語の意味や登場人物の感情が台詞＝言葉を介して伝えられるものを好む態度、というのがまず挙げられるだろう。過去や架空の世界を舞台にとり、観客に現実逃避を許すような作品ではなく、現実を直視し、社会の不正を告発していく作品が正しいと考える頑なさが二つ目。そして三つ目として、ヴァラエティを観ているときのように演目ごとに細切れになる時間を楽しむよりも、真剣に舞台に見入り、息を詰めて凝視することを自らに強いる姿勢。このような「近代的」志向によって、地方の素人演劇における「歪曲された歌舞伎劇や、安価低調な新派劇のこま切り的模倣とか、卑俗猥雑な軽喜劇、退廃的な音楽劇、最も濃厚な封建制をもつてゐる股旅物の大衆劇」が駆逐されたが、それはそうした「土着的な」ものを愛していた人々の感性の抑圧であった。

新劇派とミュージカル派の同様の対立が他の市民ミュージカルに見られたかどうかまではまだ調査できていないが、おそらくここまで先鋭的なイデオロギー上の対立——単なる人間関係のもつれではなくて——はなかったと思われる。というのも、能代ミュージカルが誕生した一九八〇年頃は、新劇志向がある種の権威を持っているものとして受け入れられていた最後の時代であり、それ以降は新劇志向が正面切って土着的感性を抑圧することはなかったからだ。むしろ九〇年代以降、各地でミュージカルの試みがされるのは、その空白を埋めるものが何もないという状況が出来したからだろう。なるほど、七〇年代後半からアングラ・小劇場は、新劇の文学性・非演劇性への異議申し立てとして登場し、その多くは音楽劇でもあったし、その一部には土着性を指向するものもあった。だから素人参加の演劇が、新劇に取ってかわる新たなモデルとして、ミュージカルではなく、アングラ・小劇場を選び取るということも可能性としてはあったし、例は少ないものの、たとえば名古屋などにアングラ市民演劇なるものも実在する。だが概していえば、アングラ・小劇場はその「難解」さゆえに忌避され、中央で小劇場ブームが起きていた八〇年代においても、市民演劇において新劇にかわって勢いをもつ、ということはなかった。他方、八〇年代を通じて、新劇およびその背後にある進歩的態度・革新的姿勢が次第に支持を失っていく。その過程で生じた文化的空白は、なんらかの形で埋められなければならなかった。

一九八八年から八九年にかけて当時の竹下登首相が発案した「ふるさと創生事業」（正式名称は「自ら考え自ら行う地域づくり事業」）で各市区町村に対し地域振興のために一億円を交付したことに象徴されるように、一九九〇年前後はバブル景気のさなか地方復興に税金が投入された時期だったから、まだ文化会館が建設されていなかった地方自治体でも次々と文化会館が建てられていった。ところが、肝心のコンテンツを自前で供給することができず「ハコモノ行政」だと批判されるようになり、各地が直面していた文化的空白はいわば可視化されていく。現在、市民ミュージカルのほとんどが何らかのかたちで行政からの補助金を得ているが、それは協力・支援を要請された地方公共団体のほうも渡りに船で市民ミュージカルを自らの文化行政の展開のために用いようと考えたからだろう。

いわば官民一体となって文化的空白を埋めようという試みがなされたわけだが、新劇志向が衰退したことで、伝統的にその地域で行われていた歌舞伎・文楽を復興させようという動きも現れたことにも触れておかなくてはならない。本章の扱う範囲を超えるので詳細は省くが、舘野太朗は『「全国の地芝居と農村舞台」調査報告書』（二〇一二年）にある地芝居運営団体の設立件数を引用して、一九九〇年代の件数が二〇件と最多であることを指摘し、「地芝居の運営団体の結成は一九九〇年代にピークを迎える」と述べている。舘野によれば、これは「一九九二年に成立した「おまつり法」の影響を直接的、間接的に反映した現象」である。正式名称を「地域伝統芸能を活用した行事の実施による観光及び特定地域商工業の振興に関する法律」というこの法律は地域伝統芸能の振興ではなく、地域伝統芸能を「活用」して「観光及び特定地域商工業」の振興を目指すものであった。舘野はこれをもとに「一九九〇年代以降に設立された地芝居運営団体のなかには「地域おこし」などをかかげて、行政主導もしくは行政と住民の協働で、中長期の休止から地芝居を復活させた事例が目立つ」と主張する。けれども、一九五〇年代に五件だった地芝居運営団体の設立件数が、六〇年代になると十三件、七〇年代に十九件、八〇年代に十八件と増えているのは、「おまつり法」以外の理由もあることを示唆している。(25)

他方、歌舞伎や文楽と同様、音楽や踊りが入って感覚的な喜びを味わえるだけでなく、（かつての新劇がそうであったような）「モダン」な印象を与えるものとして、ミュージカルは選びとられた。合衆国由来の芸能ゆえに、それは「モダン」でありながらも、ヨーロッパ由来の新劇ほど「高尚」ぶらないところが、市民演劇のジャンルとしてミュージカルが人気になった理由だったが、実際のところ、市民ミュージカルで上演される作品の多くは、ブロードウェイで上演されているミュージカルとは異なるもので、歌入り芝居といったほうがふさわしい。とりわけ、一九四〇年代から五〇年代のアメリカン・ミュージカル黄金期に盛んに上演された形式である統合ミュージカルは、リアリズムと様式性を折衷させ、ナンバーと物語を継ぎ目なく結びつけることによって「突然歌い出し踊り出す」ことの不自然さを目立たなくさせようとしたものだが、日本ではほとんど定着しなかった。それは第1章で既述したように、統合ミュージカルが要求する、言葉で刻むリズムを間延びする日本語が表現しにくいからだ。ナンバーが物語を進めることによって物語が緩み・淀みなく運ぶ、というのが合衆国の統合ミュージカルの根本原理だとしたら、日本のミュージカルは歌や踊りが入るたびに物語の進行が停止し、ときには登場人物を演じていた俳優たちは登場人物としてではなく俳優本人に戻って歌い、踊る。市民ミュージカルにおいてこの傾向は一層強い。

「歌入り芝居」としてのミュージカルは、素人には敷居が低い。というのは、日本では素人に演技は難しいが、歌うことはできると一般に考えられているからだ。初等・中等教育の正課で演劇作品を演じることはめったにないが、音楽の時間に歌は歌わされるので、歌うことにはまだ抵抗がないという人は多い。目の前で見ている顔見知りの観客に「役になりきった」別人の自分を示すことは恥ずかしく照れ臭いが、歌を歌っているときの陶酔は他人に感づかれても平気だ、というのはおかしな気がするが、虚構の世界に没入するという点ではどちらも同じであっても、そうした忘我の境地に至ることが公教育の場で承認され奨励されている音楽と、そうでない演劇の差がそうした感覚の違いを生み出している。

市民演劇の参加者で、「演技のできない人」は一定数いる。だがそういう人でも、ミュージカルであれば、歌さえ歌えれば台詞は棒読みであってもなんとかサマになる。稽古に出席できる回数の多寡など、関与の度合いによって役が決められることの多い市民参加型の演劇では、演技の巧拙はあまり問わずに役を割り振らなくてはいけないこともある。人一倍熱心に稽古に出てくるが、演技をさせるとアガってしまい、何を言わせてもしどろもどろになる、というような人であっても、場合によっては大きな役を与えざるを得ない。また、そういう人々を排除しないのが、社会包摂型アートとしてはふさわしい。紙面の関係上割愛せざるを得ないが、若竹ミュージカルやミュージカルチームＬＯＶＥといった、特別支援学校（旧・養護学校）またはその出身者たちがミュージカルを上演することが注目を集めるようになっているのも、「日本型」の素人ミュージカル上演が、もっぱら歌を歌うことに意識を向けているからだろう(26)。

もっと言ってしまえば、「日本型」のミュージカルでは、必ずしも歌がうまくなくても出演することができる。主役級がソロやデュエットを歌うナンバーよりも、斉唱のナンバーが多い「日本型」のミュージカルでは、斉唱の場面で「その他大勢」として、口を開けていれば歌った気分になれる。この意味で、「日本型」のミュージカルは、第二次世界大戦直後から全国各地で次々と組織された「うたごえ運動」の後継者と見ることもできるだろう。うたごえ運動の結果として、五〇年代から六〇年代にかけて、職場や学校、地域を拠点として合唱サークルが作られ、さらに歌声喫茶のような合唱するための場所が生まれた。ロシア民謡や革命歌、労働歌など、うたごえ運動で歌われた歌は現在でも中高年者の記憶に鮮やかに残る。その中で、素人による創作も奨励され、いずみたくのように、うたごえ運動に楽曲を提供することからそのキャリアを始め、職業音楽家として自立するようになった人々もいる。

こうしたうたごえ運動は、何よりもまず、当時影響力のあった共産党や労働組合が打ち出した労働者にたいする「文化工作」として組織的に展開され、次に声をあわせて歌うことによる共同性の獲得やコミュニティ意識の涵養がたんなる政治的意図を超えて大きな課題だと認識されるようになり発展し、さらに第二次世界大戦後、全国的に展開した近代化・都市化、さらにそのような動きの背後にあった「進歩」「改良」に対する無限定の信頼への漠然とした反感(各地に伝わる民謡も発掘され歌われた)が支えることで、大きな広がりを持つようになった、とされる。だがもう一つ見落としてはならないことは、うたごえ運動は「下手の横好き」でも参加できた、ということである。友人や同僚と一緒であっても、カラオケをするときは大抵一人で歌うので、歌うことが好きでも「音痴」だという自覚を持つ人はなかなか参加しにくい。うたごえ運動のサークルで合唱するときも、うまく歌うことは求められたし、プロないしはセミプロの合唱指導者がサークルにいることもあったが、建前としては誰でも参加できたし、たとえうまく歌えなくても、みんなと一緒に口を開けてさえいれば、それほど肩身の狭い思いをせずに済んだ。

七〇年代後半以降、左翼運動の退潮とともにうたごえ運動の政治性が目立つようになり、勢いが徐々に失われていく。その後、カラオケがブームとなり、八〇年代半ばには各地でカラオケボックスが作られるようになるが、声を合わせて歌うことによる共同性の獲得と、「音痴」の人も隠れて歌える、といううたごえ運動の持つ取り柄をカラオケがそのまま引き継ぐことは難しかった。一九七〇年代後半以降、市民ミュージカル上演団体が各地で作られるようになっていくのは、カラオケのような「個人芸」を競う趣味では生まれにくいコミュニティ意識を育むことができ、しかも誰でも参加できて下手さ加減が目立たない、といううたごえ運動が多くの人を惹きつけたのと同様の理由があったからだろう。

素人参加の創作ミュージカルでは、演技ができなくても、歌が下手でも、なんとかなる。だがそれは、素人参加の創作ミュージカルの「欠点」でも「問題点」でもない。ただし、その理由としてしばしば挙げられるのは以下のような説明だ。市民演劇では、美学的達成——端的に言えば「うまさ」——を必ずしも至上の価値としない。上演にたずさわった人々が共同体との関わりを深め、ものを作り上げることの楽しさを知ることのほうがずっと重要だ。これはある意味では随分見下した物言いだ。そもそも、市民ミュージカルの参加者の多くはうまくなりたい、観客から褒められたいと考えている。たとえ善意からにせよ、美学的判断を下すことを避けていたら、それは参加者の思いを無視して市民ミュージカルを評価することになる。

だが、もっと真剣に考察をするべきなのは、本当に下手くそだ、つまらないと思ったら、観客はついてこない、という単純だが厳粛な事実である。市民ミュージカルは、公演日数こそ短いものの、一回の公演に数百人から千人規模で観客がやってくる。能代ミュージカルが上演される能代市文化会館は、収容人数千百八十一人で、自由席のため、入場前には長い列ができ、ほぼ満員になる。出演者の家族・親戚・友人たちも多いだろうが、さすがにそれだけでは千人は埋まらない。観客も出演者も全員お互い顔見知りという小さなサークルの規模の公演ではないのだ。明らかに、「関係者」ではない観客が相当数いて、公演を本当に楽しみにしているし、その上演を単なる身びいきからではなく、「うまい」「面白い」と評価している。素人参加の創作ミュージカルの全国的人気を分析するにあたっては、こうした観客の広範な支持を考慮に入れる必要がある。

どんな芸術も、ジャンルごとに異なる一種の「入信の儀式」がある。当該のジャンルやその担い手たちにたいする「信仰」を持たないと、本当の意味では面白さがわからない。他方、芝居好きであっても、自分が関心を持っていないジャンルには冷淡で、ファンが熱中しているのを見ると、鰯の頭も信心から、よくもまあこんなものに感動するよな、と思うことがある。素人参加の演劇も、「信仰」を持たない人間と、そうでない人間とでは評価が大きく分かれる。素人参加の演劇における「信仰」の有無は、地元に長く住んでいると自然に生まれる生活感覚を共有しているか否かだろう。自分たちの生まれ育った土地、日夜目にしている景観、思い出の場所や行きつけの店が上演作品に出てくると、それだけで気持ちがぐっと引きつけられる。市民ミュージカルの創作作品に、その土地に伝わる民話や伝説、名所旧跡、郷土の偉人を扱った「ご当地もの」が多いのは、それが身近な題材であり、郷土愛を喚起する、と思われているからだ。しかし郷土愛というほどにはっきりとした輪郭を持った強烈な感情でなくても、また過去に起きた（とされる）出来事にとくに関心がなくても、演じられ、歌われる物語を自分の生活感覚と重ね合わせると、物語が自らの身体に入り込んでくる——その物語を「生きる」——ことができる。普段それほど演劇を見ているわけではない人々にとっても、そのような体験は大きな意味を持つ。

冒頭に掲げた林光の発言は、プロの作り手たち（と、そのプロの作品を見る批評家と観客）に向けられたものである。だが「本場もの」を手本とすることなく、「つくらずにはいられないミュージカルをつく」る、という姿勢は、多くの市民ミュージカルのそれと期せずして一致している。アメリカン・ミュージカルが、十九世紀中葉から二十世紀初頭にかけてヨーロッパで人気のあったオペレッタを土着化し、オペレッタの約束事にとらわれることなく、当時の合衆国の中産階級の道徳観をそのまま反映させて作り上げられたものであるように、日本における素人参加の創作ミュージカルは、アメリカン・ミュージカルの約束事を無視して、土着化し独自のものとなって発展し続けている。

三　その後の能代ミュージカル

最後に、能代ミュージカルの歴史に話を戻して、第二節で述べたいくつかの論点の「答え合わせ」をしたい。一九八九年三月に上演された第八回『能代物語第八話・桧山城夢物語』以降から能代ミュージカル制作委員会委員長として佐藤長俊は返り咲き、原作・脚本をさとなか俊名義で第八回から第十回まで担当する。第十一回から二〇〇八年二月二十四日に上演された第二十七回『能代物語第二十七話・能代夕やけ物語』まで、制作委員会委員長は佐藤だが、実際の現場に携わることはなくなっていく。その代わりに中心となったのが、伊藤洋文《ようぶん》、平川賢悦《けんえつ》、棚橋晴生の三人だった。

伊藤は高校まで演劇体験と言えるようなものは観劇すらなく、京都にある龍谷大学に進学して現在もある未踏座という学生劇団に所属したことが最初に演劇に触れたきっかけだったと語る。帰郷して十一人の会にも所属する一方、能代市民劇場にも携わり、能代ミュージカルは創立以来関わっているが、ミュージカルを上演したのはそれが初めてだった。建材店を経営し、能代市議会議員でもある伊藤は作・演出・制作と八面六臂の活躍をしていく。平川は東京都立大学（現・首都大学東京）に進学して学内の児童文化研究会に所属して人形劇の上演に携わり、卒業後能代市市役所に勤めるかたわら人形劇団パックを主宰した。やはり能代ミュージカルには最初期から関わっているものの、ミュージカル体験はなかった。現段階で六十代（ただし、平川は二〇一六年九月に逝去した）のこの二人に共通するのは、都市の大学でアングラ演劇に接していたにもかかわらず、帰郷すると新劇活動に打ち込み、やがてこれまで接したことのなかったミュージカルを手がけるようになったことである。アングラ演劇は土着性を強調したが、そのおどろおどろしさは能代市出身の二人にとってむしろ違和感を覚えるものであり、アングラが「都会のもの」だと考えさせられるのに十分だった。しかもアングラ演劇の物語は複雑で入り組んでおり、「こんな難しいもの」を都会の人々はやるのか、と考えた彼らが故郷に戻ってアングラ演劇を手がけることはなかった。むしろ彼らにとってわかりやすく取り組みやすいものは新劇であったのだが、だからといって新劇の理念に染まることは大山功や渡辺幸四郎と違ってなく、ミュージカルを始めることにも違和感がなかった。

これに対して現在八十代の棚橋晴生は二人より年上ということもあってやや異色である。高校卒業後、名古屋で就職した棚橋は当時のうたごえ運動に夢中になったことをきっかけにわらび座に誘われ、当初は五、六人の巡業に加わってアコーディオンを弾いていたが、作曲に興味を覚え、わらび座主宰者であり作曲家であった原太郎から手ほどきを受ける。一九五三年にわらび座が秋田県田沢湖町に拠点を定めた後もわらび座員として活動していたが、能代市からバレエの指導をしにわらび座にやってきていた鮎子夫人と知り合い一九六〇年に結婚、鮎子がバレエスクールを開いていた能代市に移り住み、能代市民吹奏楽団にも参加するようになる。一九八〇年に第一回能代ミュージカルが開催された折にプロットを提供したことは前述の通りである。以降、演劇畑における渡辺・佐藤の対立から一歩引いた形で、渡辺演出の第二回『とらこ姫稲荷』、第四回『七夕』、第五回『出港《たびだち》』で音楽を提供していたが、第六回『機織姫物語』、第七回『能代発ＮＯＳＨＩＲＯ――タイムトラベラーズ』などで脚本・原案者としても名を連ねるようになる。

棚橋はわらび座の思想的背景に共鳴して参加していたわけではなかったし、ましてやその背景を能代ミュージカルに持ち込むことはなかった。ここでいう思想的背景とは日本共産党との繋がりである。そもそもわらび座の前身は日本共産党の文化工作隊・海つばめ（第二次）であり、その創設者である作曲家・原太郎は一九三一年に日本プロレタリア音楽家同盟に加入している筋金入りの活動家だった。文化工作隊とは中国共産党が政治宣伝を行うために農村部に送り込んだ軽演劇、歌や踊りをする小集団のことだったが、戦後再建された日本共産党でも同じ名称が使われた。第二次海つばめの活動は一九五一年から日雇い労働者のたまり場にアコーディオンを担いでいくというかたちで始まり、五二年五月の血のメーデー事件をきっかけに警察に目をつけられ東京での活動が困難になると、北海道にわたってポプラ座と名前を変え、巡演する。五三年六月に田沢湖町に拠点を定め、今度はわらび座と名前を変えて以来、民俗芸能の保存・記録や、上演を通じての復興・育成に力を注ぐ一方で、音楽劇『森でもらった氷の花』、歌芝居『先君は御名君』など、日本の伝統芸能をもとに音楽劇を上演していった[27]。座員だった棚橋は演劇活動だけでなく政治活動も行なったが、深入りすることはなく、夫人との結婚と引越しによって自然と「足抜け」ができたかたちになっていた。うたごえ運動からわらび座へ、さらに能代ミュージカルへと棚橋がたどった足跡は、市民文化が労働運動や革新政党との結びつきを持たなくなる一方で、コミュニティ意識が涵養できるもの、論理や言語より直接感性に訴えかけてくれるものを求めるようになる戦後直後から現在に至るまでの動きと重なる。

能代ミュージカルの立役者となったのは三人のほかに、前述した今野清孝ら数人がいる。その一人一人を紹介することはできないが、「善婆《ぜんばば》」というキャラクターをずっと演じてきて、能代ミュージカルの代表的な顔になっている今立善子《よしこ》のことには最後に触れておきたい。今立は伊藤同様、十一人の会と能代市民劇場の両方に属して演劇活動を行なってきた。能代ミュージカルに登場する「善婆」は、狂言回しであり、道化であり、物語の進行とは直接関係なく登場してきて――幕を下ろして場面転換をしている間の、いわゆる緞帳前芝居を担当することも多い――能代弁で観客に向かって直接話しかける。その滑稽な物言いに観客は湧き、ドッと笑う。登場しただけで拍手されるほどの人気もさることながら、喋りのうまさ、観客の心を掴む間の取り方など玄人はだしの腕前が今立の持ち味である。だが言うまでもなく、多くの観客にとって今立の技芸は「うまいなあ」と感心するものではない。その土地に育ったものでなければ意味不明に近い能代弁による「善婆」の語りによって、作品が扱っている題材をより身近に感じられるようになり、自分たちの生活感覚と重なってくる。観客は今立の身体を通して、作品の世界を生きるようになる。そこに、外部の人間はなかなか知ることのできない能代ミュージカルの面白さがあり、市民ミュージカル一般の面白さがあるのだろう。

だが二〇一六年二月二十六日、例年通り能代市文化会館で上演された第三十六回能代ミュージカル『天神荘物語』に「善婆」は登場しなかった。伊藤洋文も平川賢悦もスタッフに名を連ねなかった。棚橋晴生・鮎子夫妻、そして一九八〇年開始当時、四派が参加した花柳流のうちただ一つだけ現在でも参加している花柳登寿穂《とすほ》一門らが中心となって上演した『天神荘物語』は、音楽・バレエ・日本舞踊にいっそう重きが置かれていた。その前年に運営方針をめぐって伊藤らと棚橋らは決裂していたからである。伊藤たちは新たに能代市民ミュージカルを立ち上げ、一六年十一月二十六日に『五能線物語』を上演した。分裂に至った経緯はよくわからない。両者に取材しても、部外者には本当の意味では理解できないような断絶があることだけが想像できるだけであるし、今後の能代市の二つの市民ミュージカルがどうなっていくかについても、安易な予想は避けたい。東京などからプロの指導者を招くこともなく、「つくらずにはいられないミュージカルをつく」ってきて四十年近く続いてきた市民ミュージカルが、今後も発展を続けていくことを祈るだけだ。

（1）林光「作曲者の立場から　ミュージカル問答」、『新劇』第一一巻第一〇号、一九六四年十月。
（2）宮本太郎「「第三の道」以降の福祉政治――社会的包摂を巡る三つの対立軸」、山口二郎・宮本太郎・小川有美編『市民社会民主主義への挑戦――ポスト「第三の道」のヨーロッパ政治』日本経済評論社、二〇〇五年。
（3）演劇学における重要な例外として、明治・大正期の石狩平野にある篠路村で演じられた素人芝居の足跡をたどった、高橋克依『篠路村烈々布素人芝居』（響文社、二〇〇九年）がある。
（4）そのような研究として、たとえば大林のり子「北海道におけるコミュニティ・シアターの現状と展望」（『北翔大学生涯学習システム学部研究紀要』第九号、二〇〇九年三月）や、須川渡「戦後日本におけるコミュニティ・シアターの形成と展開」（平成二十七年度大阪大学大学院文学研究科博士学位論文、二〇一六年）が挙げられる。
（5）山本珠美「市民参加型舞台芸術に関する序論的考察」（『香川大学生涯学習教育研究センター研究報告』第十二巻、二〇〇七年三月）。
（6）『地域創造』第一一号、二〇〇一年三月。
（7）「〝飛び立て神田から〟　四年目迎える日大ミュージカル」、『朝日新聞』一九六二年十月二十二日付夕刊三面。
（8）篠崎淳「『ツガル・ミュージカルス』の周辺」、『新日本文学』第二七巻第八号、一九七二年八月。
（9）『姫山物語』上演の経緯については、初演の際に主演した元・前進座の俳優、坂東大蔵の評伝である千田草介『坂東大蔵　花暦――芸道一代記』（北星社、二〇一〇年）や、一九九八年十月の再演を記念して、椎名麟三を語る会の会誌『椎名麟三――自由の彼方で』が「再演・姫山物語」を特集した第四号（一九九九年十月）にある各人による初演の思い出話を参考にした。
（10）以下に紹介する市民ミュージカル上演団体については、特記のない限り、各団体のウェブサイトを参照した。そうしたウェブサイトはインターネットで検索すれば容易に発見できるので、ここではいちいちそのアドレスを記さない。
（11）五日市剛編『DVD&BOOK　ツキを呼ぶ魔法の言葉～アンドロメダを救え～』評言社、二〇〇八年。
（12）金田一仁志「さっぽろ市民ミュージカル「なきむしミーシャ、空を飛ぶ?」サハリン公演の記録」、『Probe：舞台芸術通信』第七号、二〇一三年七月。
（13）『能代物語　ミュージカルバラエティー』公演パンフレット、一九八〇年九月。
（14）布施孝雄「秋田と演劇」、『あきた』第六六号、一九六七年十一月。

(15)能代高校記念誌編集委員会編『秋田県立能代高等学校　創立五十周年記念誌』秋田県立能代高等学校、一九七五年、一一七頁。
(16)布施孝雄「秋田と演劇」。
(17)大山功『素人演劇』摩耶書房、一九四七年、一二頁。なお、国会図書館所蔵の同書のデータでは刊行年が一九四八年となっているが、筆者所蔵の『素人演劇』奥付は一九四七年となっている。
(18)大山功「地方演劇のひとつの動き——山形市民劇場の場合」、『悲劇喜劇』第七巻第一号、一九五三年一月。
(19)野添憲治によれば、『ああ無情』のジャン・バルジャンは、一九二〇年代から三〇年代にかけての日活映画に脇役として多くの作品に出演していた中村紅果が、新作上演の際のアトラクションとして全国各地の映画館で巡業したときの当たり役だった。一九四七年に中村が故郷の弁天村（現在の秋田県湯沢市）に近い能代に落ち着くと、彼の名前を知る人たちが集まってくるようになった。佐藤はその一人として、中村を主役にして『ああ無情』を上演した。野添憲治「初期日活映画の傍役スター　中村紅果」、『あきた』第一五六号、一九七五年五月参照。
(20)能代高校記念誌編集委員会編『秋田県立能代高等学校　創立五十周年記念誌』一一七頁。
(21)佐藤長俊「記念講演　能代ミュージカルから学ぶ——芸術文化の振興について」、『芸文かづの』第二二号、一九九六年五月。
(22)『能代物語第三話・砂防林讃歌』公演プログラム、一九八三年三月。
(23)『能代物語第四話・七夕』公演プログラム、一九八五年二月。
(24)『第七回能代ミュージカル　能代発ＮＯＳＨＩＲＯ——タイムトラベラーズ』公演プログラム、一九八八年三月。
(25)舘野太朗「地芝居の現在とその課題」、『筑波大学地域研究』第三四号、二〇一三年。
(26)若竹ミュージカルについては、若竹ミュージカル編著『僕たちのブロードウェイ——養護学校卒業生とその家族、支援者でつくる「若竹ミュージカル」』（晩成書房、二〇〇五年）、ミュージカルチームＬＯＶＥについては、ひがしのようこ・東野雅夫『あぶあぶあからの風——ダウン症・自閉症などの知的障がいをもつ青年たちの楽団&ミュージカル27年の奇跡』（築地書館、二〇〇九年）が詳しい。これ以外にも支援学校でのミュージカルは盛んで、たとえば東京都の特別支援学校各校によって毎年開催されている総合文化祭では、舞台芸術・演劇祭上演作品としてミュージカルが近年は一本か二本必ず含まれている。二〇一六年十二月二十五日に開催された第二十五回総合文化祭「舞台芸術・演劇祭」では、中野支援学校が『アニー』を、志村学園は『ミュージカル　スーホの白い馬』を上演した。また、能代支援学校も毎年ミュージカルを上演して有名である。

(27) わらび座の前身とその初期の活動については、西嶋一泰「一九五〇年代における文化運動のなかの民俗芸能――原太郎と「わらび座」の活動をめぐって」、*Core Ethics* Vol. 6（二〇一〇年）が詳しい。

（付記）本研究はＪＳＰＳ科研費 JP26284033 および 17H02302 の助成を受けたものです。

V　ミュージカルの現在形

鈴木国男

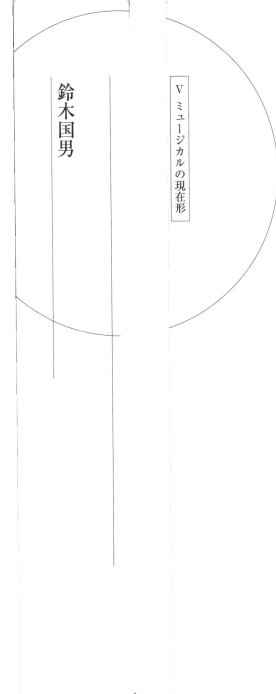

一　2・5次元とは何か

日本2・5次元ミュージカル協会のオフィシャルサイトには、2・5次元ミュージカルの定義として、「2次元で描かれた漫画・アニメ・ゲームなどの世界を、舞台コンテンツとしてショー化したものの総称」という記述がある(1)。個々の用語の指し示す意味や範疇に曖昧な点を残すとはいえ、まずはここから考察を始めたい。

2次元、すなわち平面上に展開するメディアとしては、写真や映像も含まれるし、映画の舞台化というのは珍しい話ではない。ただ、いわゆる実写映画は、3次元に存在するものをフィルムに写して編集するという作業を通じて作られるものであるし、特に劇映画と呼ばれるものは、人工的なセットの中で、扮装をした俳優が演技をして撮影される場合が多く、自然の風景の中で撮られる場合（ロケ）でも、俳優の身体は常に前提となっている。それゆえ、従来、映画と演劇は近しいジャンルとして認識され、実際、制作会社からスタッフ・キャストに至るまで、双方を横断する場合も多い。

しかしながら、メディアの特性という点から見ると、映画は、むしろ造形芸術と共通する部分も多く、現在は、その編集・保存・複製・再現・伝達といった特性が一層拡大しており、改めてその本質と可能性を論ずる必要があることはいうまでもない。考えてみれば、空間において展開されたものを、平面に封じ込めることによって成立する映画（映像芸術）は、それ自体、2・5次元の産物であるということもできるだろう。

演劇を研究する立場からすると、3次元の舞台を収録したビデオ映像は、もちろん演劇そのものではなく、その記録に過ぎないといわざるを得ない。たとえ将来、3D映像が発達・普及しても、舞台は毎日変わる生き物であるし、同じ劇場で同じ舞台を見ている観客も、一人ひとり、どこに座ってどこを見ているかは異なり、再現不可能な唯一無二の経験と記録映像とを同列に扱うことはできない。演劇は、人類の歴史とともにあり、人類のある限りその本質が変わることのない「一期一会」の芸術なのである、という特権意識は捨て難い。そうはいうものの、映像記録がここまで普及した現在、演劇研究・演劇教育の方法が、その恩恵に浴して大きく変わったこともまた認めないわけにはいかない。

そういう時代であるのだから、2次元と3次元のあわいにより敏感になるのは、ある意味で必然なのかもしれない。だが今ここで述べたことは、演劇から見た映像、すなわち3次元から2次元へのアプローチであり、2・5次元ミュージカルは、それとは反対のベクトルの上にあることを、予め確認しておきたい。だからこそ、映画の舞台化は問題にならず、「漫画・アニメ・ゲームなどの世界」が対象になるのである。

名作映画の舞台化は、宝塚歌劇のお家芸といってもいいはずなのに、この文脈で言及されるのは、『風と共に去りぬ』でも『カサブランカ』でも『オーシャンズ11』でもなく、『ベルサイユのばら』であり『銀河英雄伝説』であり『るろうに剣心』なのである。銀幕のスターの面影をタカラジェンヌがどこまで再現しているかは問題にならない。何しろ、古い時代のこととはいえ、レット・バトラーが髭をつけるかどうかが、大真面目に議論されたことすらあるのだから。その一方で、榛名由梨がオスカルを演じた時は、目に星があるように見せるにはどうしたらよいかとか、漫画のイメージを壊すからやめてくれという手紙が殺到し、ついには剃刀の刃が送りつけられてきたとかいうエピソードが伝説化されているのである。

写真や映像は3次元由来のもの。それが再び3次元に還元され変換されても、2次元の聖域は侵されない、ということだろうか。2次元における造形は、神が創造したものではなく、人間が想像したもの。2次元という制約の中なら、何でも描ける、何でもできる。動かすことすらできる。人間が獲得した限りない自由の領域で生まれたものが、人間が創造主であることを許された楽園から、被造物たる身体に縛られた3次元に、何ゆえ出てゆかなければならないのか。

そういうことは何度も起こり、そのたびに人間は知恵を絞る。科学技術により人間の力が驚くほど拡大し、禁断の原子力さえ手に入れた今、人工知能を駆使して精神領域においても觔斗雲《きんとうん》に乗る実感を得た二十一世紀になっても、舞台はやはり昔と変わらず神と人とが交歓する神聖な場、そういう無意識の謙虚な思いが、2・5次元なる不可思議な言葉を生みだしたのかもしれない。2・5次元ミュージカルに携わるすべての人、スタッフ・キャスト・観客の言動を見るにつけ、そのような感覚を抱かずにはいられない。

さて、そのように2次元世界に人間が描き出したもの、動画というものが生まれる以前には、それは静止画、要するに「絵」だったわけだが、もちろんそれを想像の中で自在に動かすことはできたし、動いた後の状態を描き、何枚もの絵で一連の動きを固定し、ストーリーを作っていくこともできた。ストーリーとはつまり物語であり、文学である。先に文学、つまりストーリーがあり、その場面を絵画化する挿絵的な描き方もある。

日本の文芸においては、古くから、記紀・伝説・歌謡・物語・説話などに由来するいくつもの「世界」が構成され、その中で様々な媒体が絡まり合いながら再生産を繰り返し、芸能においてもそれが顕著であったことはよく知られている。ここで注目したいのは、その媒体の中には図像も含まれていたのであり、具体的には、絵巻・浮世絵・黄表紙などが、能や歌舞伎を構成するイメージと深く関わっていた、ということである。ここには既に2・5次元的な現象が起きていたと見ることもできるだろう。ただ、この場合は主に文学が先行しているために、2次元を3次元化するというベクトルが、強く意識されることはあまりなかったと思われる。役者絵などは、明らかに3次元から2次元への変換であるが、それが次の3次元への展開の種となることはあっただろう。

西洋においては、近代以降の芸術観が支配的であるために忘れられがちだが、バロック期までの演劇は、やはり神話や叙事詩、歴史などから取られた題材を飽くことなしに繰り返していたのであり、特にオペラにはその傾向が強い。舞台上に登場した時は誰だかわからない現実的な人物が、ドラマの進行によってその人物像を明らかにし、他者との関係や内面の葛藤までさらけ出していく、という近代劇の概念とは異なるのである。

だが、西欧において飛びぬけた認知度を持つコンテンツといえば、何といっても聖書であり、中世の聖史劇は、その3次元化に他ならない。これを文学の演劇化といってしまうことができないのは、識字率の非常に低い中世において、人々の聖書の知識は、祭壇画などのイメージに依るものが圧倒的であったと考えられるからだ。現在行われているオーバーアマガウの受難劇なども、すべての場面が、我々のよく知っている絵画の立体化であるといってもよいほどである。二〇一〇年の上演においては、旧約聖書の重要な場面を表す活人画が随所に挿入されたという。ムスリムにも、初期の原理主義的クリスチャンにも考えられないことではあろうが、ここには厳然として聖なる図像の身体化が存在する。これを2・5次元演劇と見ることはできないだろうか。いや、オーバーアマガウの上演には、オーケストラによるオリジナル楽曲の生演奏がつく。ミュージカルとはいえないまでも、2・5次元音楽劇はヨーロッパに存在したのである。いや、それならば、二千五百年前のギリシャ悲劇において、仮面を着けた役者によって、誰でも知っている英雄や神が立ち現れ、それを取り巻くコロスが歌い踊る時、それこそが、最古の2・5次元ミュージカルだったということにもなる。

神の子イエスや聖母マリアを人間が演じることが罪にならないのは、上演そのものが宗教的行為であり、そこから生まれる感動は、芸術劇カタルシスではなく信仰による法悦と考えられるからであろう。この世にあるはずもない光景を目の当たりにできるという歓喜は、信仰心のないものにとっては、いわゆる「2・5次元感」という言葉に置き換えられてしまうかもしれないが、これについては改めて検討しよう。

翻って考えてみると、この世にないものを顕現させる、ということは、まさに日本の芸能のお家芸である。能そのものが、そういう現象のために巧みに構築されたシステムである。舞台や謡曲の構造、面の扱いなど、いちいち指摘するまでもないだろう。いわゆる複式夢幻能において特に顕著であるが、現在能といえども、決して現実を表したものではない。歌舞伎の荒事や時代物も、観客の中に集積されたイメージを、そのつどの舞台で立体化しているということができるだろう。


現代のミュージカルについて述べるために、随分と時空を飛び越えてしまったが、「2・5次元」という、それ自体では意味不明の言葉を、演劇史の中で位置づけてみようとすると、意外にも普遍的な視野が開けてきたように思われる。改めて、ごくあたりまえの定義に立ち返るなら、2・5次元とは、当然のことながら、2次元と3次元のあわいにあって、そのどちらにも完全に帰することのできない位置を指すのだろう。とはいえ、演劇(ミュージカル)はあくまでも3次元に属する現象なのだから、その本質が2次元とつながり、そのことなしには成立し得ない場合にのみ、厳密にはこの言葉が当てはまるはずである。

それはどういうことなのか、具体的事例に沿って、考察を進めよう。

二　フィギュア・コスプレ・テレビドラマ

2・5次元ミュージカルのコンテンツとして挙げられる「漫画・アニメ・ゲームソフト」の中で、最も古くから存在するのはもちろん漫画である。その立体化としてまず考えられるのが、フィギュア(人形)である。やはり日本古来の人形・玩具文化の流れに沿ってか、漫画の登場人物をかたどった精巧なフィギュアは、早くから大量に作られ、愛玩されるとともに、コレクションアイテムとしてオタク文化の重要な要素となっていることは広く知られている。生身の人間が関わるものではないが、それだけに元のキャラクターの再現度は高い。そればかりか、いつ・どれだけ・どのように作られ、どのように流通・保存されたかといった様々な要素によって「鑑定」され、高値で取引され、大きな価値を生み出している事実は、2・5次元現象全体を考察する上で、見落としてはならない段階といえるだろう。

コスプレ（コスチュームプレイ）もまた、現代日本のサブカルチャーとして、海外にまで広がっている現象である。3次元において生身の人間が行なう行為であり、2次元由来のキャラクターなしには成立せず、かつ多くの場合、集団性を持ち、見る・見せる・見られるという意識が明確な上、キャラクター同士あるいはキャラクターとギャラリーの相互関係が生まれている。キャラクターに似せた衣裳やメイクによるナルシシズム的な快楽もあるだろうが、それだけでは十分でなく、同好の者が集うことによって、即興ではあっても、それぞれのキャラクターにふさわしい振る舞いをすることは、ある意味で演技であり、その上で他のキャラクターとの関係において相乗効果を求めるという点では、演劇的行為ということもできるだろう。キャラクターになりきることが自己目的であったとしても、同時に他者に対するパフォーマンスとしても成立している。

ヴェネツィアのカーニヴァルなどに行くと、大勢の人が一年がかりで準備した豪華な扮装を競い合っている。中には、アルレッキーノやプルチネッラ、歴史上の人物や現代のセレブなど、認識された図像の再現もある。それは自己のパフォーマンスであると同時に、カーニヴァルの約束事である仮面によってアイデンティティを消し、キャラクターを演じる行為でもある。漫画・アニメという2次元コンテンツは多様で豊富であるばかりか、メディアとしての拡散力が強いおかげで、そうした行為がより日常的なレベルに広がる素地をもたらしたのである。とはいえ、漫個人のパフォーマンスと、ドラマという枠組みの中で役を演じるという行為はもちろん異なる。

画を原作とした実写映画やテレビドラマは、実は早い時期から多数存在する。五〇年代には、『サザエさん』『赤胴鈴之助』などの人気シリーズも生まれている。江利チエミは、独特の髪型とキャラクター造形で舞台でもサザエさんを持ち役にしたが、「2・5次元」という言葉も概念もなかった。『恋におちたシェイクスピア』で、ジュディ・デンチが、広く知られた肖像画そのものというエリザベス一世を演じても同様である。それらは要するに「原作の舞台化・映画化・ドラマ化」であり、「すぐれた役作りの工夫」なのである。

では、あえて「2・5次元」という言葉を用いなければならない現象は、いつ始まったのだろうか。

三　宝塚歌劇団

2・5次元ミュージカルを論ずる際に、一九七四年に宝塚歌劇団月組によって上演された『ベルサイユのばら』を原点とする考え方がある。漫画の舞台化の例は、探せばそれ以前にもあったかもしれないが、宝塚歌劇にしても少女漫画を原作とする舞台を上演するのはこれが初めてであり、劇団内部でも相当の抵抗があったとされる。漫画のファンからの抗議が殺到したことも、演出家や出演者の大変な苦労や工夫も、そして幕を開けてみれば空前のブームとなる大成功で苦境にあった宝塚を救ったとまでいわれることも、すでに神話化し語り尽くされている。それから四十年以上の歳月が流れ、宝塚歌劇が百周年を迎え隆盛にある中で、『ベルサイユのばら』は宝塚の歴史の中でも例外的な再演数をかぞえ、その代名詞ともいえる演目になった。以上のことから、もしこれが「2・5次元ミュージカル」であるなら、川上貞奴が事実上の日本における女優第一号といえるように、『ベルばら』こそが事実上の世界初の2・5次元ミュージカルだということになる。

もちろん、冒頭に述べた定義は満たしているのだから、それに違いはない。問題は、今では漫画原作のミュージカル・プレイもお家芸としているといってよい宝塚歌劇団が、少なくとも二十一世紀になってから上演した、『ベルばら』を含むそれらの作品を「2・5次元ミュージカル」という範疇に入れてもよいか、ということである。[2] 繰り返すが、定義にかなっているのだから、入れてもよいのである。ただ、「2・5次元ミュージカル」と「宝塚歌劇」という分類を別個のものとするならば、間違いなく後者に入れるべきである。

では、「宝塚歌劇」とは何か、といえば、宝塚歌劇団が現在まで百三年にわたって上演してきた作品の総体、という身も蓋もない答になる。そういえることが宝塚の強みであり、そうした存在を持つ我々が誇りとすべきことなのである。宝塚といえば、「女性だけの」という枕詞がつきまとうし、演技者に関しては事実である。鉄道終着駅にある遊園地のアトラクションとして始まり、現在に至るまで大手鉄道会社が運営している、というのも珍しい特徴の一つではあろう。しかし、より本質的には、「特定の養成機関を経た独身の女性だけを演技者として、レヴューやミュージカル・プレイを大規模かつ継続的に上演している任意団体」といったところではないか。

『ベルばら』は確かに宝塚にとって画期的な作品だったに違いない。しかし、『モン・パリ』以来のレヴュー、『虞美人』以来の一本立て大作、『オクラホマ』以来の外国ミュージカルなど、新たな試みがその後の柱になっていった例は少なくない。その一方で、『ベルばら』が、今日でいう「2・5次元ミュージカル」であり、それが成功の要因の一つであったこともまた事実である。そうでないものも含め、それらの要因を検討してみよう。

(1)宝塚は、(当時)四つの組に分かれ、(組替えや合同公演はあるが)原則として組ごとに公演を行ない、特別な例(『ベルばら』初演の長谷川一夫がまさにそれにあたるが)を除いて座付作者が脚本・演出を担当する(『ベルばら』初演の脚本と事実上の共同演出は植田紳爾である)。(2)(現在ほど厳密ではないが)組内には序列が存在し、男役トップスターが主役、娘役トップがヒロイン、二番手格の男役がトップに次ぐ役を演じるのが決まりである(初演では、大滝子《だいたきこ》のフェルゼン、初風諄《はつかぜじゅん》のマリー・アントワネット、榛名由梨のオスカル)。(3)歌劇であるから、音楽と舞踊の比重が高く、組に所属する演技者（約八十人～百人）すべてが相当の訓練を受けて高いレベルを保持している。(4)原則として外部出演はなく、連続して公演があり、一年中舞台やその準備に明け暮れているので、結束や規律が保たれ、芸だけでなく生活態度から立ち居振る舞いやファッションに至るまで上級生から下級生への伝達が密に行なわれる。(5)経営者・指導者・すべてのスタッフが原則として専属であり、劇団は音楽学校の延長であり教育の場であるという建前から、指導が徹底するとともに、相互の理解・把握が緊密である。(6)健全さを前提とした独特の美意識があり、演技ばかりでなくコスチュームや化粧などにも独自のノウハウを有する。(7)演技者全員のモチベーションが高く、徹底した役作りを行なう。(8)独身女性を対象とした学校制度という前提から、一部の者（専科生）を除いて、長くても二十年以内（年齢にして三十代）で退団して（芸能界を含む）新たな人生を歩むことになる。

こうした要素を考えるとき、これらが、後に考察する『テニスの王子様』を始めとする今日の「2・5次元ミュージカル」と通底することがわかる。『ベルサイユのばら』の成功は、何といっても宝塚の得意とするロココの世界のコスチューム物であったこと、男装の麗人オスカルという特異なキャラクターが中心となったこと、少女漫画のファンと宝塚のファンは実はかなり重なっていたこと、によるものであることは確認しなければならないが、この成功が宝塚にとって漫画という新たなコンテンツ発見の契機となり、漫画のファンを宝塚に呼び込むという二重の効果をもたらした。それ以後四十年、宝塚歌劇が起伏を経ながらも存続し、今日の隆盛に至った背景には、この成功体験を生かし、かつそれに甘んじずに、新たなコンテンツと観客の獲得に向けて続けた努力がある。「2・5次元」という概念に包まれた可能性を受容する素地が、宝塚にはあったということである。そして、「コスチューム」「キャラクター」「ファン」という三要素が、2・5次元ミュージカルにおいても重要であることも、その後の展開から明らかになっていく。

四　劇団四季

ここで劇団四季に言及するのは、ブロードウェイ・ミュージカルを日本において継続的に上演している劇団であり、その中には、2・5次元ミュージカルに該当するものも含まれるからである。だが、最初に触れなければならないのは、アンドリュー・ロイド＝ウェバーによるロンドン・ミュージカル『ジーザス・クライスト＝スーパースター』と『キャッツ』である。

一九七三年に上演された『イエス・キリスト＝スーパースター』は、浅利慶太演出によるものであり、原題との若干の違い、そしていわゆる「ジャポネスク・バージョン」への発展を見ると、この現代の聖史劇ともいうべき問題作を、そのままの形で上演することへのためらいが窺われる。それは、劇団四季が、現在のような本格的ミュージカル劇団ではなく、ようやくその一歩を踏み出そうとしていたという状況もあっただろう。しかし、この作品は、鹿賀丈史《かがたけし》という、イエスを演じるにふさわしいキャストを得たことから成功を収め、やがて「エルサレム・バージョン」が主流になっていく。

一九八三年から、劇団四季のロングラン・ミュージカルの嚆矢として上演され、大成功を収めた『キャッツ』は、よく知られるように、T・S・エリオットの詩をもとに作られていて、漫画やアニメを原作とするものではない。しかし、誰でも知っている「猫」という表象を、斬新な衣裳やメイク・振付などによって表現することにより、人間以外のものを俳優の身体によって舞台上に現前させるという意味で、画期的な作品となった。

この延長線上にあり、アニメが原作であるという点で、2・5次元ミュージカルの条件を満たしているのが、『ライオンキング』である。パペットを使った独自の方法で、動物しか登場しないアニメを、見事に舞台化してみせた。一九九八年以来、四季の常設専用劇場として作られた「春」において、二〇一七年まで一貫して上演が続いた事実を見れば、日本における最も上演回数の多い2・5次元ミュージカルであるということもできる。
そのほかにも、『美女と野獣』『リトルマーメイド』など、ディズニーと四季によって、アニメ原作のミュージカルは日本にすっかり定着して、むしろそのことが意識されなくなっているほどであるといえるだろう。

五　『テニミュ』以前

2・5次元ミュージカルにとって、次の、そして真の始まりというべきステップは、『ミュージカル・テニスの王子様』(以下『テニミュ』)ではないかと思われる。もちろん、これについては改めて詳しく検討するが、それに先立つ時期に見られる同様の現象について概観してみよう。

ここでまず挙げられるのが、『聖闘士星矢《セイントセイヤ》』である。[3] 九一年にデビュー間もないSMAPの初舞台作品として上演され、その後、2・5次元ミュージカルの世界で重要な役割を果たすことになる片岡義朗がプロデューサーを務め、『テニミュ』と同じく三ツ矢雄二が脚本を担当している。ちょうど本章を執筆中にSMAPの解散が発表された。四半世紀という歳月は、奇しくもSMAPという国民的人気グループの活動の軌跡を思い起こさせるとともに、『ベルばら』に続く第二期を区切るにはふさわしい長さにも思える。

一回だけの公演に終わった『聖闘士星矢』に対し、むしろこの時期を代表するにふさわしいのが、『美少女戦士セーラームーン』であろう。[4] 両者とも、冒頭の2・5次元ミュージカルの定義は満たしているが、『聖闘士星矢』が、SMAPのための公演として作品を選び、製作し、SMAPを中心としたキャスティングがなされているという点では、『ベルばら』初演が、宝塚歌劇団月組公演としてスタートしたことに通じる。

一方、『美少女戦士セーラームーン』は、プロデュース公演として製作され、一部キャストを入れ替えつつも、長い期間にわたって連続して上演されたという点では、『テニミュ』の先駆けと見ることもできるだろう。『聖闘士星矢』も『美少女戦士セーラームーン』もSF物であり、コスチュームとアクションが重要な要素となっていることは、2・5次元ミュージカルとして論じる上では見逃せない点である。

とりわけ『美少女戦士セーラームーン』は、絶大な人気を博した少女漫画が原作であり、アニメにも展開している。当然、観客は漫画・アニメで親しんだキャラクターが舞台上で活躍することを期待しているのだから、タカラジェンヌや人気グループを見ることを第一義の目的とし、コンテンツによりその目的がより確実にかなえられることを期待している観客と同一ではない。「キャラクターを見に行く」ということが明確に意識されるという点で、この作品が2・5次元ミュージカルの展開において果たした役割は重要である。

その一方で、役柄にふさわしい衣裳、作品にふさわしい舞台デザインを実現すること、未来物・SF物であっても舞台機構・照明・音響・ワイヤーアクションなどを駆使することによって、相当に高度なスペクタクルを生みだすことは、既にそれほど珍しいことでなくなっていたのも事実である。また、この作品が毎年学校が休みの時期に上演されていたという状況を考えると、『ピーターパン』『アニー』といったミュージカルとも近しい位置関係にあったとも見られる。

この時期、もう一つ見逃すことのできない作品が、九六年からリリースされたゲームソフト『サクラ大戦』をミュージカル化した『サクラ大戦歌謡ショウ』である。(5) 大正時代を舞台とし、大帝国劇場を本拠とする帝国歌劇団が、実は帝国華撃団という秘密部隊であるという設定のもとに、帝国華撃団の活躍と、帝国歌劇団が上演する芝居を劇中劇として演じる二部構成になっている。ここで注目すべきは、ゲームソフトを制作する段階で、既にミュージカル化を視野に入れ、それぞれのキャラクターを演ずることになる俳優を、ゲームの声優にキャスティングしたという点である。

2・5次元ミュージカルのコンテンツは、「漫画・アニメ・ゲーム」と一括りにされ、実際には、漫画からアニメに展開した後で舞台化されるケースが多いが、漫画とアニメ・ゲームの根本的な違いは、同じ平面上にあっても動きがあるかないか、そしてもう一つ、音があるかないかである。これは重要なポイントだ。漫画を読みながら人物の声を想像することももちろんあるし、アニメの動きが原作漫画に準拠せざるを得ない場合も多いだろう。しかし、俳優の動きがアニメの動きと重ね合わされるか、俳優の声がアニメやゲームの声と同じように聞こえるか、これは決定的な要素となる。セットや衣裳は絵に合わせてデザインすることもできるし、『ベルばら』のようにより舞台にふさわしくアレンジしたり、回を重ねるごとに豪華になれば、観客は一層満足するかもしれない。だが、俳優の容姿を基準にキャスティングした場合、その声がアニメやゲームの声を裏切ったら観客は失望する。実際そういう事例を目にしたことから、『サクラ大戦』の場合は綿密な戦略が練られたという。

これらの作品は、2・5次元ミュージカルの定義に合致し、かつコスチュームやキャラクターをできるだけ忠実に再現し、場合によっては声までも同一にするという戦略のもとに、原作のファンを取り込み、長期間にわたって公演を重ねることに成功した。「2・5次元」という概念をジャンル名に冠する条件はほぼ出揃ったように見えるが、まだ何かが足りないように思われる。

六　『テニミュ』

ミュージカル『テニスの王子様』は、二〇〇三年四月に東京芸術劇場で初演が行なわれ、二〇一六年八月の段階で、3rdシーズンの『青学vs氷帝』が上演されている。そのプログラムに掲載された文章を引用する。(6)

ミュージカル『テニスの王子様』とは〝210万人の観客を魅了した2・5次元ミュージカルの金字塔〟ミュージカル『テニスの王子様』は、人気漫画『テニスの王子様』の舞台化作品。2003年の初演から14年目を迎え、通算公演数は1400回を突破！　累計動員数は210万人を超え、近年注目を集める漫画アニメ原作の舞台、2・5次元ミュージカルのパイオニア。

2008年いち早く海外公演にも挑戦し、台湾公演3回、韓国公演1回、香港公演1回と公演を重ね、海外でも支持されている。また、本作品の卒業生は300人を超え、多くの実力派俳優を輩出し若手俳優の登竜門ともいわれている。

オリジナル演出　上島雪夫の斬新かつ明快な演出のもと、舞台化不可能と思われたテニスの試合を、【ピンスポット照明と打球音の融合、時には映像を用いて表現】。【原作の世界観をストレートに表現した耳に残る楽曲】や、【テニスのフォームを取り入れた迫力あるダンス】は、舞台の熱量を最大限に引き出し、大きな見どころとなっている。さらに、公演楽曲を使用したコンサート「Dream Live」（通称「ドリライ」）を横浜アリーナやさいたまスーパーアリーナを埋め尽くす規模で開催するなど、ミュージカル界では異例な展開で新たなファンを魅了している。

1stシーズン、2ndシーズンを経て、2014年11月より3rdシーズンに突入。常に新しい挑戦を続け、多くのファンを魅了している。

これまでのストーリー

テニスの名門校・青春学園中等部（青学）に入学してきた越前リョーマは、アメリカJr.大会4連続優勝の経歴を持つ、テニスの天才少年。早速テニス部に入部したリョーマはクールな態度を誤解されるが、その圧倒的な強さ、テニスセンスは他を寄せつけない。そんな中、特例で都大会のレギュラーを決める校内ランキング戦への出場を許され、見事レギュラーの座を勝ち取る。

地区予選決勝で不動峰を破り都大会に出場した青学は、準々決勝へと勝ち進み、聖ルドルフと対戦する。相手チームを徹底的に分析する司令塔の観月をはじめ、青学の天才プレーヤー不二の弟・裕太など全国から集められた補強組と、部長の赤澤を含む生え抜き組から成るエリート集団の聖ルドルフに勝利した青学は、決勝へとコマを進めた。

一方、他ブロックでは、全国クラスのダブルスペア「地味's」やJr.選抜経験者・千石、天性のセンスを持つ異端児・阿久津が加わった実力派の名門校・山吹中が決勝へと勝ち上がっていた。

決勝戦の雌雄を決するシングルス2で阿久津と対戦したリョーマは、自らの限界を超え阿久津に勝利し、青学は激戦区の都大会で優勝を果たした。

テニスの団体戦は、ダブルス二試合、シングルス三試合で行なわれるので、控えを入れて青学チームは十二人、他チームもほぼ同数の選手を擁する。試合に加わらないチームの選手も何人かギャラリーとして登場するので、三十人弱の中学生テニス部員だけがユニフォームや制服を衣裳に舞台に立ち、装置としてはテニスコートと観覧席をかたどったシンプルなものが可動式で設置されるのみである。そして、合間の会話や回想を挟みながらも、ほとんどの時間はテニスの試合に費やされる。

ストーリーの要約にあるだけでもわかるように、青学を始めとする各チームの選手は、性格もスタイルも個性的で、かつ荒唐無稽といってよいほどの極端に高度なテニスの技術を有している。青学が、それらのチームと順に対戦して勝ち上がり、ついに全国優勝を遂げるまでのプロセスを、何回もの公演にわけて舞台化していく、いわば「連載公演」のサイクルがシーズンであり、それが三巡目の途中にさしかかっているというわけである。

ここで、このコンテンツ全体の展開を整理してみよう。許斐剛《このみたけし》の原作漫画は、一九九八年から二〇〇八年まで『週刊少年ジャンプ』に連載され、集英社から四十二巻の単行本として刊行され、ベストセラーになった。二〇〇一年十月から二〇〇五年三月まで、テレビ東京系列でアニメ『テニスの王子様』百七十八話を放映、ビデオ・DVDとして四十五巻に編集・リリースされている。二〇一〇年一月〜四月には、衛星第二放送において、NHKアニメワールド『テニスの王子様・全国大会篇』が放映された。二〇〇六年には、松竹が実写映画『テニスの王子様』をアベユーイチ監督により製作。二〇〇二年には、中国でTVドラマ『網球王子』全二十二話が放映されたという。

ミュージカル『テニスの王子様』は、前述のように二〇〇三年の初演から今日まで上演が続いている。その過程でスタッフに若干の入れ替わりはあるが、立ち上げから関わった何人かの人々が実質的な生みの親といってもよいだろう。それは、『聖闘士星矢』を製作したプロデューサーの片岡義朗、脚本・作詞の三ツ矢雄二、演出・振付の上島雪夫、音楽の佐橋俊彦であり、ネルケプランニングとマーベラスエンターテイメント（現マーベラス）が製作・運営に携わり、日本2・5次元ミュージカル協会も、この二社が中心になって発足している。

2・5次元ミュージカルは、『テニミュ』によって新たな時期を迎え、『テニミュ』とともに拡大し、それどころか、その概念の成立と普及は『テニミュ』によって初めて成し遂げられたようにも思われる。それはなぜだろうか。

まず、2次元コンテンツの圧倒的なボリュームと人気。そのファンを劇場に呼び込み、失望させずに新たな喜びを発見させれば、そのまま一定の観客を確保し、それがリピーターとなって、さらに新手の観客を連れてきてくれることが期待できる。原作に魅力があり、量的にも膨大であれば、それだけで豊富な資源が用意されていることになり、単なる再演ではなく、常に新鮮な内容を提供しつつ連続した上演が可能になる。原作に通じた観客ならば、ストーリーやキャラクターに対する説明に時間を割く必要がなく、連載公演の途中から観劇してもついてゆける。キャラクターの再現に慎重を期せば、原作のキャラクターの魅力が、そのまま登場人物の魅力として受け入れてもらえる。ここまでは、『ベルサイユのばら』でも『美少女戦士セーラームーン』でも実現したことである。

一方、3次元における俳優の身体は、2次元のキャラクターを完璧に再現できないことも事実である。ここに新たな展開の鍵があるのではないか。『ベルばら』以降の宝塚における漫画・アニメ・ゲームコンテンツ物は、キャラクターの再現よりも、それをプロセスとしたタカラジェンヌの魅力の発現が究極の目的である。これは、宝塚歌劇である限り、どんなコンテンツでも同じことであり、宝塚歌劇という枠組みを前提として、初めて可能になることである。

『美少女戦士セーラームーン』に至る2・5次元ミュージカルにおいては、程度の差はあるが、この枠組みが万全のものではなかった。『聖闘士星矢』が成功したとしても、それはSMAPというグループの二十五年にわたるマルチな活動の幕開きであって、「SMAP歌劇団」の第一歩ではない。それ以外の作品については、前述のようなコンテンツの魅力と、それを舞台化する戦略によって、一定の成功と持続性を獲得することはできた。

『テニミュ』の場合も、原作の魅力が前提である。『テニプリ』という呼称を獲得し、多彩なメディア展開を可能にした圧倒的なボリュームを持つ「世界」がそこにあった。だが、これは3次元化するには、あまりにも手ごわい相手である。それをいかに実現したかが、先の引用文の中に要約されている。これは、コスプレの段階をはるかに凌駕したプロの仕事であるといわざるを得ない。「テニスの試合」という、およそ従来のドラマの概念からほど遠く、物理的にも舞台化が困難と思われるものが、実現してみれば、そのラリーの応酬が、一対一、あるいは一体二というギリシャ悲劇にも通ずるドラマの構造そのものであり、テニスのスタイルや技がすなわち人物像であり、ラケットを巧みに使った振付が、能や歌舞伎を思わせる様式美まで備えていたのである。これほどのオリジナリティあふれる舞台は、久しく日本の演劇シーンにはなかったと思われ、一人ひとりの選手が、錦絵にふさわしい造形を作り出したといっても過言ではない。つまり「絵になって」いるのである。絵になるために、独自の様式で歌い踊っているということもできるだろう。だから2・5次元「ミュージカル」なのである。

3次元化の中で、核となる要素として改めて浮上したのが、キャラクターである。男子中学生のテニス部員だけ、そして全員が天才である。これほど強烈なキャラクター設定があるだろうか。荒唐無稽な技を繰り広げるテニスの試合を舞台上に再現する、その困難を技術と工夫で克服したことは事実である。だが、考えてみれば、テニスしかない漫画からテニスしかない舞台を作ろうとしたら、そのテニスをするキャラクターを作り上げるしかない。そして、それはすべて「絵」に描かれているのだ。顔つき体つきも、眼鏡も帽子も髪型も、喋り方も歩き方も、そしてラケットの振り方も。それを実現するために、人を選び、育て、装わせ、歌わせ、踊らせ、ありとあらゆる技術を動員してそれを彩る。『テニミュ』の魅力は、2次元を3次元に展開させたことではなく、3次元の中に2次元を生みだしたことにあるのではないか。ここに至って、初めて「2・5次元」という概念が明確な意味を帯びたのではないだろうか。「2・5次元感」とは、2次元のキャラクターが目の前に飛び出して来たような、ワクワクする錯覚を覚えることだと解することもできるだろうが、『テニミュ』は、原作をまったく知らない観客でも感動することのできる舞台芸術である。その場合、舞台上の人物が非現実の2次元キャラクターに昇華していくような感覚を覚えるとしたら、それもまた「2・5次元感」なのである。2次元と3次元を自在に行き来できる時間を作る、それが「2・5次元ミュージカル」なのである。

七　『テニミュ』以後

現在、日本2・5次元ミュージカル協会は、AiiA 2.5 Theatre Tokyo という専用劇場を運営し、そこで上演される作品を含む多くの「2・5次元ミュージカル」がホームページ上に紹介されている。(7) もちろん、それ以外の劇団・プロデュースによるものも多数存在する。歌舞伎役者によって上演された『ワンピース』なども、独特な2・5次元ミュージカルとして高い成果をあげたものといえるだろう。(8) もっとも、これに関しては、もし厳密なジャンル分けの必要があるなら、「宝塚歌劇」と同様「歌舞伎」に分類されるべきものである。その一方で、将来、演劇史を編む際に、「2・5次元ミュージカル時代」という章が設けられるかもしれない。その場合、冒頭に掲げた定義に合致するものをすべて一つのジャンルに括ることも可能であろう。

だが、その歴史において、『テニミュ』が果たした役割は大きい。おそらく、『テニミュ』を経験することによって何らかの「2・5次元感」を得た観客が、それに基づいて『テニミュ』以外の作品も求め、それらが自らにとって「2・5次元」であるかどうかを判定していき、その総体が次第にジャンルの実体を形作りつつあるのだろう。

『テニミュ』が若手俳優の登竜門となっていることも、引用文の中に述べられているが、そうした役割を果たしつつある2・5次元ミュージカルは他にもある。それは、あるいは俳優という存在に、新たな地平を拓いているといえるかもしれない。何の経験も訓練もない若者を、容姿だけを基準に選んで舞台に上げ、それがプロへの道につながるとすれば、演劇全体の水準低下につながるとの懸念も生じるだろう。だが、スタニスラフスキー・システムを基盤とした従来の俳優養成が、日本でどれだけの成果を上げているのか。若手俳優がベテラン演出家に怒鳴られて演技開眼したといっても、それは巧みに誘導された感情爆発を鬼面人を驚かす趣向で彩っているだけではないのか。ジャニーズ事務所のタレントたちが、なぜこれほど多数におよび長きにわたって活躍しているのか。もう一度考えてみる必要がある。絵にすべてがある、絵にしか答はない、と徹底して2次元キャラクターの身体化に取り組むことは、決して表面をなぞるだけに止まることはない。その答が『テニミュ』の成果であり、彼らのその後ではないだろうか。彼らにとっては、「キャラクターになる」ことが、「演じる」ことを自分のものにする方法論の入り口なのである。能も歌舞伎も宝塚も、外面から入ることを徹底した直接伝承によってその基盤を作っている。絵がコンテンツの種にある舞台を作るために、絵から入る方法が、どこかで密かに確立されつつあるのかもしれない。

もう一つ大切なことは、観客の生まれ方である。常にそこに一定以上の観客が存在しなければ、舞台芸術は成り立たない。ヴァーチャルリアリティが安易にかつ安価に手に入る時代に、高価な一期一会の出会いは成り立つのだろうか。値段の違いはあるにせよ、漫画・アニメ・ゲームのファンは、自分で探し選んだコンテンツに自分のお金と時間を使うことに慣れた人々である。自分の愛好する2次元コンテンツが3次元展開した時に、それを選んでもらえるか、そのことによって新たな喜びを発見してくれるか、それを誰かと分かち合おうとするか。これからの舞台芸術にとって、「2・5次元感」は無視できない要素になるのではないか。2・5次元ミュージカルファンは、宝塚ファンと同様（そこに重なりはあっても、決して同心円ではないだろう）、リピーターとなり、ディスクやグッズの購買者となり、新たな観客の勧誘者ともなりうる大切な存在なのである。

（1）https: //www.j25musical.jp

一般社団法人日本2・5次元ミュージカル協会は、2・5次元ミュージカルに関する活動を支援するため、二〇一四年三月に設立された。二〇一六年八月の時点で、そのホームページ上で紹介されている作品は、ミュージカル『テニスの王子様』、ミュージカル『美少女戦士セーラームーン』、ライブ・スペクタクル『NARUTO—ナルト—』、デスノートTHE MUSICAL、舞台『弱虫ペダル』であり、2・5次元ミュージカルの年間上演作品数は、二〇一四年で九十一作品、年間動員数は百二十八万人、二〇一五年は百作品を超え、年間動員数も百四十五万人と伸び、市場規模は百億円超とされている。また、2・5次元ミュージカルとは「2次元の漫画・アニメ・ゲームを原作とする3次元の舞台コンテンツの総称。早くからこのジャンルに注目し、育ててくれたファンの間で使われている言葉です。音楽・歌を伴わない作品であっても、当協会では2・5次元ミュージカルとして扱っています」とある。実際、『弱虫ペダル』などは音楽の比率がかなり低い。ただ、「2・5次元ミュージカル」と称する以上、その上位区分として「ミュージカル」が想定されることは当然であり、「ミュージカル」の本質を踏まえた上での定義や議論が求められることはいうまでもない。本章の使命としては、むしろ「2・5次元」の意味と実態を考察することにあると考えるので、「ミュージカル」そのものの議論には立ち入らない。しかし、「2・5次元ミュージカル」の本質は、比率や形態はさておき、「音楽・舞踊」と不可分であるというのが、筆者の見解である。

（2）一九七四年以降、宝塚歌劇団により上演された漫画・アニメ・ゲーム原作による作品には、以下のようなものがある（それぞれ初演の年月を記し、再演・東京公演・全国ツアーなどは省く）。
○宝塚大劇場　『アンジェリク』（一九八〇年一月、月組）、『青き薔薇の軍神』（八〇年十月、雪組）、『オルフェウスの窓』（八三年六月、星組）、『はばたけ黄金の翼よ』（八五年一月、雪組）、『大江山花伝』（八六年二月、雪組）、『紫子』（八七年一月、星組）、『ブラックジャック　危険な賭け』（九四年三月、花組）、『虹のナターシャ』（九六年八月、雪組）、『源氏物語　あさきゆめみし』（二〇〇〇年、花組）、『猛き黄金の国』（〇一年二月、雪組）、『エル・アルコン—鷹—』〇七年十一月、星組）、『JIN—仁—』（一二年十月、雪組）、『ルパン三世』（一五年一月、雪組）、『るろうに剣心』（一六年二月、雪組）
○宝塚バウホール　『アメリカン・パイ』（二〇〇三年六月、雪組）、『逆転裁判』（〇九年二月、宙組）、『逆転裁判2』（〇九年八月、宙組）、『メイちゃんの執事』（一一年一月、星組）、『逆転裁判3』（一三年一月、宙組）、『ブラックジャック』（一三年二月、雪組）

○東急シアター・オーブ　『戦国BASARA』（二〇一三年六月、花組）
○日生劇場　『伯爵令嬢』（二〇一四年十月、雪組）

（3）原作は、車田正美による漫画で、一九八六年～九〇年『週刊少年ジャンプ』に連載された。舞台は、バンダイスーパーミュージカルとして一九九一年八月～九月　青山劇場にて上演。マーベラスエンターテイメントの片岡義朗とネルケプランニングの松田誠が企画・製作にあたり、三ツ矢雄二が脚本を担当した。このグループによる2次元コンテンツ舞台化としては初めての作品となる。二〇一一年七月には、再び片岡がエグゼクティブ・プロデューサーとなり、茅野イサム演出によりスーパーミュージカル『聖闘士星矢』が全労済ホールスペース・ゼロで上演され、ニコニコ動画でも生放送された。

（4）原作は、武内直子による漫画で、一九九二年～九七年『なかよし』に連載された。舞台初演は、一九九三年八月、ゆうぽうと簡易保険ホールにてミュージカル『美少女戦士セーラームーン外伝ダーク・キングダム復活篇』として上演された。脚本は富田祐弘、演出・脚色は野伏翔。以後、副題・スタッフ・キャスト・会場を変更しながら（九六年以降はほぼサンシャイン劇場）、二〇〇五年まで二十八回にわたって上演された。二〇一三年九月には平光琢也の脚本・演出によって『美少女戦士セーラームーン―La Reconquista―』が、AiiA Theater Tokyoにおいて上演され、二〇一四年・一五年・一六年と副題を変え会場を広げながら上演が続いている。

（5）一九九六年以来、広井王子プロデュースによりセガゲームスからリリースされているゲーム『サクラ大戦シリーズ』が、漫画・アニメに展開した。『サクラ大戦歌謡ショウ』は、作・総合プロデューサー・広井王子、演出・茅野オサム、音楽監督・田中公平により、一九九七年～二〇〇六年、計十六回上演されている。

（6）「ミュージカル『テニスの王子様』3rdシーズン　青学vs氷帝」プログラム、日本2・5次元ミュージカル協会、二〇一六年七月、二頁。

（7）二〇〇七年、東京都渋谷区神南の国立代々木競技場の敷地内に渋谷マッスルシアターとして開場。二〇一二年にAiiA Theater Tokyo（アイアシアタートーキョー）として再開場。一五年三月からAiiA 2.5 Theater Tokyoとして日本2・5次元ミュージカル協会による運営が始まった。客席数八百三十。

（8）『ONE PIECE』は、尾田栄一郎が一九九七年から『ジャンプ・コミックス』に連載中の漫画で、世界中で空前のベストセラーとなりアニメ化もされている。スーパー歌舞伎Ⅱ『ワンピース』は、横内謙介の脚本・演出、市川猿之助の演出・主演により、二〇一五年十月・十一月に新橋演舞場で上演された。一六年三月には大阪松竹座、四月には博多座でも上演され、十月には「シネマ歌舞伎」としても公開された。

〈参考文献〉


『ユリイカ』二〇一五年四月臨時増刊号「総特集2・5次元」青土社。

『美術手帖』二〇一六年七月号「特集2・5次元文化」美術出版社。

この二冊の雑誌は、「2・5次元」を多角的に論じた充実したもので、必ず参照すべき文献である。これらの先駆けとなったと自負する拙論も最後に掲げる。

鈴木国男「現代日本演劇における「世界」の構築（2）――ミュージカル『テニスの王子様』」、『共立女子大学文芸学部紀要』第五七集、二〇一一年一月。

専攻＝日本近現代演劇・演芸
『ムーラン・ルージュ新宿座――軽演劇の昭和小史』（森話社、2011年）、『浅草オペラ　舞台芸術と娯楽の近代』（杉山千鶴と共編著、同、2017年）

鈴木国男（すずき　くにお）
共立女子大学文芸学部教授　専攻＝イタリア演劇
『ダンヌンツィオに夢中だった頃』（イタリア地中海叢書1、東京大学教養学部イタリア地中海研究コース、2015）、『Voci e anime, corpi e scritture』Roma, Bulzoni, 2009

［編者］
日比野啓（ひびの けい）
成蹊大学文学部教授　専攻＝演劇学
『アメリカン・レイバー――合衆国における労働の文化表象』（編著、彩流社、2017年）、「象徴交換と死――『南太平洋』（一九四九）における恋愛の不可能性」（『文化現象としての恋愛とイデオロギー』風間書房、2017年）

［執筆者］（掲載順）
神山　彰（かみやま あきら）
明治大学文学部教授　専攻＝近代日本演劇
『近代演劇の来歴――歌舞伎の「一身二生」』（森話社、2006年）、『近代演劇の水脈――歌舞伎と新劇の間』（同、2009年）

長﨑励朗（ながさき れお）
桃山学院大学社会学部准教授
専攻＝メディア文化論、コミュニケーション論、社会教育学
『「つながり」の戦後文化誌――労音、そして宝塚、万博』（河出書房新社、2013年）、「『ロッキング・オン』――音楽に託した「自分語り」の盛衰」（『青年と雑誌の黄金時代――若者はなぜそれを読んでいたのか』岩波書店、2015年）

宝田　明（たからだ あきら）
映画『ゴジラ』（1954年11月）で初主演して以来、日本を代表する俳優として映画やテレビで活躍を続ける。また、司会者や声優としての活動のほか、『アニーよ銃をとれ』（1964年11月）、『キス・ミー・ケイト』（1966年2月）、小劇場ミュージカルの草分け『ファンタスティックス』（1971年4月など）の主演・演出・制作など、日本のミュージカル黎明期から現在まで、歌って踊れる代表的なミュージカル俳優として第一線の舞台に立ってきた。

鈴木理映子（すずき りえこ）
ライター、編集者　専攻＝日本近現代演劇
『〈現代演劇〉のレッスン――拡がる場、越える表現』（編著、フィルムアート社、2016年）、青山学院大学「ACL現代演劇批評アーカイブ」（アーカイブ作成、http://acl-ctca.net/、2014年3月～）

中野正昭（なかの まさあき）
早稲田大学演劇博物館招聘研究員、明治大学、早稲田大学ほか兼任講師・非常勤講師

戦後ミュージカルの展開
近代日本演劇の記憶と文化 6
[監修＝神山 彰]

発行日……………………………2017年12月20日・初版第1刷発行

編者………………………………日比野啓
発行者……………………………大石良則
発行所……………………………株式会社森話社
〒101-0064 東京都千代田区猿楽町1-2-3
Tel 03-3292-2636
Fax 03-3292-2638
振替 00130-2-149068
印刷………………………………株式会社シナノ
製本………………………………榎本製本株式会社

ISBN 978-4-86405-122-4 C1374

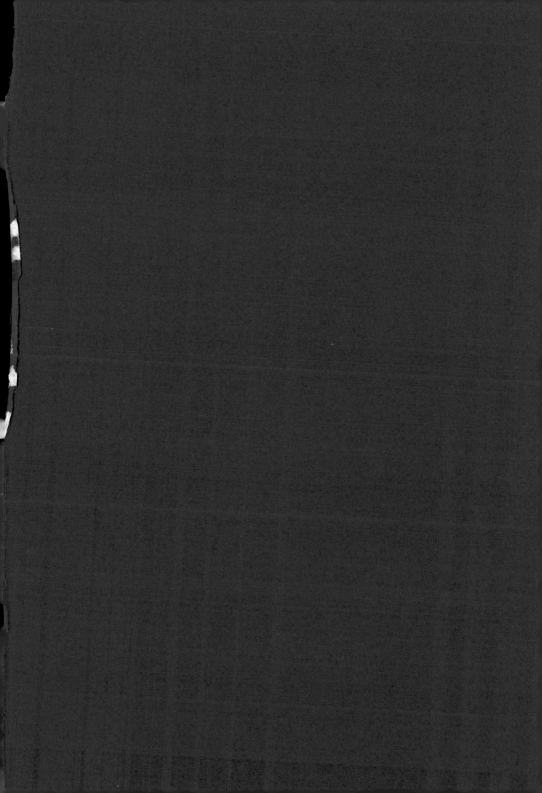